The ASYNC-FIRST PLAYBOOK

비동기 우선 플레이북

정보문화사
Information Publishing Group

THE ASYNC-FIRST PLAYBOOK
비동기 우선 플레이북

초판 1쇄 인쇄 | 2024년 4월 5일
초판 1쇄 발행 | 2024년 4월 15일

지　은　이 | 수미트 가야트리 모게
옮　긴　이 | 류광

발　행　인 | 이상만
발　행　처 | 정보문화사

책 임 편 집 | 노미라
편 집 진 행 | 명은별
교 정 · 교 열 | 오현숙

주　　　소 | 서울시 종로구 동숭길 113
전　　　화 | (02)3673 - 0114
팩　　　스 | (02)3673 - 0260
등　　　록 | 1990년 2월 14일 제1 - 1013호
홈 페 이 지 | www.infopub.co.kr

I　S　B　N | 978-89-5674-974-7

The
ASYNC-FIRST
PLAYBOOK
비동기 우선 플레이북

수미트 가야트리 모게 **지음** | 류광 **옮김**

정보문화사
Information Publishing Group

《비동기 우선 플레이북》에 대한 찬사

"비동기 업무 방식은 가장 성공적인 분산 팀들이 이미 실현 중인 초능력이다. 따라서 이런 종류의 조직 운영 방식으로 이행하려는 모든 리더는 반드시 비동기 우선 관행들의 구현 방법을 숙지해야 한다. 이 책에서 수미트는 비동기 우선 관행들을 대단히 훌륭하게 설명한다."

—체이스 워링턴Chase Warrington, Doist사 원격 근무 책임자

"협업은 비동기로 가고 있다. 전 세계의 인재를 포용할 수 있다는 점과 시간대의 제약에서 벗어난다는 장점은 너무나 대단하다. 수미트는 해당 주제들을 훌륭하게 파헤친다. 그리고 수미트는 비동기 방의 '코끼리'인 리더십 문제를 비동기적 리더십에 초점을 두고 공략한다. 비동기적으로도 효과적인 리더가 될 수 있음을 알게 될 것이다."

—클리프 버그Cliff Berg, Agile 2 Academy 공동 창립자 및 대표이사

"《비동기 우선 플레이북》은 빠르게 바뀌는 오늘날의 분산 업무 환경에서 일하는 애자일 팀의 일원이면 누구라도 반드시 읽어야 하는 책이다. 통찰로 가득한 이 책은 비동기 우선 접근 방식을 채택한 팀의 협업 방식이 어떻게 바뀌는지 보여준다. 그런 팀은 생산성이 높아지고, 포용성이 향상될 뿐만 아니라 업무가 재미있어진다. 업무의 미래는 원격 근무에 있다. 그리고 원격 근무의 잠재력을 발휘하는 데 있어 관건은 바로 비동기 우선 협업이다. 이 책은 비동기적 의사소통을 채용하고 심층 작업을 위한 시간을 확보함으로써 '몰입' 상태를 유지하는 경지로 가는 로드맵을 여러 구체적인 사례들과 함께 제시한다. 원격 협업의 잠재력을 최대한 발휘해서 팀이 더 나은 성과를 거두게 하려는 모든 사람에게 이 책을 추천한다.

—이보 샤파르Iwo Szapar, Remote-First Institute 공동 창립자 및 원격 근무 책임자

"잘 구현하기만 한다면, 비동기 업무는 지속 가능하고 차분한 업무 방식을 만드는 데 도움이 된다. 비동기 업무 방식에서 개인은 자신의 일과를 생산성과 우선순위 위주로 설계할 수 있다. 결과적으로 좀 더 행복하고 인간 중심적인 업무 환경이 만들어진다. 본서 《비동기 우선 플레이북》은 효과적인 비동기 업무 관행들의 여러 이점을(그리고 난제들도) 면밀히 검토한다. 이 플레이북은 리더십 관행들과 잠재적인 난제들을 비롯해, 비동기 우선 접근 방식으로의 전환을 시작하기 전에 알아 두어야 할 근본적인 사항들을 논의한다. 또한 그다음 단계들을 결정하는 데 도움이 되는 스타터 키트도 제공한다. 정보 과부하를 완화하고 회의를 최소화하고자 하는 사람에게 이 《비동기 우선 플레이북》이 가치 있는 자료가 될 것이다."

—리세트 서덜랜드Lisette Sutherland, Collaboration Superpowers 임원

"요즘 조직들은 원격 근무의 장점을 극대화하는 방법을 실험하고 있다. 시의적절하게도 수미트의 이 책은 소프트웨어 개발 관행을 좀 더 포용적이고 미래 지향적으로 만들기 위한 단계별 접근 방식을 제시한다. 또한 이 책에는 관리자와 리더를 직접 겨냥한 내용도 포함되어 있다. 덕분에 지속 가능한 원격 협업을 설득력 있게 주장하는 도구로도 이 책을 사용할 수 있다."

—필라르 오르티Pilar Orti, Virtual not Distant 임원

《비동기 우선 플레이북》은 인력이 지리적으로 분산된 요즘 환경에 맞게 원격 근무 관행을 최적화하려는 팀과 리더를 위한 상세한 지침서이다. 팬데믹을 겪으면서 우리는 지식 노동의 경우 근무 장소가 중요하지 않음을 깨달았다. 이제는 비동기적으로 일할 때 더 나은 성과를 거둘 수 있음을 인식하고 받아들일 때가 되었다. 장소 독립적인 업무, 바로 그것이 변화의 첫걸음이다. 시간 독립적인 근무를 시도해 보았는가? 수미트의 책이 그 방법을 제시한다."

—타일러 셀혼Tyler Sellhorn, 팟캐스트 *The Remote Show* 진행자

"《비동기 우선 플레이북》은 흔한 애자일 관행에 관한 책이 아니다. 비동기 의사소통으로 협업을 최적화하려는 팀을 크게 바꿀 만한 책이다. 비동기 우선 접근 방식을 받아들이는 데 꼭 필요한 원리, 프레임워크, 도구, 작업흐름, 문화 변화에 관한 모든 것을 이 상세한 지침서에서 찾을 수 있을 것이다. 여러 해 동안 원격 환경에서 비동기 우선 방식으로 일해 온 나조차도 우리 팀에서 구현할 만한 개선안을 이 책에서 발견할 수 있었다. '비동기 우선 리더십 사고방식'에 관한 내용이 특히나 유용했다. 어서 빨리 팀원들에게 이 책을 알려주고픈 마음이다."

—오아나 칼루가Oana Calugar, Mural사 협업 컨설턴트

"최근 모든 소프트웨어 회사는 싫든 좋든 원격 근무를 받아들여야 했다. 이 덕분에 직원들은 좀 더 유연한 업무 방식의 가능성을 인식하게 되었다. 기업들은 사무실 근무와 완전 원격 근무, 그리고 그 둘을 섞은 혼합 근무 사이의 새로운 균형점을 찾기 위한 실험을 거듭했다. 그 과정에서 여러 시행착오가 있었다. 인기를 끌고 있는 이 새로운 업무 방식을 직원과 고용주 모두에게 이익이 되도록 최대한 잘 활용하는 방법을 알려주는 실용적인 지침서가 있었으면 좋았을 것이다. 팀과 리더가 동기적 관행들의 함정을 피하고 요즘 주목받는 비동기적 유연성을 최대한 활용하는 데 필요한 도구를 제공하는 수미트의 이 책이 바로 그러한 요구를 완벽하게 충족한다."

—패트린 사나크Patrick Sarnacke, Thoughtworks 영국 지사 전무 이사

"코로나19 팬데믹을 계기로 원격 및 혼합 근무 모델에 대한 여러 권의 책이 출판되었다. 원격 및 혼합 근무 덕분에 일과 삶의 균형이 개선되고 다양성이 높아지는 등의 장점이 생기기도 했지만, 인간관계가 약해지고 탈진(번아웃)을 겪는 등의 문제를 우려하는 목소리도 있다. 한 가지 중요한 점은, 회사들이 혁신적인 업무 모델을 도입하면서도 기존의 사무실 중심 관행들을 버리지 못하기 때문에 문제가 발생하는 경우가 너무나 많다는 것이다. 이는 내가 이 책을 좋아하는 이유이다. 《비동기 우선 플레이북》에서 수미트 가야트리 모게는 소프트웨어 개발사에 원격 근무를 효과적으로 도입하기 위한 실용적이고 실천 가능한 접근 방식을 제시한다. 수미트는 '행동이 기본' 원칙을 강조하며, 분산 근무 배치의 최적화를 위한 실행 가능한 권장 사항을 제공한다. 이와 비슷한 여정으로 조직을 이끌어 본, 그리고 그 과정에서 수미트와 가치 있는 대화를 나눈 적이 있는 사람으로서 나는 이 책이 현업에서 실제로 성공을 거둔 바 있는 실질적인 기법들로부터 나온 지식으로 가득한 책임을 자신 있게 말할 수 있다."

—마테우스 타이트Matheus Tait, Thoughtworks 스페인 지사 전무 이사

"수미트는 여러 애자일 소프트웨어 개발 운동에서 많은 사람이 채택한 바 있는 널리 확립된 업무 패턴의 여러 관행에 깔린 목표들을 재검토해서 팀을 더 높은 수준으로 이끌 수 있는 원격 근무 친화적인 대안들을 제시한다. 특히 언급하고 싶은 점은 이 책이 글쓰기 기량과 읽기 기량을 둘 다 연마해야 함을 강조한다는 것과 그 두 기량을 효과적으로 활용할 시간을 확보할 것을 강조한다는 것이다. 이 새로운 영역을 탐색하고자 하는 사람은 시간을 내서 이 책부터 읽어보길 권한다."

—앤디 예이츠Andy Yates, Thoughtworks사 기술 및 기업 전략 부문 책임자

"팬데믹 때문에 전 세계의 기술 인력이 원격으로 일하게 되었다. 그러면서 원격 근무의 여러 어려움을 극복하는 문제가 사람들의 관심을 끌었다. 수미트는 우리 앞에 더 큰 기회들이 놓여 있다고 주장한다. 비동기 우선 접근 방식과 관행을 채용해서 이전과는 다른 방식으로 일할 기회, 그리고 심층 작업의 여지를 만들고 팀 간 협업을 개선함으로써 생산성과 창의성을 높일 기회 말이다. 《비동기 우선 플레이북》은 여러분 자신과 여러분의 팀, 그리고 조직을 위해 비동기 업무 방식을 배우고 구현할 수 있는 완전한 실무자 지침서이다. 새로운 분산 및 원격 근무의 세상에서, 이 책에는 생산성, 팀워크, 일과 삶의 균형을 더욱 개선할 힘이 잠재되어 있다. 기술 노동자 또는 지식 노동자의 필독서임이 틀림없다."

—사미르 소만Sameer Soman, Thoughtworks 인도 지사 전무이사

"엔지니어링 조직의 생산성을 높이고 비용을 절감하고 싶은가? 수미트의 새 책은 비동기 업무 방식을 통해서 팀의 역량을 최적화하고 프로세스를 간소화하기 위한 실용적이고 실천 가능한 사항들을 제시한다. 오늘날의 디지털 우선(digital-first) 세상에서, 기업의 이사회는 치솟는 엔지니어링 비용을 걱정한다. 이 책은 그런 문제에 관한 가치 있는 관점을 제시하고, 더 적은 비용으로 더 나은 성과를 내기 위한 전략들을 제공한다. 숙련된 엔지니어링 리더이든 경력이 길지 않은 사람이든, 고도의 원격 환경에서 조직을 혁신하고 역량을 개선하고자 하는 사람이라면 누구든 반드시 읽어야 할 책이다."

—사가르 폴Sagar Paul, Thoughtworks사 글로벌 솔루션 책임자

"분산 애자일 팀들은 《비동기 우선 플레이북》 같은 책을 수년간 간절히 기다렸다! 수미트의 직설적이고 촌철살인 격의 문장들은 우리의 전통적인 관례와 기존 관념을 강하게 공격하고 대단히 설득력 있게 반박한다. 통상적인 플레이북의 형식을 충실하게 따르는 이 책은 직접 실행하기 쉬운, 그리고 언급된 효과를 보장하는 실천 사항들을 제시한다. 소프트웨어 전문가라면 반드시 읽어야 할 멋진 필독서이다.

—산토시 마할레Santosh Mahale, Engineering for research(e4r) 엔지니어링 그룹 이사

"코로나19 팬데믹으로 원격 근무 도입이 가속화되었다. 이제는 원격 근무가 정착되었다. 하지만 이 새로운 현실에 적응하는 데 어려움을 겪는 기업이 아직 많다. 이런 상황에서 《비동기 우선 플레이북》이 출간되었다. 저자는 현대적인 지식 노동에 비동기 우선 관행들이 필수인 이유를 설득력 있게 주장한다. 저자는 개인 및 팀 관행들에서 리더십과 경영 스타일에 이르기까지 비동기 우선 문화를 조성하는 데 필요한 근본 요소들을 조리 있게 제시한다. 또한 저자는 원격 근무와 관련된 난제들을 강조하고, 흔히 겪는 함정들을 피하기 위한 실용적인 조언도 제공한다. 개발자와 관리자는 물론 고위급 리더도, 조직이 새로운 업무 환경에 성공적으로 적응하는 데 필요한 도구와 수단을 이 책에서 발견할 수 있을 것이다.

—수닐 문드라Sunil Mundra, Thoughtworks사 조직 변화 및 혁신 리더, CXO 자문

마틴 파울러의 추천사

20년 전 어떤 워크숍에서 우리는 새로운 소프트웨어 개발 접근 방식에 붙일 수식어를 고민했다. 최종 선택은 '민첩한(agile)'이었지만, 도중에 '대화식(conversational)'이라는 이름도 제안되었다. 내가 '대화식'을 마음에 들어한 이유는, 우리의 개발 방법론이 소프트웨어 구축에서 좀 더 협업적인 접근 방식을 옹호한다는 점을 이 이름이 좀 더 강조한다는 것이었다. 우리는 관리자와 아키텍트가 결정해서 문서(보통은 제대로 작성되지 않은)를 통해 전달한 일감을 개발자들이 그대로 작업하는 것이 아니라, 관련된 사람들이 모두 서로 대화하길 원했다. 데이터베이스 기술자가 데이터를 이용해서 비즈니스 로직(업무 논리)을 코딩하는 사람들과 대화한다면 좋을 것이다. 프로그래머는 자신의 작업에 가장 가치 있는 소프트웨어가 무엇인지에 관해 사용자와 이야기해야 한다. 소프트웨어 개발에서 의사소통은 우리의 몸 안에서 피가 흐르는 것과도 같다. 우리는 그 점을 중시해서 혈액 순환을 개선하고자 했다.

몇 년 후, 내가 다니던 Thoughtworks 사는 인도(India) 지사를 열었다. 우리는 소프트웨어에 관한 이 민첩한 접근 방식을 수용하고 개척했다. 가시적인 성과도 컸다. 하지만 과연 이 접근 방식이 인도에 있는 개발 센터에도 통할까? 우리의 접근 방식은 긴밀한 협업을 장려한다. 그런 협업은 누군가와 복도를 따라 걸어가면서 대화할 수 있어야 가능하다. 직원들이 수천 킬로의 거리와 수십 가지 시간대에 걸쳐 분산된 환경에서는 어떻게 해야 할까?

우리는 나름의 방법을 찾아냈다. 때맞게 기술의 도움도 받을 수 있었다. 2010년대 초반에 우리는 회의에 화상통화 기술을 적극적으로 활용했다(이런 습관은 2020년 코로나19 상황에서 큰 도움이 되었다).

수미트 가야트리 모게는 당시 대부분의 시간을 인도에서 우리와 함께 일하면서 이러한 활동을 직접 체험했다. 수미트는 팀원들이 공간적/시간적으로 떨어져 있는 팀들 다수를 고도의 협력적 방식으로 관리했다. 그러한 업무를 수행하면서 그는 우리의 기법들이 얼마나 효과적인지, 그리고 그 기법들을 어떻게 개선할 것인지 고민했다.

화상통화는 사람들이 멀리 떨어져 있어도 회의를 원활하게 진행하는 데 도움이 되었다. 하지만 애초에 회의가 반드시 최선의 협업 방식은 아니다. 심지어 사람들이 같은 공간에 있어도 그렇다. 어떤 질문이 떠올랐을 때 즉시 답을 내는 것이 최선은 아닌 경우가 많다. 우리에게는 심사숙고할 시간이 필요하다. 나는 글쓰기를 좋아하는데, 단지 의사소통뿐만이 아니라 생각을 일관된 구조로 정리하는 데 도움이 되기 때문이다. 심지어 이 서문처럼 간단한 글을 쓰는 것도 내게 도움이 된다. 여러 시간대에 걸쳐 일하는 팀에서는 비동기적인 활동들이 더욱 가치가 있다. 비동기적 활동은 팀원이 자신에게 불편한 시간에도 일해야 할 필요성을 줄여주기 때문이다.

흔히 "회의는 나쁘다, 회의를 없애자" 같은 구호를 듣게 되는데, 이는 잘못 운영되거나 부적절하게 활용되는 회의에서 받는 좌절감에 대한 단순한 반응일 뿐이다. 수미트는 회의가 꼭 필요한 상황들과 비동기 기법들로 대체할 수 있는(그리고 대체해야 하는) 상황들을 고민해 왔다. 그가 배운 것을 정리한 이 책은 사람들이 멀리 떨어져 있는 상황에서도 협업을 개선하는 데 도움이 되는 지침서이다.

—마틴 파울러Martin Fowler

대런 머프의 추천사

여기까지 오기에 많은 시간이 걸렸다. 깃랩GitLab 같은 선구자들이 10년도 더 전에 원격 근무를 위한 플레이북을 만든 역사가 있지만, 전 세계가 원격 근무의 가능성에 눈을 뜨는 데에는 전 지구적 팬데믹이라는 고통이 필요했다. 오늘날 많은 조직은 소위 '장소 독립성'을 받아들이고 있다. 장소 독립성은 비즈니스의 성과를 물리적 지리 조건과 분리해서 생각할 때 발생하는 마법을 요약한 개념이다. 장소 독립성에 의해 이미 수백만 명의 삶과 다수의 기업이 변했지만, 이는 더욱더 큰 혁명의 시작일 뿐이다.

원격 근무의 미래는, 아니 감히 말하자면 업무의 미래는 시간 독립성이다. 예로부터, 적어도 인터넷이 등장한 이후 대부분의 지식 노동자는 시간에 얽매인다. 우리가 설계하고 꿈꾸는 삶과 소망은 근무일과 근무 시간의 경직성이라는 고정된 현실의 제약을 넘지 못한다.

이러한 경직성을 떨쳐낸다면 어떤 일이 생길까? 적절한 도구와 소프트웨어, AI, 작업흐름을 이용해 시간의 엄격한 제약에서 벗어나서 업무상의 목표를 달성할 수 있다면 우리는 우리의 삶에 어떤 설계 원칙을 적용하게 될까?

시간 독립성이 보장되는 환경에서, 개인은 가장 중요한 것부터 최적화한다. 각자는 개인 정체성 스택(individual identity stack), 즉 나 자신을 "나답게" 만드는 계층들의 우선순위를 다시 정한다. 그리고 기업은 더 강해지고 위기에 더 탄력적으로 대처한다. 기업은 최고의 인재들, 그러니까 유연성을 다른 무엇보다도 우선시하는 사람들과 그러한 유연성 덕분에 이 세상 것이 아닌 듯한 성과를 거두는 사람들을 끌어들이는 자석이 된다.

그리고 그러한 시간 독립적 업무 방식을 가능하게 하는 것은 다름 아닌 '비동기 우선' 사고방식이다.

한낮의 모험을 원하는 어린 자녀에게 더 자주 "좋아"라고 말할 수 있는 비결이 바로 비동기 우선 사고방식이다. 이는 내가 쓴 *Living the Remote Dream*에서 자세히 설명한 바 있는 비선형 근무제(nonlinear workday)의 초석이다. 그와 동시에 이는 팀이 높은 성과를 내도록 추동하는 방법으로, 깃랩의 '팀옵스TeamOps' 철학의 일부로 여러 해 동안 우리가 지지해온 것이다.

하지만 변화는 어렵다. 구체적이고 실질적인 조언은 쉽게 구해지지 않는다. 비동기적 협업으로의 움직임이 힘을 얻어서 지구 구석구석으로 확장되게 하는 틀과 처방이 필요하다.

《비동기 우선 플레이북》이 그런 자원의 하나이다. 이 책은 원리와 실천을 잇는 가교이다. 수미트는 모든 이를 위한 만병통치약을 만들려 하는 대신, 소프트웨어를 만드는 팀에 초점을 두고 이 책을 저술했다. 여러분도 곧 알게 되겠지만, 덕분에 이 책의 조언들 대부분은 독자가 그대로 실천에 옮길 수 있다. 하지만 이 책이 소프트웨어 개발 분야 바깥의 독자들을 소외시키지는 않는다. 기술전문가이든 아니든, 누구나 이 책에서 비동기적 업무 방식을 배울 수 있다.

여기에는 많은 것이 걸려 있다. 기업의 리더들이 이를 제대로 해낸다면, 우리는 좀 더 유연하고 포용적이며 연결된 지구를 만들게 될 것이다. 이 책이 빛나는 지점도 그것이다. 수미트의 이 책은 비동기 우선 업무 환경에서 그러한 팀이 수행하는 일상적인 업무에 초점을 둘 뿐만 아니라, 영향력 있는 관리자와 리더가 해야 할 일도 살펴본다. 수미트의 '일부는 게릴라, 일부는 옹호자' 접근 방식은 겁이 없으면서도 각성된 리더가 자신의 영향권에서 변화를 주도하기에 아주 좋은 방법이다. 더 나아가서, 팀을 위한 구체적인 도구 제안과 예제, 참고자료들은 이 책의 모든 조언에 생명을 불어넣는다.

비동기적 업무 방식의 성공에서 관건은 우리의 일을 훌륭하게 만드는 요소들—심층 작업을 위한 시간과 공간, 다양성, 포용성, 규모가변성 등등—을 더 많이 발견하는 것이다. 기술의 힘으로 제약을 제거함으로써 우리 사회는 공동체와 서비스, 프로세스 같은 영역에 좀 더 초점을 둘 수 있을 것이다.

이 플레이북의 플레이들을 통해서 여러분은 이전과는 다른 방식으로 팀을 만들고 이끌 수 있을 것이다. 여러분에게 필요한 것은 열린 마음, 그리고 현상 유지는 우리의 미래를 정의하기에 충분치 않은 사고방식이라는 믿음뿐이다.

—대런 머프Darren Murph, 미래 업무 아키텍트(Future of Work Architect) 및 Andela사 직장 설계/원격 경험 부분 부사장

서문

환영합니다!

2020년 3월 업무의 세상은 혼란에 빠졌다. 팬데믹 때문에 모든 사람이 안전을 위해 집에 머물러야 했다. 많은 사람이 일과 직장이 위험에 처했다고 느꼈다. 하지만 지식 노동과 컨설팅 업계는 다행히도 최신 협업 도구들에 비교적 익숙했기 때문에, 그렇지 않은 다른 업계보다 잘 대처했다. 몇 개월의 시간이 흐르면서 우리는 원격 근무에 익숙해졌고, 급기야 이제는 대부분의 지식 노동자가 최대한 많은 시간을 원격으로 일하고 싶어 하게 되었다.

내가 원격 근무를 접한 경로는 동료들과는 약간 달랐다. 나는 팬데믹이 벌어지기 몇 년 전부터 원격 근무가 기본인 여러 직무를 담당했다. 예를 들어 어떤 고객사와 일할 때 나는 50여 명의 기술자 그룹 중 유일한 인도인 컨설턴트였다. 다른 기술자들은 대부분 중부 유럽과 동유럽에 걸쳐 여러 가지 제품들을 담당했다. 내 경우는 수 킬로미터 떨어진 사무실로 매일 출퇴근하는 것보다는 인도 푸네Pune시에 있는 나의 홈오피스에서 일하는 것이 좀 더 합리적이었다. 전적으로 우연의 일치지만, 덕분에 나는 회사 동료들보다 훨씬 일찍 원격 근무에 능숙해졌다.

짐작했겠지만 내 고객사들과 동료들, 그리고 나는 각자 서로 다른 경로를 통해서 원격 소프트웨어 개발을 경험했다. 시행착오와 약간의 운 덕분에, 나는 회의 중심의 원격 업무 방식이 장기적으로는 지속 가능하지 않음을 팬데믹 이전부터 잘 알고 있었다. 우리 모두가 익숙한 사무실 환경에는, 누구나 바로 대화에 참여할 수 있고 서로 어깨를 두드려 줄 수 있다는 장점이 있다. 하지만 사무실 환경이 높은 생산성의 귀감은 아니었다. 최신 도구들로 사무실을 '구름', 즉 클라우드에서 모방하면 기존 사무실의 문제점들이 재현될 뿐이다. 그것도 예전보다 훨씬 더 빠른 속도로. 그러면 어떻게 될까? 당연히 우리의 업무 만족도와 생산성이 하락한다.

하지만 내가 그러한 '구름 위 사무실'의 역기능을 제대로 깨달은 것은 인도에서 북미 고객사에 서비스를 제공하는 회사로 이직하고 난 후였다. 인도와 미국 서부 해안 도시의 시간차는 13.5시간이다. 표준 사무실 근무 시간은 두 시간대 사이에서 전혀 겹치지 않는다. 인도에서 나는 마치 북반구의 겨울날처럼 어두컴컴한 시간에 일해야 했다. 미국 동부 해안도 별로 나을 것이 없다. 어쨌든 오늘날까지도 기술 업계에서 일하는 나의 동료들은 차이가 많이 나는 시간대들에 걸쳐 협업하고 있다.

하지만 이런 희생을 당연시해서는 안 된다. 직장에서 미친 듯이 일할 필요는 없다. 기술 산업은 계속해서 성장할 것이다. 그리고 그 성장의 관건은 재능 있는 인재를 유치하는 것이다. 그런데 재능 있는 인재가 항상 기업의 기존 임직원과 같은 시간대에 살고 있다는 보장은 없다. 따라서 나는 미래의 업무에서 분산 근무가 필연적이라고 생각한다. 이런 필연성을 바탕으로, 나는 소프트웨어 개발 실무자가 고성능의 분산 팀을 구축하는 데 도움을 주기 위해 이 책을 썼다. 독자가 이 책을 읽으면서 독자의 프로세스들을 스트레스가 덜하고, 더 효율적이고, 더 재미있고, 더 포용적이고, 좀 더 사려 깊게 개선하는 방법을 배우길 바랄 뿐이다.

이 책의 대상 독자

나는 애자일 소프트웨어 개발의 기본 사항을 이해하고 있는 실무자와 리더를 염두에 두고 이 책을 저술했다. 이 책에는 분산 팀 또는 원격 팀에서 일하는 사람이라면 이미 잘 알고 있을 여러 어려움과 난제가 언급된다. 독자는 그런 어려움들을 '비동기 우선' 접근 방식이 어떻게 해결하는지 이 책을 통해서 알게 될 것이다. 또한, 팀이나 조직을 원격 근무가 기본인 방식으로 소프트웨어를 개발하는 쪽으로 이끌고자 하는 관리자나 리더라면, 그런 팀을 조직화하기 위한 하나의 청사진을 이 책에서 발견할 수 있을 것이다. 여러분의 그러한 시도가 성공한다면, 회사 전체와 고객사들에도 변화가 전파될 것이다.

이 책의 초안을 읽은 사람들은 이 책이 더 광범위한 독자에게 유용하리라고 내게 말해주었다. 협업 관행(practice)들과 관리 관행들을 다루는 이 책의 여러 장(챕터)은 소프트웨어 개발 이외의 분야에도 유용할 것이다. 실제로, 여러분이 꼭 기술전문가(technologist)가 아니라도 호기심 많은 지식 노동자이기만 하다면 이 책에서 가치를 찾아낼 수 있을 것이다. 책 앞부분의 차례를 참고해서 여러분만의 여정을 계획해 보시길!

이 책의 구성

부제 "애자일 소프트웨어 팀을 위한 원격 협업 기법"이 암시하듯이 이 책은 원격 네이티브 (remote-native) 소프트웨어 개발, 즉 원격 근무가 기본인 소프트웨어 개발을 위한 실무 지침서에 해당한다. 비동기 협업은 그러한 목적을 위한 하나의 수단이다. 하지만 단지 애자일 방법론을 맹목적으로 따르는 것이 아니라 민첩함(agility) 자체에 가치를 두는 독자라면, 이 책에서 제안하는 모든 관행을 일일이 따를 필요는 없을 수 있겠다. 그런 경우라면 여러분의 업무에 적용되는 장들만 읽어도 좋다. 즉, 이 책을 반드시 처음부터 끝까지 다 읽어야 하는 것은 아니다.

이 플레이북의 '플레이'[역주]*들은 다음과 같은 총 여섯 개의 부(파트)를 구성한다.

- **PART 01** "새로운 기준, '뉴 노멀'에 적응하기"는 지금 우리 업계에서 비동기적인 협업이 얼마나 중요한지 설명하고, 비동기 우선 업무 방식으로 전환하기 위해 여러분의 팀을 준비시키는 방법을 논의한다.
- **PART 02** "비동기 우선 전환의 준비 작업"은 업무 관행들의 변경을 시도하기 전에 갖추어야 할 도구와 기량, 프로토콜 등의 기본 사항들을 설명한다.
- **PART 03** "실무자 가이드"는 이 플레이북에서 가장 많은 분량을 차지한다. 제3부의 장들은 원격 소프트웨어 개발을 위한 기법들을 일반적인 소프트웨어 개발 관행들과 대응시켜서 설명한다. 구미가 당긴다면 제3부의 모든 장을 읽어보길 권한다. 단, 여러분이 이미 따르고 있는 관행들과 관련된 장들부터 읽는 것이 좋을 것이다.
- **PART 04** "비동기 우선 리더십"은 비동기 우선 팀을 지원하는 리더가 되려면 어떻게 해야 하는지 설명한다. 제4부의 기법들은 이미 관리자 또는 리더 역할을 맡고 있거나 그러길 바라는 사람들에게 적용된다.
- **PART 05** "함정 피하기"는 비동기 우선으로 일할 때 흔히 볼 수 있는 몇 가지 함정과 그것을 피하는 방법을 소개한다. 이런 함정들은 그 어떤 팀도 겪을 수 있다는 점에서, 제5부의 장들에서 소개하는 완화 기법들은 모든 독자가 관심 있게 살펴봐야 할 것이다.

[역주] 원래 플레이북playbook은 스포츠 팀(특히 미식축구팀)이 평소 훈련하고 경기에서 펼치는 플레이들을 모은 '작전집'이다. 소프트웨어 개발팀들도 스포츠의 비유를 채용해서, 자신들이 주로 실행하는 어느 정도 정형화된 활동, 관행(practice)을 '플레이'라고 부르곤 한다. —옮긴이

- **PART 06** "모든 것을 하나로"는 여러분이 비동기 우선으로의 전환을 이끄는 데 도움이 되는 일단의 도구들을 소개하는 것으로 이 책을 마무리한다.

여러분이 팀과 조직을 비동기 우선 업무 방식으로 전환하는 과정에서 필요할 때마다 이 책을 참고하면 좋을 것이다. 어떠한 관행을 팀에 도입할 때 해당 플레이를 바로 참조할 수 있도록 항상 이 책을 여러분 곁에 두기 바란다.

부록 사이트

나는 다양한 범주의 사람들과 내 아이디어를 공유하는 것으로 이 책의 집필을 시작했다. 이 주제와 관련한 생각을 여러분과 공유하고 논의하기 위해 이 책의 부록 웹사이트 https://www.asyncagile.org를 마련했다. 이 사이트를 통해서 여러분과 내가 함께 배웠으면 좋겠다.

그리고 이 책의 여러 장에는 내가 만든 보충 자료나 예제, 템플릿 등을 소개하는 참고자료 글상자가 등장한다. 해당 자료들을 모두 https://www.asyncagile.org/book-resources에서 찾을 수 있다. 언제라도 활용할 수 있도록 이 부록 사이트를 웹 브라우저의 즐겨찾기에 추가해 두기 바란다.

이 여정을 나와 함께 하기로 한 독자에게 감사드리며, 이제 출발하자!

감사의 글

첫 번째 책을 쓴 초보 저자로서 나는 이 책에 생명을 불어넣어 준 많은 사람에게 감사한다. 무엇보다도, 원격 및 비동기 업무를 열렬히 주창해 온 제이슨 프리드Jason Fried와 데이비드 하이네마이어 한손David Heinemeier Hansson 같은 선구자들과 깃랩GitLab 같은 기업자들에게 감사의 뜻을 표해야 마땅하겠다.

좀 더 가까운 이들로 넘어가서, 나는 애자일 소프트웨어 개발 분야의(특히 IT 컨설팅의) 선구자인 Thoughtworks에서 일한 것을 행운으로 여긴다. 솔직히 말해서 이 책의 아이디어 대부분은 내가 Thoughtworks에서 일한 경험에서 온 것이다. 나는 그 회사의 동료들이 수고롭게 가르쳐 준 덕분에 배울 수 있었던 여러 기법을 이 책에 담았다.

동료 산토시 마할레Santosh Mahale, 사가르 폴Sagar Paul, 사미르 소만Sameer Soman과 Thoughtworks 인도 지사의 엔지니어링 그룹에 특별한 감사의 말을 남겨두어야 하겠다. 이들은 내가 이 책을 저술할 시간을 마련해 주었다. 이들의 지원은 Thoughtworks가 우리가 배운 것을 공유하는 데 그토록 바람직한 환경인 이유를 잘 보여준다.

마틴 파울러Martin Fowler의 지도와 조언이 없었다면 나는 이 책을 만드는 여정을 시작하지 않았을 것이다. 그는 이 책에 담긴 아이디어들의 검증을 도왔을 뿐만 아니라, 바쁜 일정에서도 시간을 내서 다소 엉망인 원고를 읽어주었다. 나는 그가 공유해 준 피드백을 언제나 소중히 여길 것이다. 그 덕분에 책이 더욱더 풍성해졌다. 마틴은 이 책의 추천사도 써 주었다. 나는 그 추천사를 이 책에 대한 커다란 지지로 여긴다. 추천사 말이 나왔는데, 이 책은 추천사가 두 개이다. 다른 하나는 현재 원격 근무 분야에서 가장 유명한 리더 중 한 명인 대런 머프가 썼다. 그는 새로운 직책에 적응하는 도중에 시간을 내서 이 책에 관한 사려 깊은 글을 써주었다. 두 사람 모두에게, 내가 아무리 감사해도 모자랄 것이다.

또한 가야트리 모한Gayathri Mohan과 파울로 카롤리Paulo Caroli, 수닐 문드라Sunil Mundra, 비노드 상카라나라야난Vinod Sankaranarayanan, 망갈람 만다쿠마르Mangalam Nandakumar도 수많은 조언과 격려를 보내주었다. 이미 책을 낸 저자인 이들이 관대하게 자신의 경험을 공유해 준 덕분에 나는 책을 쓴다는 것이 어떤 것인지에 관한 하나의 기준을 얻게 되었다.

사친 다르마푸리카르Sachin Dharmapurikar, 비제이 라가반 아라바무단Vijay Raghavan Aravamudhan, 수니타 벤카타찰람Sunita Venkatachalam, 앨리슨 매퀸Allison MacQueen은 여러 장에 관한 피드백을 제공했다. 그들의 의견 덕분에 이 책의 아이디어가 풍부해졌다. 그리고 제임스 스태니어James Stanier 박사를 빼먹을 수 없다. 이 책의 기술 감수자로서 그가 제공한 솔직하고 세세한 피드백은 이 책을 여러분이 지금 보고 있는 제품으로 다듬는 데 도움이 되었다.

아이디어들이 부딪히면 새로운 아이디어가 나온다. 에이미 러키Amy Luckey, 대니얼 푸피우스 Daniel Pupius, 모하메드 나지울라Mohammed Najiullah, 프리아 다르시니Priya Darshini M G가 원격 근무와 원격 관리에 관한 자신의 아이디어와 경험을 쓴 글들이 이 책의 저술에 도움이 되었다. 그들의 생각은 여러분이 보고 있는 이 책의 상당 부분에 영감을 주었다.

피어슨(원서 출판사)의 담당 편집자 그레그 도엔치Greg Doench는 이 책의 잠재력을 가장 먼저 믿어준 사람 중 하나로, 처음부터 변함없는 신뢰를 보였다. 그의 전염성 있는 열정은 이 프로젝트 기간 내내 원동력으로 작용했다. 저술 기간 동안 직접적인 연락을 담당한 피어슨 인도 지사의 멘카 메타Menka Mehta에게도 감사한다. 뭔가 궁금한 것이 있으면 항상 메카가 답을 해주었다. 그리고 이 책의 개발 편집자(developmental editor)인 크리스 잔Chris Zahn 박사가 제공한 통찰력 있는 서면 피드백 덕분에 나는 스타일 지침과 원고를 세련되게 다듬는 과정을 좀 더 깊게 이해하게 되었다. 교정 담당자 킴 윔프셋Kim Wimpsett은 내 원고를 촘촘한 빗으로 빗질하듯 검토했다. 킴이 세부사항에 주의를 기울인 덕분에 내 문체의 여러 맹점을 발견할 수 있었다. 줄리 나힐Julie Nahil과 샬롯 쿠겐Charlotte Kughen은 이 책을 쓰기 전에는 경험하지 못한 제작 및 디자인 활동들로 나를 이끌었다. 이들과 전체 피어슨 사단이 없었다면 이 책이 여러분의 손에 도달할 수 없었을 것이다.

이 책의 아이디어들을 더 많은 사람에게 전하는 과정에서 나를 위해 컨설팅과 강연 기회를 제공한 파라나브 샤Pranav Shah, 아스윈 랄Ashwin Lal, 아브니시 칸드혹Avneesh Chandhok, 밍 린슬리Ming Linsley, 시프라 샨딜랴Shipra Shandilya, 젬 일라이스Jem Elias, 제이딥 카클라바르티Jaydeep Chakrabarty 같은 동료들도 언급해야 할 것이다. 비동기 우선 업무라는 개념에도 때때로 동기적인 스토리텔링이 필요하다!

지난 몇 년 동안 나는 친구와 가족이 얼마나 소중한지 깨달았다. 내 인생의 소중한 이들을 언급하고자 한다. 먼저, 지난 15년 동안 Thoughtworks에서 나와 친구 사이였던, 비동기적 협업의 옹호자 나가르준 칸두쿠루Nagarjun Kandukuru가 있다. 내 작업에 대한 그의 지지 덕분에 가슴이 따뜻해졌다. 또한 절친한 친구 아누루프 크리슈난Anuroop Krishnan, 마니시 바이댜Manish Vaidya, 체트나 소니Chetna Soni, 수랄리 바이댜Surali Vaidya는 나의 가장 열렬한 응원단이었다. 그리고 사랑스러운 나의 아내 가야트리는 언제나 나의 첫 번째 의논 상대였다. 내 아이디어를 듣느라, 그리고 내가 쓴 모든 초고를 읽느라 지겨웠겠지만, 그래도 아내는 항상 나의 기분을 맞추어 주었다. 만일 이 책이 재미있게 읽힌다면, 그것은 이 책이 먼저 아내의 필터를 통과했기 때문이다. 내 아이들인 아브니Avni와 비한Vihaan은, 이 책이 자신들에 대한 아빠의 사랑에서 비롯된 노력의 산물임을 아직 알지 못한다. 하지만 내가 책을 쓰는 동안 나를 가만히 놔둘 정도의 이해심은 가지고 있다. 아이들이 자라면 그것이 내게 얼마나 큰 의미였는지 알게 될 것이다. 일단 지금은 내 감사의 마음을 글로나마 남기겠다. 언젠가는 아이들과 함께하지 못한 시간을 꼭 보상하겠다고 약속한다.

마지막으로, 초창기부터 Asyncagile.org를 방문하고 지원한 모든 사람에게 큰 목소리로 감사의 뜻을 표한다. 예, 바로 여러분 말입니다! 당시에는 나를 후원할 필요가 없었음에도, 여러분은 시간을 내서 내가 알리고자 한 글을 읽었고, 그것을 주변에 퍼뜨렸다. 여러분이 없었다면 이 책을 쓸 자신이 없었을 것이다. 어디에 사는 누구인지 모르지만, 그저 고마울 따름이다.

옮긴이의 글

코로나19 때문에 전 세계적으로 수많은 기업이 재택근무를 시행했습니다. 국내에도 여러 소프트웨어 개발사를 포함해 많은 기업이 재택근무를 시행했는데, 이를 반긴 사람들이 많았던 것으로 기억합니다. 하지만 기업도 직원도 충분한 준비 없이 무작정 재택근무를 시작한 탓에 생산성 저하 등 여러 문제점이 드러났고, 그래서인지 시간이 지나면서(특히 코로나19가 엔데믹으로 격하되면서) 안타깝게도 다시 사무실 복귀를 지시하는 기업이 늘고 있습니다.

그런 모습을 보면서 이 책이 좀 더 일찍 나왔다면 하는 아쉬움이 많이 듭니다. 이 책에서 저자는 기존 업무 방식은 그대로 두고 업무 환경과 도구만 구름(클라우드)으로 옮긴 '구름 위 사무실'의 문제점을 지적하면서, 팀원들이 여러 장소와 시간대에 분산되어 일하는 소프트웨어 개발팀이 효과적으로 협업하는 방법을 친절하고 사려 깊게 설명합니다. 특히, 민첩하고 동기적(실시간)인 협업이 기본인 애자일 방법론을 따르는 개발팀에서 비동기를 우선시하는 원격 협업이 어떻게 가능한지를 설득력 있게 전개해 나가는 모습이 대단히 인상적입니다.

책의 사례 중에 모든 팀원이 같은 시간대에 있는 다수의 국내 개발자들에게는 조금 생소한 이야기도 있겠습니다. 하지만 책 전체에 녹아있는, 다년간의 원격 협업 경험에서 뽑아낸 저자의 조언과 지침은 장소와 시간을 넘어 유효할 것입니다. 아무쪼록 국내 소프트웨어 개발자들이 앞으로도 계속 재택근무를 유지하는 데, 그리고 일과 삶의 균형('워라밸')을 찾는 데 이 책이 도움이 되길 바랍니다.

원서의 내용을 정확하게 전달하는 것은 물론이고 저자의 세심하고 사려 깊은 성품까지 독자의 마음에 닿도록 번역하고자 노력했는데 어떨지 모르겠습니다. 용어 관련해서는 기존 애자일 및 프로젝트 관리 관련 한국어 자료 외에 아마존 AWS나 아틀라시안 등 관련 서비스들의 한국어 문서도 참고했음을 알려 드립니다. 오타나 오역을 발견했다면, 또는 궁금하거나 토론하고 싶은 점이 있으면 제 홈페이지 류광의 번역 이야기(https://occamsrazr.net/)를 방문해 주세요. '번역서 정보' 페이지에서 이 책을 위한 페이지로 가는 링크를 발견할 수 있을 것입니다.

이 책의 출간에 기여하신 모든 분께 진심으로 감사의 말씀을 드립니다. 특히 이 책을 번역할 기회를 제게 제공하고 전 과정을 매끄럽게 이끌어 주신 정보문화사 남무현 팀장님과 깔끔한 조판으로 읽기 좋고 보기 좋은 책을 만들어 주신 남현 디자이너님, 고맙습니다. 그리고 한결같이 제 원고를 꼼꼼히 살펴보고 갖가지 오타와 오역을 잡아낸 아내 오현숙에게 감사와 사랑의 마음을 전합니다. 재미있게 읽으시길!

—옮긴이 류광

목차

01 새로운 기준. '뉴 노멀'에 적응하기

02 비동기 우선 전환의 준비 작업

03 실무자 가이드

목차

04 비동기 우선 리더십

새로운 기준,
'뉴 노멀'에 적응하기

코로나19 팬데믹 때문에 지식 노동 산업은 원격 근무 체제로 전환해야 했다. 오늘날 여러 회사와 팀이 여전히 원격 근무 혹은 재택근무를 계속하고 있지만, 그런 회사들은 기존의 사무실 중심 업무 관행을 여전히 따르고 있다. 제1부에서 나(저자)는 새로운 분산 근무 체제의 이점을 취하려면 그런 업무 방식을 바꾸어야 한다고 주장한다.

- **제1장** "더 나은 업무 방식이 있을 거야!"는 이 책 전반에서 비동기 업무 방식이 어떻게 분산 소프트웨어 개발을 재미있고도 지속 가능하고 포용적이며 규모가변적인 형태로 바꾸는지를 설명하기 위한 '무대'를 만든다.

- **제2장** "변화를 수용하는 사고방식 조성"은 비동기 우선 업무 방식으로 전환하기 위해 여러분의 팀을 준비시키는 방법을 설명한다. 구체적인 활동(제2부)으로 들어가기 전에 먼저 여러분의 동료들을 변화를 향해 정렬시킬 필요가 있다. 이를 준비하는 데 제2장의 개념들이 도움이 될 것이다.

제01장
더 나은 업무 방식이 있을 거야!

6:25 AM 니타가 침대에서 겨우 벗어난다. 이미 자명종을 다섯 번이나 지연시킨 후이다. '이런, 늦었네.' 니타는 아들 아빈을 흔들어 깨운다. 학교로 출발하려면 30분밖에 남지 않았다. '젠장, 운전해야 하잖아.' 그녀는 스쿠터를 더 좋아하지만, 지금 밖에는 비가 퍼붓는 중이다. '인도의 몬순을 내가 어쩌겠어.' '좋아, 30분 내로 해치우자.' 니타는 씻고, 커피를 마시고, 아빈의 도시락을 싼다. '아차, 우유 주문하는 거 까먹었네!' 다행히 분유가 남아 있다. 니타는 서둘러 샌드위치 두 개를 만들고, 아빈이 아침으로 먹고 갈 계란도 부친다.

7:45 AM 니타가 하루를 이렇게 시작하길 바란 것은 아니었다. 혼자 아이를 키우면서 일하기란 쉽지 않다. 그녀는 아이를 간신히 제시간에 등교시켰다. 더 일찍 일어나서 하루 일을 준비하고 싶었지만, 늦게 잠든 탓에 충분히 숙면을 취할 수 없었다. 업무는 정오가 되어야 시작한다. '잠깐 더 잘 수 있을까?' 아닐 것이다. 업무 준비뿐만 아니라 요리, 쓰레기 버리기, 설거지 등등 할 일이 많다. 그런 일이 저절로 되지는 않는다.

12:00 PM 니타는 오후 근무조이다. 인도의 벵갈루루시에 사는 니타의 재택근무는 정오(오후 12시)에 시작해서 저녁 10시에 끝나고, 중간에 쉬는 시간이 한 시간 있다. 니타는 미국 콜로라도주 볼더Boulder시에 있는 고객사를 위해 일하는데, 일부 팀원은 미국 아이다호주 보이시Boise시에서 근무한다. 인도와 미국의 근무 시간이 겹치는 구간은 한 시간 정도이고, 그래서 팀 전체가 회의를 하려면 그 시간에 해야 한다. 니타는 일을 시작하기 전에 30분 정도 눈을 붙이려 했지만, 그저 침대에서 뒤척이다 일어난다.

2:30 PM 아빈을 데리러 갈 시간이다. 한 시간의 휴식 시간 중 40분이 소비된다. 점심은 이미 빠르게 해치웠다. 커피와 저녁은 업무용 책상에서 먹어야 할 것 같다. '어휴.'

5:00 PM 디자이너인 니타는 곧 있을 스프린트sprint에서 전달(delivery)[역주]해야 하는 새 기능을 위한 와이어프레임 몇 개를 만드는 중이다. 하지만 15분 후에 팀의 비즈니스 분석가와 회의가 있다. 종종 니타는 자신이 아무 일도 끝내지 못하는 게 아닌가 하는 자괴감에 빠진다. 지난 네 시간 중 두 시간은 새 팀원의 온보딩onboarding을 위한 회의와 저녁에 있을 스프린트 계획 회의를 준비하는 또 다른 회의로 보냈다. 니타는 자신이 맡은 일을 좀 더 진행하려고 했지만 연속된 시간이 충분하지 않았고 일을 시작하는 데 사용할 정보도 충분하지 않았다.

9:00 PM 아빈이 크리켓 훈련에서 돌아와서 샤워하고 저녁을 준비했다. 아빈은 착한 아이이다. 니타를 껴안고 잘 자라고 뽀뽀하고는 잠자리에 들었다. "내일은 제 시간에 출발할 거예요"라고 그는 약속했다. 오늘 하루 니타는 그나마 커피의 힘으로 버텼다. 팀은 현재 보이시의 팀원들 및 볼더의 고객과 함께 스프린트 계획 수립에 관한 회의를 진행하고 있다. 한 시간 더 힘을 내야 한다. '하느님 커피를 주셔서 감사합니다.'

10:00 PM '으악!' 니타는 아직도 일을 마치지 못했다. 고객은 제안된 반복 계획(iteration plan)에 대해 몇 가지 수정 사항을 요청했다. 이제 니타는 아직 마무리되지 않은 사용자 스토리(user story)들을 위한 와이어프레임들을 완성해야 한다. 15분 후에 팀 허들 회의가 있다.

11:00 PM 드디어 잠자리에 들 수 있다. '아, 잠깐만!' 우유 배달 주머니를 현관 앞에 내놓고 우유 주문을 재차 확인해야 한다. 그리고 아빈도 생각만큼 착한 아이가 아니었다. 잠자러 가기 전에 주방을 치우지 않았다. 니타는 소매를 걷어붙이고 청소를 시작한다.
청소를 마친 니타는 옷을 갈아입고, 양치질과 치실질을 한 후 잠자리에 든다. 하지만 잠이 들려 해도 잠이 오지 않는다. 카페인 과다일까? 밝은 화면

[역주] 소프트웨어 프로젝트 관리의 맥락에서 delivery를 '인도'로 번역하기도 하지만, 이 책에서는 나라 이름 인도가 자주 나오기 때문에 불필요한 혼란을 피하기 위해 '전달'로 옮기기로 한다. 문맥에 따라서는 '납기', '마감'으로 옮기기도 하겠다. '전달'은 'conveyance' 등 의사소통과 관련해서도 쓰이지만, 문맥으로 충분히 구분할 수 있을 것이다. ─옮긴이

을 너무 오래 봤기 때문일까? 누가 알겠는가? 그녀는 휴대전화로 관심을 돌린다. 팀은 스프린트 계획의 변경 사항을 논의 중이다. 졸릴 때까지 논의를 지켜봐야 할 것 같다.

새 단장이 필요한 업무 방식

휴, 니타에게 대단한 하루였다. 이 예를 비현실적이라고 생각하는 독자도 있겠지만, 여러 대륙에서 근무하는 수많은 원격 근무 기술자들에게는 흔한 일상이다. 니타는 가상의 인물이지만, 내가 아는 사람 중에 실제로 니타처럼 생활하고 일하는 사람이 많다. 물론 구체적인 근무 시간은 팀이 걸쳐 있는 시간대들에 따라 다를 것이다. 하지만 이처럼 하루에도 여러 번 맥락이 바뀌고 업무가 중단되는 것은 시간대와 무관하게 흔한 일이다.

2020년에 전 세계적 팬데믹 때문에 원격 근무로의 전환이 가속화되었다. 이것이 올바른 방향으로의 변화였음은 분명하다. 사람들이 강력한 컴퓨터를 항상 휴대하고 다닐 뿐만 아니라 훌륭한 온라인 협업 도구들이 있고 대부분의 장소에서 상당히 좋은 인터넷 연결이 제공되는 세상에서, 굳이 몇 시간을 들여서 시끄러운 사무실로 출근하는 것이 애초에 이상한 일이었다. 사람들은 직업과 경력을 위해 개인적인 삶을 상당히 희생하고 있다. 경력(커리어)에만 전념하는 사람이라면 별문제가 아니었겠지만, 삶의 균형을 추구하는 사람들도 있다. 그런 사람들에게 원격 근무는 일과 삶의 균형(소위 '워라밸')을 바로잡아 줄 약속과도 같았다. 그리고 조직[역주]에게 원격 근무는 단지 해당 지역에 사무실이 없다는 이유로 고려 대상에서 제외했던 인재 풀을 활용할 기회로 작용했다.

직원이 어디에서나 일할 수 있다면 조직은 어디에 있는 인재라도 고용할 수 있다. 지식 노동 분야는 항상 구직자보다 구인자가 많으므로, 인재 풀이 넓다는 것은 고용주의 입장에서 볼 때 여러 제약조건 아래에서도 사업의 규모를 키울 수 있는 장점이 된다.

이 책이 단지 원격 근무 체제를 옹호하기 위한 것은 아니다. 그런 책은 이미 많이 있다. 저자인 내가 묻고자 하는 질문은 니타 같은 사람들에게 "더 나은 업무 방식이 있는가?"라는 것이다. 2020년 당시에는 조직들이 원격 근무로 너무 급하게 전환하다 보니, 사무실 환경에서 효과적

[역주] 이 책에서 '조직(organization)'은 영리 회사나 비영리 단체를 포함해서 사람들이 모여서 어떤 일을 하는 모든 단체를 포함하지만, 주로는 소프트웨어 개발사를 뜻한다. 비슷하게, '우리'는 소프트웨어 개발팀을 가리킬 때가 많다. —옮긴이

이라고 느꼈던 여러 업무 관행들이 원격 근무에도 유효한지를 충분히 검토하지도 않고 그대로 원격 근무에 적용하는 우를 범하는 조직이 많았다. 그러다 보니 니타처럼 일과 삶의 균형과 정신 및 육체 건강을 희생하는, 그리고 깊고 의미 있게 업무를 수행할 자신의 역량이 손실되는 사람이 많이 생겼다. 더 나은 업무 방식이 있어야 한다.

이 책은 새로운 업무 방식을, 특히 소프트웨어 개발팀에 잘 맞는 새로운 업무 방식을 명확하게 설명한다. 이 새로운 업무 방식의 핵심은 **비동기 협업**(asynchronous collaboration)을 받아들이는 것이다. "그게 뭔데?"라고 묻는 독자를 위해 내가 생각하는 최선의 정의를 제시하겠다. 다음 정의는 캐서린 탠시Catherine Tansey의 글[1]과 마르셀로 르브레Marcelo Lebre의 글[2]에서 유도한 몇 가지 정의를 결합한 것이다.[주]

> 비동기 근무(asynchronous work)는 다수의 팀원이 동시에 온라인에 접속할 필요가 없도록 하는 팀 업무 관행이다. 각 팀원은 자신이 가진 자료로 최대한 많은 일을 하고 그 결과를 명확하게 서술한다. 그런 다음에는 후속 작업을 수행할 다음 작업자에게 작업의 소유권을 넘겨주고, 자신은 다음 작업으로 넘어간다.

이런 방식이 현재 팀과 협업하는 방식과는 상당히 다른 독자들이 많을 것이다. 그런 독자를 위해, 조직이 이런 업무 방식으로의 전환을 고려해야 하는 이유를 설명해 보겠다.

복잡한 문제에는 더 똑똑한 협업이 필요하다

내가 IT 분야에서 일을 시작할 당시에 조직이 고객을 위해 해결하던 문제는 오늘날 우리가 해결하는 문제와 크게 다르다. 예를 들어 요즘은 단순한 CRUD(create, read, update, delete; 생성, 읽기, 갱신, 삭제) 앱을 구축해 달라고 하는 고객이 거의 없다. 그런 개발 외주 분야는 '로우코드low code' 개발 플랫폼 때문에 사장되었다. 간단한 온라인 쇼핑몰 제작은 어떨까? 이 개발 외주 분야는 코딩을 하지 않는 사람도 얼마든지 간단하게 온라인 판매 페이지를 만들 수 있는 쇼피파이Shopify 같은 서비스들 때문에 사장되었다. 또한, 대규모 데이터 센터 관리 서비스들이나 마이크로소프트 애저, 구글 GCP, 아마존 AWS 같은 하이퍼 스케일러hyper scaler 덕분에 사내 IT 팀의 인프라 관리 업무가 훨씬 쉬워졌다.

오늘날 우리가 하는 일은 그보다 훨씬 복잡하다. 우리는 플랫폼, 데이터 메시data mesh, 심층학습 신경망 같은 것들을 만든다. 우리는 기존 기업들이 처음부터 디지털로 시작한 시장 파괴

[주] 인용문이나 사실관계 등의 출처와 참고 문헌은 책 끝부분에 있다. 【1】, 【2】 같은 미주 번호로 찾으면 된다.

자들과 경쟁할 수 있도록, 수십 년 묵은 구식 시스템(legacy system)을 현대화한다. 또한 우리는 인간-기계 경험(human-machine experience)을 발전시킬 새로운 방법을 모색한다. 그런데 만일 조직에 다음과 같은 문제점이 있다면 이런 종류의 프로젝트들을 제대로 완수할 수 없다.

- 조직이 회의나 대면 대화, 부족 지식(tribal knowledge)에 과도하게 의존한다.
- 좋은 서면 의사소통(written communication)이 부족하다.
- 중단 없이 몰입해서 일할 수 있는 환경을 조성하고자 하는 의지가 없다.

비동기 협업은 사람들이 꼭 필요할 때만 만나고, 생산적인 대화를 나누고, 실질적인 업무를 수행할 시간을 사람들에게 부여할 것을 약속한다.

유연성의 약속

2022년 4월에 나는 글로벌 IT 기업의 선도적인 소프트웨어 개발 단위에서 근무하는 450명 이상의 인도 직원들을 대상으로 설문조사를 실시했다. 업무에서 가장 싫은 점이 무엇인지 묻는 조항이 있었는데, 응답자의 50% 이상이 다음 두 가지가 제일 싫다고 답했다.

- 길고 연속적인 근무 시간
- 야근(추가 근무)

이는 원격 근무가 약속하는 것과는 거의 정반대의 문제점이다. 루크 토머스Luke Thomas와 아이샤 사마케Aisha Samake는 저서 *The Anywhere Operating System*에서 원격 근무의 약속을 다음과 같이 개괄했다.[3]

> 동료들이 "나는 재택근무가 좋아요"라고 말한다면, 이는 단지 일하는 장소에 대한 것뿐만이 아니라 일하는 시간에 대한 것이기도 함을 유념하자. 이것이 바로 평범한 곳에 숨어 있는 비밀이다!

실제로, 최근 내가 수행한 설문조사의 응답자 중 매일 사무실로 출근하고 싶다고 답한 사람은 5% 미만이었다. 응답자의 60%는 '주간(daytime) 정규 근무 시간', 즉 오전 9시에서 오후 5시까지 근무하길 선호한다고 답했다. 그리고 28%는 자신이 원하는 방식으로 여덟 시간을 일하는 유연한 스케줄을 원했다. 그리고 이런 기대들이 변하고 있다. 나보다 더 많은 사람을 조사한 Future Forum의 연구도 이 점을 시사한다. 다음은 그 연구 보고서[4]의 일부이다.

근무 시간을 자율적으로 결정할 수 있는 능력이 거의 없거나 전혀 없다고 답한 지식 노동자는 향후 1년 이내에 새 직장을 '반드시' 찾아볼 가능성이 (근무 일정의 유연성이 어느 정도 있는 사람들보다) 2.6배 높았다.

이직 기회는 고용 시장과 경제 상황에 따라 있을 수도 있고 없을 수도 있지만, 어쨌든 사람들이 무엇을 선호하는지는 분명하다. 비동기 업무 방식은 사람들이 원하는, 각자 자신의 생산성이 가장 높은 시간대에 근무할 수 있는 자율성과 유연성을 제공한다. 더 중요한 점은, 이를 통해 관리자와 고용주가 직원들을 신뢰하고 직원들에게 권한을 부여한다고 느끼게 할 수 있다는 것이다.

얕은 물에서 벗어나기

제품 관리자(프로덕트 매니저)이자 야망을 품은 디자이너였던 나는 항상 개방된 사무실의 한가운데 자리에서 일했다. 끊임없는 백색 소음도 괴로웠지만, 단지 내가 항상 그 곳에 있다는 점 때문에 언제라도 주저 없이 내 일을 방해하는 사람들 때문에 더욱 괴로웠다. 특히, 팀을 위해 충분한 시간 동안 집중해서 일을 마치고 싶었지만 그럴 수 없을 때가 많았다. 내가 갈망한 것은 칼 뉴포트Cal Newport가 말한 딥 워크deep work[5], 즉 **심층 작업**[역주]이었다. 나는 인지 능력이 크게 요구되는 작업을 외부의 방해 없이 집중해서 수행하고 싶었다.

원격 근무가 시작되면서 백색 소음에서는 벗어날 수 있었다. 갑자기 건물 구석진 곳에 개인 사무실이 생긴 것과도 같았다. 물론 실제로는 내 집의 한 방이다. 그러나 집중을 가로채는 방해 요인들은 사라지지 않았다. 예전에는 테이블 너머로 말을 걸어서 나를 방해하던 사람들이 이제는 화상회의와 인스턴트 메시징 플랫폼에서 종일 주고받는 메시지로 나를 방해한다. 니타처럼 나도 하루가 1시간 단위로 쪼개지다 보니 충분히 집중해서 일할 시간을, 그러니까 '딥 워크' 혹은 심층 작업을 수행할 시간을 내기가 어렵다. 폴 그레이엄Paul Graham은 2009년 에세이 "Maker's Schedule, Manager's Schedule(제작자의 일정, 관리자의 일정)"[6]에서 이 점을 다음과 같이 설득력 있게 지적했다.

팀을 제작자(maker)의 일정에 따라 운영하면 회의는 재앙이 된다. 회의 하나로 오후 근무가 통째로 날아가기도 하고, 그렇다고 두 번으로 나누면 각 회의가 너무 작아져서 뭐든 제대로 할 수 없게 된다.

[역주] '심층 작업'은 뉴포트의 저서 *Deep Work: Rules for Focused Success in a Distracted World*를 번역한 《딥 워크: 강렬한 몰입, 최고의 성과》(김태훈 옮김)에 나온 '심층적 작업'을 참고해서 선택한 용어이다. 간결함을 위해 '~적'을 생략했다. —옮긴이

비동기 협업은 "회의는 최우선 선택지가 아니라 최후의 수단"이라고 주장한다. 현재 여러분의 협업 방식에 회의가 아주 많다면 이런 주장이 급진적으로 들릴 수도 있겠다. 비동기 협업은 의사소통 도구들을 신중하게 사용해야 한다고 주장한다. 작업 중단(interruption)에는 비용이 따른다는 점에 여러분도 공감했으면 좋겠다. 다음은 미하이 칙센트미하이Mihaly Csikszentmihalyi의 베스트셀러 *Flow: The Psychology of Optimal Experience*[7](번역서는 《몰입, FLOW》, 최인수 옮김)에 나오는 문장인데, 우리 대부분이 직장에서 경험하고 싶어 하는 상태를 잘 표현한다.

> … 어떠한 활동에 너무나 몰두한 나머지 다른 모든 것은 전혀 중요하지 않아 보이는 상태; 이는 큰 대가를 치르더라도 기꺼이 그 일을 계속하고 싶을 정도로 즐거운 경험이다.

하지만 현실은 암울하다. 내 설문조사에서 450여 명의 참여자 중 97%가 이런 '몰입(flow)'에 관심이 있다고 답했지만, 몰입에 정기적으로 빠진다는 참여자는 12.5%, 즉 여덟 명 중 한 명꼴이었다. 비동기 업무는 우리가 몰입에 빠질 확률을 높여준다.

심층 작업의 또 다른 장점은 동료들과의 상호작용이 깊어진다는 것이다. 대니얼 카너먼Daniel Kahneman의 획기적인 저서 *Thinking, Fast and Slow*[8](번역서는 《생각에 관한 생각》, 이창신 옮김)는 두 가지 사고방식 혹은 정신 체계를 설명한다. 카너먼이 '시스템 1'이라고 부르는 첫째 체계는 직관적이고 빠른 사고방식이다. 예를 들어 누가 부모님 성함을 묻거나 2 더하기 2가 몇이냐고 물었을 때, 또는 자기 집을 찾아갈 때 사용하는 것이 시스템 1이다. 반면 두 자릿수 곱셈처럼 좀 더 깊게 생각해야 하는 문제에는 더 느린 사고가 필요하다. 카너먼은 그런 종류의 사고방식을 '시스템 2'라고 부른다. 본능적인 사고방식인 시스템 1은 결정을 빠르게 내리는 데에는 도움이 되지만, 편견과 오해의 여지가 있다. 업무에 효과적인 접근 방식은 시스템 1과 시스템 2를 결합하는 것이다.

회의나 회합이 기본 업무 수단인 문화는 시스템 1의 영역에 속한다고 할 수 있다. 그런 문화에서는 속도를 늦추고 몇 수준 깊게 들어가서 분석할 시간이 거의 없다. 반응성과 출석(presence)이 강조되지만, 심층 작업은 희생된다. 반면에 비동기 업무 방식은 좋은 분석과 사고를 우선시한다. 비동기 업무 방식에서 회합은 팀원들이 각자 한 가지 주제를 충분히 숙고한 후에야 벌어진다. 그것도 집중적인 협업이 필요한 어떤 사항이 있을 때 특정한 시간을 미리 정해두고 진행된다. 따라서 회합은 지금까지 각자 진행한 심층 작업을 더욱 깊게 만드는 효과를 낼 수 있다.

좀 더 포용성 있는 업무 환경

내 설문조사에 참여한 사람들은 인도에 있는 여러 해외 외주 개발팀에서 일한다. 외주를 준 고객사들이 주로 북미에 있다 보니, 다수의 사람이 최대 13시간의 시차가 있는 시간대들에 걸쳐서 근무한다. 그것이 쉬운 일이 아님은 굳이 말할 필요가 없을 것이다. 그리고 어떤 일이 대부분의 사람에게 힘들다면, IT 업계의 여성처럼 역사적으로 소외된 집단에는 더욱더 힘들기 마련이다. (이 주제를 두고 몇 년간 논의가 있었지만, 2022년 기준으로 IT 업계의 여성 비율은 33%에 불과하다.[9] 기술직의 경우는 비율이 25%로 떨어진다.)

예를 들어 회의가 많은 **빡빡한** 일정은 누구에게나 쉽지 않지만, 대부분의 사회에서 가사와 육아를 배우자에 비해 큰 비중으로 떠맡고 있는 여성에게는 특히나 더 힘들다. 이제 업무 시작 시간과 종료 시간이 정해져 있지 않으며, 사람들이 자신에게 적합한 일정에 따라 일하는, 그리고 정해진 8시간 안에 모든 의사소통을 몰아넣어야 한다는 압박이 없는 근무 환경을 상상해 보자. 그런 제약이 없으면 더 많은 취약 계층이 취직할 길이 생긴다. 사회를 하룻밤 사이에 바꾸지는 못한다. 하지만 우리의 일터는 바꿀 수 있다. 그것이 비동기 업무가 주는 약속이다.

말이 난 김에 좀 더 이야기하자면, 직장 내의 다양한 성격에 관해서도 생각해 보자. 어떤 주제에 관해 자신의 의견을 나서서 이야기하는 경우가 거의 없는 내성적인 사람들이 있는가 하면, 생각은 깊게 하지만 영어가 모국어가 아니라서 자신의 의견을 표현하는 데 자신감이 없는 사람들도 있다. 의사소통을 비동기식으로 진행하면, 그런 사람들도 자신의 생각과 아이디어를 자신에게 편안한 속도로 공유할 여지가 생긴다. 그리고 현대적인 글쓰기 도구들 덕분에 영어가 모국어가 아닌 사람도 철자와 문법을 얼마든지 교정할 수 있다. 그러면 내성적인 사람이 회의실에서 자신의 의견을 말하기 위해 억지로 목소리를 높일 필요가 없다. 다양성(diversity)을 여러 부류의 사람을 파티에 초대하는 것에 비유하고 포용성(inclusivity)을 그런 사람들에게 춤을 청하는 것에 비유한다면, 비동기 업무는 그러한 포용성에 도움이 된다.

행동이 기본

소프트웨어 공학에서는 완벽해질 때까지 기다릴지, 아니면 틀릴 수 있어도 빠르게 진행하는 ("be wrong at speed") 것이 나을지를 두고 선택해야 할 때가 많다. 모든 사람이 한 사무실의 커다란 테이블에 앉아서 일하는 환경에서는 그냥 다른 사람의 어깨를 두드리거나 말을 걸어서 도움을 요청하거나 뭔가를 제안하는 것이 일상적이다. 그럴 때 그 사람의 몰입이 깨질 수도 있다는 점은 별로 신경 쓰지 않는다. 어쨌거나 의사소통 덕분에 완벽함에 한 걸음 더 가까이 가게 된 것이 아닌가! 하지만 원격 근무 환경에서 그런 접근 방식을 사용하면 여러 가지 문제점이 발생한다. 원격 근무 환경에서는 누군가를 불러서 뭔가를 요청할 때 그 사람이 한가한지, 바쁜지, 뭔가에 몰입하고 있는지를 파악하기가 쉽지 않다. 그런 상황과 관련해서 Remote.com은 "행동이 기본(default to action)"이라는, 즉 일단은 행동하고 본다는 개념을 제시한다. 협업을 위해 누군가의 일을 중단시키는 것이 완벽함에 다가가는 데 도움이 될 수는 있지만, 해당 팀원이 중단된 일을 다시 시작하기가 어려울 수도 있음을 간과하면 안 된다. 나중에 다시 원래 지점으로 돌아갈 수 있다고 해도, 애초에 중단 없이 진행하고 나중에 협업하는 게 더 낫다.

> 아직 팀이 해당 업무를 해낼 준비가 되지 않았거나, 작업 계획이 마련되지 않았거나, 의사 결정권자가 시스템에 접속하지 않았거나 등등 업무를 제대로 진행하기 어려운 상황이 자주 발생한다. 그럴 때 성공적인 팀은 일단은 일을 진행한다. 나중에 리팩터링과 조정 작업이 필요할 수도 있지만, 뭔가를 "기다리는" 데 시간을 낭비하지는 않는다.
>
> —마르셀로 르브레[10]

'행동이 기본' 원칙은 속도와 처리량을 최적화할 뿐만 아니라 사려 깊은 의사소통을 권장한다. 예를 들어 요구사항들을 서면으로 잘 작성해 두면, 개발자와 제품 소유자, 테스터가 구현과 테스트 접근 방식을 논의하는 의례적인 착수(킥오프) 단계를 생략할 수도 있다. 그런 요구사항 문서에 간단한 화면 녹화 동영상을 첨부한다면, 개발자가 제품을 계속 개발하는 도중에 제품 소유자와 테스터가 서로를 방해하지 않으면서 제품 구현을 검토할 수 있다. 물론 세 사람이 꼭 만나서 해결해야 하는 까다로운 문제점도 있겠지만, "회의는 최후의 수단이지 첫 번째 선택지가 아니다"라는 격언은 여전히 유효하다. 개발자가 실제로 역추적(backtracking)[역주]을 해야 하는 경우에도, 이를 사용자 스토리에 대한 피드백으로 활용할 수 있으므로 완전히 손해는 아니다. 제품 소유자는 이때 배운 내용을 다음번 사용자 스토리들을 작성할 때 반영할 수 있다. 비동기

[역주] 이 문맥에서 역추적은 개발 도중 발견한 문제점이나 요구사항을 해결하기 위해 이전 단계 또는 반복(iteration)으로 되돌아가서 다시 작업하는 것을 말한다. —옮긴이

의사소통을 채택한 팀은 뭔가 확실하지 않을 때는 일단 실행하고 본다.

지식 공유 및 의사소통 개선

비동기 협업은 흑마법이 아니다. 심층 작업을 위한 시간을 확보하는 데에는 비용이 따른다. 그 비용이란, 사람들이 반드시 명확한 – 주로는 서면을 통해서 – 의사소통자(communicator)가 되어야 한다는 것이다.

글쓰기를 두려워하는 사람이 많다. 그리고 솔직히 말해서 우리 모두는 글쓰기 기량(skill)[역주]1을 더 키워야 한다. 하지만 일단은 글쓰기의 잠재적인 이점에 집중하자. 다음은 매일 글을 쓰는 것의 장점들이다.

- 프로젝트의 의사결정들을 정기적으로 기록해 두면, 모든 사람이 프로젝트의 현황을 효과적으로 파악하는 데 도움이 된다.
- 지식 공유와 프로젝트 소유권 이전이 쉬워진다.
- 프로젝트의 임의의 부분에서 어떤 일이 일어나는지를 모두가 알게 되므로 '고립공포감(fear of missing out, FOMO)'이 줄어든다. 단지 지난 회의에서 무슨 일이 있었는지 알고 싶어서 회의에 참석할 필요가 없다!

프로젝트와 조직의 규모가 확장될 때, 소위 부족 지식(tribal knowledge)과 "이러쿵저러쿵"[11][역주]2에 의존하는 의사소통 방식은 그러한 규모 변화를 따라가지 못한다. 효과적인 글쓰기와 사려 깊은 큐레이션curation이 정착되면 장기근속자가 떠나고 신입 팀원이 팀에 들어와도 규모 확장에 문제가 덜 생긴다.

우리 모두를 위한 더 나은 업무 환경

대부분의 관행(practice; 실천 사항)처럼 비동기 협업도 만병통치약은 아니다. 비동기 협업이 모든 문제를 해결하지는 않는다. 그렇긴 하지만, 비동기식 관행들은 뭔가를 만들어 내는 일을 하는 모든 팀에게 이점을 제공한다고 가정해도 안전하다. [그림 1.1]은 이번 장에서 지금까지 이야기한 비동기 우선 협업의 장점을 요약한 것이다.

[역주]1 skill을 기술이나 능력으로 번역하기도 하지만, technology(기술)나 ability(능력)와 구별하기 위해 이 번역서에서는 '기량'으로 옮기기로 한다. —옮긴이

[역주]2 원문은 "he said, she said"로, 권위 있는 1차 출처를 확인하는 대신 제삼자가 전하는 말에만 의존하는 것을 뜻한다. —옮긴이

지식 공유 및
온보딩 개선

규모 확장을 지원하는
의사소통 관행

포용적인
일터

비동기 우선의
이점들

'심층 작업'을
위한 시간
확보

더 나은 일과
삶의 균형

행동이 기본인
문화

그림 1.1 비동기 우선 업무 문화의 이점들.

이번 장 요약

전 세계적 팬데믹으로 우리의 업무 환경이 크게 바뀌었다. 이제는 수많은 팀이 고도로 분산된 원격 근무 체제로 일한다.

- 기본 운영 방식이 동기적인 원격 분산 팀은 번아웃(탈진) 문제를 겪을 수 있다.
- 소프트웨어 개발이나 기타 지식 관련 업무를 수행하는 팀이 회의와 부족 지식에 지나치게 의존하면 생산성이 제한된다.
- 사람들이 동시에 같은 물리적 공간 또는 가상 공간에 있을 필요가 없는 비동기 업무 방식에는 여러 가지 이점이 있다.
  - 일과 삶의 균형 개선
  - 더 높은 포용성
  - 지식 공유 개선
  - 규모 확장을 지원하는 의사소통 관행
  - 심층 작업을 위한 시간 확보
  - 행동이 기본인 문화

2020년의 전 세계적 팬데믹 때문에 많은 사람이 커다란 고통을 겪긴 했지만, 우리가 팀으로서 함께 일하는 방식에 대한 새로운 여러 가능성들이 빠르게 대두되는 효과도 있었다. 그런 가능성들을 어느 정도나 포용할지는 변화에 대한 여러분의 태도에 따라, 그리고 팀의 상황에 따라 다를 것이다.

이 책의 나머지 부분에서 나는 독자가 독자의 팀에 적합한 비동기 업무 기술들을 파악하는 데 도움을 주고자 한다. 그런데 뭔가를 바꿀 때는 먼저 팀의 지지를 얻는 것이 우선이다. 그래서 다음 장에서는 비동기 우선 업무로의 전환을 가까운 동료들에게 소개하는 방법을 설명하겠다.

제02장
변화를 수용하는 사고방식 조성

제1장에서는 원격 및 분산 팀에게 비동기 업무 방식이 주는 이점들을 개괄했다. 여러분이 그런 업무 방식을 팀에 도입하고자 하는 의욕과 능력은 조직에 대한 여러분의 영향력이 어느 정도냐에 따라 다르다. 하지만 이 책을 읽는 대부분의 독자에게, 비동기 우선 관행들을 도입하기에 가장 적합한 곳은 바로 독자 여러분이 속한 팀 자체라고 가정해도 안전할 것이다.

네 가지 간단한 아이디어

비교적 짧은 이번 장에서는 여러분의 팀이, 그리고 팀이 속한 좀 더 큰 단위의 조직이 변화를 준비하는 데 도움이 되는 네 가지 아이디어를 공유하고자 한다. 아직은 구현을 위한 점검목록 (checklist)과 플레이북을 살펴볼 때가 아니다. 그 주제는 이 책의 제3부와 제4부, 제6부에서 다룬다. 지금 이야기할 네 가지 아이디어를, 팀원들을 변화의 요구에 정렬시키는 데 도움이 되는 4요소 프레임워크로 생각해도 좋을 것이다.

가치에 초점을 둔다

애자일 소프트웨어 개발(Agile software development)의 다른 모든 것과 마찬가지로, 비동기 근무로의 전환은 '가치(value)'라는 개념을 중심으로 한다. 여기서 중요한 것은, 비동기 우선 자체가 우리의 목표는 아니라는 점이다. 비동기 우선 업무 방식은 단지 지나치게 동기적인 업무 방식으로는 달성할 수 없는 목적을 위한 하나의 수단일 뿐이다. 자꾸 되풀이해서 미안하지만, 이전 장에서 논의한 이점들을 다시 살펴보자. [표 2.1]은 제1장 끝에서 요약한 그 이점들을 좀 더 상세하게 정리한 것이다.

표 2.1 비동기 업무 방식의 이점들

이점	비동기 업무가 어떻게 도움이 되는가?
더 나은 일과 삶의 균형	사람들이 동기적으로 협업할 필요가 없으면 각자 자신에게 가장 적합한 근무 시간을 선택할 수 있다.
더 높은 포용성	협업 시 상대방의 위치나 시간대를 걱정할 필요가 없다. 내성적인 사람이나 영어가 모국어가 아닌 사람도 도구와 글쓰기를 통해서 자유롭고 편안한 마음으로 소통할 수 있다. 유연한 근무 시간 덕분에 다양한 개인적 상황을 가진 사람들이 팀에 합류할 수 있게 된다.
지식 공유 및 온보딩 개선	서면으로 명확하게 의사소통하는 관행이 정착되면 팀의 FOMO를 줄일 수 있다. 정기적인 글쓰기와 큐레이션은 또한 지식 공유와 온보딩(팀 적응 과정)에 사용할 수 있는 참조 가능한 팀 지식을 구축하는 데 도움이 된다.
규모 확장을 지원하는 의사소통 관행	모든 사람이 모든 회의에 참석할 수는 없다. 인간은 듣는 속도(분당 140~160단어)보다 읽는 속도(분당 200~400단어)가 더 빠르다. 그리고 사람이 보고 읽고 들은 모든 정보를 기억하지는 못한다. 따라서 참조성(referenceability; 참조 가능성)이 필수이다. 글쓰기를 실천하면 팀이 대규모로 정보를 공유할 수 있다. 그러한 정보는 참조가 가능하며 빠르게 소비할 수 있다.
심층 작업을 위한 시간 확보	참석할 필요가 없는 회의가 일정에 없으면, 깊고 복잡한 작업을 방해받지 않고 작업할 시간을 확보할 수 있다.
행동이 기본인 문화	완벽해질 때까지 기다릴 것인가, 아니면 틀릴 수 있어도 빠르게 진행할 것인가를 결정해야 할 때마다 우리는 후자를 선택한다. 핵심은 어떻게든 일을 마치는 것이다. 뭔가 잘못되었다면 리팩터링하고 수정하면 된다.

팀에 변화를 도입하는 첫 단계는 팀을 이러한 가치 요소들을 향해 정렬시키는 것, 즉 팀원들이 이 가치 요소들에 공감하고 동의하게 만드는 것이다.[역주] 팀원들이 비동기 업무 방식의 이점들에 관심이 많을수록 변화를 좀 더 잘 받아들인다. 이 책의 제6부에 팀이 중요하게 생각하는 이점들에 맞게 팀의 협업 방식을 개선하는 데 도움이 되는 스타터 키트starter kit(입문용 자료 · 도구 모음)가 나온다.

변화를 스펙트럼으로 시각화

전문 컨설턴트로 일하는 나조차도 종종 이분법적인 판단의 함정에 빠진다. 여러분도 뭔가가 완벽하거나 아예 썩었거나 둘 중 하나라고 판단하는 경우가 있었을 것이다. 그 양극단 사이에 여러 지점이 존재한다는 점은 생각지 못하고 말이다. 변화의 여정을 시작할 때는 우리가 절대로 완벽해지지 못할 수도 있음을 인정하는 것이 중요하다. 영원히 베타 버전 상태인 제품을 만든

[역주] 이 책에서 '정렬'은 대부분 align/alignment를 옮긴 것이다. sorting을 뜻하는 정렬은 원문을 병기했다. align/alignment는 어떠한 목표나 대상에 맞게 사람, 조직 등의 가치, 원칙, 태도, 관행 등을 조정하고 일치시키는 것을 말한다. 이 책에서는 이 책의 주제와도 관련이 있는 국제 표준 ISO 9001의 국내 버전 KS Q ISO9001 "품질경영시스템 — 요구사항"(https://standard.go.kr/에서 "KS Q ISO9001" 검색)에 쓰인 '정렬/정렬성'을 주로 사용하되, 문맥에 따라서는 부합, 조정 같은 표현도 사용한다. —옮긴이

다고 생각하기 바란다. 여러분과 팀은 시간이 흐르면서 점점 더 나아질 것이다. 비동기 업무를 비판적이고 불친절하게 진행하는 것은 심층 작업을 중시하는 유연하고 포용적인 팀을 구축한다는 비동기 우선 업무 방식의 핵심 의도와는 다소 모순된다.

이러한 변화를 시각화할 때 중요한 점은 변화를 하나의 스펙트럼으로 간주하는 것이다. [그림 2.1]에 그러한 스펙트럼이 나와 있다. 이 스펙트럼 도식은 원래 제임스 스태니어James Stanier가 공들여 정의해서 자신의 저서 *Effective Remote Work*에 실은 것으로, 나는 그저 좌우 방향을 뒤집었을 뿐이다. 애자일 팀은 제품을 테스트할 때 '왼쪽으로 이동(shift-left)'[역주] 접근 방식에 가치를 둔다.[12] 이는 결함을 개발 과정의 초기에 발견하기 위해서이다. 어떤 것은 왼쪽 이동이고 어떤 것은 오른쪽 이동이면 팀원들이 헷갈릴 수 있다. 그래서 나는 이 방향의 스펙트럼을 선호한다.

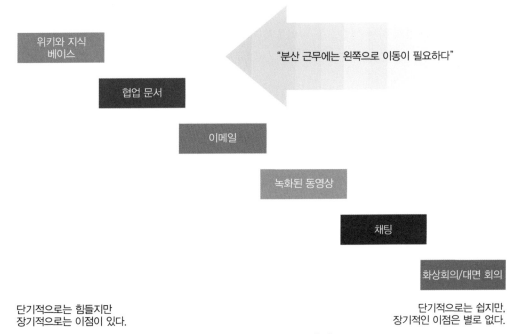

그림 2.1 동기성 스펙트럼[13]

(출처: James Stanier, *Effective Remote Work*. The Pragmatic Programmers, LLC, 2022에서 전재 및 변형)

[역주] shift를 전환이나 이행으로 표현하는 게 더 자연스러운 경우가 있지만, shift-left처럼 공간적 비유가 두드러진 문맥에서는 일관되게 '이동'으로 옮기기로 한다. ―옮긴이

다음은 이 스펙트럼에서 주목할 점 몇 가지이다.

- 오른쪽에서 왼쪽으로, 완전히 동기적인 매체에서 점차 완전히 비동기적인 매체로 나아간다.
- 프로젝트 전체를 위키 하나에만 의존해서 진행하는 것이 말이 안 되는 것처럼, 프로젝트 전체를 화상회의나 대면 회의로만 진행하는 것은 말이 되지 않는다.
- 스펙트럼에서 오른쪽에 있는 의사소통 방법들은 단기적으로는 쉽지만, 장기적인 이점은 별로 없다.
- 왼쪽으로 이동함에 따라 단기적으로는 의사소통이 좀 어려워질 수 있지만, 장기적으로는 여러 이점(앞에서 개괄한)이 생긴다.

다음은 제임스 스태니어의 책에 나오는 문구이다.

원격 근무를 완전하게 수용하려면 이 스펙트럼상에서 우리의 사고방식과 습관을 이동시켜야 한다. 당장 익숙한 옵션을 선택하기보다는, 전 세계 어디에 있든 누구나 동등한 수준으로 팀에 기여할 수 있게 하는 의사소통 방식을 선택해야 한다.

…

이것이 바로 여러분 자신과 동료들에게 권장해야 할 습관이다. 의사소통할 때마다 스펙트럼에서 더 이동하려고 노력할 마음이 드는가?

비동기 업무 방식을 소프트웨어 개발 과정에 도입하기 위해 팀을 변화시키고자 하는 데 이 스펙트럼이 도움이 될 것이다. 이 스펙트럼은 여러분이 추구해야 할 이점이 무엇인지 알려줄 뿐만 아니라, 여러분이 어디쯤 왔고 어디로 향하는지도 알려준다.

종종 **비동기 우선**이라는 용어를 오해하는 사람들을 만난다. 흔한 오해는 비동기 우선을 "비동기 수단만 사용한다" 또는 "동기적 협업은 금지한다"라고 생각하는 것이다. 왼쪽으로 갈수록 비동기적이고 오른쪽으로 갈수록 동기적인 의사소통 매체들을 표시한 [그림 2-1]의 스펙트럼이 '비동기 우선'에 대한 오해를 줄이는 데 도움이 될 것이다. 다음은 내가 이 스펙트럼 도식을 보는 몇 가지 방식이다.

- 이 도식은 대화를 유도한다. 예를 들어 화상회의를 준비하기 전에 "준비 작업과 함께 산출물(artifact)[역주]들을 공유해서 비동기 우선으로 진행하면 어떨까요?" 같은 질문을 던질 수 있다.
- 동기적인 협업도 여전히 우리의 업무 방식의 일부이다. 하지만 이 스펙트럼은 일단은 왼쪽에서 시작해서 비동기 우선 메커니즘을 기본으로 할 것을 권장한다.
- 모든 종류의 의사소통 수단을 보여준다는 점에서 이 스펙트럼은 타성적으로 동기적인 메시지 교환이나 회의를 진행하기 전에 먼저 지금 팀이 해결하려는 문제에 회의가 정말로 필요한지 고려하는 계기를 제공한다.
- 대면 회의가 필요한 경우에도, 사용 가능한 모든 의사소통 수단을 명시적으로 보여주는 이러한 스펙트럼은 '비동기 우선, 동기식은 그다음'이라는 사고방식을 강조하는 데 도움이 된다.

율리시스의 계약

그리스 신화에는 인간 여성의 얼굴로 바다 어딘가의 암초에서 노래하는 세이렌의 이야기가 있다. 세이렌의 노래를 들으면 그 어떤 선원도 암초에 다가가고 싶은 유혹을 뿌리칠 수 없다. 물론 나무로 된 배가 바위 암초와 만나서 좋을 일은 없다. 결과는 난파선이다.

율리시스는 세이렌의 노래를 듣고 싶었지만, 배가 난파하길 원하지는 않았다. 그래서 율리시스는 기발한 계획을 세웠다. 그는 선원들에게 귀에 밀랍을 채우고 율리시스 자신은 돛대에 묶은 후에 세이렌에게 다가가라고 명령했다. 결국 율리시스는 선원들이 배를 안전하게 조종하는 가운데 세이렌의 노래를 즐길 수 있었다.

이런 '자기 자신과의 약속' 전략을 설명할 때 흔히 **율리시스의 계약**(Ulysses pact)이라는 표현을 사용한다. 자신의 몸을 돛대에 묶은 덕분에 율리시스는 자기 파멸의 길에 빠지지 않았다. 여러분의 팀에게 율리시스의 계약은 구체적으로 무엇일지 생각해 보기 바란다. 나는 모두가 서로에게 책임을 물을 수 있는 간단한 원칙을 정해서 율리시스의 계약으로 삼기를 권한다.

[역주] 이 책의 맥락에서 artifact는 개발 과정에서 만들어진 어떠한 중간 결과물을 말한다. 제품 자체에 포함되는 것일 수도 있고, 이후 개발에 도움이 되는 자료나 코드일 수도 있다. 이 번역서에서는 '산출물'로 옮겼다.—옮긴이

다음은 어떨까?

> 회의는 최우선 선택지가 아니라 최후의 수단이다.
>
> – 37signals[14]

비동기 업무에서 가장 큰 장애물은 동기적인 회의이다. 모두가 이 기본적인 계약에 동의한다면, 회의에 집착하는 사고방식을 의식적으로 피할 수 있다. 또한, 팀원들이 꼭 필요한 회의를 신중하게 고려하고 그런 회의를 효과적으로 진행하는 방법을 찾는 데에도 도움이 된다. 이러한 의식적인 행동을 통해 율리시스의 계약은 비동기 우선 사고방식을 체현하게 된다.

균형의 필요성 숙지

지금까지 내가 비동기 업무를 열심히 칭찬했지만, 그렇다고 여러분이 맹목적인 광신도가 되길 원하지는 않는다. 균형이 완벽한 시스템을 상상하자. 한쪽 끝에는 비동기 협업이 제공하는 어떠한 가치가 있다. 반대쪽 끝에는 동기적인 상호작용과 그 가치가 있다. 앞에서 동기성의 스펙트럼을 논의할 때 암시했듯이, 이것은 제로섬 게임이 아니다. 동기든 비동기든, 여러분이 얻고자 하는 가치에 맞는 상호작용을 선택하면 그만이다. 비동기적 애자일 업무 방식에 관한 나의 주장은 대부분의 팀이 스펙트럼의 오른쪽에 너무 치우쳐 있다는 사실에서 출발한다. 하지만 가끔은 오른쪽의 상호작용 수단들에도 가치가 있을 수 있다!

다음은 어떤 상호작용을 사용할 것인지 결정할 때 고려할 몇 가지 절충점이다.

- **사려 깊음 대 즉흥성**. 문서 작성은 줌에서 브레인스토밍을 하는 것보다 느리다. 그리고 사람들이 문서를 읽고 생각한 후 의견을 댓글로 달아야 하므로 전체적인 시간이 더욱 늘어난다. 반면에, 유연 근무제로 일하는 사람들은 즉흥적으로 아이디어를 떠올리는 데 최적화되어 있지 않을 수 있다. 따라서, (시간이 걸린다고 해도) 사려 깊은 의견이 중요하다면 그쪽에 맞게 상호작용을 최적화하는 게 나을 수 있다.
- **깊이 대 너비**. 속도의 효과 중 하나는 짧은 시간에 더 많은 주제를 포괄하는 것이다. 비유하자면, 수직으로 땅을 파면 한 시간에 1미터도 쉽지 않지만, 수평으로 달리면 몇 킬로미터를 갈 수 있다. 마찬가지로, 동기적인 상호작용을 사용하면 다양한 주제들을 빠르게 다룰 수 있다. 반대로 한 가지 주제를 깊게 파헤치려면 좀 더 비동기적인 상호작용이 필요하다.
- **집중 대 연결** 비동기 업무 방식의 가장 열렬한 옹호자라도, 비록 혼자 일하면 좀 더 집중해서 몰입할 수 있지만 그래도 가끔은 외로움이나 소외감을 느낀다는 점에 동의할 것이다. 우리는 모두 인간이므로 종종 친구나 동료와 접촉을 원하게 된다. 동기적 상호작용은 그러한

연결 혹은 소속감을 제공한다.

- **미래 대 지금 이 순간**. 마지막으로, 제임스 스태니어가 **영구성**(permanence)이라고 부르는 가치가 있다.[15] 비동기 업무는 뭔가를 서면으로 작성하는 것에 초점을 두므로, 미래를 위한 산출물(참조용이든 온보딩용이든)을 만들어 내는 데 도움이 된다. 반면에 동기식 업무는 전적으로 현재, 즉 지금 이 순간을 위한 것이다. 즉각적인 해결책이나 긴급한 도움이 필요하다면 동기적 상호작용이 필요하다. 비동기 업무 방식에서 발생하는 영구적인 산출물들은 즉각적인 의사소통을 효과적으로 만드는 데에도 도움이 된다.

영화 『베스트 키드(원제 *The Karate Kid*)』[16]를 본 사람이라면 정감 가는 미야기 사부를 기억할 것이다. 다음은 내가 좋아하는 대사이다.[17]

"가라테에만 해당하는 게 아니야, 인생 전체에 대한 교훈이지! 인생 전체에 균형이 잡히면 모든 것이 좋아지는 법이란다."

이와 비슷하게 동기식 상호작용과 비동기식 상호작용을 앞에서 설명한 여러 절충 사항의 균형으로 생각해 보기 바란다. [그림 2.2]는 여러 절충 사항을 시각화한 것이다. 업무에서 동기적인 상호작용들을 아예 배제할 수는 없다. 중요한 것은 그런 의사소통을 최대한 활용하는 것이다. 그러려면 의도적으로 행동해야 한다.

그림 2.2 비동기 대 동기 의사소통 – 가치들의 균형

함께 가야 멀리 간다

빨리 가려면 혼자 가고, 멀리 가려면 함께 가라.

-아프리카 속담

여러분이 어떤 변화를 도입하든, 팀의 동의와 지지가 없다면 오래 가지 못한다. 따라서 업무를 좀 더 비동기적으로 수행해서 얻을 수 있는 가치를 향해 팀을 정렬시키는 데 시간을 들일 필요가 있다. 감당하기 어려워 보이는 변화는 어차피 오래 가지 못한다. 작은 단계들과 쉽게 달성할 수 있는 목표들로 시작하는 것이 좋다. 자신과의 약속 전략이 도움이 되며, 실용적이고 균형 잡힌 접근 방식도 도움이 된다.

무엇을 하든 맹목적인 광신도처럼 굴어서는 안 된다. 여러분 자신을 **일부는 게릴라, 일부는 옹호자(advocate)**라고 생각하기 바란다. 여러분이 영향력을 행사할 수 있는 사항에는 게릴라가 되어서 실제로 변화를 주도한다. 여기서 얻은 모든 작은 성과가 이후의 실험을 정당화하는 데 도움이 된다. 또한 옹호자로서 여러분은 그런 성과들을 바탕으로 상사나 동료에게 여러분의 주장을 펼친다. 이는 필요한 지원을 얻는 데 도움이 된다.

가장 중요한 점은 여러분이 화이트보드 앞을 떠나 참호로 이동할 준비가 되어야 한다는 것이다. 그저 뒤에서 손가락으로 방향을 가리키는 리더는 성공적인 비동기 우선 팀에 필요하지 않다. 세부사항을 파악하고 필요할 때 동료를 돕는 사람이야말로 팀에 가치가 있는 리더이다. 팀원들에게 업무를 비동기식으로 수행하는 방법을 몸소 실천해서 보여주어야 한다. 또한, 변화를 유도하는 환경을 조성해야 한다. 여러분 자신만의 업무 방식으로 하나의 롤 모델(역할 모범)이 되어야 한다. 어떻게 하는지 모르겠어도 걱정할 필요는 없다. 이 책의 제3부와 제4부에서 이 모든 내용을 다룰 것이다.

첫걸음을 준비하며

이번 장까지 잘 이해했다면, 이제 여러분은 분산 소프트웨어 개발팀에서 업무를 좀 더 비동기적으로 수행하는 구체적인 방법으로 넘어갈 때가 된 것이다.

이번 장 요약

비동기 우선 관행들을 도입하기에 가장 적합한 곳은 여러분의 직속 팀이다. 다음 사항들에 유념하자.

- 팀이 이러한 변화(왼쪽 이동)에서 얻으리라고 기대하는 가치에 집중해야 한다. 비동기 우선의 이점들에 더 정렬할수록 팀은 변화를 좀 더 적극적으로 받아들일 것이다.
- 작은 변화들로 시작한다. 동기성 스펙트럼을 이용해서 업무 방식을 왼쪽으로, 즉 좀 더 비동기적인 상호작용들로 이동하자.
- "회의는 최우선 선택지가 아니라 최후의 수단"을 율리시스의 계약으로 삼자. 이 점을 스스로 약속함으로써 팀은 불필요한 회의를 의식적으로 줄이는 쪽으로 이동하게 된다.
- 동기식 의사소통과 비동기 의사소통의 균형이 필요함을 숙지한다. 두 방식 모두 나름의 이점들이 있다. 그런 이점들을 잘 파악하면, 해결해야 할 문제에 가장 적합한 의사소통 패턴을 선택할 수 있게 된다.

이번 장으로 제1부가 끝난다. 제2부에서는 변화를 위한 발판을 마련하는 방법을 설명한다. 특히, 비동기 우선 업무 방식으로 전환하는 데 꼭 필요한 도구와 기량, 프로토콜을 살펴볼 것이다.

비동기 우선 전환의 준비 작업

변화가 왜 필요한지 이해하고 몇 가지 어려운 과제들을 직면할 마음의 준비를 했다면, 이제 비동기 우선 업무 방식을 위한 근본 요소들을 마련할 차례이다. 제2부에서는 팀의 개발, 의사소통, 협업 관행들을 개선하기 전에 반드시 갖추어야 할 근본적인 사항들을 소개한다.

- **제3장** "필요한 도구들"은 대부분의 소프트웨어 개발팀에 필요한 협업 도구들을 소개한다. 여러분의 협업 스택에 미진한 부분을 파악하는 데 이 제3장이 도움이 될 것이다.

- **제4장** "최대의 비동기 우선 초능력"과 **제5장** "비동기 우선 초능력: 나머지 셋"은 비동기 협업을 위한 네 가지 주요 기량과 행동 방식을 다룬다. 이들은 비동기 우선 업무 방식의 근본적인 요소이다. 그런 만큼 이 책에서는 이들을 **초능력**이라고 부른다. 이 기량들을 인식하는 것뿐만 아니라, 팀원들이 이 기량들을 연마해서 협업을 실제로 효율적으로 진행하게 만드는 것이 중요하다.

- **제6장** "협업 프로토콜로 차분한 분위기 만들기"에서는 '행동이 기본' 이외의 또 다른 합리적인 기본값들을 제시한다. 여기서는 작업흐름(workflow; 또는 업무흐름)을 구성하는 방법, 최선의 결정을 내리는 방법, 그리고 당장 사용할 수 있는 다양한 의사소통 매체를 활용하는 방법을 배우게 될 것이다.

제**03**장
필요한 도구들

비동기 우선 업무 방식을 설명할 때 나는 팀원들이 일하는 장소들이 대단히 넓게 분산되어 있다고 가정한다. 물론 팀원들이 모두 한 장소에 있어도 비동기 근무가 가능하다. 하지만 이 책에서는 그런 공동 상주(코로케이션)를 예외적인, 일반적이지 않은 상황으로 간주한다.

원격·비동기 근무를 위해서는 효과적인 도구가 필요하다. 이 책의 대부분은 여러분의 팀이 그런 도구들을 갖추고 있다고 가정하므로, 이번 장에서 비동기 우선으로 전환하는 데 필요한 필수 응용 프로그램들을 짚고 넘어가기로 하자.

우리 모두에게 다행인 점은, 대부분의 고용주가 이런 도구들의 일부 버전을 이미 가지고 있다는 것이다. 전에는 협업 도구 도입에 소극적이던 회사들도 팬데믹 기간에 이런 도구들에 투자할 수밖에 없었다. 이번 장에서 여러분의 협업 도구 스택을 평가하고 부족한 부분을 파악하기 바란다.

도구가 있으면 "적을수록 많다"가 현실이 된다

나 같은 도구광은 쓸만한 도구를 새로 발견할 때마다 동료들에게 소개하고픈 마음에 들뜨게 된다. 그런데 도구에 드는 진정한 비용은 도구 사용의 대가로 지급하는 라이선스 비용이 아니다. 그리고 도구의 진정한 가치는 도구가 제공하는 기능들의 집합에서만 나오는 것이 아니다.

모든 새로운 도구에는 팀의 온보딩에 필요한 비용과 여러 규제 준수 조항을 점검하는 데 드는 비용, 그리고 새 도구가 야기하는 혼란에 의한 비용이 따른다. 그리고 기능이 약간만 다른 다수의 도구를 사용한다면, 올바른 상호작용에 가장 적합한 도구를 선택하는 데 드는 비용이 급격히 치솟을 수 있다.

한편 도구의 가치는 그것이 작업을 얼마나 간소화하고 시간을 얼마나 줄여주는가에 있다. 여러분은 이러한 긴장 관계를 세심하게 다루어야 한다. 예를 들어 인스턴트 메시징 플랫폼 개발사는 가능하면 사용자가 그 플랫폼에 더 자주 들어와서 더 오래 머물게 하려는 의도를 담아서 제품을 만든다. 하지만 우리가 원하는 것은 작업 중단을 일으키는 요소가 적은, 그리고 좀 더 깊이 있게 작업할 수 있는 시간을 확보할 수 있는 도구이다. 즉, 우리의 의도에 어긋나는 도구를 선택해서는 안 된다.

협업 도구 스택을 꾸릴 때 나는 "적을수록 많다(less is more)" 접근 방식을 추천한다. 이 접근 방식에서 다양한 도구를 다음 세 범주로 분류할 수 있다.

- **없으면 안 됨**: 필수적인 도구들(표 3.1)
- **있으면 좋음**: 생산성 증진 도구들(표 3.2)
- **선택적 추가 사항**: 독특하고 유용하지만, 팀에 따라서는 쓸모가 없을 수도 있는 도구들 (표 3.3)

아마 여러분이 이미 익숙하게 사용하는 도구들도 많을 것이다. 그러면 다행이다. 그냥 그 도구들을 효과적으로 사용하는 데 신경을 쓰기만 하면 된다.

● **모범관행**

팀에 필요한 도구들을 팀원들과 협력해서 파악하라
아래의 표들은 대부분의 팀에 적용될 만한 광범위한 제안을 담은 것이다. 그러나 모든 회사가 이 도구들을 모두 보유할 수 있는 것은 아니다. 따라서 언급된 우선순위(없으면 안 됨, 있으면 좋음, 선택적 추가 사항)를 참고해서 여러분의 상황에 맞는 도구를 선별해야 한다. 이 도구 범주들을 팀원들과 함께 조사해서, 당장 필요한 것들과 나중에 필요할 가능성이 큰 것들을 구분하는 것으로 출발하길 권한다.

표 3.1 없으면 안 되는 필수 도구들.*

도구 유형	예	참고
이메일	아웃룩, 지메일	서면 의사소통의 대명사. 고객사와의 의사소통이나 팀원들 사이의 의사소통에 특히나 유용하다.
화상회의	줌, Fuze, Blue Jeans, 마이크로소프트 팀즈	비동기 우선 팀에도 동기적 의사소통이 어느 정도는 필요하다. 가장 좋은 수단은 영상 통화 도구이다.
인스턴트 메시징	슬랙, 구글 챗, 마이크로소프트 팀즈, Twist[역주]	인스턴트 메시징은 비동기 업무에 방해가 될 수 있지만, 효과적으로 사용한다면 팀이 적시에 상황을 조율하는 데 도움이 된다.
문서 공동 작성	구글 워크스페이스, MS 오피스 365, iWork, Almanac, 드롭박스 Paper	각 팀원이 개별적으로, 또는 여러 팀원이 협력해서 아이디어를 깊게 구축할 때 가장 많이 쓰이는 도구들이다. 인라인 댓글, 제안, 버전 관리 등등 개념 구축 과정을 추적하는 데 도움이 되는 기능들을 제공한다.
도면 공동 작성	구글 드로잉, Excalidraw, Draw.io	건축 설계도나 기타 도식, 다이어그램을 만드는 데 특화된 도구들이다.
협업 화이트보드	뮤럴Mural, Miro, 구글 잼보드, 애플 프리폼	물리적 공간에서 화이트보드를 사용하는 것과 같은 방식으로 사용할 수 있는 온라인 화이트보드들이다. 동기적으로 사용할 수도 있고 비동기적으로도 사용할 수도 있다.
지식 베이스	컨플루언스, 노션, SharePoint, MediaWiki	온보딩 정보나 프로젝트 문서화, 팀원 연락처, 작업 방식, 기타 산출물들을 모아 둘 장소는 어떤 팀에나 필요하다. 이런 도구가 있으면 지식 베이스(knowledge base)를 쉽게 구축할 수 있다.
코드 저장소	깃허브, 깃랩GitLab, Bitbucket	모든 현대적인 소프트웨어 개발팀은 Git 기반 코드 저장소(code repository)와 버전 관리 시스템을 이미 사용하고 있다. 이런 도구들은 문제점(이슈) 추적 기능을 제공하며, PR(pull request)이나 MR(merge request) 등 코드 검토를 돕는 기능도 제공한다.
작업현황판 또는 프로젝트 백로그	지라Jira, Pivotal tracker, 트렐로Trello, Kanbanize	애자일 팀에는 프로젝트 진척 정도를 공유하기 위한, 그리고 팀이 처리해야 할 백로그backlog를 파악하기 위한 도구가 필요하다. 이런 유형의 도구들은 개별 작업 항목에 관한 맥락 있는 토론을 진행하는 장소로도 쓰인다.
패스워드 관리자	1Password Teams, Zoho Vault, LastPass	공통 자격증명(credential)이나 코드 서명 인증서, SSH 키 같은 비밀값들을 안전하게 공유하는 수단이 꼭 필요하다. 패스워드 관리자 혹은 '보관실(vault)' 도구가 그러한 기능성을 제공한다.

[역주] 번역서 전체에서, 회사명이나 제품명 같은 고유명사의 음차 및 원문 표기는 가독성, 출현 빈도(이 책에서), 유명도, 어감 등 여러 요인을 고려해서 선택적으로 적용했음을 밝힌다. 예를 들어 슬랙은 충분히 유명하다고 판단해서 원문 Slack을 표기하지 않았으며, Twist는 이 책에서 별로 많이 나오지 않으므로 굳이 음차 '트위스트'를 제시하지 않았다. —옮긴이

표 3.2 있으면 좋은 생산성 증진 도구들.

도구 유형	예	참고
비동기 동영상	Loom	이런 도구가 있으면 제품이나 서비스를 시연하거나, 어떤 문제를 설명하거나, 갱신 사항을 전달하기 위해 짧은 동영상을 녹화할 수 있다. 화상회의 도구들도 동영상 녹화 기능을 제공하지만, 특화된 도구를 이용하면 공유, 협업, 피드백의 전체 과정이 훨씬 쉬워진다.
비동기 음성	Yac	음성 자료가 동영상보다 소비하기 쉽다. 동영상보다는 덜 인기가 있지만, 음성을 잘 받아쓰는 도구가 있다면 음성 자료는 강력한 의사소통 매체가 될 수 있다.
협업 디자인	피그마, Invision, Axure RP	이 도구들은 시각 디자인과 사용자 경험(UX)에 대한 논의와 협업을 간소화하는 데 도움이 된다.

표 3.3 특정 문맥에서 유용할 수 있는 선택적 추가 도구들.

도구 유형	예	참고
짝 프로그래밍[주] 도구	Tuple, Pop, Live Share	정의 자체에 의해 짝 프로그래밍은 동기적인 활동이지만, 나는 이것을 '심층 작업(딥 워크)'으로도 간주한다. 따라서 만일 여러분의 팀에서 프로그래머들이 '짝'을 이루어서 일한다면, 비동기 우선을 위해 굳이 짝을 해체할 필요는 없다. 대신 전문 도구를 도입해서 짝 프로그래밍을 좀 더 잘 수행할 수 있는 방법을 찾아야 한다.
작업 자동화	Zapier, IFTTT, 트렐로 버틀러Butler	이런 도구가 있으면 체크인, 스탠드업 미팅, 상태 갱신, 보고서 작성 같은 다양한 일상 작업을 자동화할 수 있다. 그러면 비동기 작업에 사용할 시간을 더 많이 확보할 수 있다.
팀 허브	컨플루언스, 베이스캠프, ClickUp, 아사나Asana	이 현대적인 도구들은 '없으면 안 됨' 범주에 속하는 여러 도구의 기능성을 하나의 통합 패키지로 모은 것에 해당한다. 문제는, 여러분의 조직에 이미 비슷한 기능을 제공하는 개별 도구들이 존재할 것이라는 점이다.
자동 문서화 도구	CodeSee, Scribe, tl;dv, Otter Assistant	구체적으로 문서를 작성하는 활동 자체는 별로 재미가 없다. 하지만 자동화 도구의 도움으로 문서화 작업이 원활해지고 일상 업무의 일부로 자리 잡는다면 문서화가 더 이상 부담스럽지 않을 것이다.
전사적 검색	Glean, 엘라스틱Elastic, 구글 클라우드 검색, Coveo	이상적인 세상이라면 회사나 팀이 가진 정보를 찾기가 웹 검색만큼이나 쉬워야 한다. 적절한 전사적 검색 도구가 있으면 정보 검색과 발견이 효율적이 되어서 사람들의 시간이 많이 절약된다. 단, 전사적 검색(enterprise search) 도구의 도입은 팀이 아니라 회사 차원에서 결정할 사항인 경우가 많다.
회의 보조	Hugo, Fellow	이 현대적인 도구들은 협업 회의 안건 작성, 회의 문서화, 회의록 공유 및 접근을 용이하게 해준다.

[주] 짝 프로그래밍(pair programming)은 프로그래머 두 명이 같은 컴퓨터에서 같은 코딩 문제를 함께 작업하는 애자일 소프트웨어 개발 기법이다. 이 관행은 이 책의 제3부에서 논의한다.

도구가 중요하지만, 도구는 도구일 뿐

이상으로 도구 소개를 마친다. 이제 도구와 관련한 질문은 마무리하기로 한다. 이번 장의 도구 목록으로 여러분의 도구 모음을 평가하고 팀에 필요한 도구들을 파악하기 바란다.

이번 장 요약

원격·비동기 근무를 위해서는 효과적인 도구가 필수이므로, 필요한 도구들을 파악하는 데 시간을 투자하는 것은 가치 있는 일이다.

- 도구 선택 시 "적을수록 많다(less is more)" 접근 방식을 채택하자. 새 도구의 도입으로 얻을 수 있는 점진적인 이점들과 그에 따른 비용의 균형을 맞추어야 한다. 온보딩, 규제 준수, 혼란에 따른 비용 때문에 도구 도입이 좌절될 수 있다.
- 필요한 역량을 기준으로 도구를 평가하자. 여러분의 팀이 효과적으로 일하는 데 필요한 도구들을 선택할 때 본문에 나온 '없으면 안 됨', '있으면 좋음', '선택적 추가 사항' 도구 목록이 도움이 될 것이다.

도구 추천은 항상 까다로운 주제인 만큼, 주의 사항 두 가지로 이번 장을 마무리하고자 한다. 첫째로, 이번 장의 도구 목록은 내가 직접 사용해본 도구들을 대표할 뿐이다. 둘째로, 이 도구들은 특정 시점의 한 스냅샷에 해당한다.

필연적으로 이 도구 중 일부는 더 이상 쓰이지 않게 되고, 새로운 도구에 자리를 내줄 것이다. 따라서 이번 장에서 거론한 도구들은 '필요한 기능의 지표'를 보여주는 예로 간주하는 것이 안전하다. 이 책이 출간되고 몇 년이 지나면 같은 기능을 좀 더 정교하게 제공하는 새로운 도구가 등장할 것이다.

필요한 도구들을 다 갖추었다면, 이제 그 도구들을 활용해서 비동기 우선 근무로 나아가는 방법을 논의할 때가 된 것이다. 그 첫걸음으로, 다음 장에서는 비동기 우선을 위해 여러분과 여러분의 팀에 필요한 기량들과 '초능력'들을 논의한다.

제04장
최대의 비동기 우선 초능력

이제 이 이야기를 꺼낼 때가 되었다. 듣기 싫어도 들어야 한다. 무시무시한 단어 하나를 발설하겠다. 짐작한 독자도 있겠지만 그것은 바로 '문-서-화'이다. 그렇다. 이번 장의 주제는 문서화(documentation)이다.

제1장에서 논의했듯이 문서화를 싫어하는 사람들이 있음은 분명하고, 싫어할 만하다고 생각한다. 하지만 분명하게 짚고 넘어갈 사항이 있다. 바로,

  서면 의사소통 없이는 비동기 업무도 없다

라는 것이다. 그런데 '문서화'가 아니라 '서면 의사소통(written communication)'이라고 했음을 주목하자. 둘 사이에는 미묘한 차이가 있다. 이 책에서 두 용어는 표 4.1의 정의를 따른다.

표 4.1 서면 의사소통 대 문서화.

	서면 의사소통	문서화
무엇인가?	관행(실천 사항)	출력물 또는 제품
정의	텍스트를 기본 매체로 이용해서 장문 또는 단문으로 소통하는 관행. 메시지를 좀 더 풍부하게 전달하는 데 필요하다면 시각 자료나 기타 매체도 활용할 수 있다.	프로젝트와 관련한 모든 서면 의사소통 및 자료를 포괄하는 용어이다. 문서는 서면 의사소통의 한 부산물이다. 구체적인 형태나 구조는 용례(use case)마다 다를 수 있다.

글쓰기는 관행, 문서화는 제품

많은 애자일 팀이 문서화에 애를 먹는 근본 이유 하나는 서면 의사소통이 너무 드물다는 것이다. 서면 의사소통에 익숙하면 문서화가 쉬워진다. 그런데 그것이 서면 의사소통의 유일한 장점은 아니다. 이번 장에서는 비동기 우선을 위한 근본적인 관행으로서의 글쓰기를 설명한다. 글쓰기라는 소박한 관행이 어떻게 원격 및 분산 팀의 '초능력(superpower)'이 되는지 배우게 될 것이다.

회의가 최우선 선택지가 아니라 최후의 수단인 이유

> **관련 연구 결과**
> 트렐로Trello와 컨플루언스 같은 팀 협업 도구를 만드는 아틀라시안Atlassian 사는 관련 기존 연구를 깔끔하게 요약한 보고서에서 다음과 같은 놀라운 통찰 몇 가지를 제시했다.[18]
>
> - 직원들의 **한 달 평균 회의 참여 횟수는 62회**이다.
> - 직원들은 그 **회의들의 절반이 시간 낭비**라고 생각한다.
> - **작업 중단 횟수는 하루 평균 56회**이다.
> - 그런 방해에서 회복하는 데 드는 시간은 **하루 평균 2시간**이다.

거의 모든 영웅에는 악당이 필요하다. 비동기 업무가 영웅이라면, 정의에 의해 악당은 바로 **무의미한 동기성**(pointless synchrony)이다. '무의미한'을 강조하고 싶다. 동기적인 협업도 가끔 필요한 것은 사실이다. 특히, 지연 시간이 짧고 대역폭이 큰 대화와 의사결정에는 동기적인 의사소통이 필요하다. 하지만 그런 동기적 의사소통이 주된 협업 수단이어서는 안 된다. 앞의 '관련 연구 결과'에서 보듯이, 동기적 의사소통이 주된 협업 수단이면 생산성의 악몽을 겪을 수 있다. 게다가 분산 팀의 경우 여러 시간대에 걸쳐서 의사소통을 진행해야 하는 어려움까지 더해진다. 그런 상황에서 동기성은 팀원들의 좌절과 탈진(번아웃)을 유발한다. 게다가 일부 팀원이 소외될 위험도 생긴다.

따라서 항상 무조건 모여서 회의를 하지는 말아야 하고, 항상 서로의 업무를 중단시킬 수 있게 놔두어도 안 된다. 그렇다면 어떻게 의사소통을 진행해야 할까? 가장 빠른, 그리고 가장 기술이 덜 요구되는 접근 방식은 정확하고 간결하게(단, 필요하다면 장문으로) 글을 쓰는 것이다.

글쓰기의 이점

우리 모두가 작문에 재능이 있는 것은 아니다. 하지만 걱정할 필요는 없다. 업무상의 의사소통은 문예 창작 차원의 글쓰기와 아주 다르다. 베스트셀러 작가가 아니라도 서면으로 팀원들과 훌륭하게 의사소통할 수 있다. 글쓰기 기량을 닦는 방법으로 들어가기 전에, 글쓰기의 이점 몇 가지를 논의하자.

▪ 기본적으로 포용적인 관행

영어가 모국어가 아닌 사람은 빠른 어조로 진행되는 대화를 잘 따라가지 못할 수 있다. 또한, 내성적인 사람은 토론이 격해지면 한발 물러설 때가 많다. 그리고 애초에 동기적 대화에 참여하기가 불편한 팀원들이 있을 수 있는데, 여러 시간대가 섞인 팀의 경우 특히 그렇다.

- 맞춤법 검사기나 문법 보조 플러그인 같은 도구들 덕분에, 영어가 모국어가 아닌 사람도 글로 자신의 생각을 잘 정리해서 표현할 수 있다. 또한 번역기를 이용해서 외국어 텍스트를 자신이 아는 언어로 번역할 수도 있다.
- 내성적인 사람들도 그룹 환경이 주는 부담감 없이 자신을 표현할 수 있는 공간을 확보할 수 있다.
- 장애가 있는 사람도 음성 인식 기술이나 화면 읽기 기술을 이용해서 글을 쓰거나 읽을(들을) 수 있다.
- 글을 쓰는 사람은 다른 사람들의 일정에 얽매이지 않고 자신의 업무 시간에 글을 쓸 수 있다. 읽는 사람 역시 자신이 편한 시간에 글을 읽고 반응할 수 있다.

▪ 사려 깊고 신중한 의사소통

회의에서는 시간이 부족하다 보니 속도를 늦추고 주제를 자세히 검토하거나 세세하게 분석하기가 어렵다. 하지만 글쓰기에서는 그렇지 않다. 문제를 연구하고 생각을 정리해서 여유 있게 문장을 작성할 수 있으면 좀 더 사려 깊고 신중한 의사소통이 가능해진다.

이러한 글쓰기는 동기적 의사소통의 생산성을 높이는 부수효과를 내기도 한다. 회의 전에 사람들이 미리 회의 주제를 고찰하고 서면으로 서로의 생각을 공유한다면, 회의 자체에서는 그러한 정보를 활용해서 의사결정을 내리는 데 집중할 수 있다.

곤살로 실바[19](Doist의 CTO)는 InfoQ와의 팟캐스트 대담[20]에서 속도를 늦추는 것이 버그가 아니라 '기능(feature)'인 이유를 이렇게 설명한다.

> 항상 장문이고, 항상 사려 깊죠. 우리가 모든 것에 관해 나누는 모든 대화[역주]1의 99%가 이런 형식입니다. 이를 다른 사람들이 회의적으로 받아들이는 것도 이해할 만합니다. 예를 들어 이런 식으로 일을 진행하려면 최소 24시간이 걸리므로 의사결정이 늦어지니까요. 하지만 진실은 … 이것이 더 나은 토론으로 이어진다는 … 문제에 사려 깊게 접근하는 덕분에 결과적으로 더 나은 의사결정으로 이어진다는 점입니다.
>
> 즉, 의사결정의 속도를 희생하는 대신 의사결정의 품질을 높일 수 있습니다.

회의 주도적 문화가 지나치게 강조되면 모든 일이 암묵적으로 속도를 위해 최적화되는 경향이 있다. 기술종사자(technologist)라면 다들 알겠지만, 속도 추구의 희생양은 품질일 때가 많다. 의사결정의 속도를 늦춰서 모든 사람이 "생각을 정리해서 글을 쓸" 수 있게 하면 훌륭한 의사결정이 이루어질 가능성이 커진다.

▪ 색인화 가능과 검색 가능

텍스트는 색인화(indexing)가 가장 쉬운 종류의 콘텐츠이다. 이메일이나 작업현황판(task board), 인스턴트 메시징 플랫폼, 위키, 코드 저장소 등 텍스트가 있는 모든 곳에서 텍스트 검색은 기본 기능 중 하나이다. 또한, 텍스트를 인라인으로[역주]2 검색하는 것이 더 쉽다. 예를 들어 콘텐츠의 특정 부분에서 어떤 단어를 직접 찾는 경우를 생각해 보기 바란다.

▪ 구조화, 변경, 상호작용이 쉽다

대부분의 저작 도구는 사용자가 헤더와 서식을 이용해서 어떠한 구조를 만드는 기능을 제공하며, 필요한 경우에는 멀티미디어와 이미지를 삽입하는 기능을 제공한다. 반면 동기적 대화는 텍스트가 음성으로 대체되며, 프레젠테이션을 수행하는 것과 비슷해서 효과적이다. 하지만 글쓰기에는 장점이 있다. 글쓰기는 비용이 적다. 그리고 피드백을 받으면서 생각을 반복적으로 발전시킬 수 있다.

게다가 의사소통의 상대방으로서는, 여러분의 말을 도중에 중단하고 자신의 생각을 말하는 것보다 여러분이 쓴 글에 댓글을 다는 것이 더 편하다. 상대방은 인라인으로 댓글 또는 주석을 달수 있다(대부분의 위키 시스템과 워드 프로세스에 그런 기능이 있다). 즉, 여러분의 글 중 특정 부분

[역주]1 원문은 'conversation'인데, 문맥상 동기적 대화가 아니라 서면 의사소통일 것이다. ―옮긴이
[역주]2 이런 문맥에서 '인라인'은 현재 보고 있는 문서나 화면, 뷰 등을 벗어나지 않는 것을 말한다. ―옮긴이

에 대해 구체적인 피드백을 제공할 수 있는 것이다. 그리고 대부분의 위키나 작업현황판, 포럼 시스템에서 정교한 스레드식 논의가 가능하다. 이런 관점에서 바라보면, 서면 의사소통이 동기적 대화보다 무한히 더 상호작용적임을 알 수 있을 것이다.

▪ 더 긴 유통기한

대화는 일시적이다. 반면에 서면 의사소통은 '유통기한'이 더 길다. 문서는 시간이 흐른 후에도 참조할 수 있다. 따라서 팀의 감사용 기록(audit trail)을 만드는 데 도움이 될 수 있다. 서면 의사소통을 자주, 사려 깊게 수행하면 문서화가 더 쉬워질 수 있다. 글쓰기 관행이 잘 자리 잡으면, 신입 팀원의 온보딩을 도울 때나 고객에게 제품을 설명할 때 일이 훨씬 쉬워진다.

애자일 선언과의 충돌

오늘날 대부분의 소프트웨어 개발팀은 애자일 개발의 어떤 버전을 따른다. 애자일 소프트웨어 개발 선언(Manifesto for Agile Software Development)에는 열두 가지 원칙이 포함되어 있는데, 이들 대부분은 오늘날에도 유효하다. 하지만 비동기 업무 방식과는 잘 맞지 않아 보이는 원칙이 하나 있다.[21]

> 개발팀으로, 또 개발팀 내부에서 정보를 전하는 가장 효율적이고 효과적인 방법은 면대면 대화이다.[역주]

이 원칙을 곧이곧대로 단순하게 이해하는 사람이 많은 것 같다. 따라서 이 책의 맥락에서 이 원칙을 살펴볼 필요가 있겠다. 먼저, 이 원칙에 깔린 논거를 파악해 보자.

▪ 대면 의사소통은 속도와 충실도 측면에서 우월하다.

나의 전 동료인 시두 포나파Sidu Ponappa[22]는 우리 시대 슈퍼스타 기술 선도자 중 한 명이다. 2022년 초의 한 팟캐스트 대담[23]에서 시두는 대면 의사소통(앞의 인용의 '면대면 대화')의 효과에 관한 흥미로운 점 몇 가지를 지적했다. 64분짜리 대담을 여러분이 직접 들어보길 권하지만, 편의상 주요 주장을 정리해서 소개하겠다.

시두는 사람들 사이의 의사소통 효율성을 네트워크의 효율성에 비유했다.

> 잠복지연(latency) 시간을 늘리고, 오류율을 높이고, 처리량을 줄이면 네트워크가 수행하는 처

[역주] 애자일 선언 한국어판(https://agilemanifesto.org/iso/ko/principles.html)의 문구를 그대로 인용했다. 원문은 "The most efficient and effective method of conveying information to and within a development team is face-to-face conversation."이다. —옮긴이

리의 품질에 직접적인 영향이 미칩니다.

이러한 주장을 확장해서 그는 사람들 사이의 의사소통을 컴퓨터들의 통신과 비교했다. 발신자는 데이터를 직렬화하고 압축해서 전송한다. 수신자는 그 과정을 역으로 수행해서 원래의 데이터를 복원한다. 팀 의사소통의 맥락에서, 어떠한 개념을 영어로 서술하거나 도식으로 표현하는 것은 직렬화에 해당하고, 그것을 효율성을 위해 좀 더 간결하게 줄여서 표현하는 것은 압축에 해당한다. 시두의 주장은, 이러한 직렬화와 압축 과정에서 정보가 소실되고 오류가 발생하기 쉽다는 것이다. 또한 수신자 쪽에서 압축을 해제하고 역직렬화하는 과정에서도 오류가 발생하기 쉽다(적어도 발신자 쪽에서만큼).

반면에 대면 의사소통은 신체언어(바디랭귀지)와 비언어적 의사소통 덕분에 충실도(fidelity)가 더 높다고 그는 설명한다. 또한 시두는 원격 환경보다는 대면 환경에서 의사결정이 더 빠를 수 있다고 덧붙인다. 이상의 설명은 애자일 소프트웨어 개발 선언에서 대면 의사소통('면대면 대화')을 옹호하는 이유에 해당한다. 물론 시두가 옳지만, 나는 그의 주장에 약간의 뉘앙스를 추가하고자 한다.

■ 효과적인 의사소통에는 자명하지 않은 매개변수들이 있다

대면 의사소통이 더 빠르고 충실도가 높은 것은 사실이다. 하지만 의사소통을 효과적으로 만드는 매개변수가 속도와 충실도뿐일까? 주로 영어를 사용하는 빠른 대화 환경에서 어떤 사람의 관점이 우위를 차지할지 생각해 보았으면 한다. 아마도 외향적이고 영어가 유창한, 그리고 두뇌 회전이 빠른 사람이 우위를 차지할 것이다. 비즈니스에서는 목소리가 제일 큰 사람이 아니라 제일 좋은 아이디어를 낸 사람이 우위를 차지하는 것이 바람직하다. 의사결정의 '위생(hygiene; 또는 건전성)'에는 포용성이 하나의 핵심 매개변수이다. 아메리칸 익스프레스 사의 기술 담당 부사장인 사베나즈 미실리키Sarvenaz Mysilicki는 포용적인 의사소통에 관해 다음과 같이 말한 바 있다.[24]

> 브레인스토밍 세션이나 아이디어 수집 세션의 운영 방식에 관해 결정권이 있는 사람이라면 누구나, 사람마다 스타일이 다르다는 사실을 받아들이고 이를 운영에 반영하도록 노력해야 합니다. 따라서 모든 사람을 한자리에 모아서 한 시간 동안 끊임없이 서로 말을 주고받으면서 브레인스토밍을 진행하는 방식 대신, 하나의 오프라인 문서에 모든 사람이 자신의 모든 아이디어를 제시하는 식으로 진행할 수도 있겠죠. 한정된 시간 안에 자신의 최고의 아이디어 하나만 제시하는 것이 아니라요. 중요한 것은 포용성입니다.

맥락(또는 문맥) 역시 의사소통 효과성의 한 매개변수이다. 한 그룹의 사람들이 반드시 올바른 결정을 내려야 한다면, 모든 사람이 같은 정보에 기반하게 만드는 것이 도움이 된다. 그러한 정보가 바로 '맥락(context)'에 해당한다. 맥락이 크고 복잡할수록 즉흥적인 '책상 옆' 대화의 효과가 떨어진다. 복잡한 주제에는 구조가 필요하다. 글쓰기는 그러한 구조를 만들고 맥락을 대규모로 공유하는 데 도움이 된다. 모든 사람이 맥락을 공유한다면, 대면 또는 동기적 대화로 올바른 의사결정에 도달하기가 쉬워질 수 있다. *Remote Java Dev* 블로그의 글 "A Problem with the Agile Manifesto(애자일 선언의 문제점 하나)"[25]가 지적한 다음 사항을 생각해 보자.

> 팟캐스트를 10배속으로 들을 수도 있다. 그러면 1배속보다 훨씬 효율적일 것이다. 하지만 정보를 10배속으로 소화할 수 없다면 실질적인 효과는 없는 셈이다. 동기적 의견 교환이 유익할 것은 분명하지만, 일반적으로는 먼저 비동기적 의견 교환을 진행한 후에 진행하는 것이 가장 좋다. 그리고 복잡한 주제에 대해서는, 동기적 의사소통만 따로 사용해서는 절대로 안 된다.

의사소통은 일회성 이벤트가 아니라 하나의 과정이다. 전적으로 동기적인 대면 의사소통 이벤트는 주제가 단순하고 맥락이 없을 때는 유용할 수 있다. 그 밖의 거의 모든 유형의 의사소통에는 참고할 자료가 필요한데, 그런 자료를 만들려면 사전에 깊은 고민이 필요하다. 곤살로가 말했듯이, 의사결정의 품질을 위해 의사결정의 속도를 희생해야 할 때가 종종 있다.

글쓰기 역량을 키우려면

글쓰기가 어렵다고 생각하는 독자들이 있겠지만, 그보다 더 어려운 것이 있다. 바로 말하기이다. 나는 인도인이고, 영어가 모국어가 아니다. 영어 원어민과 처음 만났을 때 나는 얼어붙었다. 여러 해 동안 경험이 쌓이면서 영어로 말하기가 좀 편해졌지만, 원래 내성적인 사람이라 회의에서 내 의견을 전달하는 것이 지금도 쉽지 않다. 나는 특별한 사례인데도 그렇다. 나는 영어 교육을 받았고, 한 회사에서 15년 일해서 이제 사람들이 내 말에 귀를 기울일 정도의 사회적 자본도 충분히 쌓았다. 컨설팅 자격증들 덕분에 발언권도 어느 정도 있다. 하지만 모든 사람이 나 같은 특권을 가진 것은 아니다. 글쓰기가 어렵다는 데에는 나도 동의하지만, 말하기가 더 쉬운 것도 아니라는 점에 주의하자. 그리고 나는, 어떤 사람이든 다음과 같은 몇 가지 간단한 사항들만 실천한다면 글쓰기 역량을 키울 수 있다고 생각한다.

▪ 감정은 버리고 저널리스트가 되자

글이란 것에는 오해의 소지가 있다는, 특히 감정과 어조와 관련해서 사람들이 글을 엉뚱하게 해석할 수 있다는 비판을 종종 듣는다. 나중에 좀 더 자세히 다루겠지만, 대부분의 비즈니스 의사소통은 감정이 아니라 사실관계에 관한 것이라는 점을 지적하고 싶다. 우리는 저널리스트처럼 글을 써야 한다. 건조하고 직접적이며 평범한 문체가 바람직하다. 즉, 군더더기나 문학적인 미사여구는 생략하고 요점만 말해야 한다.

몇 년 전 나는 '저널리즘의 역피라미드(inverted pyramid of journalism)'[26]라는 것을 알게 되었다. [그림 4.1]이 바로 저널리즘의 역피라미드인데, 가장 중요한 정보는 제일 위에 있고 아래로 내려갈수록 정보의 중요도가 낮아진다. 기사를 읽는 독자의 관점에서 이는 기사의 첫 부분만 읽어도 기사 전체의 요점을 파악할 수 있다는 뜻이다. 그리고 편집자의 관점에서 이는 "아래부터 삭제" 접근 방식을 이용해서 기사를 손쉽게 편집할 수 있다는 뜻이 된다. 이 방법은 곧 보도할, 그리고 지면이 한정된 기사를 쓸 때 유용하다.

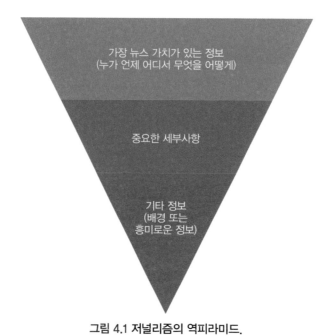

그림 4.1 저널리즘의 역피라미드.

(출처: 영어 위키백과 "Inverted_pyramid (journalism)", 바탕 자료는 US Air Force, Shawn Air Force Base, *20th FW Editorial Policy & Submission Guidelines*, The Air Force Departmental Publishing Office, n.d.)

업무상의 글쓰기도 이와 크게 다르지 않다. 사람들이 처음 몇 줄만 읽으리라고 가정하고 최대한 요점부터 빠르게 서술해야 한다. 이는 독자의 배경이나 개인적 신념, 정치적 입장에 따라 해석의 여지가 있는, 장황하고 감정적인 요점을 제시하는 논설문 쓰기(editorial writing)와는 대조되는 점이다. 그런데 사실 이번 장 자체는 논설문 쓰기의 예에 해당한다. 내가 기능을 설계할 때는 이런 식으로 글을 쓰지 않는다.

저널리즘 글쓰기가 쉽다는 말은 절대로 아니다. 대규모로 정보를 공유하는 데에는 저널리즘 글쓰기가 효과적임을 말하려는 것일 뿐이다. 또한 나는 요즘 사용할 수 있는 여러 글쓰기 도구들 덕분에, 여러분이 내성적인 외피를 벗어버리거나 빠르고 유창하게 말하는 영어 사용자가 되거나 타고난 신경다양성적 특성(neurodiverse nature)을 극복하는 것보다는 저널리즘적 작가가 되는 게 더 쉽다는 생각도 든다.

● 참고자료

글쓰기 학습 자료

글쓰기 실력 향상에 도움이 되는 자료는 많다. 다음은 내가 추천하는, 단기간에 글쓰기 기량을 한 차원 높이는 데 도움이 되는 자료 다섯 가지이다.

- 깃랩 핸드북의 "Tips for better writing" 핸드북[27]
- 구글의 기술 저술 강좌(Technical Writing Courses)[28]
- 깃랩의 Technical Writing Fundamentals 강좌[29]
- 밴더하이, 앨런, 슈워츠 저 *Smart Brevity: The Power of Saying More with Less*[30](번역서는 《스마트 브레비티》, 윤신영, 김수지 옮김)
- Plain English Campaign의 "How to Write in Plain English[31]"
- 이 자원들에 관한 좀 더 자세한 정보가 원서 사이트 https://www.asyncagile.org/book-resources에 있으니 참고하기 바란다.

▪ 감정을 현대적인 방식으로 표현하고 명확하게 전달하자

감정을 전달해야 할 때도 종종 있다. 그런 경우 글쓰기가 어렵다는 점에 나도 동의한다. 또한, 대면 의사소통에서는(심지어 동기적 화상 대화에서도) 감정이 담긴 메시지를 글로는 전달하기 어려운 수준의 충실도로 전달할 수 있다는 점에도 동의한다.

그렇긴 하지만, 여러분이 자신의 글쓰기 기량을 믿는다면 그런 글도 반드시 써야 한다. 이모지

emoji[역주]를 사용하자. 이모지를 밀레니엄 세대나 줌 세대만 사용하라는 법은 없다. 그런 수단은 감정을 명확하게 전달하는 데 도움이 된다.

Hemingway[32]나 마이크로소프트 워드 같은 편집기는 글을 명확하고 간결하게, 그리고 포용적인 방식으로 작성하는 데 도움이 되는 강력한 도구를 제공한다. 글을 쓰고 생각을 편집하는 행위는 감정을 날려버리고 메시지에 집중할 수 있도록 속도를 늦추는 데 도움이 된다. 나는 내가 쓴 글이 얼마나 읽기 쉬운지 또는 어려운지 파악하기 위해 마이크로소프트 워드에 포함된 플레시-킨케이드 독해 테스트(Flesch-Kincaid reading test; 그림 4.2)[33] 기능을 즐겨 사용한다. 코드를 작성할 때와 비슷하게, 여러분은 중학교 2학년 학생이 이해할 수 있는 수준까지 문서를 리팩터링해야 한다. 앞에서 언급했듯이 문서를 작성하고 사람들과 공유한 후에도 문서를 더 개선할 수 있다. 이것이 초능력이 아니라면 무엇이 초능력이겠는가?

그림 4.2 마이크로소프트의 가독성 통계 기능.

[역주] 참고로 emoji라는 용어는 일본어에서 그림을 뜻하는 '에(え)'와 문자를 뜻하는 '모지(もじ)'를 결합한 단어를 영어로 표기한 것일 뿐 영어 단어 emotion(감정)과는 무관하다. 하지만 이모지에는 감정을 효과적으로 표현하기에 적합한 그림 문자가 대단히 많다. 한편 emotion에서 파생된 용어로는 이모티콘(emoticon)이 있다. ─옮긴이

▪ 비동기 동영상이나 음성 자료를 활용하자

사람들이 자신을 능력 있는 작가라고 생각하지 않는다는 점을 들어서 글쓰기에 반대하는 사람들도 종종 있다. 그리고 소셜미디어 때문에 사람들의 독서 집중력이 떨어진 것은 기정사실이다. 사람들은 음성이나 동영상을 녹화하는 것이 더 쉬우므로 텍스트 대신 그런 매체를 사용해야 한다고 주장한다.

이에 관해 가장 먼저 말하고 싶은 점은, 글을 쓰든 녹음/녹화를 하든 먼저 의사소통의 구조를 만들어야 한다는 점은 같다는 것이다. 사려 깊게 작성된 음성 자료나 동영상이 저절로 생기지는 않는다. 또한 동영상과 음성의 다음과 같은 단점들도 고려할 필요가 있다.

• 동영상과 음성 클립은 인라인 검색 능력이 상당히 나쁘다. 아주 정교한 플랫폼에서도 그렇다(물론 점점 나아지고 있긴 하지만).
• 동영상과 음성 클립은 콘텐츠 소비가 느리다. 대부분의 사람은 읽기 속도가 분당 200단어를 넘지만 듣기 속도는 분당 140단어 정도이다.
• 텍스트가 소비 방식이 더 다양하다. 이미 아는 내용은 훑어만 보거나 아예 건너뛸 수 있다. 특정 지점으로 되돌아가기도 쉽다. 이는 마커들을 내장해서 잘 만든 동영상이나 음성 콘텐츠로도 가능하지만, 그 정도 수준의 콘텐츠를 만들려면 문서에 표제와 목차를 추가하는 것보다 훨씬 공을 많이 들여야 한다.
• 텍스트 기반 도구들에는 인라인 댓글 기능이 흔하지만, 동영상의 경우에는 그런 용도에 특화된 전용 플랫폼이 아닌 한 그런 기능을 보기 힘들다.
• 그리고 영어가 모국어가 아닌 화자들은 동영상의 이해도가 상당히 낮다. 무엇보다도 다른 사람의 억양을 이해하기가 어려울 수 있다. AI 기반 자막 생성 도구가 있다고 해도, 인공지능이 화자의 고유한 억양을 온전하게 인식하기는 아직 어렵다.
• 동영상과 음성 클립은 일단 만들면 수정하기가 어렵다. 콘텐츠를 자주 수정해야 하는 경우 의사소통의 비용이 빠르게 증가한다.

이런 단점들이 있지만, 음성과 동영상은 특히 서면 의사소통을 지원하는 수단으로 유용할 수 있다. 물론 그 자체로 텍스트보다 더 효과적인 용례도 있다.

• 데모(시연용 제품)나 제품 기능을 설명하는 스크린캐스트, 영상 자료 같은 **단방향 콘텐츠**에는 동영상이 훌륭한 매체이다.
• CEO의 메시지 같은 **유통기한이 짧은** 콘텐츠에도 동영상이 적합할 수 있다. 단, 사람들이

그러한 의사소통의 특정 부분과 상호작용할 가능성이 있다면 동영상은 피하는 것이 좋다.

- 사람들이 듣기만 할, 즉 **콘텐츠와 상호작용할 필요가 없는** 대담/대화 콘텐츠(팟캐스트 등)라면 음성 매체가 적합하다. 이런 음성 자료는 예를 들어 운전이나 운동을 하면서 수동적으로 콘텐츠를 소비하고자 할 때 효과적이다.

● 모범관행

짧은 동영상으로 문서에 활기를 불어넣자

글에 생동감을 더하는 한 방법은 짧은 프레젠테이션을 동영상으로 녹화해서 문서에 첨부하는 것이다. 프레젠테이션에 자신이 있는 독자라면, 이런 식으로 짧고 참조하기 쉬우며 소비하기 쉬운 산출물을 만들어서 활용하는 것이 자신의 감정을 의도한 대로 전달하는 데 효과적이다. [그림 4.3]은 동영상을 텍스트 문서의 이야기 흐름 안에 적절히 배치한 예이다.

그림 4.3 인라인 동영상은 글에 활기를 불어넣을 수 있다.

어떤 매체를 사용하든 중요한 것은 해당 콘텐츠의 소비자에 대한 배려이다. 예를 들어 회의 녹화물을 첨부하는 것은 배려가 부족한 처사로 간주될 수 있다. 한 페이지 분량의 회의 결과 요약본을 제공하는 대신, 2배속으로 봐도 긴 동영상을 동료에게 시청하라고 강요하는 것이 되기 때문이다. 이를 팀 전체로 확대한다면, 누군가가 공들여 서면으로 요약하는 대신 그냥 동영상을 첨부한 탓에 수 시간의 생산적인 시간이 낭비될 수 있다.

대면 의사소통이 과연 그토록 효과적일까?

잠시 개발팀에서 대면 의사소통이 정보 전달에 가장 좋은 방법이라는 주장이 옳다고 치고, 다음 질문들을 생각해 보자.

- 얼마나 더 효과적인가?
- 어떤 맥락에서 진정으로 효과적인가?
- 대면 의사소통이 유발하는 비용은 어떤 것인가?
- 그런 비용들에 비한 이득은 어느 정도인가?

그리고 다음은 원한다고 해도 항상 대면 의사소통이 가능하지는 않은 분산 개발팀을 위한 몇 가지 질문이다.

- 영상이 꺼지고 마이크가 음소거된 상태에서 20명이 참여하는 줌 통화는 대면 의사소통에 해당할까?
- 여러분이 전하려는 메시지가, 여러 사람이 하던 일을 중단하고 화상회의에 참석해서 들어야 할 정도로 중요한가?

대면 의사소통이 무조건 더 낫다는 주장은 잘 봐줘야 미신이다. 특히 지금 같은 시대에서는 더욱 그렇다. 단, 짧은 대면 의사소통은 팀원들이 동료 의식과 우정을 쌓는 데 좋은 방법이긴 하다. 제8장 "대면 상호작용의 가치"에서 이 측면을 살펴볼 것이다. 동기적/대면 상호작용에 대한 맹신을 버린다면 시간을 절약할 수 있으며, 그 시간을 좀 더 의미 있는 방식으로 활용할 수 있다.

애자일 선언을 맹목적으로 따를 필요는 없다

이 책을 쓰는 현재 애자일 소프트웨어 개발 선언은 발표된 지 20년이 넘었다. 이제는 당시보다 훨씬 많은 경험과 협업 도구의 발전, 그리고 전 세계적 팬데믹 상황을 고려해서 우리의 생각을 정리할 수 있다. 생각해 보자. 지금은 일상적인 실시간 공동 편집, 화면 공유와 화상회의, 디지털 화이트보드, 비동기 음성 및 동영상, 유튜브나 스포티파이 같은 플랫폼 등 수많은 협업 도구와 서비스가 2001년에는 없었다. 그때는 심지어 이모지도 없었다! 이모지는 2010년 이후에 대중화되었다.

게다가 당시 대부분의 사람은 일을 자신의 삶에 적응시킨다거나 근무 중에 아이를 안아주어도 된다는 생각 자체를 하지 못했다. 이론적으로, 꽤 오래전부터 인터넷 연결만 있다면 어디서든 일할 수 있었다. 하지만 사람들은 팬데믹이라는 엄청난 사건을 겪고서야 우리들 다수에게 원격 근무가 합리적인 기본값이라는 점을 확신하게 되었다. 2001년 이후 세상은 상당히 변했고, 2020년을 기준으로도 많이 변했다. 의사소통과 협업에 대한 우리의 사고방식도 바뀌어야 한다. 다행히 지식 노동 업계에서 우리에게 익숙한 분야에 선례가 있다. 우리가 교훈을 얻을 분야가 어디인지를 시두의 다음 글이 말해준다.

오픈소스 프로젝트들은 40년 동안 화상통화나 대면 회의 없이 유지되었다. 하지만 이것이 가능한 이유는 오픈소스 개발자들이 프로세스를 예외적이라고 할 만큼 잘 따르기 때문이다. 그리고 솔직히 말해서 대부분의 회사는 말소리가 들릴 정도로 가까운 거리에서도 이 정도로 효과적인 협업을 해내지 못한다.

비동기 근무를 위해서는 글을 써야 한다

따라서 회사에서 일하는 우리도 오픈소스 자원봉사 세계의 교훈을 가져와서 프로세스와 의사소통을 개선해야 할 것이다. 그러한 개선의 핵심은 글쓰기이다,

이번 장 요약

글쓰기 없이는 비동기 근무도 없다. 글쓰기는 비동기 우선을 위한 근본적인 관행이다.

- 대면 회의를 제외할 때 가장 빠르고 비용 효율적인 대안은 글쓰기이다.
  - 기본적으로 글쓰기는 영어가 모국어가 아닌 사람과 내성적인 사람, 신경다양성적 특성을 가진 사람을 포용한다.
  - 글쓰기는 사려 깊고 신중하다. 속도를 늦추면 문제를 연구해서 그에 따라 생각을 정리할 시간이 생긴다.
  - 글쓰기는 색인화와 검색이 가능하고, 구조화와 변경, 상호작용이 쉽다.
  - 대면 대화와는 달리 서면 의사소통은 유통기한이 길다. 한 번 쓰면 여러 번 읽을 수 있다.
- 대면 의사소통이(심지어 화상통화도) 속도와 충실도 면에서 글쓰기보다 우월한 것은 사실이다. 하지만 포용성과 빠른 맥락 공유 능력 면에서는 글쓰기가 우월하다.
- 글을 잘 쓰는 것은 우리 모두가 배우고 개선할 수 있는 하나의 기량이다. 저널리즘의 역피라미드를 적용하고 가독성 도구와 이모지, 비동기적 음성 및 비디오를 활용해서 글쓰기 기량을 연마할 수 있다.

이번 장에서 글쓰기를 적극적으로 칭찬하긴 했지만, 이것이 우리에게 필요한 유일한 초능력은 아니다. 여러분에게 알려주고 싶은 비동기 우선의 초능력이 세 가지나 더 있다. 다음 장에서 그 세 가지를 살펴본다.

제**05**장
비동기 우선 초능력: 나머지 셋

글쓰기는 제일가는 비동기 우선 초능력이다. 사실 원격 근무를 위한 최고의 초능력이 글쓰기라고 해야 마땅하다

이 책은 원격 근무가 기본이라고 가정하지만, 그렇다고 내가 원격 근무 플레이북을 만들려고한 것은 아니다. 다만, 비동기적으로 일하려면 몇 가지 원격 업무 기량이 꼭 필요하다.

비동기 우선 슈퍼히어로가 일하는 방식

이번 장에서는 서면 의사소통과 함께 사용할 수 있는 추가적인 초능력 세 가지를 소개한다. [그림 5.1]에 이 셋을 비롯해 총 네 개의 초능력이 나와 있다. 이 초능력들은 여러분과 여러분 팀의 개인적, 집단적 효율성을 높이는 데 도움이 된다. 추가적인 세 초능력은 다음과 같다.

- 방해 요인 차단
- 정독 및 이해
- 독립적인 작업

그럼 이러한 기량들 각각에 무엇이 관여하는지, 그리고 어떻게 실천하면 되는지 살펴보자. 다음의 내용은 여러분 자신의 기량 연마는 물론이고 여러분이 동료들의 기량 습득을 도울 때에도 적용된다.

그림 5.1 비동기 근무의 네 가지 초능력.

방해 요인 차단

정독 및 이해

서면 의사소통

독립적인 작업

비동기 초능력

방해 요인 차단

비동기 근무의 핵심적인 이점은 작업 중단(interruption)이 줄어들어서 심층 작업을 위한 시간이 생긴다는 것이다. 그러나 오히려 집중력을 흩트리는 방해 요인(distraction)들을 스스로 반기도록 길든 사람이 많다. 이는 칼 뉴포트Cal Newport[34]나 요한 하리Johann Hari[35] 같은 저자들이 상세히 서술한 현상이다. 하버드 대학교의 STIN 블로그는 이런 지속적인 방해 요인들에 관해 이렇게 말한 바 있다.[36]

스마트폰은 우리에게 거의 무제한의 사회적 자극(긍정적, 부정적 모두)을 제공했다. 문자 메시지, 인스타그램의 '좋아요', 페이스북 알림 등의 모든 알림은 긍정적 사회적 자극과 도파민 분비로 이어질 가능성이 있다.

우리가 소셜미디어에서만 도파민을 찾는 것은 아니다. 이메일이나 슬랙 메시지를 확인하려는 욕구도 비슷한 성격을 가지고 있다.[37] 하지만 그런 유혹에 굴복한다면 비동기 업무 방식의 이점이 사라진다.

집중력을 높이려는 시도는 방해 요인에 대한 의존으로부터 벗어나려는 의식적인 노력이 없으면 달성하기 어렵다.

－칼 뉴포트

따라서, 누구든 집중해서 일하고 싶을 때는 방해 요인을 차단하는 능력이 필요하다. 다음과 같은 전략들로 시작할 것을 추천한다.

- **한 주의 작업을 미리 계획한다**: 매일 하루에 최소 두 번 이상 3시간 동안 중단 없이 일할 시간을 일정표에 추가하고, 그 시간대에는 다른 사람이 여러분을 회의에 초대하지 못하게 한다. 구글 캘린더 같은 앱들은 이런 시간을 '집중 시간(focus time)'으로 설정하는 기능을 제공한다.[38] 그러면 여러분이 집중 업무 중임을 동료들이 알 수 있다. 피할 수 있는 회의를 거절하는 방법도 배워 두어야 한다. 다음은 드롭박스 블로그에 나온, 재치 있게 회의를 거절할 때 사용할 만한 문구 몇 가지이다.[39]

"회의에 불러 주셔서 고맙습니다! 하지만 이 문제를 이메일로 해결하는 건 어떨까요?"

"요즘 회의가 너무 많아서 일정을 좀 정리하는 중인데요. 이 문제는 먼저 회의 없이 해결해 보도록 노력해도 되지 않을까요?"

"기꺼이 피드백을 드리겠습니다! 회의 일정을 잡기 전에 제가 이 건을 구글 문서 도구에서 검토해도 될까요?"

- **방해 요인을 제한한다**: 거의 모든 스마트폰, 노트북, 태블릿에는 '방해 금지(do not disturb)' 모드가 있다. 심층 작업 시간에는 반드시 이 모드를 활성화하자. 애플 생태계의 경우에는 스크린 타임[40]을 이용해서 앱들의 사용 시간 및 기간을 제한할 수 있다. 안드로이드와 Windows 기기에도 비슷한 기능이 있다.[41]
- **앱 차단기를 활용한다**: 스크린 타임 같은 기능이 훌륭하긴 하지만, 때로는 우회가 아예 불가능한 좀 더 강력한 해법이 필요할 때가 있다. Freedom[42] 같은 앱 차단기(app blocker)를 이용하면 모든 기기에 적용되는 규칙들을 정의할 수 있다. 집중 업무 세션이 시작되면 차단 목록에 있는 모든 앱과 웹사이트에 접근할 수 없도록 설정하는 것이 가능하다. 무심코 방해 요인이 되는 앱을 열려고 해도 앱을 사용할 수 없다. 이 역시 "적을수록 많은", 또는 제한이 자유를 주는 예이다.

정독 및 이해

이것은 첫 초능력 '서면 의사소통'에서 파생된 초능력이라 할 수 있다. 동료가 아주 짜증스럽게 느껴지는 상황 하나는, 어떤 문서를 작성했는데 그 문서를 읽어야 하는 사람이 읽지 않는 것이다.

글쓰기 없이는 비동기 근무도 없다. 그리고 아무도 읽지 않는다면 글을 쓰는 것이 무의미하다. 따라서 하루 중에 글을 쓸 시간은 물론이고 다른 사람이 쓴 글을 읽을 시간도 반드시 확보해야 한다. 여러분이나 여러분의 동료가 애초에 정독(숙독) 습관이 없다면, 이 실천 사항은 시작하기조차 어려울 것이다. 하지만 몇 가지 좋은 소식이 있다.

이미 캘린더의 모든 일정을 해치웠다면, 다음 회의 전에 읽기를 끝내야 한다는 시간적 압박도 없는 것이다. 숨을 고르고, 속도를 늦추고, 읽기 시작하자. 동료가 말하고자 하는 내용을 잘 파악할 시간이 있다.

방해 요인을 줄이면 집중에 도움이 된다. 기술 분야에서 일하는 독자라면, 지난 수년간의 정규교육 과정에서 읽기 기량이 이미 축적되어 있을 가능성이 크다. 분당 200단어가 기본이라고 가정할 때, 10페이지 분량의 문서를 15분에 읽을 수 있다. 이런 정독 습관은 단시간에 고밀도의 정보를 소비하는 데 도움이 된다.

또한 개인적인 정독 습관도 기르는 것이 바람직하다. 책이나 잡지, 즐겨 찾는 웹사이트의 기사 등 여러분이 재미있게 읽을 수 있는 콘텐츠를 방해 없이 10분 정도 읽을 시간을 하루에 두 번은 확보해 두자. 몸의 근육처럼 정독 '근육'도 단련할수록 강해진다. 정독 근육이 강하면 비동기 근무 환경에서 좀 더 생산적으로 일할 수 있다.

이런 습관들을 팀 차원에서 조성하도록 노력하자. 매일 개인 정독과 업무 정독을 위한 시간을 할애하도록 팀원들과 약속하면 좋을 것이다. 그리고 독서 클럽(북클럽)은 이런 정독 습관을 기르는 데 아주 훌륭한 방법이다. 모든 팀원이 지정된 시간 동안 같은 책을 읽고 문서나 위치 페이지, 또는 동기적 통화를 통해서 생각을 공유하는 식으로 진행하면 될 것이다. 지금 여러분이 읽는 이 책으로 시작하면 어떨까?

독립적인 작업

마지막으로, 각자가 독립적으로 작업하는 방법을 배워야 한다. 물론 다른 사람과 협업하지 말라는 뜻은 아니다. 단지, 자신을 관리해줄 누군가를 찾지는 말라는 뜻이다. 여러분은 무한정 기다리는 대신 일단은 행동해야 한다(제1장의 '행동이 기본' 절 참고). 그리고 무엇보다 중요한 것은, 여러분이 자율성과 유연성을 원하는 만큼이나 다른 동료들의 자율성과 유연성도 존중해야 한다는 점이다. 깃랩의 어법에서 '1인 관리자(manager of one)'가 된다는 것은 다음을 뜻한다.[43]

> 모두가 원격으로 근무하는 조직에서 우리는 각 팀원이 1인 관리자가 되길 원한다. 1인 관리자는 우리의 효율성 가치와 관련한 속성이다. 깃랩에서 성공하려면 팀원들은 목표 달성을 위한 하루 업무의 우선순위를 스스로 결정해야 한다. 1인 관리자는 자신의 업무 분위기를 조성하고, 작업 항목들을 배정하고, 작업 완료를 위해 수행해야 할 일들을 결정한다. 여러분의 구체적인 직무가 무엇이든, 자기주도성 혹은 셀프리더십self-leadership은 1인 관리자로서 성공하는 데 필수적인 기량이다.

이를 달성하기 위한 전략은 여러 가지인데, 내가 추천하는 전략들은 다음과 같다.

- **자발적 등록**(self-sign-up): 설계상 애자일 팀은 애초에 관리 부담이 적다. 따라서 작업할 일감을 팀원들이 스스로 선택하는 것은 일상적인 일이다. 이는 관리자가 팀원들에게 업무를 할당하는 전통적인 팀과는 대조적이다. 동기부여가 된 개인들이 모이면 각자 자율적으로 자신의 할 일을 찾기 마련이다. 무엇을 할지를 누군가가 알려주길 기다리는 것은 안티패턴 anti-pattern이다.

- **일감을 잘 분석하고 일찍 도움을 요청하자**: 이것이 비동기 근무의 관건이다. 어떤 일감을 자신이 맡겠다고 등록할 때는 그 일감을 마지막으로 작업한 사람이 세부사항을 충분히 남겼기를 기대하기 마련이다. 일감을 잘 분석해야 함은 물론이고, 도움이 필요한 경우 다른 사람이 여러분을 도와줄 시간을 마련해 주는 것도 중요하다.

- **진행 상황을 적극적으로 알리자**: 다른 사람이 작업현황을 여러분에게 계속 핑으로 보내면 짜증이 날 수 있다. 그러면 여러분의 작업이 중단될 뿐만 아니라, 같은 내용에 대해 반복적으로 같은 반응을 보내야 하는 것도 성가신 일이다. 그렇긴 하지만, 여러분의 진척 상황을 팀 전체에 알리는 것은 중요하다. 여러분이 작업 중인 일감에 의존하는 후속 일감들이 있을 수 있다. 그런 일감을 맡은 사람들에게 여러분이 맡은 일감이 어느 정도나 진척되었는지를 알려주는 것은 정당한 일이다. 비동기 우선 팀에서는 모든 논리적인 연결 지점에서 진척 상황

을 소통해야 한다. 그러면 짜증 나는 상황이 줄어들 뿐만 아니라, 팀 안에서 작업이 얼마나 상호의존적인지를 공감할 수 있다는 장점도 생긴다. 작업 진척 상황을 공유하길 꺼리지 말자. 필요하다면 화면 녹화 기능을 이용해서 갱신 내용을 시각적으로 표현하는 것도 좋다. 작업현황판을 이용해서 작업의 맥락 안에서 일찍, 자주 소통하자.

- **의심스러우면 실행하자**: 이것은 제1장에서 설명한 '행동이 기본' 원칙에 해당한다. 뭔가 확실하지 않을 때는 완벽을 추구하는 것보다는 틀릴 것을 감수하고 빠르게 행동하는 것이 낫다. 비동기 팀은 일을 마치는 데 초점을 둔다. 실수가 생기는 것은 피할 수 없는 일이다. 실수에서 얻은 교훈으로 프로세스를 좀 더 정교하게 만드는 데 노력하는 것이 중요하다. 물론 뭔가 잘못되었을 때는 반드시 리팩터링과 수정을 거쳐야 한다.

개인 생산성은 팀 생산성으로 이어진다

비동기 우선의 분산 팀에서 여러분의 개인 생산성은 여러분이 다른 사람들과 협업하는 방식에 영향을 미친다. 여러분이 팀이나 조직에서 변화를 주도하려면, 이러한 초능력들을 여러분 혼자만 갖추어서는 안 된다. 다른 사람들도 그런 역량을 갖추도록 이끌고 도와주어야 한다.

이번 장 요약

비동기 우선 지식 노동자가 되려면 글쓰기(서면 의사소통) 외에도 다음 세 가지 초능력이 필요하다.

- '방해 요인 차단'은 중단 없이 일하는 데, 그럼으로써 당면한 작업에 몰입하는 데 도움이 된다.
- '정독 및 이해'는 글쓰기 문화를 보완한다. 아무도 읽지 않는다면 서면으로 의사소통할 이유가 없다. 읽기에 익숙하지 않은 사람이라도 훈련으로 정독 근육을 키울 수 있고 키워야 한다.
- 비동기 근무를 위해서는 독립적으로 일하는 방법도 배워야 한다. 이는 '1인 관리자' 철학과도 결이 맞는다. '자발적 등록', '적극적 진척 상황 알림', '행동이 기본'은 독립적인 작업 능력의 부산물이다.

이번 장과 이전 장은 주로 개인의 생산성에 초점을 두었다. 이제 팀으로 초점을 옮길 때가 되었다. 모든 스포츠에는 규칙이 있고, 모든 팀에는 규범과 의례(ritual)가 있다. 다음 장에서는 효율적인 프로토콜을 도입함으로써 차분한 팀 분위기를 조성하는 방법을 살펴본다.

제06장
협업 프로토콜로 차분한 분위기 만들기

변화를 위한 우리의 발판이 점점 구체화되고 있다. 앞에서 우리는 다양한 범주의 협업 도구들을 살펴보았다. 아마 여러분은 여러분의 팀을 위한 도구 스택을 고민하고 있을 것이다. 또한 우리는 효과적인 비동기 근무자가 되는 데 필요한 네 가지 초능력도 살펴보았다. 이제 범위를 좀 더 넓혀서 팀의 업무와 의사소통 프로토콜을 살펴볼 때가 되었다.

작업 실행 대 작업흐름

우리 모두는 직장에서 '스스로 조직하는 팀(self-organizing teams)'과 '자율성(autonomy)'에 가치를 둔다. 하지만 이런 용어를 잘못 이해하기도 한다. 숙련된 개발자라면, 어떤 특정한 요구사항을 코드로 구현하는 방법에 관해 시시콜콜하게 지시받고 싶지 않을 것이다. 두 명의 개발자가 짝을 이루어서 문제 하나를 함께 해결하거나 개발자와 디자이너가 어떤 해결책을 찾고 있다면, 여러분은 그들의 기량을 믿어주는 것이 바람직하다. 똑똑한 사람들은 일단 자신이 문제를 이해했다면, 그 해결책을 찾아내는 것은 자신의 자유라고 생각한다. 칼 뉴포트는 이를 **작업 실행**(work execution)이라고 부른다.[44]

뉴포트는 작업 실행과 작업흐름(workflow)을 구분한다. 작업흐름은 다음과 같은 일들을 실천하는 방식을 결정한다.

- 작업을 찾고 우선순위를 정한다.
- 작업을 사람들에게 배정한다.
- 작업에 관해 의사소통한다.

- 작업 진행을 조정한다.
- 작업을 검토한다.

팀이 하나의 작업흐름을 정해서 모든 팀원이 동의하지 않으면, 업무를 수행할 때마다 작업흐름을 다시 만들어내야 한다. 이는 낭비일 뿐만 아니라 의사소통의 효과를 떨어뜨린다. 제이슨 프리드Jason Fried는 사무실이 비효율적인 이유로 'M&M'을 드는데, M&M은 meeting and manager, 즉 회의와 관리자를 뜻한다.[45] 효과적인 회의는 업무에 필요한 요소이고, 적절한 관리자 역시 필요한 요소임이 확실하다. 하지만 앞에서 보았듯이 회의가 항상 효과적인 것은 아니며, 항상 필요한 것도 아니다. 그리고 관리자가 도움이 되기보다는 방해가 될 때도 많다.

이 주제를 좀 더 파고들어 보면, 이런 여러 문제점의 근본 원인은 애초에 작업흐름을 잘못 설계한 것임을 깨닫게 된다. 작업흐름이라는 것이 아예 없는 팀도 많다. 그러다 보니 비효율적이고 우왕좌왕하는 의사소통이 빈번하게 일어난다. 그런 의사소통에 의한 작업 중단 때문에 여러분의 하루 근무 시간은 여러 조각으로 분열된다. 작업흐름을 고치는 대신 팀의 관리 계층을 비대하게 만드는 우를 범하기도 한다. 관리자가 많아지면, 적어도 이 모든 의사소통을 누군가는 이해하고 정리할 것이라는 기대는 할 수 있게 된다. 하지만 그러다 보면 "전구 하나를 갈아 끼우는 데 기술자가 이렇게나 많이 필요할까?" 같은 의심이 들기 시작한다.

팀이 원격 근무로 전환하면 또 다른 함정에 빠지게 된다. 나는 이를 '구름(클라우드) 위의 사무실'이라고 부른다. 이 문제는 이메일이나 인스턴트 메시징, 화상회의 같은 의사소통 도구를 이용해서 사무실의 작업흐름을 다시 만들 때 발생한다. 그런 빠르고 저렴한 의사소통 시스템은 앞에서 언급한 모든 문제를 악화시킨다. 여러분은 뉴포트가 말한 '과도하게 활발한 집단지성 (hyperactive hive mind)' 상황, 즉 모두가 항상 연결되어 있고 항상 서로를 방해하는 상황의 희생자가 된다.

효율적인 팀에는 예측 가능한 방식으로 협업하고 소통하기 위한 효율적인 작업흐름과 프로토콜이 필요하다. 그래서 이번 장에서는 과도하게 활발한 집단지성을 피하는 데 필요한 기본 사항들을 소개한다.

작업흐름의 상태들과 전이들을 재검토하자

원격 팀에서 근무하는 독자라면 [그림 6.1]에 나온 것 같은 작업현황판(task board)을 본 적이 있을 것이다. 작업현황판 용도로 지라를 사용할 수도 있고 트렐로나 아사나를 사용할 수도 있지만, 어떤 도구이냐는 지금 논의에서 중요하지 않다. 어차피 대부분의 프로젝트 관리 도구들은 팀의 작업흐름을 정의하는 수단을 제공한다.

표 6.1은 소프트웨어 개발팀의 전형적인 작업흐름 단계들을 정리한 것이다.

그림 6.1 지라의 작업현황판(아틀라시안 웹사이트에서 전재[46]).

표 6.1 소프트웨어 개발팀의 단순화된 작업흐름.[주]

작업흐름 단계	설명
할 일(To do)	처리할 작업들의 백로그. 우선순위의 내림차순으로 정렬(sorting)된다.
분석	개발자가 구현할 수 있도록 제품 소유자나 비즈니스 분석가가 살을 붙인 작업 일감 (task)들.
개발	개발자가 현재 작업 중인 일감들의 목록. 버그 수정, 기술적 과제, 새 기능 개발 등이 포함된다.
테스트	개발자가 코드 및 단위 테스트를 작성한 일감들. 품질보증(QA) 분석가가 이들에 대해 탐색적 테스트(exploratory test)와 E2E 테스트(end-to-end test; 종단간 테스트)를 수행한다.
UAT	내부 사용자가 테스트하는, QA 테스트를 통과한 기능성.
완료	실무에 반영된 기능성에 해당하는, 또는 DoD(definition of done; 완료 기준)[주]를 충족하는 일감들.

[주] DoD 또는 완료 기준은 주어진 작업 또는 소프트웨어 요구사항이 '완료'되었다고 간주하려면 팀이 반드시 충족해야 하는 기준들의 집합이다. 업무 논리(비즈니스 로직)나 승인 테스트(acceptance test)만으로 구성되는 것은 아니다. 팀에 따라서는 로깅과 모니터링, 심지어는 문서화에 관한 요건도 DoD에 포함될 수 있다. 이 주제는 이 책의 제3부에서 좀 더 논의한다.

여러분의 작업흐름이 표 6.1의 것과 비슷할 수도 있고, 더 복잡하거나 아예 다를 수도 있겠다. 단계의 수보다는 작업흐름을 설정할 때 적용하는 원칙들이 중요하다. 다음이 그런 원칙들이다.

1. **프로세스의 모든 단계를 작업현황판에 표시한다**: 비공식적인 또는 숨겨진(shadow) 게이트 점검(gate check)을 작업흐름에 명시하지 않는 팀도 많다. 그러면 몇 가지 문제가 발생한다. 첫째로, 작업현황판만으로는 주어진 한 작업 일감이 어떻게 진행되고 있는지를 파악할 수 없다. 둘째로, 진척이 멈춘 지점에 관한 데이터를 수집할 수 없다. 예를 들어 문서화되지 않은 데스크 점검(desk check) 때문에 사용자 스토리가 너무 오래 개발 단계에 머무르는 상황을 생각해 보기 바란다. 이에 관한 데이터가 없다면 어떻게 프로세스를 효율적으로 만들 수 있겠는가?

2. **각 단계의 기본 소유권을 정의한다**: 예를 들어 '분석' 단계에 있는 일감들에 살을 붙이는 것은 제품 소유자나 비즈니스 분석가가 책임질 일이다. 한편 개발자는 '개발' 단계에 있는 스토리들을 처리해야 한다. 그리고 테스터는 '테스트' 단계의 항목들을 담당한다. 물론 어떤 작업이 난항을 겪는다면 어떤 팀원이라도 소매를 걷어붙이고 도와줄 수 있다. 하지만 그래도 여전히 기본적인 책임성을 명확히 해야 한다.

3. **가능하다면 단계들 사이의 전이에 관한 규칙들을 명시한다**: 모든 도구가 이런 기능을 제공하지는 않지만, 제공한다면 체계적인 작업흐름을 위해 활용해 보는 것이 좋을 것이다. 어떤 일감이 UAT 단계에서 다른 단계로 넘어갈 때 테스터가 모든 사용자 피드백을 로그에 남기면 좋을 것이다. 그런 로그 남기기를 테스터가 잊지 않게 알림을 전달하도록 작업흐름을 설정하는 것이 가능하다. 효과적인 프로세스는 사람이 의도치 않은 오류를 방지하는 데 도움을 준다. 이것은 미세관리(micromanagement)가 아니다. 팀에 도움이 되는 '넛지nudge'[역주]이다.

작업흐름을 재검토할 때는 예외 상황과 최악의 시나리오를 위해 작업흐름을 설계하는 우를 범하지 않도록 주의해야 한다. 드물게만 발생하는 상황에 대비하려고 작업 프로세스에 불필요한 게이트 점검을 추가하지는 말자. 그런 점검들은 사용자 스토리가 여러 번의 서로 다른 회의를 거쳐야만 실무 단계에 도달하게 만드는 '위험 회피(risk aversion)' 요소일 뿐이다. 프로세스를 흐름에 맞게 최적화해야 하며, 병목 지점을 만들지는 말아야 한다.

[역주] nudge는 팔꿈치로 슬쩍 찌르는 행동을 나타내는 단어인데, 의미를 좀 더 확장해서 "암묵적으로 또는 무의식적으로 어떠한 행위를 유발하는 요소나 수단"을 뜻하는 용어로도 흔히 쓰인다. 외래어 표기법상으로는 '너지'이지만 세일러와 선스타인이 공저한 *Nudge: Improving Decisions about Health, Wealth, and Happiness*의 번역서 제목으로 유명해진 '넛지'를 따랐다. —옮긴이

이메일과 IM을 이차적인 의사소통 도구로 만들자

작업현황판은 팀이 진행 중인 모든 업무를 파악하는 데 사용할 '진실 공급원(source of truth)', 즉 신뢰할 수 있는 정보의 출처가 되어야 한다. 팀의 의사소통 대부분은 현재 진행 중인 작업에 관한 것이어야 한다. 애자일 팀에서는 작업 진척 상황이 작업현황판에 투명하게 드러난다. 모든 대화는 "맥락 안에서" 이루어져야 한다. 거의 모든 작업현황판 시스템은 개별 작업 일감 안에서 대화를 진행하는 기능을 제공한다. 팀원들에 태그(꼬리표)를 배정해서 특정 일감에 관심을 가지도록 유도할 수도 있다. 또한 대부분의 도구는 특정 일감의 갱신 상황에 관심이 있는 경우 그 일감을 '주시(watch)' 대상으로 지정하는 기능도 제공한다.

작업현황판을 팀의 일차적인 의사소통 인터페이스로 만들면 다음과 같은 두 가지 이점을 얻게 된다.

- 진행 중인 작업에 관한 모든 의사소통을 **단 한 장소에서 추적할 수 있다.** 작업현황판 도구들은 의사소통 방식을 구체적으로 설정하는 기능을 제공한다. 예를 들어 여러분이 등록했거나 주시하는 일감들에 대해서만 알림이 오도록 설정하는 것이 가능하다.
- 일감 카드(task card; 또는 작업 카드)에 대한 맥락적 대화는 그 일감의 **감사용 기록**(audit log) 역할을 한다. 카드의 설명과 첨부파일, 댓글 등의 세부사항을 살펴보면 누구라도 그 일감에 대해 어떤 일이 진행되는지 파악할 수 있다. 따라서 관리자가 사람들에게 작업 갱신에 관해 계속 물어볼 필요가 없다.

그러면 이메일과 인스턴트 메시징은 어떻게 할까? 나는 이들을 2차 도구로 둘 것을 권한다. 이들을 외부 또는 부서 간 의사소통에 먼저 사용하고, 그다음으로는 일반적인 내부 의사소통에 사용하자. 채팅 대화가 5분 이상 걸리거나 메시지를 5번 이상 왕복해서 주고받는다면 해당 도구들을 잘못 사용하고 있을 가능성이 크다. 어떤 회사는 전체 IM 메시지 내역을 몇 주마다 완전히 삭제하기도 한다. 그러면 사람들은 영구적이고 참조 가능한 정보를 메신저에 저장하길 꺼리게 된다. Twist[47] 같은 현대적인 IM 도구들은 출석 상태 표시나 알림을 아예 없앴다. 그 덕분에 사람들은 메시지가 오면 최대한 빨리 답해야 한다는 부담감 없이 IM 도구를 사용할 수 있다.

지식 노동자는 이메일과 IM을 확인하는 데 너무나 많은 시간을 소비한다. 평균적인 지식 노동자는 몇 분을 못 버티고 습관적으로 이메일이나 IM을 확인한다.[48] 이런 업무 중단의 비용이 어느 정도일지, 이 때문에 심층 작업 또는 '딥 워크'가 얼마나 희생되는지 생각해 보기 바란다.

물론 모든 도구를 한꺼번에 바꿀 필요는 없다. 중요한 것은 이런 도구들이 조장하는 'ASAP(as soon as possible; 가능한 한 빨리)' 사고방식을 피하는 것이다. 이메일이나 메신저를 하루에 한두 번만 점검해도 무방한 안전장치를 팀에 마련해야 한다.

의사결정 프로세스를 간소화하자

팀에 표준적인 의사결정 프로세스가 없으면 모든 결정이 혼란스러울 수 있다. 그런 팀에서는 모든 사람이 모든 의사결정에 참여하길 원한다. 그래서 업무 속도가 느려진다. 회의가 많아지고 의사소통의 부담이 커진다. 더 나쁜 점은, 그러다 보면 결국 팀이 위험을 회피하는 태도를 보이게 된다는 것이다. 세스 고딘Seth Godin은 이를 두고 "프로젝트가 진행됨에 따라 우리가 수행하는 겉으로만 생산적인 브레인스토밍과 조율"이라고 표현하고 **스래싱**thrashing이라는 이름을 붙였다.[49]

다음 주제로 넘어가기 전에, 종종 민주적인[50], 또는 총의(consensus)에 기반한 의사결정 접근 방식[51]도 때로는 필요하다는 점을 인정하겠다. 하지만 Parabol 사의 아비바 핀차스Aviva Pinchas 가 말했듯이 "모든 의사결정이 맵지는 않다."[52] 요즘은 지속적 전달(CD, continuous delivery) 프로세스가 정교한 덕분에 대부분의 의사결정이 가역적이다. 물론 그것이 잘못된 결정을 권장할 이유가 되지는 않지만, 의사결정을 간소화하는 것이 좋은 이유가 되는 것은 확실하다.

모든 의사결정 사항에 대해 항상 모든 사람의 명시적 찬성을 요구하는 대신, 동의 기반 의사결정(consent-based decision-making)[53] 프로세스를 기본으로 채용하자. 여기서 '동의'는 '이의 없음'을 뜻한다. 비동기적 동의 기반 의사결정 프로세스의 흐름은 다음과 같다(그림 6.2 참고).

1. 어떤 아이디어를 떠올린 팀원이 관련 의사결정 사항을 담은 제안서를 작성해서 팀 공유 문서 또는 위키 페이지에 올린다. 이때 팀원들의 의견을 받을 기한도 명시한다. 단, 이것이 긴급한 의견 요청이라는 인상을 주어서는 안 된다.

2. 만일 해당 의사결정 사항이 비가역적으로 보인다면, 팀이나 제안자가 가역적인 형태로 변경해야 한다(단계 6 참고).

3. 사람들이 제안에 대한 의견을 제시한다. 인라인 댓글을 이용할 수도 있고 질의/응답 게시판을 이용할 수도 있다. 이는 특히 이의(반대 의견)를 제기할 기회이다.

4. 제안자는 팀원들이 제시한 의견을 반영해서 필요에 따라 제안서를 수정한다.

5. 중대한 이의가 없다면 의사결정을 진행한다. 중대한 이의가 있다면 회의를 잡아서 해결한다.

6. 만일 단계 2에서 노력했음에도 의사결정 사항을 가역적으로 만들 수 없었다면, 기본적으로 회의를 통해서 결정을 내려야 한다.

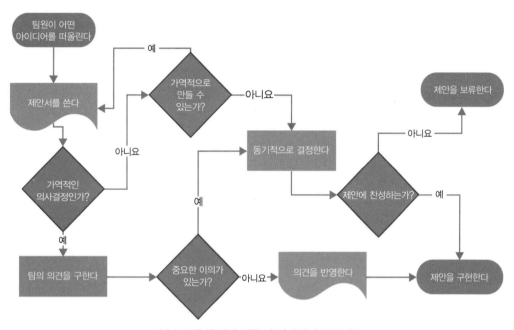

그림 6.2 동의 기반 비동기 의사결정 프로세스.

이러한 서면, 동의 기반 의사결정 프로세스가 정착되면 완벽을 추구하면서 끝없이 논의를 반복하다 결국은 그저 "이 정도면 적당히 좋은" 결론에 도달하는 사태를 피할 수 있다. 동의 기반 의사결정에서는 모든 사람이 여유 있게 생각할 수 있으므로, 제안자는 자신이 제안하는 내용을 공들여서 서술할 수 있다. 다른 모든 사람은 제안에 대한 자신의 의견이 이의인지 아니면 그냥 추가 제안인지 확실히 해야 한다. 아마존의 설립자 제프 베이조스Jeff Bezos는 무겁고 위험 회피 성향이 있는 의사결정 프로세스에 관해 다음과 같이 경고했다.[54]

어떤 의사결정은 그 결과를 (거의) 되돌릴 수 없는 일방통행의 문과 같습니다(유형 1 의사결정). 문을 통과해서 문 건너편에 보이는 것이 마음에 들지 않아도 되돌아갈 수 없습니다. 하지만 대부분의 의사결정은 변경 가능한, 가역적인 양방향 문입니다(유형 2 의사결정). 문을 다시 열어서 원래 자리로 돌아갈 수 있습니다. 조직의 규모가 커질수록, 유형 2의 의사결정을 포함한 대부분의 의사결정에서 무거운 유형 1 의사결정 프로세스를 사용하는 경향이 있는 것으로 보입니다. 그러면 의사결정이 느려지고, 부주의하게 위험을 회피하게 되고, 실험을 충분히 수행하지 못하게 되며, 결과적으로는 혁신이 저하됩니다.

대신 동의 기반 접근 방식을 사용하면 의사결정이 빨라지고 실질적인 행동이 더욱 강조된다.

다양한 의사소통 채널과 그 응답 시간을 파악하자

마지막이지만 역시 중요한 사항은 팀이 사용할 여러 협업 도구와 의사소통 채널(매체)의 반응 시간에 대해 팀원들이 합의를 이루어야 한다는 점이다. 제임스 스태니어[55]는 저서 *Effective Remote Work*[56]에서 합리적인 기본 선택지를 제시했다. 표 6.1이 이를 정리한 것이다. 이 프로토콜을 여러분의 팀에서 구현할 때 무엇을 선택할지는 물론 여러분이 판단해야 한다. 다만 다음 원칙을 명심하자.

'긴급(urgent)' 사항으로 간주할 수 있는 것은 그리 많지 않다. ASAP는 독성 문화이다. 단, 누군가를 계속 기다리게 하는 것은 무신경한 행동이다.

표 6.1 여러 채널에 대한 의사소통 프로토콜의 합리적인 기본 선택지.

채널	길이	응답 기대?	응답 시간	근무 시간 이후?
전화 통화	짧음	예	즉시	예
문자 메시지	짧음	대부분 예	수 시간	아니요
채팅	짧음	대부분 예	수 시간	아니요
화상통화	중간	예	즉시	아니요
이메일	중간	아닐 때도 있음	며칠	아니요
비동기 음성/동영상	중간	아니요	해당 없음	해당 없음
서면	김	아닐 때도 있음	며칠	아니요
작업현황판	가변적	아닐 때도 있음	가변적	아니요
위키	가변적	해당 없음	해당 없음	해당 없음

기본이 중요하다

처음에는 작업흐름이나 의사결정 프로세스, 의사소통 프로토콜을 설정하는 데 들이는 노력이 헛된 탁상공론이 아닌가 하는 생각이 들 수도 있다. 하지만 그 결과로 차분하고 사려 깊은 팀 환경이 만들어지면 보람을 느낄 것이다. 그러한 환경은 여러분이 팀의 관행들을 조정할 때 하나의 기준선이 된다.

이번 장 요약

팀의 관행들을 비동기식으로 조정하기 전에, 팀이 분산 방식으로 근무하는 데 필요한 몇 가지 기본 프로세스와 프로토콜을 설정해야 한다.

- 작업흐름을 작업현황판에 투명하게 표시하자. 모든 사람이 팀의 현황을 한눈에 파악할 수 있어야 한다. 작업흐름의 각 단계에 대한 소유권을 정의하고, 최악의 경우가 아니라 최선의 평균 비용을 위해 작업흐름을 설계하자.
- 작업현황판을 의사소통의 주된 허브hub로 삼자. 이메일과 IM은 조직 외부 또는 부서 간 의사소통에 먼저 사용하고, 그다음으로는 일반적인 내부 의사소통에 사용하자. 작업 기반 의사소통에는 예외적으로만 사용해야 한다.
- 매번 총의 기반 의사결정(합의 의사결정) 접근 방식 또는 민주적 의사결정 접근 방식을 사용하는 대신 동의 기반 의사결정 프로세스를 기본으로 삼자. 그러면 의사결정의 전반적인 속도와 품질이 향상되며, '행동이 기본' 원칙을 실현하는 데 도움이 된다.
- 각 의사소통 채널에 대한 응답 시간 및 응답 기대 여부를 합의하자. 그런 사항들을 합의해 두지 않으면 사람들이 FOMO에 시달리며, ASAP 문화가 스며들 위험이 생긴다.

새로운 프로토콜에 여러분의 팀을 어떻게 정렬시킬지 잠시 시간을 내서 고찰해 보기 바란다. 고찰을 마쳤다면, 이제 이 책의 제3부로 넘어가서 비동기 우선 업무 방식을 실현하는 주요 관행들을 차례로 살펴보자.

실무자 가이드

이제 소매를 걷고 업무 방식을 구체적으로 조사할 때가 되었다. 제3부의 각 장은 소프트웨어 개발팀이 따르는 구체적인 협업 관행을 다룬다. 비동기 우선 접근 방식에서 이런 관행들을 좀 더 효율적으로 수행하려면 어떻게 해야 하는지, 동기적 업무 방식이 아직 남아 있다면 어떻게 개선해야 하는지에 관한 아이디어를 얻을 수 있을 것이다.

- 제7장 "최후의 수단으로서의 회의"와 제8장 "대면 상호작용의 가치"에서는 "회의는 최후의 수단이다"라는 율리시스의 계약을 상세히 논의한다. 회의 횟수를 줄이는 실용적인 방법들과 비동기 우선 팀이라도 개인 간 상호작용에 가치를 두어야 하는 이유를 알게 될 것이다. 제9장 "왼쪽을 향한 미세 이동"은 개인 플레이 또는 팀 플레이를 통해 회의 횟수를 줄이는 간단한 아이디어들을 제시하는 것으로 이 주제의 논의를 마무리한다.

- 제10장 "팀 핸드북 작성"에서는 팀 핸드북을 기본 지식 베이스로 두는 것의 장점을 소개한다. 이 장에서는 그러한 자원에 권장되는 구조와 그러한 자원을 만들고 유지보수하는 방법도 설명한다.

- 제11장 "인스턴트 메시징의 '인스턴트' 길들이기"에서는 흔히 쓰이는 도구인 인스턴트 메시징을 재조명한다. 이 장에서는 팀원들이 인스턴트 메시징 도구를 효과적으로 사용하게 만드는, 그러니까 생산성이 높아질 뿐만 아니라 방해와 소음이 줄어들도록 사용하게 만드는 팁과 요령을 제시한다.

- 제12장 "스탠드업 미팅: 쉬운 왼쪽 이동"과 제13장 "개발 주기 관리",

제14장 "의미 있는 스프린트 회고 실행"에서는 스크럼 방법론의 일반적인 세레모니인 스탠드업 미팅, 스프린트 계획, 스프린트 검토, 회고에 초점을 둔다. 그런 의례(ritual)[역주] 중 일부를 완전히 비동기화하는 방법과 비동기 협업 요소들을 도입해서 좀 더 효과적으로 만드는 방법을 배우게 될 것이다.

- 제15장 "착수(킥오프) 회의와 데스크 점검: 의례화된 중단 줄이기"와 제16장 "기술 허들을 재구성하기 위한 질문 16가지"에서는 킥오프. 데스크 점검, 허들 등 스프린트 도중에 벌어지는 몇 가지 일반적인 활동을 살펴보고, 비동기 우선 근무 환경에서 회의 없이도 비슷한 가치를 얻는 방법을 설명한다.

- 제17장 "짝 프로그래밍: 방 안의 코끼리"에서는 엄청난 가치를 가진 일반적인 동기적 관행인 짝 프로그래밍을 논의한다. 비동기 우선 사고방식에 충실하면서도 짝을 지어 프로그래밍하는 방법을 배우게 될 것이다.

- 제18장 "업무 과정에서 생성된 감사용 기록"과 제19장 "기술 및 기능 설계의 의사소통", 제20장 "핸드북 문서화의 안정적 요소 두 가지"에서는 문서화와 개발 산출물들로 초점을 옮긴다. 실용적인 문서화 전략은 분산 팀이 규모를 확장하고 빠르게 움직이는 데 도움이 된다. 가장 흔히 쓰이는 문서화 형식인 감사용 기록과 가장 덜 쓰이는 문서화 형식인 설계서(기획서), 그리고 일반적으로 가장 안정적인 개발자 문서화에 관해 배우게 될 것이다.

- 마지막으로 제21장 "효율적인 온보딩 프로세스 만들기"는 비동기 우선 업무 방식에 기울인 모든 노력이 신입 팀원의 효율적인 온보딩에 어떻게 도움이 되는지를 보여준다. 팀 핸드북과 기타 산출물들을 활용해서 팀의 효과적인 온보딩 경험을 구축하는 데 필요한 실천 가능한 조언들을 이 장에서 얻을 수 있을 것이다.

[역주] ritual을 흔히 '의식儀式'으로 옮기기도 하지만, 주인의식 등의 '의식意識'과 혼동을 피하기 위해 이 번역서에서는 '의례'로 옮기기로 한다. 의례는 "의례적으로" 같은 표현과도 잘 맞는다. —옮긴이

제**07**장
최후의 수단으로서의 회의

제2장에서 변화를 위한 사고방식을 채택하려면 팀이 다음과 같은 율리시스의 계약에 동의해야 한다고 했었다.

　회의는 최우선 선택지가 아니라 최후의 수단이다.

이 계약을 지키기가 어렵게 느껴질 수도 있다. 모든 업무 프로세스에 회의가 관여하는 팀이라면 특히나 그럴 것이다. 어떻게 하면 회의를 줄일 수 있고 왜 줄여야 할까? 이는 모두가 한 팀으로서 해결해야 할 질문이다.

회의가 많아도 너무 많다

2020년 전 세계적 팬데믹으로 원격 근무의 혁명이 일어났다. 사람들이 어디에서든 자율적으로 일할 수 있으면 생산성이 높아짐을 보여주는 지표들이 존재한다[57]. 2021년과 2022년 사이에 나는 인도의 원격 근무 현황을 파악하기 위해 글로벌 IT 서비스 회사들의 기술자 1,800명을 대상으로 설문조사를 진행했다. 다음의 '원격 근무 통계' 글 상자에 여러분이 공감할 만한 몇 가지 조사 결과가 나와 있다.

원격 근무 통계

다음은 몇 가지 흥미로운 원격 근무 통계치들이다.

- 응답자의 81%는 원격 근무를 시작한 후 업무 만족도가 이전과 같거나 더 낫다고 답했다.
- 응답자의 49%는 팬데믹 시기에 원격 근무로 업무 만족도가 높아진 것 같다고 답했다.
- 응답자의 92%는 원격 근무 덕분에 업무 결과의 품질이 이전과 같거나 더 향상된 것 같다고 답했다.
- 응답자의 53%는 팬데믹 시기에 원격 근무로 업무 결과의 품질이 향상된 것 같다고 답했다.
- 응답자의 55%는 하루 일하는 시간이 평균 9시간을 넘는 것 같다고 답했다.
- 응답자의 66%는 팬데믹 이전보다 더 많이 일하는 것 같다고 답했다
- 응답자의 76%는 팬데믹 이전보다 회의에 더 많이 참석하는 것 같다고 답했다.
- 매주 한 사람이 회의에 소비한 시간은 평균 14시간이다.
- 응답자들이 비효율적이라고 주장한 회의의 비율은 32%이다.

이 통계치들에서 지적할 점이 하나 있다. 내가 조사한 1,800명의 응답자들만 놓고 보아도, 32%의 비효율적 회의 때문에 연간 약 2,3000만 달러가 낭비된다. 이러한 비용을 다수의 기업들로, 또는 지식 노동 시장 전체로 비례해서 추산해 보면 비효율적인 회의가 생산성에 얼마나 큰 영향을 미치는지 감을 잡을 수 있을 것이다.

제1장에서 언급한 '몰입'이라는 개념을 기억할 것이다.

…어떠한 활동에 너무나 몰두한 나머지 다른 모든 것은 전혀 중요하지 않아 보이는 상태; 이는 큰 대가를 치르더라도 기꺼이 그 일을 계속하고 싶어질 정도로 즐거운 경험이다.

또한, 이와 관련해서 나의 설문조사 결과에서 인용한 다소 암울한 결과도 기억할 것이다.

하지만 현실은 암울하다. 내 설문조사에서 450여 명의 참여자 중 97%가 이런 '몰입(flow)'에 관심이 있다고 답했지만, 몰입에 정기적으로 빠진다는 참여자는 12.5%, 즉 여덟 명 중 한 명 꼴이었다. 비동기 업무는 우리가 몰입에 빠질 확률을 높여준다.

몰입에 가장 방해가 되는 요인이 무엇일까? 한마디로 말해 '회의'이다.

따라서 회의를 줄일 필요가 있음은 명백하다. 그것이 비동기화를 위한 첫걸음이다. 나는 이것이 생산적인 원격 우선 조직으로 가는 가장 중요한 단계라고 주장한다. 그럼 어떤 회의가 필요하고 어떤 회의를 없애도 되는지 파악하는 데 필요한 하나의 틀(프레임워크)부터 살펴보자.

ConveRel 사분면

[그림 7.1]은 루크 토머스와 아이샤 사마케의 *The Anywhere Operating System*[58]에서 가져온 프레임워크이다. 나는 이것이 너무나 간단하고도 강력한 개념이라서 선명하고 기억하기 쉬운 이름을 붙여야 마땅하다고 생각했다. 그래서 고안한 이름이 **ConveRel 사분면**(ConveRel quadrants)이다. 이것은 고전적인 2 × 2 행렬로, 두 축을 기준으로 네 개의 사분면이 있다. 그럼 각 축의 의미를 살펴보자.

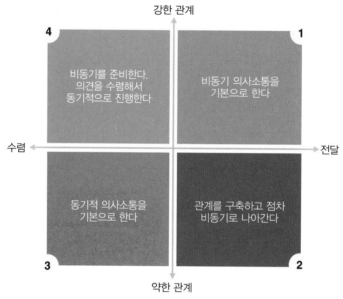

그림 7.1 ConveRel 사분면들.
(Luke Thomas, Aisha Samake 저 *The Anywhere Operating System*, Friday Feedback, Inc., 2021에서 전재)

■ **수렴-전달 축**('Conve' 축)

토머스와 사마케에 따르면, 고수준에서 의사소통은 다음 두 부분으로 나뉜다.

- **전달**(Conveyance): 말 그대로 어떠한 정보를 전달하는 것으로, 대부분 경우 단방향이다. 현재 상태 공지(status update)가 전달 의사소통의 예이다.
- **수렴**(Convergence): 둘 이상의 사람이 저지연(low-latency), 고대역폭(high-bandwidth) 채널을 통해 생각을 모아서 공통의 이해에 도달하는 것을 말한다. 팀이 가용 정보를 모아서 하나의 의사결정을 내리는 것이 수렴 의사소통의 예이다.

■ **관계 축('Rel' 축)**

이 축은 넓은 스펙트럼에 걸친 관계(relationship)의 세기(strength)를 정량화한다.

- **약한 관계**: 그리 오래 함께 일하지는 않은, 또는 오래 일했어도 업무 방식에 합의를 이룰 기회가 없었던 사람들 사이에서 흔히 발생하는 관계이다.
- **강한 관계**: 조직 안에서 또는 여러 조직에 걸쳐 함께 일하면서 깊은 동지애를 구축한, 높은 성과를 내는 개인들 또는 팀들 사이에서 흔히 발생하는 관계이다.

그럼 필요한 회의와 필요 없는 회의를 이러한 시각화 행렬을 이용해서 판별하는 방법을 살펴보자. 표 7.1은 제안된 회의 또는 기존 회의가 속한 사분면에 따라 사용할 수 있는 전략들을 정리한 것이다. 물론 이러한 전략들에는 예외가 있을 수 있다. 표의 전략들을 합리적인 기본 선택지로 생각하기 바란다.

표 7.1 각 ConveRel 사분면별 전략.

사분면	전략
1. 전달/강한 관계	**비동기 의사소통을 기본으로 한다.** 당연한 선택이다. 단방향 정보의 경우 듣기보다 읽기가 훨씬 빠르다는 점을 기억하자. 게다가 비동기적 산출물은 지속적이고 수정할 수 있으며 좀 더 심도 있는 인라인 상호작용(내용에 관한 질문/응답 등)이 가능하다.
2. 전달/약한 관계	**비동기 전환을 목적으로 관계를 구축한다.** 정보 자체는 사분면 1과 사분면 2개[역주] 다를 것이 없다. 하지만 회의에서 정보를 공유하다 보면 사람들 사이의 업무 관계가 구축된다. 그 관계가 강해지면 회의가 필요하지 않은 지점에 도달하게 된다.
3. 수렴/약한 관계	**동기적 의사소통을 기본으로 한다.** 업무 방식이 확립되어 있지 않으면, 동기적 의사소통 시간을 최대한 활용하기 위해 사람들이 미리 회의를 잘 준비하는 근면한 문화를 조성하기가 어렵다. 많은 업무 관계가 이 지점에서 시작하는데, 이 단계를 서둘러 넘어가려 들면 오히려 생산성이 낮아질 수 있다.
4. 수렴/강한 관계	**비동기를 준비하고, 의견을 수렴해서 동기적으로 진행한다.** 이러한 상호작용에는 회의가 필요할 가능성이 크다. 하지만 효과적인 회의를 위해서는 모든 참석자가 어느 정도의 사전 작업을 해야 한다. 즉, 모든 회의 참석자는 관련 정보를 미리 공부하고 와야 한다. 이러한 수렴 지점에 도달하려면 전달 의사소통이 필요할 수 있다. 세부사항에 공을 들여야 한다.

[역주] 원래 사분면은 수학 용어이지만, 이 그림의 사분면들은 수학에서 말하는 사분면과는 번호가 달라서 '제2 사분면' 대신 '사분면 2'으로 표현했다. 수학에서는 1번부터 반시계 방향으로 제2, 3, 4사분면이다. —옮긴이

회의를 해야 한다면 충실하게

'회의는 최후의 수단'이라는 원칙을 철저히 따르면 팀의 회의 횟수가 크게 줄어든다. 남은 과제는 회의의 생산성을 높이는 것이다. 비동기 의사소통에도 비용이 따르긴 하지만, 같은 목적의 회의보다는 비용이 낮다.

여덟 명이 한 시간 동안 진행한 회의는 절대로 한 시간짜리 회의가 아니다. 여덟 시간짜리 회의이다. 여기에 내부 직원의 급여나 기회비용을 곱하면 회의의 총비용이 나온다. 그렇게나 비용이 큰 상호작용을 자주 하는 것은 바람직하지 않다. 다음은 회의의 생산성을 높이는 몇 가지 실천 사항이다.

- **큰 질문에 답한다.** 회의의 목적이 무엇이고 그다음에는 어떤 일이 진행되는지를 회의 안건 또는 의제(agenda)에 명확히 밝혀야 한다. 그리고 의제 없이는 회의를 절대로 잡지 않겠다고 스스로 약속하자. 의제 없이 회의 없다!

> ● **모범관행**
>
> **"의제 없이 회의 없다!"**
> 캐머런 헤럴드Cameron Herold[59]는 명확한 목적이 없는 회의를 거부할 목적으로 "의제 없이 회의 없다"[역주]라는 문구를 만들었다. 그런 회의는 시간 낭비일 가능성이 크다. 모든 팀원은 목적 없는 회의를 거리낌 없이 거부할 수 있도록, "의제 없이 회의 없다"를 여러분 팀의 협업 헌장에 포함시키기를 바란다.

- **회의 규모를 계속 축소해 나간다.** 참석자가 여덟 명이 넘는 회의는 시간 낭비일 가능성이 크다.[60] 물론 예외적으로 그런 회의가 유용한 경우도 있겠지만, 회의 참석자들을 정할 때는 '8명 이하'를 일반 원칙으로 삼는 것이 바람직하다. 핵심은 메일링 리스트 구독자 전체를 회의에 초대하는 대신 개별 참석자에게 일일이 직접 메일을 보내는 것이다.
- **능동적으로 진행한다.** 회의 시간을 프레젠테이션으로 낭비하지 말자. 미리 문서와 동영상을 공유하면 모두의 시간이 절약된다. 사람들이 정독 습관이 없다면, 처음 몇 분은 조용한 분위기에서 각자 배경지식을 습득하는 데 할애하는 것이 좋다.
- **제대로 된 의사결정 위생을 구현한다.** 다수가 집단사고(groupthink)와 편향 중첩(bias cascade)

[역주] 원문은 "No Agenda, No Attenda"이다. attenda는 이탈리아어로 '참석자'를 뜻하는데, 아마도 agenda와 운율을 맞추기 위해 이 단어를 선택한 것으로 보인다. 직역하면 "의제 없이 참석자 없다"이지만, 번역서에서는 '의제'와 '의' 자를 공유하는 '회의'를 사용해서 의역했다. —옮긴이

에 빠지는 것은 회의의 안티패턴 중 하나이다. 그런 안티패턴을 방지해야 한다. 격렬한 토론으로 들어가기 전에, 모든 사람이 의사결정에 관한 자신의 관점을 차분히 글로 서술하는[61] 시간을 가져야 한다. 의사결정에 영향을 미치는 요인들을 식별하고 각 요인의 가중치를 결정할 필요가 있다. 모든 데이터와 관점이 드러날 때까지 직관적인 판단을 미루어야 한다. 즉흥적인 반응을 피하고, 심사숙고가 팀 스포츠로 자리 잡도록 서로를 도와야 한다.

- **나머지 모두를 위해 회의를 문서화한다.** 자동화 도구를 사용할 수도 있고 여러분이 직접 할 수도 있는데, 어떤 방법을 사용하든 대화에 참여하지 않은 사람들을 여러분이 배려한다는 점을 보여줄 필요가 있다. 그들이 회의의 결과물을 손쉽게 소비할 수 있게 해야 한다. 다른 문서들처럼 회의록에서도 간결함, 구조, 단순함이 중요한 특성이다. 그냥 회의 녹취록을 그대로 제공하는 것은 무신경한 처사이다. 녹취록은 추가 자료일 뿐, 간결한 요약본을 대신할 수 없다.

● 모범관행

6페이지 메모 패턴

아마존사의 설립자이자 전 CEO인 제프 베이조스는 회의에 대한 독특한 접근 방식을 가지고 있다. 아마존 직원들은 회의에서 논의할 주제에 대해 여섯 페이지 짜리의 풍부한 서술문을 작성한다. 회의의 처음 몇 분은 조용하다. 모두가 마치 자율학습 시간처럼 조용히 문서를 읽는다. 여러분의 팀에서도 비동기 우선 사고방식을 장려하기 위해 이와 유사한 패턴을 구현해 볼 수 있을 것이다. 이렇게 하면 팀원들이 회의를 충실하게 준비하도록 유도할 수 있을 뿐만 아니라, 정독 습관도 기를 수 있다.

여러 시간대에 걸친 빈번한 회의의 비용을 고려하자

이론적으로 원격 근무는 어디에 사는 사람이라도 고용할 수 있다는 이점이 있다. 그런 식으로 꾸려진 팀에서 매일 동기적인 의사소통을 진행해야 한다면, 팀원들의 시간대가 어느 정도는 겹쳐야 한다. 가장 좋은 경우는 모든 사람이 같은 시간대에 있는 것이다. 최악의 경우라도 최소 4시간 이상은 겹치는 것을 목표로 삼아야 한다. 종종 팀원들에 동기화가 필요할 때가 있는데, 겹치는 시간이 4시간 미만이면 현실적으로 동기화를 제대로 이루기 힘들기 때문이다.

단, 일부 이해관계자 또는 고객사(발주사)가 먼 시간대에 있을 때는 이 규칙에 예외를 둔다. 예를 들어 고객사는 미국에 있고 개발팀은 인도에 있는 해외 외주 상황에서 그런 경우를 흔히 볼 수 있다. 그런 이해관계자들과의 조율을 위해서는 몇 번의 회의가 불가피하지만, 회의가 빈번하지 않다면 시간대 문제를 어느 정도 우회할 수 있다. 그렇긴 해도 이해관계자와 개발팀 사이에 적어도 한두 시간은 겹치는 시간을 두는 것을 권장한다. 그래야 누군가가 상대방을 배려하기 위해 정규 근무 시간 외에 일해야 하는 상황을 피할 수 있다. 그 정도도 불가능하다면, 다음과 같은 세 가지 대안을 고려하자

- **불편함을 분산한다.** 늦게 퇴근하거나 일찍 출근해야 하는 부담을 한 곳에 있는 사람들에게만 지우지는 말아야 한다. 차례를 정해서 불편함을 나누자. 이는 '하나의 팀'이라는 마음을 키우는 데 효과적일 뿐만 아니라 한 명의 직원이 이상한 근무 시간 때문에 소진하는 사태를 방지하는 방법이기도 하다.

- **중간 시간대에 근무하는 팀을 짠다.** 일반적이지는 않지만 최근 몇 년 사이에 인기를 얻고 있는 방법이다. 고객사가 미국 서부 해안에 있고 주요 개발팀이 인도에 있는 경우, 동유럽에 중간 시간대 팀을 두면 의사소통이 쉬워질 수 있다. 이런 팀이 있으면 미국에서 동유럽으로, 다시 인도로(또는 그 반대 방향으로) 배턴(바통)을 넘기는 식으로 동기적 의사소통을 조율하는 것이 가능해진다.

- **비용을 내부화한다.** 앞의 두 선택지 모두 불가능하다면, 이는 결국 누군가는 개인 시간을 희생해서 시간대 간 동기적 협업의 비용을 부담해야 한다는 뜻이다. 다음은 내가 일하는 Thoughtworks사가 이런 상황에 대처할 때 사용하는 두 가지 핵심 단계이다.

  - **최대한 적은 수의 팀원에게만 영향이 가게 한다.** 그러면 대부분의 팀원은 야근을 피할 수 있다. 만일 교대 근무가 가능하다면 교대 순환 메커니즘을 팀이 합의하도록 한다.
  - **프로젝트 예산을 사용해서, 정규 시간 외에 일정 시간 이상 근무한 직원에게 교대 근무 수당을 지급한다.** 이 수당을 지급한다고 해서 업무가 더 쉬워지지는 않지만, 정규 시간 외 근무에 따른 비용이 내부화된다. 프로젝트 예산에서 이런 추가 수당을 지급하는 것에는 이해관계자들에게 동기적 업무 방식이 미치는 영향을 다시 생각하게 만드는 효과도 있다. 또한 현재 관행을 변경할 대화를 시작하는 데에도 도움이 된다.

서로 다른 시간대에 있는 사람들이 일상적으로 회의를 해야 하는 업무 방식은 오래 지속되기 힘들다. 방금 이야기한 세 대안을 여러분의 팀을 적용할 때는 이들이 단지 차선책일 뿐이며 지속 불가능한 경우가 많음을 반드시 염두에 두어야 한다. 궁극적으로는 비동기 우선 접근 방식을 채택해서 지속 가능한 속도와 일정으로 일을 하는 환경을 만드는 것을 목표로 삼아야 한다.

인간성 유지

팀 회의를 줄이는 과정에서 여러분이 여전히 인간이라는 점을 간과하지는 말아야 한다. 우리는 사회적 상호작용을 즐긴다. 사람들과 직접 만나서 또는 온라인으로 교류하는 것은 ConveRel 사분면의 최상위로 올라서는 관계를 구축하는 데 도움이 된다. 그런 차원에서, 다음과 같은 몇 가지 회합은 반드시 주최하거나 참석하기 바란다.

- **일대일 현황 공유 대화**. 이런 대화를 통해서 서로의 안부를 확인하고, 공통의 관심 분야를 파악하고, 서로 응원하고, 서로를 알아간다. 가십 등 그냥 가벼운 잡담도 좋다. 물론 업무에 관한 이야기를 할 수도 있지만, 평소에 비동기 의사소통 관행을 실천해왔다면 이런 대화는 사람과의 관계에 집중하는 것이 좋다.
- **팀 활동**. 종종 팀원들이 모여서 게임을 하거나 Airbnb 체험[62] 같은 활동을 해보는 것도 좋다. 이를 통해서 서로의 숨겨진 재능을 발견할 수 있다. 체험을 공유하면 팀 문화와 유대감이 형성된다. 팀을 위해 다양하고 재미있는 경험을 만들어 낼 기회를 찾아보기 바란다. 이것은 여러분의 조직에도 중요하므로, 이에 대한 예산을 확보할 필요가 있다. 그래야 직원들이 행사 참여를 위해 사비를 들여야 하는 상황을 피할 수 있다. 또한, 이런 활동을 불편하게 느끼는 사람도 있음을 고려해야 한다. 강요하면 안 된다. 사람들의 개인 취향을 배려하자.
- **직접 만나기**. 가능하다면 동료와 직접 만나서 커피나 점심, 저녁, 스포츠 경기, 영화 등의 활동을 함께 하자. 회사에서 그런 활동을 후원 한다면, 모두가 특정 장소에 모여서 즐길 수 있는 회합을 계획하면 좋을 것이다. 이런 모임이 동료애를 쌓기 위한 것임을 기억하자. 이런 모임에 업무를 끼워 넣으면 안 된다. 원격 근무에 익숙하다면 이런 모임에서 업무를 진행하는 것은 오히려 비효율적일 수 있다. 대신 팀원들 사이의 사회적 경험에 초점을 두어야 한다. 어쩌면 이런 모임에서 평생의 친구를 찾을 수도 있다!

점진적인 비동기 우선 전환

대부분의 업무가 동기적으로 이루어지는 환경에서 일해 온 팀이 하루아침에 비동기 업무 방식으로 전환하기는 어렵다. 동료들과 협력해서 동기성의 스펙트럼(제2장 그림 2.1)상에서 조금씩 왼쪽(비동기 우선 쪽)으로 나아가야 한다. 조금이라도 왼쪽으로 움직였다면 그것은 하나의 승리이다. 그런 시도를 모든 팀원과 함께 계획하고, 성공 시 함께 축하하자.

이번 장 요약

어느 정도는 필요하긴 해도 회의는 비동기 업무 방식의 가장 큰 장애물이다. 비동기 우선을 위해서는 회의가 최우선 선택지가 아니라 최후의 수단이어야 한다.

- ConveRel 사분면을 사용해서 기존의 회의들과 예정된 회의들을 검토하자. 일반적으로 전달을 위한 회의는 비동기 의사소통으로 대체할 수 있다.
- 회의를 피할 수 없다면, 이번 장에서 설명한 모범관행들로 회의의 효과성을 높이자.
- 여러 시간대에 있는 사람들과 회의가 자주 있다면, 모든 팀원의 시간대가 최소 4시간 이상은 겹치는 것을 목표로 삼아야 한다. 고객사의 시간대도 중요한데, 고객사가 먼 시간대에 있는 경우 적어도 한두 시간은 겹치게 하는 것이 도움이 된다.
- 연결성(connectedness)은 동기적 의사소통의 특징이다. 연결성은 오른쪽 ConveRel 사분면으로 이동하는 데 도움이 된다. 비동기 우선 때문에 인간애를 잃어서는 안 된다. 대면 또는 온라인 회합을 통해서 팀의 유대감을 형성할 시간을 가지자.

주간 회고/평가 문서에서 왼쪽으로의 이동(비동기 우선으로 전환)에 성과가 있었던 부분을 지적하고, 그러한 성과를 주도한 사람에 태그를 달자. 또한, 비동기 우선으로 절약한 시간을 팀 동료들과의 관계 구축에 사용하는 것도 좋을 것이다. 사실 다음 장의 주제가 바로 그것이다.

제**08**장
대면 상호작용의 가치

제4장에서 비동기 우선의 최대 초능력인 글쓰기를 논의할 때 대면 의사소통에 관한 에자일 선언의 관점을 언급했다. 대면(face-to-face, F2F) 의사소통은 속도와 충실도 면에서 우월하고, 서면 및 기타 비동기 의사소통은 포용성 면에서 우월하다. 또한 글쓰기는 정보와 맥락을 대규모로 공유하는 데에도 도움이 된다.

그렇다면 대면 상호작용(F2F interaction)은 무엇에 좋을까? 원격 근무로도 생산적으로 일할 수 있는 세상에서, 사람들이 같은 물리적 공간에 있다는 것에 어떤 가치가 있을까?

URL에서 IRL로[역주]

먼저 몇 가지 사항을 정리하고 넘어가자. 줌을 사용하는 것이 곧 대면 상호작용은 아니다. 적어도 이 책을 쓰는 지금(2023년)은 아니다. 물론 사람들과 관계를 구축하려면 의미 있는 동기적 상호작용이 필요하다. 이 점은 이전 장에서 나도 인정한 바 있다. 또한 제2장에서 강조했듯이 비동기 우선 업무 방식은 동기적 상호작용과 비동기 상호작용의 균형을 추구한다.

대면 회의/회합은 특별한 종류의 동기적 상호작용이다. 이번 장에서는 그런 활동에서 가치를 얻는 방법을 살펴본다.

[역주] 참고로 URL은 우리가 익히 아는 그 URL(uniform resource locator)이고 IRL은 in-real-life, 즉 현실 혹은 실제를 뜻한다. 저자는 철자가 비슷한 URL과 IRL을 이용해서 원격·온라인 상호작용과 물리적 대면 상호작용을 대조하는 제목을 만들었다.—옮긴이

시간대 문제

비동기 근무의 미덕은 시간대를 초월한다는 점이다. 배턴을 완벽하게 주고받기만 한다면 팀원들이 어디에서 일하는지는 문제가 되지 않는다. 적어도 일상 업무에서는 그렇다. 하지만 여러 시간대에 걸친 동기화가 필요할 때는 문제가 발생한다. 지리적, 물리적, 문화적, 신체적 한계들 때문에 모두 함께 일할 공통의 시간을 찾기가 어려울 수 있다. 이는 주로 북미의 고객사와 협업하는 나 같은 인도인 컨설턴트라면 흔히 겪는 문제일 것이다.

모든 팀원이 같은 시간대로 이주해서 근무하면 시간대 제약이 사라지므로 각자의 나라에서 근무할 때보다 동기적 협업이 훨씬 쉬워진다. 이미 근무 지역을 옮겼다면, 아예 직접 만나서 일하기도 어려운 일은 아닐 것이다. 하지만 그것이 이번 절의 요점은 아니다. 오히려 그 반대이다.

대면 협업은 공짜가 아니다

당연한 말이지만 그래도 말하자면, 대면 협업은 공짜가 아니다. 사람들이 사무실로 통근하길 싫어하는 데에는 이유가 있다. 통근(출퇴근)은 개인 생활은 물론 조직의 생산성에도 비용을 부가한다. 따라서, 모든 사람이 같은 시간대에 산다고 해서 모두를 대면 상호작용이 가능한 장소로 모이게 해도 된다는 뜻은 아니다. 대면 상호작용에는 뚜렷한 목적과 의도가 있어야 한다. 직접 만나야만 달성할 수 있고 다른 방법으로는 불가능한 목표가 있는가?

현대적인 협업 화이트보드 도구와 화상회의 도구를 이용하면 사람들이 직접 만날 때보다 훨씬 효율적으로 협업할 수 있다. 예를 들어 나는 온라인 환경에서 100명가량의 사람들을 대상으로 복잡한 워크숍을 진행한 적이 있는데[63], 대면 환경에서 그런 행사를 그렇게 쉽게 진행할 수는 없을 것이다.

생산성과 효율성만으로는 대면 회합을 고집하기에 충분하지 않다. 그래도 생산성을 위해 대면 회합을 고려하는 독자에게는 이런 말을 전하고자 한다. 잠시 대면할 시간이 있다고 해서 회의 소집이 정당화되는 것은 아니다. 회의는 여전히 최후의 수단이어야 하며, 여러분은 다음과 같은 모범관행들을 계속 따라야 한다.

- ConveRel 사분면들을 활용한다.
- 회의를 잘 준비한다.
- 회의 참석자를 제한한다.
- 모든 사람을 원격 근무자인 것처럼 대한다. 즉, 원격으로 참석할 수밖에 없는 동료에게 어떤

형태로든 불이익이 가게 해서는 안 된다.

- 협업 화이트보드나 협업 동시 편집 도구 같은 현대적인 도구를 사용해서 실시간으로 산출물을 만들어 낸다. 그러면 회의 결과를 나중에 공유하기도 쉬워진다.
- 모두에게 이득이 되도록 회의를 잘 요약한다.

이런 관행들을 규율 있게 지켜야 한다. 예외를 하나라도 허용하면 또 다른 예외를 두기가 쉬워져서 예외가 점점 늘어날 수 있다.

혼합 회의: 모두를 원격 근무자로 취급하는 이유

대면 회의를 조직할 때 나는 가능하면 원격 팀의 모든 팀원이 한자리에 모이게 한다. 하지만 모두가 노력해도 개인적인 약속이나 출입국 문제 같은 여러 장애물 때문에 대면 회의에 참석하지 못하는 팀원이 생기곤 한다. 그런 상황에서 나는 포용성을 위해 "운동장을 평평하게" 만들려고 한다. 나는 회의 같은 업무 활동 기간에는 모든 사람을 원격 근무자로 취급한다.

협업하는 모든 사람이 같은 조건이라면 장소 독립적인 협업이 어렵지 않다. 모든 팀원이 원격 근무자인 팀이나 반대로 모든 팀원이 사무실에 출근하는 팀이 잘 돌아가는 이유가 바로 이것이다. 하지만 혼합 회의(hybrid meeting), 즉 원격 근무자와 대면 근무자가 섞인 회의에서는 의도적으로 포용성에 중점을 두어서, 원격 업무에서와 동일한 협업 도구를 사용하는 것이 바람직하다. 다음은 그런 혼합 회의를 진행할 때 내가 주로 따르는 두 가지 관행이다.

- 장소에 상관없이 모두가 전용 동영상 피드에 참여한다. 그러면 원격 근무자가 모든 사람을 선명하게 볼 수 있다.
- 회의를 위해 공유된 자료(온라인 화이트보드, 문서, 프레젠테이션 등)에 누구나 동등하게 접근한다.

그렇다고 실제로 회의 장소에 모인 대면 참석자들이 대면 상황의 장점을 누려서는 안 된다는 이야기는 아님을 주의하자. 대면 팀 활동이나 점심/저녁 회식 등은 얼마든지 가능하다. 하지만 업무에 관해서는 포용성을 지켜야 한다.

이처럼 대면 협업에는 비용이 따르긴 하지만, 그래도 완전히 제거할 수는 없다. 그럼 원래의 질문으로 돌아가서, 사람들이 직접 만나야 할 이유는 무엇인가?

직접 만나는 것의 진정한 가치

우정이나 동료애는 온라인에서도 쌓을 수 있다. 이런 이야기를 하면 내 연령대가 드러나겠지만, 내가 어렸을 때만 해도 펜팔pen-pal[64]이라는 것이 있었다. 지구 반대편에 있는 생면부지의 사람과 편지를 주고받는 것만으로도 우정을 쌓았다. 느리지만 효과가 확실했다. 하지만 동시성에도 가치가 있음을 기억하자. 동기적인 상호작용은 '연결감'을 주며, 그 효과가 즉시 나타난다. 대면 상호작용은 줌 카메라 피드로는 불가능한 방식으로 연결감을 향상한다. 이 점을 아주 잘 보여주는 용어로 **심차**simcha라는 용어가 있다. 이 용어를 대중화한 랍비 조너선 색스Jonathan Sacks의 말을 빌자면 다음과 같다.[65]

> 반면 심차는 개인적인 감정이 아닙니다. 그것은 공유된 행복을 뜻합니다. 심차는 '나'가 아니라 '우리'가 주어가 되는 단어이자 하나의 사회적 상태입니다. 혼자서는 심차를 느낄 수 없습니다.

여러분과 아주 깊은 관계가 있는 사람들을 곰곰이 생각해 보기 바란다. 이를테면 절친한 친구나 스포츠팀 동료, 심지어 팬데믹이 한창일 때에도 기어코 만났던 누군가가 있을 것이다. 대부분의 경우 그런 깊은 관계는 대면 상호작용을 통해서 형성된다. 그것이 대면 상호작용의 힘이다. 하지만 이 책이 주장하는 비동기 우선은 그런 힘을 약화하려 한다.

동료애의 금전적 가치

요즘 대면 상호작용은 상대적인 금전적 가치(여행비와 숙박비) 측면에서, 그리고 사람들의 삶에 미치는 명백한 비용(통근, 가족과 떨어져 있는 시간, 스트레스) 측면에서 너무 비싸다. 그러다 보니 대면 상호작용을 선호하는 사람들은 암묵적으로 대면 상호작용을 실제보다 '생산적'으로 보이게 만들려고 한다. 아마 여러분의 상사가 그런 식으로 행동하는 것을 본 적이 있을 것이다. 동료애를 쌓으려면 대면 상호작용이 필요한 것은 사실이지만, 생산성을 추구하다 보니 오히려 동료애를 쌓는 데 방해가 되는 장애물이 만들어지곤 한다.

부지불식간에 여러분의 대면 회합은 마치 더 이상 내일이 없다는 듯이 프레젠테이션과 워크숍으로 채워진다. 그리고 여러분은 그 모든 행사가 꼭 필요한지 돌아볼 생각도 하지 않는다. 그저 "함께 있는 시간을 최대한 활용"한다는 핑계로 말이다. 만일 실제로 여러분이 그런 상황이라면, 거기서 멈추기 바란다. 단지 사람들에게 보여주기 위해 행동하고 있지는 않은지 돌아보자. 동료애에는 실제로 금전적 가치가 있다. 이 점을 모르는 고용주는 언젠가는 그 때문에 어

려움을 겪을 것이다. 갤럽Gallup의 데이터는 이를 명확하게 보여준다.[66]

우리의 연구는 직장에 절친한 친구가 있는 것과 직원이 업무에 쏟는 노력의 양 사이에 구체적인 연관관계가 존재함을 거듭 보여준다. 예를 들어 직장에 절친한 친구가 있다고 강력하게 동의한 여성이 그렇지 않다고 답한 여성(29%)보다 업무 몰입도가 두 배 이상 높은 경우가 63%였다.

우리는 이러한 '생산성 과시행위'에 참여하고픈 충동을 억제해야 한다. 생산성은 원격 근무에서 훨씬 더 높을 수 있다. 대면 상호작용은 업무 생산성 보다는 관계 구축을 위한 것이어야 한다. 어떤 종류의 대면 상호작용이든, 그러한 목적과 부합하는지 점검할 필요가 있다.

'소셜 배터리'를 계속 충전하기

DHH라는 약자로 잘 알려진 37signals의 데이비드 하이네마이어 한손David Heinemeier Hansson은 온라인 커뮤니티와 관련해 '소셜 배터리social battery'라는 개념을 이야기한 바 있다. 비동기 우선 팀이 온라인 커뮤니티와 비슷하다는 점에서 그의 말을 경청할 필요가 있다. DHH는 온라인 커뮤니티의 힘이 참여자들의 선의(good faith)에서 나온다고 설명한다.

오랫동안 떨어져 일하다 보면 온라인 커뮤니티의, 그리고 원격 근무 팀의 선의가 소실되는 현상이 나타날 수 있다. 이를테면 사람들의 지적 경계심이 높아지고, 토론이 덜 건설적으로 변하고, 새로운 관점에 대한 개방성이 떨어진다. 이는 소셜 배터리가 방전되었기 때문이다.

대면 회합은 소셜 배터리를 재충전해서 선의를 회복하는 데 도움이 된다. 마음을 편안하게 만드는 동료의 미소나 신체언어(바디랭귀지), 눈맞춤 같은 작은 뉘앙스는 우리의 경계심을 낮추는 데 도움이 될 수 있다. 짧은 시간의 대면 상호작용으로 가득 채운 소셜 배터리는 몇 주 또는 몇 달 동안 원격 업무를 지속하는 힘이 된다.

온사이트·오프사이트의 재고찰

'오프사이트offsite'라는 용어를 기억하는 독자가 있을 것이다. 예전에 이 용어는 사무실 밖에서 진행되는 팀 회합을 지칭하는 데 쓰였다. 최근 여러 달 또는 여러 해 동안 예산상의 제약 때문에 혹은 사무실 근무에 대한 강조 때문에 오프사이트 회합이 점차 온사이트 회합, 즉 사무실 내 모임으로 바뀌고 있다. 사실 생각해 보면, 만일 모든 사람이 원격으로 근무한다면 사무실이 오히려 오프사이트에 해당한다.

직원들이 오래 일하도록 여러 편의시설에 투자한[67] 실리콘밸리의 대형 기술 기업에서 몇 가지 영감을 얻을 수 있겠다. 예를 들어 Infosys 같은 회사는 호텔급 숙박시설을 소유해서 '온사이트-오프사이트' 근무를 실현한다.[68] 고백건대, 그런 회사들의 캠퍼스에서 시간을 보내다 보면 마치 놀이공원에 온 것 같은 느낌이 든다. Salesforce사는 대면 상호작용의 '자발성과 즐거움'을 직원들이 발견할 수 있도록 삼나무숲에 목장을 지었을 정도이다.[69]

만일 여러분이 그런 회사에 다닌다면, 전적으로 회사 안에서 완전한 대면 상호작용을 계획한다고 해도 내가 말릴 수는 없는 일이다. 하지만 그런 회사가 아니라면, 업무 환경과 놀이 환경을 분리해서 얻을 수 있는 가치를 생각해 보아야 한다. 어떤 업무를 팀원들이 함께 수행해야한다면, 제발 부탁이니 사무실에서 하기 바란다. 사무실이라는 익숙하고 예측 가능한 업무 환경에서 좀 더 효과적으로 일할 수 있을 것이다. 업무를 마친 후에 좀 더 사교적인 공간으로 이동하면 어떨까?

여러분의 팀에 알맞은 활동이 어떤 것인지 생각해 보기 바란다. 대면 상호작용은 재미와 유대감에 최적화하자. 함께 캠핑을 떠나서, 야생동물 보호구역에서 하룻밤을 보내도 좋을 것이다. 모두가 참여하는 하이킹이나 볼링, 번지점프는 어떨까? 아니, 번지점프는 좀 과할 것 같다. 그런 제안을 해서 미안하다. 어쨌거나 중요한 것은, 재미에도 금전적 가치가 있다는 점이다.[70]

사무실 안에서 업무를 수행하는 중에도, '오프사이트' 시간에는 사회적 상호작용을 위한 여유를 남겨두는 것이 좋다. 긴 점심 식사 대화나 함께 산책하는 시간, 퇴근 이후의 느긋한 활동 등은 사람들이 함께하는 시간에서 더 많은 가치를 얻을 수 있는 방법이다. 일정에 여유가 있으면 F2F에서 더 많은 가치를 얻을 수 있을 뿐만 아니라, F2F를 위해 먼 거리를 이동한 사람에게 재충전의 시간을 제공할 수 있다.

의식적인 관계 구축 노력

원격 근무에 자부심을 가진 조직은 정기적인 회합에 신경을 쓴다. Doist[71]나 Automattic[72]이 그런 조직의 예이다. 그리고 깃랩은 Cowork Experience 사[73]와 협력해서 오프사이트 모임을 조직한다. Thoughtworks는 회사 전체 차원의 수련회를 두 차례 개최했다.[74]

팀 내 관계와 동료애를 강화하려면 대면 시간이 필요하다. 다음은 관리자나 선임 직책의 독자가 의식적으로 대면 상호작용을 업무 방식에 도입하는 데 사용할 수 있는 몇 가지 제안이다.

• 직원들이 동료와 만나 함께 활동하거나 가볍게 식사를 할 수 있는 예산을 책정한다. 그런 활동은 고용주에게도 중요하고 가치가 있으므로, 근무 시간 밖에서도 그런 상호작용이 있을 수 있다는 점도 고려해야 한다.

- 서로 가까운 곳에 사는 직원들이 점심이나 저녁을 먹으러 가기 전에 몇 시간 정도 공동작업 공간(co-working space)을 대여할 공동작업 예산을 고용주로부터 받아낼 방법이 있는지 살펴본다. 가끔 동료와 함께 일하면서 에너지를 얻고자 하는 사람들이라면 그런 옵션을 반길 것이다.
- 예산이 허락한다면, 팀 전체가 하루나 이틀 정도 업무에서 벗어나 함께 하는 시간을 즐길 수 있는 팀 야유회 혹은 수련회를 몇 달에 한 번씩 개최한다. 단, 업무 시간 손실에 따른 비용을 직원들에게 요구해서는 안 된다. 원격 및 비동기 근무로 생산성이 향상되면 손실된 시간이 보상될 것이다.

● 모범관행

현실 대면 회합을 계획할 때는 거점 위치를 고려하자

가까이 있는(예를 들어 같은 도시에서 근무하는) 사람들의 현실(IRL, in-real-life) 모임은 멀리 떨어져 있는 사람들의 모임과는 다른 모습일 수 있다. 모든 팀원이 같은 도시에 거주한다면 더 자주 모일 수 있고, 모임 계획을 짜기도 쉽다. 심지어는 팀 차원에서 정기 모임을 잡을 수도 있다.

반면에 팀원들이 서로 다른 도시에 산다면 그런 상호작용을 계획할 때 좀 더 세심한 배려가 필요하다. 그런 팀에서는 현실 대면 회합의 빈도가 한 달에 한 번 또는 분기에 한 번 정도로 낮을 가능성이 크다. 그리고 그런 팀에서는 현실 대면 회합을 '기억에 남을 이벤트'로 간주하는 것이 현명할 것이다. 며칠에 걸쳐서 다양한 활동을 경험하는 이벤트로 만들자. 만일 그 기간에 어떤 공동 업무를 수행할 계획이라면, 대면 작업이 더 효과적이라고 믿는 활동만 계획에 포함해야 한다. 기본적으로 대면 상호작용의 초점은 관계 구축임을 잊지 말기 바란다.

회의에 대한 논의는 이만 마무리하자

지난 두 장에서 우리는 온라인 회의와 대면 회합을 논의했다. 이번 장에서는 사람들이 직접 만나는 것에 어떤 가치가 있고 그것이 왜 특별한 종류의 동기적 상호작용인지 설명했다.

이번 장 요약

대면 회의/회합은 특별한 종류의 동기적 회합이다. 조직이 이러한 행사를 통해서 추구하는 가치가 무엇인지를 세심하게 생각할 필요가 있다.

- 시간대의 차이를 극복하자는 것이 여행의 이유가 될 수는 있겠지만, 대면 회의를 조직하는 유일한 이유일 수는 없다.
- 대면 회의에는 상당한 비용이 든다. 생산성과 효율성만으로는 그러한 비용을 정당화하기에 충분하지 않다.
- 대면 상호작용의 진정한 가치는 강력하고 지속적인 관계 구축에 있다. 원격 근무로도 그런 관계 구축이 불가능하지는 않지만, 시간이 오래 걸린다.
- 단지 "생산적인 것처럼 보이기 위해" 사무실을 활기 있는 활동의 유일한 장소로 만들려는 유혹을 극복해야 한다.
- 대면 상호작용을 통한 관계 구축에 의식적인 노력을 기울이자. 이를 위해 재량껏 사용할 수 있는 시간과 예산을 확보해야 한다.

이번 장에서 내가 제안한 사항들이 조직 전체가 아니라 팀 위주의 제안임을 알아챘을 것이다. 제2장에서 말했듯이 여러분은 "일부는 게릴라, 일부는 옹호자(advocate)"임을 기억하기 바란다. 이런 실험들을 먼저 여러분의 팀에서 시도하고, 성과가 있다면 회사 전체로 확산하자. 모 아니면 도라는 태도는 필요하지 않다. 비동기 우선으로의 미세한 이동, 혹은 '마이크로 무브'로 성과를 내는 것이 중요하다. 사실 그것이 다음 장의 주제이다.

제**09**장
왼쪽을 향한 미세 이동

말보다 실천이 중요하다. 이 점을 강조하기 위해 제임스 클리어James Clear[역주]의 글[75]을 조금 변형해 보겠다.

여러분의 모든 행동은 여러분이 원하는 팀의 유형에 대한 하나의 투표(vote)이다. 단 한 번의 투표로 신념이 바뀌지는 않겠지만, 투표가 거듭되면서 팀의 정체성에 대한 증거가 축적된다.

"회의는 최후의 수단이다"라는 율리시스의 계약은 비동기 우선 팀의 근본 토대이다. 토대를 제대로 닦아야 한다. 팀 전체가 비동기 우선 문화를 원하고 있음을 행동으로써 "투표해야" 한다. 그렇지 않으면 이 모든 것이 단지 립서비스로 느껴질 뿐이다.

작은 이동, 손쉬운 승리

우리의 목표는 동기성의 스펙트럼에서 조금씩 작은 걸음으로 왼쪽으로 이동하는 것이다. 그러한 '걸음(단계)'들에는 개인적인 것도 있고 팀 전체를 위한 것도 있다. 그런 변화를 시도해서 손쉬운 승리를 거두는 것은 팀의 사기를 높이는 데 도움이 된다. 작은 걸음의 이동(shift)으로 손쉬운 승리를 거두는 것이 바로 이번 장의 주제이다.

[역주] 베스트셀러 *Atomic Habits*(번역서는 《아주 작은 습관의 힘》, 이한이 옮김)의 저자이다. —옮긴이

개인적 이동: 약속 표명

제임스 클리어의 말처럼 모든 행동은 팀의 정체성에 대한 투표이다. 사람이 어떤 행동을 꾸준히 실천하면 자연스럽게 그 행동이 몸에 배게 된다. 그리고 몸에 밴 행동이나 관습은 그 팀의 정체성에 대한 증거로 작용한다. 모든 팀원이 비동기 우선이라는 큰 목적 또는 대의(cause)에 대한 약속 또는 헌신을 표명하게 하자. 다음은 팀의 모든 사람이 할 수 있는 간단한 실천 사항 몇 가지이다.

▪ 채팅 상태 바꾸기

거의 모든 인스턴트 메시징 도구는 자신의 채팅 상태를 설정하는 기능을 제공한다. 해당 인스턴트 메시징 프로그램을 비동기 방식으로 사용 중임을 모두가 알 수 있는 상태를 기본 채팅 상태로 설정하자. 그러면 인스턴트 메시징에서 '인스턴트instant(즉석, 즉시)'를 제거할 수 있다. 다음은 그러한 채팅 상태의 예이다.

심층 작업 중; 응답 늦습니다.

여러분이 설정한 이런 채팅 상태를 사람들이 자주 보다 보면 여러분의 의도를 더 파악하게 될 것이다. 이를 제6장에서 논의한 의사소통 프로토콜과 결합하자. 그러면 사람들은 급한 일 때문에 여러분에게 직접 전화를 걸어야 할 때와 그렇지 않을 때를 구분하게 될 것이다.

▪ 비동기 우선을 위한 이메일 서명 사용

지식 노동자 중에는 글로벌 팀에서 일하는 사람이 많다. 그리고 꼭 글로벌 팀이 아니라도, 팀원 중에 자신과는 근무 시간이 다른 동료가 있는 경우가 많다. 비동기 우선은 결국 유연성과 자율성에 관한 것이다. 누군가에게 이메일을 보낼 때, 꼭 필요한 경우가 아니라면 이메일을 받은 즉시 답장을 써야 한다는 압박감을 주지는 말아야 한다. 불필요한 긴박감을 없애기 위해 나는 편지 끝에 이런 서명(signature)을 붙인다.

PS: 제 근무 시간이 귀하의 근무 시간과 다를 수 있습니다. 귀하의 정상 업무 일정에서 벗어난 시점이라면 굳이 바로 응답해야 한다는 부담감을 가지지 마시기 바랍니다.

이렇게 하면 일상생활 도중에 내 이메일을 받은 수신자는 내가 즉시 답장을 기대하는 것이 아님을 알게 되어서 마음이 편할 것이다.

▪ 메시지 예약 전송

한밤중에 뭔가 멋진 생각이 떠오르기도 한다. 그럴 때 멋진 생각을 잊어버리고 싶지 않은, 더 나아가서 즉시 다른 누군가와 공유하고 싶은 마음이 드는 것은 자연스러운 일이다. 하지만 일단은 생각을 어딘가에 적어만 두고, 공유하는 것은 다른 사람이 편리한 시간으로 미루는 것이 좋다. 꼭 즉시 공유해야 한다면, 수신자가 출근하리라고 예상되는 시간에 메시지가 전송되도록 예약하자.

이런 접근 방식은 업무가 여러 시간대에 걸쳐 이루어질 때 유용하다. 여러분의 아침은 누군가에게는 하루가 끝나는 시간일 수 있다. 그 시간에 메시지를 보낸다면 수신자는 평소보다 퇴근이 늦어진다. 비동기 업무 방식에서는 의사소통을 수신자의 아침 시간까지 미룰 수 있다. 수신자에게 알맞은 시간에 메시지가 전송되도록 예약하면 그만이다.

[그림 9.1]의 지메일처럼 대부분의 이메일 클라이언트나 인스턴트 메시징 도구가 그런 예약 전송 기능을 제공하므로, 이런 기능이 없어서 예약 전송을 못한다는 변명은 불가능하다. 이런 식으로 사려 깊게 이메일을 보내면 동료들이 고마워할 것이다.

그림 9.1 지메일의 이메일 전송 예약 기능.

▪ 심층 작업을 위한 '방해 금지 시간' 설정

MS 아웃룩과 구글 캘린더의 '방해 금지 시간(focus time)' 설정 기능(그림 9.2 참고)을 활용하면 여러분이 심층 작업 중임을 팀원들에게 알릴 수 있다. 캘린더 도구들의 이러한 기능은 여러분이 '몰입' 중임을 시각적으로 보여줄 뿐만 아니라, 해당 시간에는 회의를 자동으로 거절할 수 있다는 장점도 있다. 한 가지 기능으로 두 가지 혜택을 누릴 수 있으니 좋지 않은가! 이를 클럭와이즈Clockwise 같은 시간 관리 도구와 연동한다면, 여러분의 가용 시간 혹은 집중 시간을 슬랙 같은 인스턴트 메시징 도구와 동기화해서 다른 사람들이 인스턴트 메시징 도구에서도 여러분의 상황을 알 수 있게 하는 것도 가능하다.

그림 9.2 심층 작업을 위한 '방해 금지 시간' 설정.

▪ "즉시 동기적으로"를 "비동기적으로"로 바꾸기

이 사항은 드롭박스에서 가져왔다.[76] 아이디어 도용인 셈이다! 이 사항을 여기서 소개하는 이유를 설명해 보겠다. 여러분이 동료에게 "즉시 동기적으로" 소통하자고 요청하는 경우가 종종 있을 것이다. 아마도 급한 일이라고 생각했기 때문일 테지만, 돌이켜 보면 대부분은 그리 급한 일이 아니었음을 여러분이나 나나 인정할 것이다. 빠른 동기적 의사소통을 요구하는 계기는 다양하다. 일련의 질문에 대한 답변을 얻으려 하거나, 어떤 일을 수행하는 방법을 알고 싶거나, 특정한 아이디어에 대한 의견을 듣고 싶어서일 수도 있다. 나도 그런 요구에 공감한다.

하지만 그런 요구 때문에 방해를 받은 사람을 생각해 보기 바란다. 여러분은 상대방을 '빠른 동기적' 의사소통으로 끌어들여서 원하는 것을 얻은 후에 하던 일을 계속할 수 있지만, 여러분과의 상호작용 때문에 상대방은 몰입이 깨진다. [그림 9.3]에서 보듯이 여러분 때문에 동료의 맥락(context; 문맥)이 전환되어서 동료가 대가를 치르게 된다.[77]

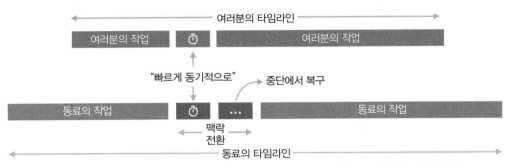

그림 9.3 빠른 동기적 상호작용이 여러분에게는 도움이 되겠지만, 동료의 작업이 중단된다.

이와는 다른 시나리오가 가능하다.

- 질문을 문서로 작성해서 동료에게 특정 날짜 또는 시간까지 인라인으로(문서 안에) 답해 달라고 요청한다.
- 작업 중 막히는 부분을 동영상으로 녹화해서 공유하고, 무엇이 잘못되었는지를 동료들이 댓글로 알려주게 한다.
- 아이디어를 충분히 상세하게 작성하고, 동료가 그것을 찬찬히 읽고 피드백할 시간 여유를 준다.
- 백문이 불여일견이라는 말이 있다. 스케치나 다이어그램을 추가했을 때 질문이 좀 더 생생해진다면, 그런 시각적 요소를 이용해서 질문을 좀 더 명확하게 서술할 수 있을 것이다.

[그림 9.4]는 이러한 좀 더 공들인 접근 방식을 나타낸 것이다. 여러분의 요구가 즉시 충족되지는 않겠지만, 대부분의 경우 좀 더 사려 깊은 의견을 얻게 된다. 게다가 동료들의 업무 중단이 줄어들어서 여러분이나 동료나 심층 작업의 호순환(virtuous cycle)이 유지된다. 더 나아가서, 향후 팀원 모두가 참고할 수 있는 산출물이 남는다는 장점도 있다. 단, 이 조언은 정말로 급한 일에는 해당하지 않음을 기억하기 바란다. 급한 불을 끄기 위해 도움이 필요하거나 어떠한 이유로 작업이 완전히 막혔다면, 만사 제쳐두고 즉시 도움을 요청해야 한다.

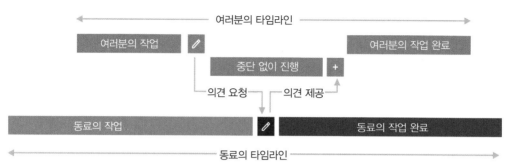

그림 9.4 속도를 늦추고, 동료가 사려 깊게 응답할 시간을 주자.

맥락 전환의 비용

개인의 업무 수행이 단 20분만 중단되어도 스트레스, 좌절감, 작업부하, 노력, 압박감이 높아질 수 있다.[78]

Asana 사의 2022년 업무 집중 탐구(The Anatomy of Work)[79]에 따르면, 우리는 맥락 전환 때문에 많은 시간을 허비한다.

- 42%의 사람들은 1년 전보다 이메일에 더 많은 시간을 보낸다.
- 40%의 사람들은 1년 전보다 화상통화에 더 많은 시간을 보낸다.
- 52%의 사람들은 가상 회의 중에 다른 일도 함께 한다.
- 56%의 사람들은 알림 메시지에 즉시 응답해야 한다고 생각한다.

이로 인한 비용을 비효율적인 회의로 인한 막대한 비용(제7장에서 이야기한)에 더해 보라.

팀 이동: 왼쪽으로 가속

앞의 다섯 실천 사항은 개인이 조직에서 모범적인 비동기 시민으로 일하는 데 도움이 된다. 이 사항들을 말로만 하지 말고 실천하기 바란다. 다음은 개인이 아니라 팀 전체를 위한 세 가지 플레이이다. 실천하기가 아주 쉽다는 점에서 이들은 그야말로 '식은 죽 먹기'라고 할 수 있다. 그렇긴 해도, 자주 실천하다 보면 율리시스의 계약을 지키기가 더 쉬워질 것이다.

▪ 신성한 반나절

제1장에서 제작자의 일정 대 관리자의 일정에 관한 폴 그레이엄의 에세이[80]를 언급했었다. 제작자가 뭔가 의미 있는 일을 달성하려면 길고 방해받지 않는 시간 블록이 필요하다.

프로그래머나 작가처럼 뭔가를 만들어 내는 사람들이 흔히 사용하는 또 다른 시간 활용법이 있다. 대체로 이런 사람들은 적어도 반나절 동안 작업을 지속하길 원한다. 한 시간 단위로는 제대로 글을 쓰거나 프로그래밍을 할 수 없다. 한 시간은 일을 본격적으로 시작하기에도 부족하다.

연속된 시간 블록을 제공해서 팀원들이 집중해서 일하게 하는 간단한 방법 하나는 하루의 절반을 '회의 없는 시간'으로 지정하는 것이다. 이를테면 오전 9시부터 오후 1시까지는 회의가 없다고 선포하는 식이다. 예외를 두는 것은 바람직하지 않으므로, 만일 반복되는 회의가 있다면 하루의 다른 절반으로 옮기도록 하자. 다음은 이를 위한 몇 가지 팁이다.

- **예측 가능하게 만든다.** 전체 근무 시간을 네 시간 길이의 블록들로 나누고, 그중 한 블록을 회의 없는 기간으로 설정해서 일관되게 지켜나간다. 그러면 팀원들이 이후 상황을 예측하는 데, 그리고 이런 시간 배분 방식에 익숙해지는 데 도움이 된다.
- **생산적인 행동을 장려한다.** 회의 없는 시간을 둔다고 해도 그 시간에 사람들이 채팅이나 이메일, 소셜미디어, 전화 등으로 방해받는다면 그런 시간을 두어서 생기는 이점이 줄어든다. 따라서 각자가 회의 없는 시간을 최대한 활용해서 생산성을 높이는 실천 사항(이를테면 캘린더의 방해 금지 시간 설정 등)을 습관화해야 한다.
- **캘린더를 동기화한다.** 팀 내부의 방해 요소를 차단한다고 해도 팀 외부에서 비롯한 방해 요소가 있다면 효과가 떨어진다. 지금 회의 없는 시간이라서 조직의 모든 사람이 방해받지 말아야 함을 팀 외부에서 명확히 알 수 있도록 캘린더를 적절히 설정하자. 그러면 이 시간 동안 인터뷰나 기타 회사 업무로 시간을 빼앗기는 사람이 없을 것이다.

▪ 회의 없는 금요일(또는 다른 요일)

내가 아는 몇몇 팀은 특정 요일을 '회의 없는 날'로 지정했다. 나는 금요일을 회의 없는 날로 선호한다. 이유는 여러 가지이지만, 한 주의 마지막 업무일이라는 점이 크다. 금요일에 회의 없이 열심히 일하면 한 주를 성취감 있게 마무리할 수 있다. 이는, 만일 금요일에 업무를 끝내지 못한다면 그것은 전적으로 내 탓이라는 뜻이기도 하다. 방금 뭔가를 성취했다는 기분으로 주말을 맞는 것은 말 못할 정도로 행복한 일이다. 회의 없는 금요일의 또 다른 장점은, 금요일이 여러분과 동료들이 하나의 팀으로서 한 주의 끝에 기대하는 하나의 보상(방해 없이 일에 집중할 수 있는 8시간)으로 느껴진다는 점이다.

물론 여러분의 팀은 상황이 다를 수 있으므로, 어쩌면 월요일을 회의 없는 날로 잡을 수도 있다. 어떤 요일이든, 앞에서 언급한 '신성한 반나절'에 관한 팁들이 여기에도 모두 적용된다는 점을 기억하기 바란다.

제작자 주간

매일 몇 시간 또는 매주 하루의 회의 없는 시간이 너무 짧은 것 같다면 '제작자 주간(maker week)' 혹은 '집중 주간(focus week)'을 시도해 보자. 아이디어는 간단하다. 한 달에 1주 또는 2주 동안 모든 회의를 최소화하는 것이다. 그런 주간을 얼마나 자주 둘지는 여러분이 상황에 맞게 결정할 일이다. 예를 들어 슬랙은 분기 당 두 번씩 제작자 주간을 두는 방식을 실험해 왔다.[81] 이런 계획을 세울 때는 반드시 이해관계자들의 동의를 얻어야 함을 주의하자.

■ 모든 정기 회의 제거

물론 이것이 쉬운 일은 아닐 것이다. 하지만 내 설명을 좀 더 들어보기 바란다. 아니, 나보다는 37signals의 DHH가 설명하는 게 낫겠다.[82]

여러분은 하루에 질량(mass)[역주]이 얼마나 쌓이나요? 저는 스탠드업 미팅이 3, 4, 5회 정도 있습니다. 저는 매주 이 사람들과 일대일 회의를 합니다. 그러다 보면 일주일에 일할 시간이 30시간 정도밖에 남지 않죠. 이는 기준선일 뿐입니다. 10시간밖에 남지 않을 때도 있거든요. 다른 일들이 업무가 아니라는 것은 아니지만, 이미 할당된 시간이라는 것이 문제죠. 저는 그런 느낌이 싫습니다. 일주일이 이미 할당된 시간들로 완전히 구성되어 있고, 내가 거기서 빠져나올 수 없다고 생각하면 불안감이 듭니다. 이건 아니죠. 절대로 아닙니다.

내가 하고자 하는 말이 무엇인지 이해가 갈 것이다. 정기적인 회의는 다음 몇 가지 이유로 문제가 된다.

• 정기 회의는 의제 없는 회의이다. 회의가 잡혔으므로 억지로 의제를 만드는 식이다. 이 얼마나 황당한 일인가?

• FOMO 때문에, 일반적으로 정기 회의는 그 결과를 가능한 한 많은 팀원에게 전달하도록 설정한다.

• 이런 정기 회의는 대부분 단방향 '전달' 의사소통이므로, 회의에 건성으로 참여하는 사람이 많다. 제7장의 ConveRel 사분면들을 기억할 것이다. 전달 의사소통은 비동기로 하는 것이 이상적이다.

[역주] 여기서 mass는 업무의 부담 또는 '무게'를 늘리는, 그럼으로써 업무의 속도를 떨어뜨리는 모든 요인을 아우르는 개념이다. 물리학의 비유로 보고 '질량'으로 옮기기로 한다. ─옮긴이

그렇다고 정기적인 회의가 전혀 가치가 없다는 뜻은 아니다. 팀의 결속을 위한 수단으로 그런 회의를 활용하기도 한다. 그리고 지적인 사람들이 모여서 대화를 나누다 보면 뭔가 흥미로운 이야기가 나올 수 있다. 하지만 대다수의 정기 회의는 처음 몇 번 이후에는 효율성이 떨어진다. 정기 회의에 드는 비용이 정기 회의에서 얻을 수 있는 부수적인 가치보다 훨씬 크다. 어느덧 대부분의 사람이 회의에 참석은 하되 마이크와 카메라를 끄고 다른 일을 하는 상황이 벌어진다. 물론 회의에 제대로 참여하지 않는 그런 사람들을 탓할 수도 있다. 하지만 나는 특별한 의제 없이 회의를 정기적으로 여는 것 자체가 문제의 근본 원인이며, 따라서 그런 반복적인 특성 자체를 바로잡는 것이 해결책이라고 제안한다. 실제로 드롭박스[83]와 아사나[84], 쇼피파이[85]가 회의를 그런 식으로 재설정했다.

어렵겠지만 일대일 회합을 제외한 모든 정기 회의를 제거하자. 원격 환경에서 일대일 회합은 관계를 구축하고 서로가 서로에게 배울 수 있는 효과적인 방법이다. 따라서 캘린더에서 정기 회의들을 삭제할 때 일대일 회합들은 남겨두어야 할 것이다.

팀의 왼쪽 이동을 이끄는 것이 여러분의 책임이라면, 회의에 관한 이러한 변경 사항을 이해관계자들에게 알릴 필요가 있다. 아래의 "'정기 회의 없음' 방침을 이해관계자들에게 알리기" 글상자에 이를 위한 이메일의 예가 나온다.

● 모범관행

'정기 회의 없음' 방침을 이해관계자들에게 알리기

[이해관계자 이름] 님 안녕하세요.

아시다시피 저희는 개발팀의 하루 일과에서 업무 방해 요소를 줄이고 생산성을 높이기 위해 업무 방식을 조금씩 바꾸고 있습니다. 저희가 취하는 조치 중 하나는 회의를 좀 더 효과적으로 만들기 위한 것입니다. 저희는 반복적인 정기 회의의 생산성이 기대만큼 높지 않음을 깨닫고, '재부팅' 과정의 첫걸음으로 캘린더에서 그런 회의들을 삭제하고 있습니다.

회의가 필요해지면 의제를 명확하게 정해서 꼭 참석해야 할 사람들로 회의를 진행할 것을 약속드립니다. 그리고 그런 회의가 잡히면 관련 자료를 미리 여러분에게 공유해서 준비할 시간을 드리겠습니다. 또한, 회의 시간을 정할 때는 여러분의 캘린더에서 방해 금지 시간을 확인하겠습니다.

고맙습니다.

[발신자 이름]

구체적인 문구는 여러분의 상황에 맞게 적당히 고쳐야 할 것이다. 어쨌든 이제부터는 상황별로 꼭 필요한 회의만 잡으면 된다. 만일 팀 결속을 위해 회의가 필요하다면, 그런 목적에 맞게 회의를 준비해야 할 것이다. 회의 준비에 드는 시간이 아까울 수도 있겠지만, 회의 준비를 잘하면 전체적으로는 시간을 절약할 수 있다.

비동기 우선 행동의 신호들

눈에 보이는 것이 조금 변해도 업무에 큰 변화가 생길 수 있다. 따라서 생산적인 신호가 가득하고 비생산적인 신호는 없는 환경에서 생활하고 일하는 것이 얼마나 중요한지 짐작할 수 있을 것이다.[역주]

– 제임스 클리어

우리가 살고 일하는 환경은, 그리고 그 환경에 있는 신호 혹은 단서(cue)는 우리의 행동 방식에 영향을 미친다. 이번 장에서는 우리가 원하는 업무 방식에 관한 신호를 서로에게 전달하는 데 도움이 되는 행동 방식들을 논의했다.

이번 장 요약

다음은 비동기 우선 업무 문화를 위한 우리의 행동 방식에 투표하는 데 도움이 되는 개인과 팀의 작은 변화 시도들이다.

- 다음과 같은 개인 플레이들은 비동기 우선 문화에 대한 우리의 약속을 명확히 알리는 데 도움이 된다.
  - 비동기 방식으로 업무 중임을 알리는 채팅 상태를 설정한다.
  - 바로 답장할 필요 없이 업무에 복귀해서 답장해도 됨을 알리는 이메일 서명을 사용한다.
  - 수신자가 업무 중일 것으로 예상되는 시간에 메시지와 이메일이 전송되도록 예약한다.
  - 심층 작업 중임을 다른 사람이 알 수 있도록 방해 근무 시간을 캘린더에 설정한다.
  - '즉시 동기적으로'를 '비동기적으로'로 바꾼다.

- 다음과 같은 팀 플레이들은 왼쪽으로의 이동을 가속하는 데 도움이 된다.
  - 매일 4시간 길이의 회의 없는 시간 블록을 설정해서 모두가 능동적으로 방해 요소를 피하게 한다.
  - 특정 요일을 회의 없는 날로 지정한다.
  - 반복적인 정기 회의를 모두 삭제하고, 모범관행들을 따르는 목적 있는 회의만 잡는다.

[역주] 출처는 제임스 클리어의 저서 *Atomic Habits*이다. 《아주 작은 습관의 힘》이라는 제목으로 번역서가 나왔다. —옮긴이

이번 장에서 설명한 전략들을 적용하면 여러분의 팀은 동기성의 스펙트럼에서 점차 왼쪽으로 이동하게 된다. 이에 따라 여러분의 팀과 이해관계자들이 비동기 우선 원칙을 향해 점차 정렬하게 될 것이다. 하루아침에 비동기 원칙을 달성할 수는 없다. 그래도 실망하지는 말자. 조금씩이라도 왼쪽으로 이동하는 것이 중요하다!

팀이 새로운 업무 방식을 구현하다 보면, 그 과정에서 배운 점과 팀의 규범들을 기록할 장소가 필요해진다. 그러한 장소는 팀 지식의 기본 저장소 역할도 하게 될 것이다. 다음 장에서 이야기할 팀 핸드북이 바로 그러한 장소이다.

제10장
팀 핸드북 작성

많은 경우 원격 근무 팀에서 명확한 문서화는 대규모로 정보를 공유하는 가장 직접적인 방법이다. 그렇지만 문서화 부재가 실질적인 문제가 되는 시점에 와서야 비로소 문서화에 시간을 들이는 팀이 많다. 부분적으로 이런 현상은 애자일 소프트웨어 개발에 관한 오해에서 비롯한다. 애자일 프로젝트에서는 문서화가 필수가 아니라고 믿는 사람들이 있다.

이에 관해 마틴 파울러(Martin Fowler)는 다음과 같이 말했다.[86]

> 애자일 방법들은 문서화를 경시하는데, 이는 문서화 노력의 상당 부분이 낭비된다는 관측에서 온 것이다. 하지만 대면 의사소통이 줄어드는 해외 외주 개발에서는 문서화가 더욱 중요해진다. … 문서뿐만 아니라 위키, 이슈 추적 도구 같은 좀 더 능동적인 협업 도구들에 대한 필요성도 증가한다.

IT 업계 전반에서 적시 전달(timely delivery)이 중요시된다. 적시 전달을 위해서는 정보에 손쉽게 접근할 수 있어야 한다. 팀과 관련해서 가장 중요한 정보 조각들을 카탈로그 형태로 정리한 문서를 팀 핸드북team handbook이라고 부른다.

분산 팀에는 단일 진실 공급원이 필요하다

문서화 부재는 의사소통의 추가부담(overhead)으로 이어진다. 정보를 전달하기 위한 회의와 비공개 이메일 스레드, 인스턴트 메시징 토론이 너무 많아진다. 그러면 온보딩 같은 반복적인 활동이 비효율적이 된다. 지식 공유가 느려지고 정보가 조금씩만 이동한다. 그러한 비효율성 때문에 업무 중단(interrupiton)이 빈번해진다.

이 점을 깃랩이 다음과 같이 간명하게 표현한 적이 있다.[87]

팀의 규모가 커질수록, 문서화의 필요성과 문서화 부재에 따른 비용이 병행해서 증가한다.

더 나은 대안은 팀의 업무를 안정적으로 서술하는 핸드북을 마련하는 것이다. 그런 핸드북을 작성하기가 부담스럽겠지만, 팀 핸드북 우선 접근 방식에는 여러 가지 장점이 있다. 무엇보다도 팀 핸드북은 팀의 지식에 관한 단일 진실 공급원(single source of truth)이다. 팀 핸드북을 잘 활용하면 비효율적인 의사소통으로 인한 혼란과 혼선이 줄어든다. 이번 장에서는 팀 핸드북에 어떤 정보를 담아야 하는지, 팀 핸드북을 어떻게 만들고 유지보수하는지를 차근차근 설명한다.

일단은 직속 팀에서 시작한다

가장 먼저 결정할 것은 핸드북의 범위(scope)이다. "누구를 위한 팀 핸드북인가?"라는 질문에 답해야 한다. 깃랩처럼 전 팀원이 원격으로 근무하는 조직은 조직에 관한 모든 것을 하나의 핸드북으로 문서화한다.[88] 하지만, 조직에 대한 여러분의 영향력이 크다고 해도 여러분 혼자 회사 전체를 바꾸기는 어려울 것이다. 따라서 일단은 여러분의 직속 팀으로 시작하는 것이 바람직하다. 비동기 업무 방식의 이점을 직접적으로 누리게 되는 사람은 제작자(maker)들이므로, 여러분 바로 옆의 동료들을 염두에 두고 비동기 우선 업무 방식과 팀 정보를 문서화하기 시작하는 것이 합리적이다.

다행히 성공 사례에는 전염력이 있다. 팀과 함께 비동기 우선 업무 방식을 성공적으로 구현할 수 있다면, 팀의 핸드북이 조직의 다른 팀들에게 청사진이 될 수 있다.

핸드북에 넣을 내용

여러분의 개발팀을 작은 회사라고 상상하기 바란다. 업무에 유관한(relevant) 지식은 크게 두 부분으로 나뉜다.

- 팀원들이 **함께 일하는 방식**을 규정하는 조직적 **맥락**(organizational context)
- 함께 **일할** 업무 **내용**

여러분의 핸드북도 이러한 모델을 따르면 좋을 것이다. [그림 10.1]은 이 콘텐츠 아키텍처를 시각화하는 데 도움이 되는 도식이다. 그럼 세부사항들로 들어가자.

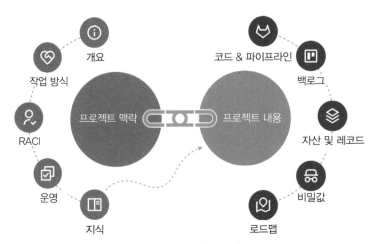

그림 10.1 프로젝트 핸드북의 구조.

■ 프로젝트 맥락

핸드북의 이 부분은 지금까지 다룬 여러 주제에서 파생된다.

- **개요.** 팀이 풀고자 하는 문제를 업계의 맥락, 이해관계자 약력, 그 밖에 팀에 유용한 배경 정보와 함께 서술한다.
- **작업 방식.** 팀 가치, 지침, 업무 계약, 의사소통 프로토콜 및 응답 시간을 명시한다.
- **RACI.** RACI는 *Responsible, Accountable, Consulted, Informed*를 줄인 것이다. 팀의 규모가 커지고 분산됨에 따라 모든 사람이 모든 일을 할 수는 없게 된다. 불필요한 혼란을 피하려면 프로젝트에서 팀원들의 역할과 책임을 명확히 해야 한다. 팀의 역할과 책임을 일목요연하게 작성한 도표를 RACI 차트라고 부르는데, 흔히 다음과 같은 약자가 쓰인다.
  - R(Responsible, 작업책임자): 실제로 작업을 수행할 책임이 있는 사람들
  - A(Accountable, 설명책임자): 작업 또는 결과물 전체를 책임지는, 그리고 이해관계자들의 의문을 설명(해명)할 책임이 있는 사람들
  - C(Consulted, 자문): 업무에 대한 조언이나 의견을 제공하는 사람들
  - I(Informed, 정보 제공 대상): 업무가 어떻게 진행되고 있는지 알아야 하는 사람들

RACI 차트는 누가 어떤 작업을 하는지, 누가 누구와 협업해야 하는지 파악하는 데 도움이 된다. 나는 출력물 또는 결과물을 담은 열(컬럼)이 하나 있고 그 옆에 각 역할, 책임별로 열이 하나씩 있는 간단한 표 형태의 RACI 차트를 선호한다. 표의 각 칸은 해당 결과물(첫 열)의 전달 또는 완수에 관련한 역할들이 무엇인지를 말해준다. [표 10.1]은 소규모 개발팀을 위한 RACI 차트의 예이다. 프로젝트 맥락에 따라서는 RACI 차트가 이와 상당히 다른 모습일 수 있다.

표 10.1 RACI 차트의 예.

결과물/출력	프로젝트 관리자	선임 기술자	개발자	품질보증	디자이너
이용자 연구	A	I	I	I	R
제품 로드맵	RA	I	I	I	C
시스템 요구사항	RA	C	I	I	C
사이트 청사진	C	I	I	I	RA
디자인 시스템	C	I	I	I	RA
와이어프레임과 목업	C	I	I	I	RA
아키텍처	I	RA	R	C	O

CI/CD 및 환경	I	RA	R	C	I
코드 품질	I	A	R	I	I
단위 테스팅	I	A	R	I	I
통합 및 자동화 테스트	I	C	C	RA	
UAT	C	I	I	RA	R
팀 관리 및 보고	C	RA	I	C	I

- **운영**. 팀에 따라 다르겠지만, 팀의 모든 사람이 알아야 할 운영 관련 지식이 있다. 예를 들어 타임카드 작성 지침이나 특정 자원에 접근하는 단계들, 또는 노트북 수리 요청 절차 같은 정보를 모든 팀원이 알아야 한다.
- **지식**. 이 섹션은 신입 팀원에게 유용할 뿐만 아니라 기존 팀원에게도 중요하다. 모든 사람이 프로젝트의 모든 부분에 익숙할 수는 없으므로, 정보를 체계적으로 참조할 수 있게 하면 팀의 학습 속도가 빨라진다. 이 섹션은 프로젝트 내용에 대한 링크들도 제공한다.

■ **프로젝트 내용**

팀이 사용하는 도구에 따라서는 프로젝트 내용에 관한 자산들이 다수의 시스템에 분산되어 있을 수 있다. 따라서 프로젝트 맥락 부분의 지식 섹션에서 핸드북 사용자가 여러 시스템을 탐색할, 그리고 프로젝트의 전체 구조를 한눈에 볼 수 있는 수단을 제공할 필요가 있다. 다음은 프로젝트 내용 부분에 반드시 담아야 할 몇 가지 구성요소이다.

- **코드와 파이프라인**. 코드는 프로젝트의 심장이다. 팀은 코드 저장소(code repository)들의 최신 카탈로그를 보유해야 하며, 응용 프로그램을 생성하는 방법을 팀원들이 명확히 알고 있어야 한다. 제20장에서 코드베이스의 문서화를 위한 부담 없는 기법들을 설명할 것이다.
- **백로그**. 팀이 구축 중인 요구사항들의 구조화된 목록을 이 섹션에 넣어야 한다. 팀이 이 백로그backlog를 탐색하고 이해하기 쉽게 만들어야 한다.
- **자산 및 레코드**. 디자인 문서에서 원형(프로토타입), 연구 또는 디자인 스프린트 출력에 이르기까지 프로젝트의 모든 산출물이 모여서 제품의 스토리가 만들어진다. 그런 산출물들을 이 섹션에 카탈로그화해서, 팀이 현재 다루고 있는 솔루션의 일부를 팀원들이 언제라도 파악할 수 있게 한다. 또한 모든 의사결정 기록과 회의록을 이 섹션에 기록한다.
- **비밀값**. 업무에 필요한 SSH와 API 키, 패스워드, 기타 민감한 정보를 이 섹션에 담는다. 팀원들이 이런 '비밀값(secret)'들에 안전하게 접근하는 방법을 명확히 정의해야 한다.

- **로드맵**. 조만간 어떠한 서비스나 기능을 전달할 것이라고 이해관계자나 고객사에 약속했다면, 그러한 약속을 팀원들도 알 수 있게 해야 한다. 그러한 로드맵roadmap은 팀원들의 의견을 반영해서 결정하는 것이 이상적이다. 어떤 경우이든, 이 섹션을 통해 로드맵을 공개함으로써 모든 팀원이 로드맵을 공유할 수 있게 된다.

물론 여기서 언급하지 않은 다른 섹션을 추가하거나, 각 섹션에 좀 더 세분화된 하위 섹션들을 둘 수도 있다. 사람들이 걸어 다니는 길은 이전에 누군가가 닦은 것이다. 마찬가지로, 팀원들이 핸드북의 이점을 누리려면 일단 누군가는 핸드북의 버전 1을 만들어야 한다. 이상의 목록을 그 버전 1의 출발점으로 삼기 바란다.

사용할 수 있는 도구

기술팀에서 도구는 논의가 끝나지 않는 주제이다. 항상 나는 팀이 이미 사용하는 문서화 도구를 계속 사용하라고 권한다. 더 효율적인 도구가 있다고 해도, 회사 전체 차원에서 원래 사용하지 않던 도구를 새로 도입하면 여러 가지로 성가신 일이 생긴다.

- 접근 제어에 문제가 있을 수 있다. 접근 제어가 원활하지 않으면, 정보를 안전하게 보관하기 어렵고, 결국은 지식재산이 의도치 않게 유출될 위험이 너무 커진다.
- 팀원들이 새 도구에 익숙하지 않을 수 있으므로 신입 온보딩이 어려울 수 있다.
- 오프보딩offboarding 역시 까다롭다. 누군가가 팀을 떠났을 때 해당 도구에서 그 사람을 제거하지 않으면 콘텐츠나 코드, 자격증명 등에 인가되지 않은 접근이 발생할 여지가 있다.
- 도구의 유지보수와 구독 및 사용권 관리를 팀 수준에서 여러분이 책임져야 하는데, 이는 불필요한 추가부담이다.

만일 여러분의 회사가 기본적인 문서화 도구들을 제공하지 않는다면 일단은 사용 가능한 대안들로 시작해서, 향후 제대로 된 도구의 도입을 주장하는 데 도움이 될 성과를 쌓아나가야 할 것이다. 조직이 도입 문제를 심사하고 승인하는 데 시간이 걸리겠지만, 일단 새 도구가 도입되면 팀의 외부에서도 그 혜택을 누리게 될 것이다. 고가의 소프트웨어가 필요하지는 않다. 예를 들어 깃랩[89], 컨플루언스[90], SharePoint[91], 노션[92], Almanac[93], Mediawiki[94] 정도면 좋은 출발점이다.

현대적인 도구를 이용한 문서화 작업 간소화

현대적인 도구를 이용하면 문서화 노력의 일부를 자동화할 수 있다.

- Qatalog[95]는 간단한 프롬프트를 이용해서 팀 작업공간workspace의 구조를 수월하게 설정할 수 있다.
- Scribe[96]는 효과적이고 시각적인 '하우투how-to' 안내서를 짧은 시간에 작성하는 데 도움이 된다.
- Glean[97]의 AI 기반 검색 기능을 이용하면 콘텐츠의 발견성discoverability을 높일 수 있다.

작은 시작, 집단적 주인의식, 반복 실천

프로젝트 맥락과 프로젝트 내용의 여러 요소를 살펴보면, 그 모든 것을 채워서 핸드북의 첫 버전을 만드는 데 일주일이면 충분함을 알 수 있을 것이다. 처음부터 완벽할 필요는 없다. 일단 첫 버전을 만드는 데 주력하자. 그리고 점차 팀원들이 핸드북의 관련 섹션을 갱신하게 만들자. 나는 동료들에게, 만일 어떤 질문에 대한 답이 핸드북에 없으면 반드시 핸드북을 갱신하는 습관을 들이라고 권한다. 팀원 중 누군가를 핸드북 관리자로 지정하면 좋을 것이다. 성과가 있다면 관리자를 팀원들이 돌아가면서 맡게 하자. 그러면 집단적 주인의식을 키울 수 있다. 결과적으로 시스템에 대한 사람들의 신뢰가 향상된다.

버전 관리에 관해서도 조언할 것이 있다. 대부분의 문서화 도구는 어떤 수준으로든 버전 관리 기능을 제공한다. [그림 10.2]는 컨플루언스의 버전 관리 기능을 보여준다.[98] 또한 문서화 도구들은 페이지가 갱신되었을 때 그 사실을 알려주는 '주시(watch)' 기능도 제공한다. 이런 기능들을 활용하면 핸드북의 편집 과정을 관리하기가 훨씬 수월해진다. 다음은 팀 핸드북의 편집 및 버전 관리에 관한 조언이다.

- 모든 페이지를 모든 사람이 손쉽게 편집할 수 있게 하자. 물론 민감한 내용을 담고 있거나 잘못된 정보의 비용이 큰 일부 페이지는 편집 접근을 제한해야 할 것이다. 단, 그런 콘텐츠는 표준이 아니라 예외가 되어야 한다.
- 편집을 제한한 페이지에는 댓글을 열어 두자. 그러면 접근 권한이 없는 팀원들도 페이지 변경 사항을 제안할 수 있다.
- 누구든 페이지를 고쳤을 때는 항상 편집 요약(edit summary)을 작성해서 변경 내용을 요약하게 하자. 버전 관리를 지원하는 대부분의 문서화 플랫폼은 이런 기능을 제공한다.

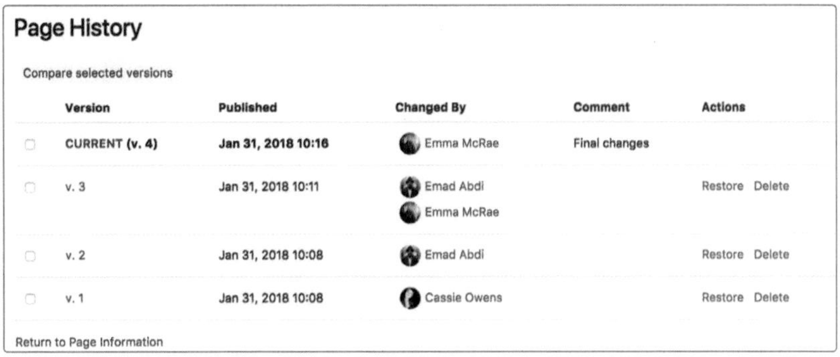

그림 10.2 컨플루언스의 버전 관리.

- 여러분이 어떤 페이지의 소유자로서 그 페이지의 모든 변경을 파악하고 싶다면 페이지 주시 기능을 활용하면 된다. 구체적인 변경 사항은 버전 비교 기능으로 쉽게 파악할 수 있다.
- 원래 대로 되돌려야 하는 변경 사항을 발견하면 버전 관리 시스템의 기능을 이용해서 되돌린다. 이때 변경 사항을 복구한 이유를 적절한 피드백 기능을 이용해서 기여자에게 알려주는 것이 좋다.

깃랩 같은 도구들은 문서 수정을 병합 요청(MR, merge request) 시스템은 이용해서 통제한다. 즉, 누구나 수정을 제안할 수 있지만 실제 수정은 관리자의 승인을 거쳐야 한다. 하지만 내부 팀 핸드북 작업의 경우에는 참여자들의 신뢰 수준이 높아서 소위 반달 행위vandalism가 발생할 확률이 0에 가까우므로, 앞에서 설명한 좀 더 관대한 접근 방식이 바람직하다.

문서화 촉진을 위한 DEEP 트리거

핸드북이 유용하려면 계속해서 갱신해야 한다. 즉, 오래된 문서는 최신 정보로 갱신하고, 필요하다면 새로운 문서를 추가해야 한다.

글쓰기 문화가 정착되지 않은 팀이라면, 문서화가 필요하다는 점을 적절한 '트리거trigger'를 이용해서 팀원들에게 상기시킬 필요가 있다. 동료들에게 지금이 문서 또는 참조 가능한 산출물을 작성할 기회임을 상기시키는 목적으로 나는 DEEP이라는 약자를 활용한다. DEEP은 다음 네 단어의 머리글자를 모은 것이다.

- **Decision**(의사결정). 업무를 수행하면서 팀은 수많은 결정을 내린다. 어떤 사항을 결정할 때는, 그 결정에 관여하지 않은 사람도 그 근거를 이해할 수 있게 해야 한다. 그러려면 문서화가 필요하다.

- **Event**(이벤트). 회의, 워크숍, 전체 회의는 모두 이벤트이다. 이벤트를 문서화하면 해당 상호 작용에서 나온 결과물(outcome)들과 지식을 영구적으로 보존할 수 있다.

- **Explanation**(설명). 모든 프로젝트에는 프로젝트가 운영되는 영역(도메인)이나 시스템 일부 의 작동 방식에 관한 지식 체계(body of knowledge)가 있기 마련이다. 그런데 그런 지식을 그 저 각자가 말로 설명하는 경우도 많다. 서면으로 작성된 참고자료는 팀원들이 공유하기 쉽 고 팀 차원으로 개선하기도 쉽다.

- **Proposal**(제안). 프로젝트의 수명 동안 팀과 이해관계자들은 여러 아이디어와 계획을 공유 하게 된다. 이들을 모두 구현하지는 않는다고 해도, 그런 제안들이 나온 사고(thought)의 과정 과 그 세부사항을 문서화하는 것은 팀에 도움이 된다. 그런 문서화는 의사결정의 위생(건전 성)을 증진할 뿐만 아니라 팀의 집단 기억(collective memory)을 구축하는 데에도 도움이 된다.

이러한 DEEP의 네 항목 중 하나에 해당하는 뭔가를 문서화할 기회가 생길 때마다 내가 속한 팀은 서로에게 문서화를 상기시킨다. 내가 속한 팀 중 하나에서는 이런 문서화 트리거들을 상 기하기 위해 아예 DEEP 약자를 커피 머그잔에 새겼을 정도이다.

● 모범관행

링크로 응답하는 법 배우기

정기적으로 문서를 작성하고 그에 대한 참조 정보를 팀 핸드북에 추가한다면, 동료들에게 팀 핸 드북과 해당 문서를 읽도록 권장함으로써 불필요한 대화를 피할 수 있다. 누군가에게 뭔가를 알 려주어야 할 때, 그냥 그 사람에게 링크를 보내서 스스로 알아보게 하면 된다. 이렇게 하면 사람 들이 핸드북과 비동기 지식 자원을 좀 더 받아들이게 되는 효과도 생긴다. 이것은 무례한 방법이 아니다. 효율적인 방법이다.

다음은 링크로 응답해서 불필요한 대화를 피하는 예이다.

동료: 수미트 씨 안녕하세요? 알림 서비스의 요구사항들 좀 말씀해 주실 수 있을까요? 새 기 능을 지원하려면 어떤 엔드포인트가 필요한지 알고 싶어서요.[역주]

나: 동료님 안녕하세요! 그 요구사항들 이미 제안서([여기에 제안서 링크 삽입])에 써 두었으니 확인 해 보세요. 거기에 설명용 와이어프레임들도 있어요. 명확하지 않은 부분이 있으면, 댓글 남겨 주시면 곧 응답하겠습니다.

만일 링크로 응답할 수 없다면, 이는 문서를 작성해야 한다는 신호(트리거)이다. 동료를 도와서 문 서를 만들고 그 문서가 원래 질문의 답이 되는지 피드백을 받자. 그후에는 같은 질문에 대해 링 크로 응답할 수 있다.

[역주] 덧붙여서, 동료가 "수미트 씨 안녕하세요?"까지만 보내고 반응을 기다리는 대신 원하는 바를 하나의 메시지에 모두 이야기했다는 점도 주목하자. 이 역시 일대일 상호작용의 비용을 줄이는 모범관행의 하나이다. 이 점은 제11장에서 좀 더 이야기한다. —옮긴이

공유 현실(SR)을 향해

분산 팀에서 팀 핸드북 같은 단일 진실 공급원은 '공유 현실(SR, shared reality)'을 구축하는 데 도움이 된다. 그런 단일 진실 공급원이 없는 팀은 [그림 10.3]에 나온 것처럼 눈을 가리고 더듬어서 코끼리를 이해하려는 사람들과도 같다. 각자가 나름대로 어떤 정신 모형(mental model)을 형성하긴 하겠지만, 팀 자체는 더 현명해지지 못한다. 이렇게 하는 대신 핸드북을 만들고, 사람들이 핸드북의 갱신과 유지에 기여하는 방법을 찾아보자. 어느덧 사람들의 눈에서 눈가리개가 사라질 것이다. 이번 장에서는 이를 위한 반복적인 여정을 시작하는 방법 몇 가지를 논의했다.

그림 10.3 단일 진실 공급원이 없으면 각자가 자신만의 진실을 가지게 된다. (출처: mentalmind/Shutterstock)

이번 장 요약

팀 핸드북은 기존 팀원과 신입 팀원에게 업무 관련 정보를 명확하게 전달하는 데 도움이 된다. 이는 비동기 우선 근무에 꼭 필요한 자산이다.

• 먼저 여러분 직속 팀을 위한 핸드북 작성에 집중하자. 조직 전체의 지식은 나중에 채워 넣어도 된다. 팀 핸드북의 성과는 회사 전체를 위한 청사진이 될 수 있다.
• 핸드북을 위한 정보를 프로젝트 맥락과 프로젝트 내용으로 나누어서 핸드북에 넣는다. 프로젝트 **맥락** 섹션에서는 팀원들이 **함께 일하는 방식**을 서술하고, 프로젝트 **내용** 섹션에서는 함께 일해서 실현하려는 **내용**을 서술한다.
• 고가의 도구 대신, 회사가 이미 제공하는 도구를 활용하자.

- 모든 사람이 핸드북을 개선하고 갱신하게 하고, 팀원들이 돌아가면서 전담 편집자를 맡도록 하자. 작은 것에서 출발해서 내용과 디자인을 반복적으로 수정해 나가야 한다.
- 모두에게 문서화 트리거를 상기시키자. 이때 DEEP 약자가 도움이 될 것이다. 머그잔 등 팀 전용 상품들에 DEEP을 인쇄하면 원격 근무자들도 볼 수 있어서 효과적이다.

팀 지식을 손쉽게 검색, 열람할 수 있으면 팀원들의 의사소통 혼선이 줄어든다. 회의 횟수가 감소하고, 이메일과 인스턴트 메시징으로 인한 방해도 줄어들 것이다. 인스턴트 메시징이라는 말이 나왔는데, 마침 다음 장의 주제가 인스턴트 메시징이다.

제11장
인스턴트 메시징의 '인스턴트' 길들이기

> 속도가 곧 생산성이라고 오해하는 사람이 많다.
>
> – 저스틴 미첼, Yac사 CEO

팀을 속도를 위해 최적화하는 이유는 많다. 생산성을 측정하는 척도 중에는 산출량을 측정하는 것들이 많다. 속도가 높으면 그런 효율성이 가능해진다. 하지만 그렇다고 정신없이 몰아치는 프로세스가 생산성의 필수 요소는 아니다. 소프트웨어 개발팀의 업무는 대부분 디자인, 코딩, 테스트 등 숙고와 창의성이 필요한 작업이다. 그런 종류의 작업에서는 속도를 늦추는 것이 이득이 된다.

ASAP 문화는 업무의 독성 요소이다. 비동기 작업은 "인스턴트instant"와는, 다시 말해 '즉시'와는 거리가 멀다. **즉시성**(instantness)에도 가치가 있지만, 비동기 업무 방식은 즉시성을 위한 것이 아니다. 그렇다면 의문이 하나 떠오른다. 의사소통에 흔히 사용하는 '인스턴트' 메시징은 어떻게 다루어야 할까?

생산적인 인스턴트 메시징 활용 방법

요즘 직장에서 인스턴트 메시징instant messaging(IM) 도구를 흔히 사용한다. 사실 이런 도구들을 홍보하는 마케팅 문구들은 의사소통의 속도를, 그리고 인스턴트 메시징에서 흔히 보는 상호작용 패턴을 생산성과 동일시한다. 하지만 나는 몇몇 경우에서 그런 도구들의 유용성에 동의하지 않는다. 전사적(enterprise) 메시징 소프트웨어의 장점을 몇 가지 들자면 다음과 같다.

• **빠른 의견 교환**: 종종 사람들은 몇 건의 메시지를 주고받으면서 몇 분 안에 의사결정을 내

려야 한다. 그런 경우 IM 도구를 이용한 채팅이 아주 적합하다.

- **필수 정보 전달**: 그룹 채팅 또는 '단톡방'은 전체 공지, 밤새 변경된 사항, 개발 이슈 등 필수 정보를 공유하기에 가장 좋은 장소이다(다른 장소들도 있겠지만). 그리고 많은 IM 도구는 메시지를 '고정'하는(pin) 기능을 제공한다. 그런 기능을 이용하면 활동 스트림이 계속 진행되는 동안에도 가치 있는 정보가 항상 표시되게 할 수 있다.

- **친목**: 대부분의 사내 모임에는 이와 비슷한 채팅방이 있다. 채팅방(chat room)은 비슷한 관심사를 가진 사람들이 소통하기에, 그리고 단지 직속 업무팀뿐만 아니라 회사 자체에 대한 소속감을 형성하기에 아주 좋은 장소이다. 채팅의 동료적 특성(collegial nature) 덕분에, 조직에 존재할 수 있는 어떠한 위계구조가 흐려지고 좀 더 평등한 의사소통 환경이 만들어질 때가 많다.

- **공유와 학습**: 뭔가 흥미로운 것을 발견해서 다수의 사람과 공유하고 싶을 때 아주 효과적인 메커니즘이 바로 인스턴트 메시징이다. 사실 대부분의 사람은 이미 일상생활에서도 그런 용도로 인스턴트 메시징을 활용한다. 따라서 직장에서 그런 IM 활용 방법을 사람들에게 가르치는 것은 아주 쉬운 일이다.

- **그냥 재미로**: 내가 다니는 Thoughtworks 사에는 'Dad Jokes'[역주]라는 포럼이 있다. 이 포럼에는 밈이나 말장난, 별난 인터넷 유머가 흘러넘친다. 이 포럼에 들어가면 항상 웃게 된다. 여러분의 회사에 이런 포럼이 없더라도, 인스턴트 메시징이나 GIF, 이모지, 스티커 등을 통해서 유머나 재미있는 이야기를 나누는 것은 얼마든지 가능하다. 그리고 재미는 좋은 것이다.

제3장에서 언급했듯이 채팅은 팀의 도구 모음에서 필수 요소이다. 제2장의 동기성 스펙트럼에서도 채팅을 언급했다.

그런데 앞에서 말했듯이 인스턴트 메시징의 문제는 '즉시성'이다. '즉시' 응답하려면 온종일 채팅창을 보고 있어야 한다. 그러면 업무가 자꾸 중단될 수밖에 없다. 게다가 팀과 회사가 만든 모든 채팅 채널을 계속 따라잡으려 하면 정신적으로 매우 지칠 수 있다. 그리고 인스턴트 메시징을 비효과적으로 사용하는 것은 37signals의 말을 빌자면[99] '종일 회의(all-day meeting)'에 해당한다. 어떤 종류이든 메시징 도구는 전 세계의 거의 모든 팀이 사용하는 도구인 만큼, 이번 장에서는 좀 더 생산적인 비동기 우선 업무 방식을 위해 메시징 도구들을 효과적으로 사용하는 방법에 초점을 둔다.

[역주] 직역하면 '아빠 농담'인 dad joke는 중년 남성이 할 만한 농담을 가리키는 말로, 주로는 동음이의어 등을 이용한 언어유희가 많다. 시쳇말로 '아재 개그' 또는 '부장님 개그'에 해당한다. —옮긴이

급한 일이 아니라면 다른 적절한 매체를 사용하자

사람들이 채팅창을 항상 보고 있을 필요가 없다는 데에는 모두 동의할 것이다. 하지만 아주 급한 일이 있을 때 사람들의 주의를 끌 방법은 필요하다. 그런 경우 채팅에 의존하지 말고 전화나 다른 어떤 매체를 사용하라는 것이 나의 조언이다. 메시징 앱을 아예 피할 필요는 없다. 하지만 사람들이 채팅에 즉시 응답하리라고 잘못 가정해서 긴급 상황을 악화시키지는 말기 바란다. 이런 상황에 제6장의 의사소통 프로토콜이 빛을 발하게 된다. 그리고 동료의 업무는 그래도 될 정도로 긴급한 상황에서만 중단해야 한다는 점을 꼭 기억하자.

채팅 채널 또는 채팅방에 직관적인 이름을 붙이자

채팅 채널은 여러 종류이다.

- 팀만 사용하는 내부 채널
- 여러분의 팀과 연락하는 다른 팀들과 개인들이 참여할 수 있는 외향 채널
- 여러 팀이 모이는 부서별 채팅방
- 회사 전체가 참여할 수도 있는 커뮤니티 채팅방
- 전체 공지를 위한 전사적 공식 채팅방

아마 여러분의 회사에도 다양한 채팅방이 있을 것이다. 조직이 클수록 채팅방도 많은데, 그러다 보면 특정 그룹과 소통하는 데 적합한 채팅방을 찾기 어려울 수도 있다. 매슈 스켈턴Matthew Skelton과 마누엘 파이스Manuel Pais는 저서 *Remote Team Interactions Workbook*[100]에서 채팅 채널을 쉽게 찾을 수 있도록 직관적인 이름을 붙일 것은 권했다. 회사 전체가 몇 가지 명명 규칙을 합의하면 좋을 것이다. 다음은 직관적이고 발견성 좋은 채널 이름의 예 몇 가지이다.

- **#[고객사 이름]-플랫폼-결제-내부**: [고객사 이름]을 위한 플랫폼 그룹에서 일하는 결제팀을 위한 팀 채팅방
- **#[고객사 이름]-플랫폼-결제**: [고객사 이름]을 위한 플랫폼 그룹에서 일하는 결제팀과 연락하고자 하는 사람들을 위한 공개(외향) 채팅방
- **#HR-혜택**: HR 부서의 혜택 팀과 연락하고자 하는 사람들을 위한 공개 채팅방
- **#커뮤니티-디자인**: 디자이너들을 위한 실무 커뮤니티

그런데 여러분이 회사 전체에서 이런 명명 규칙에 대한 합의를 이끌어내지는 못할 수도 있다. 그런 경우 일단은 여러분의 영향력이 미치는 범위에서라도 명명 규칙을 시행하는 수밖에 없을 것이다. 여러분이 상호작용하는 그룹들에 직관적인 이름을 붙이자. 나중에 여러분의 경험을 이용해서 회사의 다른 사람들에게 영향을 미칠 기회가 있을 것이다.

자신의 채팅 상태를 보여주고, 다른 이들의 상태를 존중하자

여러분 자신의 주변에서 시작하는 것이 바람직하다. 자신이 현재 비동기적으로 작업 중임을 채팅 상태를 이용해서 다른 사람들에게 알리는 방법을 제9장에서 설명했다. 더 나아가서, 현재 점심 식사 중이거나, 회의 중이거나, 동료와 짝 프로그래밍 중임을 알리는 상태를 설정할 수도 있다. 하루 계획에 맞게 캘린더를 설정했다면, [그림 11.1]에 나온 클럭와이즈 같은 도구를 이용해서 캘린더를 슬랙의 상태와 동기화할 수도 있다.[101] 그러면 여러분이 즉시 응답하리라고 기대해도 되는지 아니면 좀 기다려야 할지를 모두가 바로 알 수 있게 된다.

그림 11.1 캘린더를 채팅 응용 프로그램의 상태와 동기화한다.

이러한 모범관행과 짝을 이루는 모범관행은 다른 사람의 상태를 존중하는 것이다. 코딩으로 바빠서 몇 분 동안 메시지에 응답하지 않은 동료에게 화를 내서는 안 된다.

메시지 수를 제한하자

내가 지난 몇 년간 수행한 설문조사에 따르면, 응답자의 50% 이상이 채팅 메시지를 심층 작업을 방해하는 가장 큰 장애물 중 하나로 꼽았다. 다음은 Cendex의 2021년 설문 결과[102]를 보도한 *Wired* 지의 기사[103]에서 인용한 문구인데, 직원들이 메시징 도구 때문에 얼마나 많은 시간을 허비하는지 말해준다.

> 중간 규모 기업과 대기업에서 정규직 직원들이 디지털 의사소통 프로그램과 제품, 도구에 허비하는 시간은 한 달 평균 9.3시간, 연간 112시간에 달한다.

인스턴트 메시징을 이용한 의사소통은 우리 업무의 필수적인 요소이므로 아예 피할 수는 없다. 하지만 그런 방식의 의사소통을 좀 더 효과적으로 만드는 것은 가능하다. 일상에서 문자 메시지 문화의 한 가지 후유증은 우리가 짧은, 그리고 종종 두서없는 문장들로 소통하게 된다는 것이다. 일상에서 문제가 되는 그런 습관을 업무에까지 끌고 들어오면 대량의 소음(noise)이 발생하게 된다. 예를 들어 이메일 한 통, 또는 숙고해서 쓴 메시지 한 건으로 충분한 내용을 메시지 50건으로 나누어 보내게 된다.

채팅 메시지가 더 길어도 된다! 한 메시지에 많은 내용을 담으면 모든 사람의 메시지 알림(notification) 횟수가 줄어든다. 길고 응집성 있는 메시지 하나를 작성하면 여러 건의 메시지 때문에 수신자가 업무가 중단되는 일이 줄어들 뿐만 아니라, 발신자 자신도 좀 더 빨리 자신의 업무에 복귀할 수 있게 된다. 단, 긴 메시지는 [그림 11.2]의 예처럼 적절한 이모지와 텍스트 서식을 활용해서 읽기 쉽게 만들 필요가 있다.

그림 11.2 공유하려는 내용을 한 건의 메시지로 통합한 예.

용건만 간단히

물리적인 사무실 공간에서 같이 일할 때는 거두절미하고 본론만 이야기하는 것이 무례한 일로 간주될 때가 많았다. 동료에게 다가가서 바로 질문을 던지는 대신, 일단은 인사말로 시작해야 하는 분위기였다. 이를테면 "안녕하세요 티나 님, 잠깐 대화 가능할까요? 이거 좀 도와주셨으면 하는데요 …" 하는 식이었다. 동기적인 환경에서는 이런 상호작용 패턴이 잘 작동한다. 하지만 원격·분산 팀에서는 여러분이 타이핑하는 바로 그 순간에 상대방이 채팅 앱을 보고 있으리라고 기대할 수 없다. 비동기 인스턴트 메시징에 동기적 상호작용 패턴을 적용하면 다음과 같은 상황이 발생한다.

동료, 10:20 a.m. 수미트 님 안녕하세요?

수미트, 10:45 a.m. 아, 안녕하세요?

동료, 11:01 a.m. 지금 시간 되시나요?

수미트, 11:12 a.m. 예, 무슨 일이죠?

동료, 11:14 a.m. 저기 제가 지금 백로그를 보는 중인데요...

무슨 상황인지 알겠는가? 나와 동료는 메시지 한 건으로 끝날 내용으로 메시지 다섯 건을 주고 받았다. 바로 본론으로 들어가기가 마음이 편치 않다면, 인사말은 생략하지 않아도 된다. 인사말로 시작하든 아니든, 중요한 것은 원하는 내용을 하나의 메시지에 담는 것이다. 평소에 이메일을 작성할 때처럼 메시지를 작성한다고 생각하면 될 것이다. 다음이 그러한 예이다.

동료, 10:20 a.m. 수미트 님 안녕하세요? 시간 날 때마다 Epics와 컨플루언스에서 검색 기능 관련 페이지들에 태그 좀 붙여 주실래요. 제가 지금 로드맵을 정리 중인데, 태그들을 붙여 두면 관련 산출물들이 자동으로 문서에 삽입되거든요. 고맙습니다! 👍

채팅 대상 선별

전에 내가 일한 어떤 팀에서는 동료의 시선을 끄는 동시에 다른 사람들에게도 대화를 공유하는 목적으로 '@이름' 형태의 멘션 기능을 활용했다. 그런데 이 방식이 투명한 것 같지만, 논의에 참여하지 않은 사람에게 소음과 알림이 많이 발생한다는 점을 깨닫게 되었다. IM 플랫폼에서 그런 알림들을 적절히 제어하는 기능을 제공할 수도 있겠지만, 애초에 IM 트래픽을 좀 더 효율적으로 만드는 것이 최선이다.

회의에서 참석자들을 적절히 선별하는 것이 도움이 된다는 점은 채팅에도 그대로 적용된다. 논의에 꼭 참여해야 할 사람이 세 명이라면, 그 사람들하고만 논의를 진행하자. 그러면 당사자들이 논의에 좀 더 집중할 수 있을 뿐만 아니라 다른 사람들에게 소음이 줄어든다. 논의가 끝나면 회의 내용을 응집성 있는 메시지 하나로 정리해서 팀 채널에 공유하자.

응답 메시지 대신 반응 표현 활용

개인적인 채팅방에서 "ㅎㅎ"나 "맞아요!"로 응답하거나 "축하합니다"로 한마디 거드는 데 드는 비용은 매우 적다. 그리고 대화에 미치는 영향도 무시할 정도로 작다. 애초에 그런 채팅방에는 소음을 기대하고 들어가기 마련이다. 즉, 이것은 버그가 아니라 기능이다.

하지만 업무 환경에서 소음은 다르게 해석할 여지가 없는 버그이다. 기본 설정에서 모든 메시지는 알림을 생성한다. 그리고 알림은 곧 업무의 중단(interruption)이다. 업무 중단은 비용이 크다. 메시지 건수를 줄이자는 취지에서, 타성적인 응답 메시지 대신 [그림 11.3]처럼 이모지를 이용한 반응 표현 기능을 활용하자.[역주] 대부분의 채팅 플랫폼에서 이런 반응 표현 기능은 알림을 생성하지 않는다. 따라서 다른 사람의 업무를 중단하지 않고도 대화에 참여할 수 있다.

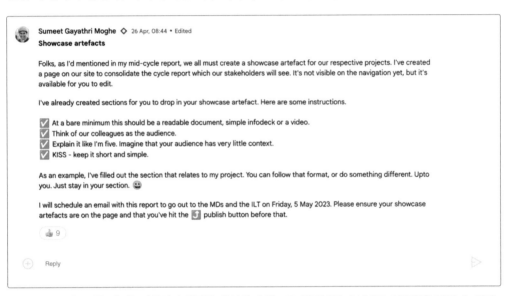

그림 11.3 반응 표현 기능을 이용하면 알림을 생성하지 않고도 여러분이 메시지를 읽었음을 알릴 수 있다.

[역주] 원문 메시지 안의 미소(스마일리) 아이콘이 아니라 하단의 "엄지 척" 이모지를 말한다.—옮긴이

스레드 활용: 주제 당 스레드 하나

이번 절은 제목만으로 충분할 것이다. [그림 11.4]에서 보듯이, 채팅에서 스레드thread(글 타래)는 대화의 흐름을 따라가기 좋은 형식이다. 그런데 누군가가 기존 대화에 댓글을 다는 대신 새 스레드를 생성해서 논의의 흐름이 망가진 경험이 있을 것이다. 혹시 독자가 그런 실수를 저지르면 당황하지 말고 새 스레드를 삭제한 후 원래의 대화에 댓글을 달자.

반대로, 대화 중간에 주제가 바뀌는 것도 문제이다. 무관한 주제로 스레드를 '납치'해서는 안 된다. 항상 "주제 당 스레드 하나"라는 간단한 원칙을 지켜야 한다.

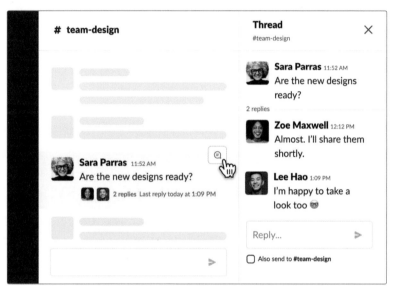

그림 11.4 스레드는 대화의 흐름을 쫓기 좋다. 그림은 슬랙의 예이다.[104]

속도를 늦추고 말싸움을 피하자

채팅에서 연인이나 친구와 말싸움을 벌인 적이 있는지? 있다면, 그런 말싸움이 좋게 끝난 건 몇 번이나 되는지 생각해 보자. 내가 무슨 말을 하려는지 짐작했을 것이다. 인스턴트 메시징과 격한 강점은 잘 맞지 않는다. 인스턴트 메시징은 짧고 일시적인 논의에 가장 좋은 수단이다. 채팅에서 논의가 길어지는 것은 당면한 주제를 명확히 하는 데 별로 도움이 되지 않는다. 그저 하루 종일 진행되는 회의의 비효과적인 버전으로 변할 뿐이다.

채팅 대화가 너무 오래 걸린다 싶으면 속도를 늦추어야 한다. 일단 그때까지의 논의를 공동 작업 문서로 정리하고, 그 지점에서 다시 시작하자. 만일 말싸움이 벌어지고 있다고 판단되면 즉시 멈추어야 한다. 화면에서 잠시 떨어져서 생각을 정리하고, 모두가 마음이 진정되었다면 동기적 대면 의사소통을 시도하자. 서로가 서로를 직접 볼 수 있으면 상대방이 선의를 가지고 논의에 임한다고 가정하기가 쉬워진다. 채팅보다 실시간 화상 대화에서 감정이 훨씬 잘 분산된다.

● **모범관행**

API 사고방식

Automattic 사의 CEO인 매트 뮬렌베크Matt Mullenweg는 사람들에게 "API 사고방식"을 권장한다. 여기서 API는 "선의를 가정하라"라는 뜻의 "assume positive intent"를 줄인 말이다. 개념은 간단하다. 메시지를 읽을 때 항상 작성자가 선의를 가지고 메시지를 썼다고 가정하자는 것이다. 또한, 여러분의 메시지를 사람들이 어떻게 받아들일지에도 신경을 써야 한다. 여러분의 좋은 의도가 전달되도록 메시지를 읽고, 고치고, 다듬기 바란다. 이모지를 사용해서 여러분 자신을 표현하고 감정을 전달하자. 메시지의 의미는 곧 메시지가 받는 반응이다!

팀의 IM 지침을 명확히 알리자

이번 장의 내용을 바탕으로 팀의 IM 지침서를 작성해서 팀의 IM 채널에 고정 게시물로 등록하자. 그러면 지침들이 시야에서 사라지는 일이 없다. 모든 신입 팀원이 그 게시물을 볼 것이다. 물론, 게시물을 실제로 숙독하도록 여러분이 권장할 필요가 있다. 모두가 IM 지침서를 읽었다면, 그때부터 모두는 사려 깊게 의사소통하고, 속도를 늦추고, 서로에게 책임을 져야 한다.

● **참고자료**

EqualExperts 사의 슬랙 대화 지침

IM 지침서를 여러분이 처음부터 모두 직접 만들 필요는 없다. EqualExperts 사가 제공하는, 상황에 맞게 수정해서 쓸 수 있는 편리한 사용 지침서[105]를 활용하면 좋을 것이다. 이 지침서는 기본적으로 슬랙을 기준으로 하지만, 여러분의 팀이 사용하는 다른 도구에도 얼마든지 적용할 수 있다. 이 지침서를 '합리적인 기본값'으로 사용하기 바란다. 원서 사이트의 참고자료 페이지(https://www.asyncagile.org/book-resources)에 이 지침서로 가는 링크가 있다.[역주]

[역주] 혹시 해당 페이지에 링크가 없다면, https://github.com/EqualExperts/slack-guide로 가자. —옮긴이

인스턴트 없는 메시징

팀원들이 IM의 '인스턴트' 특성, 즉 즉시성을 다스리는 데 익숙해지도록 돕다 보면, 일인당 업무 중단 횟수가 점점 줄어들 것이다. IM에서 인스턴트를 빼면 심층 작업의 여지가 커질 뿐만 아니라, 모든 메시지에 가능한 한 즉시(ASAP) 응답해야 한다는 압박감이 없는, 좀 더 공감이 가능한 팀을 구축할 수 있다.

이번 장 요약

분산 팀에서도 메시징이 유용한 도구일 수 있다. 물론 업무 중단과 소음을 줄이고 효과적으로 사용할 수만 있다면 말이다.

- 채팅을 기본적으로 비동기 도구로 사용한다. '인스턴트'한 수단으로는 생각하지 말자.
- 긴급한 사안에 채팅을 사용하면 안 된다. 전화 통화 등 긴급한 의사소통에 적합한 채널을 사용하자.
- 채팅 채널을 찾기 쉽도록, 채팅 채널의 이름을 직관적으로 짓자. 채팅 채널 명명 규칙에 사람들의 합의를 이끌어내기 어렵다면, 일단은 여러분의 영향권 안에 있는 채널의 이름을 잘 짓는 것으로 시작하자.
- 여러분이 지금 무엇을 하고 있는지를 채팅 상태를 통해서 다른 사람들에게 알리자. 또한, 다른 사람의 채팅 상태를 존중해야 한다.
- 짧은 메시지를 여러 건 만드는 대신 요점을 담은 하나의 상세한 메시지를 작성하면, 그리고 다른 사람의 메시지에 이모지로 반응하면, 사람들이 받는 알림의 수를 줄일 수 있다.
- 적극적으로 참여할 필요가 있는 사람들만으로 대화를 진행하고, 대화가 끝난 후 내용을 정리해서 공유하면 소음이 줄어든다.
- 대화를 따라가기 쉬운 스레드 형식을 활용하되, 주제당 스레드 하나라는 원칙을 지키자.
- 상황이 복잡해지면 속도를 늦추고 문서로 정리하자.
- 채팅에서 논쟁을 해결하려 들면 안 된다. 그 대신 동기적 매체를 이용해서 긴장을 완화하자.
- 채팅 지침서를 작성해서 팀 채널에 고정 게시물로 등록하자. 그러면 사람들이 중요한 채팅 규칙과 원칙을 인식하고, 따르고, 참고하기 쉽다.

제7장에서 이번 장까지 우리는 심층 작업의 여지를 빼앗는 두 가지 주요 방해 요소인 회의와 인스턴트 메시징을 살펴보았다. 다음 장에서는 소프트웨어 개발팀에서 회의를 많이 요구하는 관행 몇 가지를 살펴보고 각 관행에서 좀 더 왼쪽으로 이동하는 방법을 소개한다. 이 책에서 가장 쉬운 왼쪽 이동 방법을 다음 장에서 배우게 될 것이다.

제 12 장
스탠드업 미팅: 쉬운 왼쪽 이동

스탠드업 미팅은 풍부한 유산을 가지고 있다. 서서 하는 이 회의 형식은 2000년대 초반에 eXtreme Programming(XP, 익스트림 프로그래밍) 운동으로 대중화되었는데, 다른 여러 분야에서도 변형된 형태로 쓰이고 있다. 예를 들어 미 육군의 파고니스 장군은 걸프전에서 스탠드업 미팅을 사용한 것으로 유명하다.

전에 나와 함께 일한 제이슨 입Jason Yip은 **스탠드업**이라고 줄여서 부르기도 하는 스탠드업 미팅에 관해 대단히 유명한 기사를 썼다.[106] 그때가 2006년이니 내가 이 책을 쓸 생각을 하기 16전의 일이다. 스탠드업 미팅의 개념은 간단하다.

> 매일 팀 전체가 모여서 근황(update)을 빠르게 공유한다. 회의를 짧게 끝내기 위해 모두가 서서 회의를 진행한다.

이 회의 형식의 가장 흔한 대면 버전은 팀원들이 팀의 물리적인 작업현황판 옆에 원을 이루고 서서 회의를 진행하는 것이었다. 그 상태에서 팀원들이 차례로 근황을 공유했다. 근황의 표준적인 형식은 다음 세 질문에 대한 답이었다.

- 어제 무슨 일을 했나?
- 오늘은 무슨 일을 할 예정인가?
- 막히는 부분이 있다면 무엇인가?

오늘날의 스탠드업 미팅은 제이슨이 2006년 글에서 설명한 것과는 매우 다르다. 시간이 흐르기도 했지만, 무엇보다도 2020년 이후 원격 근무 혁명이 커다란 변화의 계기가 되었다. 요즘 스탠드업 미팅은 이른 아침 사무실의 물리적인 벽 근처에 서서 짧게 진행한 예전 방식과는 다른 모습이다. 우리 중 많은 사람에게 스탠드업은 줌에서 벌어지는 길고 고통스러운 발치(이 뽑기) 세션과도 같다.

분산 스탠드업은 고통스러울 수 있다

여러 편리한 도구들을 생각하면, 이론적으로 분산 스탠드업이 효율적이고 짧아야 한다. 물론 이런 회의를 잘 운영하는 팀도 있을 것이다. 하지만 내가 살펴본 대부분의 분산 팀에서 스탠드업 미팅에 다음과 같은 문제점이 있었다.

- 스탠드업은 15분 이내로 끝내야 하지만, 분산 스탠드업이 30분 이상 길어지는 경우가 너무나 많다. 그보다 훨씬 긴 스탠드업도 겪어 보았다.
- 물리적 스탠드업은 발언 토큰을 넘겨주거나 원형으로 선 순서대로 발언하기 때문에 진행 속도가 빠르다. 하지만 원격 스탠드업에서는 다음에 누가 말할 차례인지를 사람들이 자주 혼동한다. 그러다 보니 프로젝트 책임자가 다음 발언자를 지목해야 하거나, 불편한 침묵이 흐른 후에 누군가가 "그럼 제가 말하죠"라고 자원하는 상황이 벌어진다.
- 이런 회의가 단지 형식에 불과할 때가 많다. 많은 사람이 동영상과 마이크를 끈 상태로 참석하기 때문에 누가 주의를 기울이고 있는지 파악하기 어렵다. 여러분의 발언을 다른 사람들이 경청하고 있다고 해도, 줌 화면에 그저 아바타만 보이는 상황이라면 참여감을 느끼기 어렵다.
- 사실 스탠드업도 아니다! 다들 편히 의자에 앉아서 있으므로 회의를 짧게 할 동기가 약하다. 스탠드업 직후에 다른 회의가 잡혀 있지 않다면 말이다!

명백한 이점이 있다면 이 모든 고통을 감내할 수도 있을 것이다. 하지만 각종 협업 도구를 갖추고 있는 팀이 아래의 세 가지 질문(앞에서 언급했지만 편의를 위해 다시 제시한다)을 위해 굳이 스탠드업 미팅을 진행할 이유가 무엇이 있겠는가 싶다.

- 어제 무슨 일을 했나?
- 오늘은 무슨 일을 할 예정인가?

• 막히는 부분이 있다면 무엇인가?

협업 도구를 잘 활용하는 팀이라면 1번과 2번의 답은 회의 없이 즉시 알아낼 수 있다. 그리고 3번의 경우에는 굳이 다음번 스탠드업까지 기다릴 필요가 없다. 원격 스탠드업의 문제점은 팀원들이 여러 시간대에 걸쳐 있을 때 극명하게 드러난다. 예를 들어 인도의 벵갈루루에서 일하는 팀원이 샌프란시스코의 동료들에게 1, 2, 3번에 답하기 위해 밤 10시 30분까지 기다려야 한다고 생각해 보자.

비동기 우선 문화에서 회의는 최후의 수단이다. 스탠드업 미팅은 각 팀원이 오늘 하기로 스스로 약속한 업무와는 무관하게 모두가 의무적으로 참석해야 한다. 그것도 매일. 이것은 유연하지도 않고 포용적이지도 않은 관행이다.

더 나아가서, 어떤 이유이든 스탠드업에 참석하지 못한 사람들도 생각해야 한다. 스탠드업은 아무도 문서화하지 않는다. 따라서 참석 못하면 그것으로 끝이다. 며칠 후에 "아, 몰랐어요? 저번 주 목요일 스탠드업에서 …이라고 결정했는데." 같은 이야기를 듣게 된다.

이러한 문제를 해결하는 방법은 크게 두 가지이다. 하나는 분산 스탠드업이 효과적으로 이루어지도록 최선을 다하는 것이다. 모두가 적절한 규율을 지킨다면 가능할 수도 있다. 다른 하나는 팀의 일상적인 의례들에서 회의를 제거하는 것이다. 비동기 우선 업무 방식을 위해서는 당연히 후자가 권장된다.

이번 장에서는 스탠드업에서 얻으리라 기대하는 것과 같은 정보를 회의의 고통 없이도 모두에게 제공하는 간단한 방법 몇 가지를 소개한다. 이 방법들을 통해 여러분은 매일 적어도 몇 분의 시간을 되찾게 될 것이다. 더욱 큰 이점은, 여러분의 근황을 여러분이 편한 속도로 계속 공유할 수 있다는 점이다. 팀의 관점에서 본다면, 팀원들이 절약된 시간을 심층 작업에 사용할 수 있다는 것은 물론이고 의사소통에 관한 감사용 기록(audit trail)이 만들어진다는 장점까지 생긴다. 그런 장점들을 생각한다면 여러분의 팀에서 시도할 만한 방법이 아니겠는가? 그럼 구체적으로 살펴보자.

프로젝트 관리 도구의 기능 활용

첫째는 프로젝트 관리 도구의 기능을 잘 활용하는 규율을 세우는 것이다. [그림 12.1]에 예가 나와 있다. 대부분의 프로젝트 관리 도구는 사람들이 특정 일감에 자신을 등록하는(sign-up), 즉 자신이 "일감을 가져가는" 기능과 다른 사람들이 댓글을 이용해 맥락 안에서 그 일감에 관한 논의를 진행하는 기능을 제공한다.

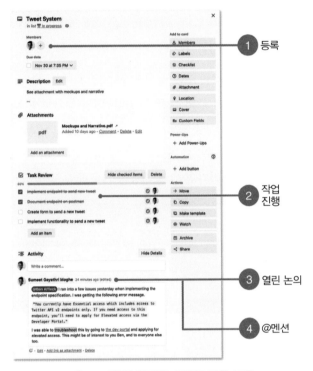

그림 12.1 작업현황판을 이용한 근황 공유.

다음은 팀원들이 각자 자신의 진척 상황을 널리 알리는 직접적인 방법이다.

1. **등록**. 특정 일감을 가져갈 때마다 프로젝트 관리 도구에서 그 일감에 자신을 등록한다. 이렇게 하면 누구나 프로젝트 관리 도구에서 작업 진척 상황을 보고 누가 무슨 일을 하고 있는지 알게 된다.

2. **작업 할당**. 새로운 작업에 자신을 등록한 사람이 가장 먼저 할 일은 작업을 구체적으로 할당하는(task it out) 것이다. 주어진 작업을 마쳤다면 해당 체크상자를 체크한다. 그러면 작업 완료 상태를 알고 싶은 사람은 작업 목록의 해당 체크상자만 보면 된다.

3. **열린 논의**. 주어진 일감에 관한 모든 논의는 그 일감과 연관된 티켓을 중심으로 일어난다. 공유할 갱신 사항이 있다면, 해당 내용을 댓글로 남기면 된다. 그런 갱신 댓글들은 이후 감사용 기록으로도 활용할 수 있어서 좋다. 갱신 횟수나 빈도는 필요에 따라 정하면 되겠지만, **하루 업무를 마무리할 때 적어도 한 번은 갱신하는 것**을 추천한다. 그러면 다른 사람들은 하루 더 기다리지 않고 근황을 알 수 있다. 업무 시작 시 근황 갱신은 바람직하지 않다. 그 전 날 있었던 일을 잘 기억하지 못할 수도 있기 때문이다. 하루 일을 마무리하는 시점에서는 아직 기억이 생생하므로 그런 문제가 없다. 이런 관행은 스탠드업의 리듬을 반영할 뿐만 아니라, 자기 성찰(self-reflection)의 계기도 된다.

4. **@ 멘션 기능을 이용한 주의 끌기**. 도움이 필요하다면, '@이름' 형태의 멘션(언급) 표기를 이용해서 여러분을 도와줄 사람의 주의를 끌 수 있다. 만일 긴급히 도움이 필요하다면 전화를 걸어야 할 것이다(정말로 긴급한 경우에만). 그리고 작업에 관한 정보를 다른 누군가에게 전파하고 싶다면, 그에 관한 댓글도 추가하면 된다. 지라JIRA 같은 도구는 @ 기호로 팀 전체를 언급하는 기능도 제공한다. 필요하다면 그런 기능을 사용할 수도 있겠지만, 알림이 많이 발생하므로 아껴서 사용하길 권한다.

이런 원자적인 수준의 규율은 각 팀원이 스탠드업 질문들에 답하는데, 그리고 자신의 업무를 되돌아보는 데 도움이 된다.

● 모범관행

아이젠하워 행렬을 이용한 작업 방해 요소 또는 문제점 처리

애초에 스탠드업 미팅은 짧은 진행을 위해 고안된 것이므로, 회의 도중에 어떤 명백한 작업 방해 요소가 언급되어도 그 해결책을 논의하지는 않는다. 이런 상황에 대한 표준 관행은 그 사안을 "오프라인으로 전환"해서 특정 그룹이 특정 시간까지 해결하게 하는 것이었다.

비동기 근황 공유에서도 이런 패턴을 따를 수 있다. 깊게 파고들어야 할 문제가 있다면, 적은 수의 사람들이 따로 해결하게 하자. 모든 문제를 긴급 사안으로 간주하는, 그래서 모든 문제를 전체 회의로 풀려는 함정에 빠지지 말아야 한다. 이때 소위 아이젠하워 행렬이 도움이 된다.

드와이트 아이젠하워[107]는 제2자 세계대전 당시 미군의 5성 장군이자 미국 대통령을 역임한 사람이다. 그의 군사적, 정치적 업적은 우리의 관심사가 아니다. 비즈니스 분야에서 아이젠하워는 아이젠하워 행렬(Eisenhower matrix)이라는 우선순위 결정 프레임워크로 유명하다.

[그림 12.2]에 아이젠하워 행렬의 예가 나와 있다. X 축 방향은 긴급함 대 긴급하지 않음으로 나뉘고 Y 축은 중요함 대 중요하지 않음으로 나뉜다.

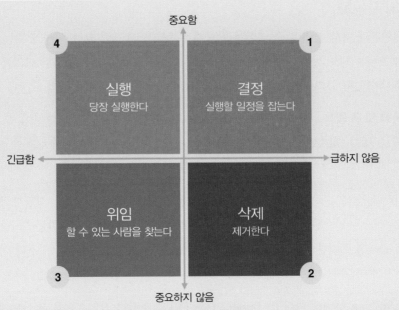

그림 12.2 아이젠하워 행렬.

이 행렬에서 당장 실행을 요하는 사분면은 1번 뿐임을 주목하자. 긴급함과 **동시에** 중요한 사안만 당장 실행하면 된다. 소프트웨어 개발팀에서 그런 사안은 전체 작업 중 극히 일부이다. 어떠한 사안이 사분면 1에 속하려면 다음 두 가지 조건을 충족해야 한다.

- 기한이 명확하며, 기한을 지키지 않으면 심각한 후과(consequence)가 따른다.
- 여러분 또는 여러분의 팀만 해결할 수 있다.

주어진 작업이 언뜻 보면 사분면 1에 속하는 것 같지만 사실은 다른 사분면에 속하는 경우가 있음을 주의하기 바란다.

- 기한이 명확하긴 하지만 기한을 어겼을 때의 후과가 그리 심각하지 않다면 사분면 2에 속하는 사안이다. 적절한 일정을 짜서 여러분이나 팀이 차분하게 해결하면 된다. 애자일 소프트웨어 개발 방법론의 핵심은 반복적인 개선이다. 그런 만큼, 나중에 한 번의 스프린트에서 이 문제를 해결하면 어떨까?
- 해당 작업을 수행할 수 있는 사람 또는 팀이 있다면 사분면 3에 속한다. 예를 들어 개발자들이 지원 티켓을 처리할 수는 있지만, 애초에 그것은 지원팀의 업무이다. 또 다른 예로, 팀원의 긴급한 즉흥 질문에 여러분이 직접 답할 수도 있지만, 애초에 팀원이 먼저 핸드북을 검색했어야 한다.

의례의 자동화

작업현황판과 더불어, 또는 작업현황판을 대신해서, 스탠드업 요약 의례가 주는 안정감을 여전히 선호하는 팀도 있을 것이다. 그것도 나쁘지 않다. 비동기적으로 그런 회의를 진행하는 것도 가능하다. 단, 그러려면 다음과 같은 두 부분으로 된 방법이 필요하다.

1. **자동화 도구 활용.** 사실 IFTTT[108]와 Zapier[109] 같은 도구가 있으면 거의 모든 일을 자동화할 수 있다. 하지만 스탠드업을 대신하는 용도로 미리 만들어진 자동화 솔루션을 사용하는 것이 더 편하다. 다음 두 예가 그러한 솔루션이다.

   a. 지라나 슬랙, 마이크로소프트 팀즈를 사용한다면 Geekbot[110]을 시험해 보기 바란다. Geekbot은 인스턴트 메시징 도구 안에서 스탠드업 질문들을 제시하는 도구이다. 그 질문에 답하면 여러분의 근황을 팀 전체가 보게 된다. [그림 12.3]은 이 도구가 어떻게 작동하는지 보여준다.

   b. 트렐로Trello를 사용한다면, Butler 기능[111]이 스탠드업 작업흐름을 만드는 데 도움이 된다. 실제로, 최근 내가 일한 팀에서는 Butler 덕분에 모든 스탠드업 근황 공유를 트렐로로 할 수 있었다.

   어떤 도구를 사용하든 모든 근황이 한 장소(슬랙의 #status 채널이나 트렐로의 특정 목록 등)에 올라오게 해야 한다. 그래야 사람들이 근황 갱신 알림을 받는 빈도를 스스로 제어할 수 있다.

2. **팀 약속으로 합의.** 사람들이 적당한 시간 내에 근황을 게시하지 않는다면, 그리고 아무도 그런 근황을 읽지 않는다면, 비동기 스탠드업은 무의미하다. 구체적인 합의 사항은 팀원들이 얼마나 분산되어 있느냐에 따라 다르다. 중요한 것은 근황을 올리는 시간과 그것을 읽는 시간을 모두가 합의하는 것이다.

이것이 비동기적 스탠드업 방법이다. 대단한 방법은 아니고, 그냥 팀이 지켜야 할 작은 규율이라 할 수 있다. 모든 새로운 관행이 그렇듯이 처음에는 이런 방법을 불편할 수 있다. 한 팀으로서 모두가 이 약속을 어떻게 지킬 것인지 합의하는 시간을 가지기 바란다.

그런데 팀이 지라나 슬랙, 트렐로를 사용하지 않으며 회사가 IFTT나 Zapier 같은 자동화 도구를 허용하지 않는다면 다른 비동기 근황 갱신 방법을 찾아보아야 한다. 공유 협업 문서나 스프레드시트와 양식(form)의 조합을 이용할 수도 있다. 그리고 BGasecamp[112]나 Fellow[113] 같은 도구들도 스탠드업 자동화 기능을 제공한다. Range[114] 같은 전용 도구도 있다. 대안은 많으니, 새로운 세상을 탐험한다는 기분으로 찾아보기 바란다.

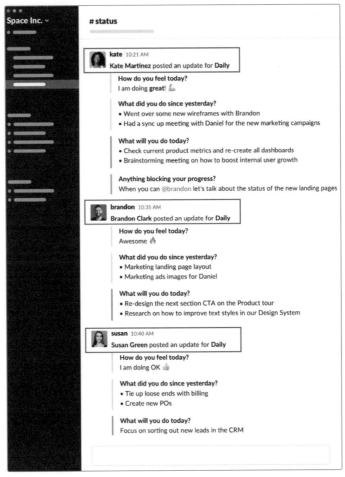

그림 12.3 슬랙에서 Geekbot을 이용한 스탠드업 자동화.

그래도 스탠드업을 해야 한다면

팀원들의 연대감을 위해 매일 회의하는 의례를 좋아하는 팀도 있다. 여러분의 팀이 그렇다면, 회의에서 근황 공유를 빼는 것도 고려해 보기 바란다. 그 대신 팀, 엔지니어링, 전달(delivery) 건전성 지표에 초점을 두고 관련 후속 행동을 유도하는 용도로 회의를 활용해 보자. 다음은 그러한 건전성 지표(health indicator)의 몇 가지 예이다.

- 작업흐름 단계들을 기준으로 한 작업 진척 정도
- 남은 스프린트 일수에 대비한 스프린트 목표 달성 정도

- 막힌 PR(pull request, 풀 요청)들. 개발자들은 분산 버전 관리를 사용하는 공유 코드베이스에 기여하는 목적으로 이 지표를 활용하곤 한다.
- 고위험 코드 분기(branch).
- 사람들의 가용성, 사기, 정신 건강.

스탠드업에서 문제를 해결하려 들지는 말자. 다음에 취할 행동에 초점을 두는 것이 바람직하다.

유관성 유지

얼마 전에 한 선배 컨설턴트에게 비동기 스탠드업 이야기를 했더니 "나도 해봤는데 근황 갱신이 너무 많아서 부담스럽더라"라는 말을 들었다. 대화는 어색한 분위기로 끝나버렸다. 나중에 생각해 보니 그 컨설턴트는 고위급 관리자였고, 다양한 팀에서 올라온 저수준 근황들은 단지 부담스러운 차원이 아니라 선배에게는 유관(relavant)하지 않다는 점을 깨달았다.

여러분이 유념할 것은, 스탠드업은 개발팀을 위한 것이라는 점이다. 이것이 모든 부서에 적합한 관행이라고 착각하고 조직 전체에 전파하려 들면, 스탠드업의 목적이 희석되거나 일부 사람들에게는 쓸모가 없어진다. 스탠드업에 관한 제이슨의 원래 글에서 현명한 조언을 얻을 수 있다.

스탠드업 형식이 모든 형태의 보고(reporting)를 포함하지는 않는다. 포함해야 하는 것도 아니다. 예를 들어 전반적인 프로젝트 진척 정도는 번다운burn-down이나 번업burn-up, 누적 흐름도(cumulative flow diagram) 같은 '눈에 잘 띄는 커다란 차트(Big Visible Chart)'로 전달하는 것이 더 효과적이다.

관리자들에게는 요점을 쉽게 파악할 수 있는 추상화된 진척 상황 뷰를 제공하자. 그러면 관리자에게 불필요한 부담을 주지 않고도 팀원들이 여전히 세부사항에 집중할 수 있다.

지체와 화해하기

스탠드업을 비동기적으로 진행하면 처음에는 속도가 느리고 진행이 산만하게 느껴질 수 있다. 필요한 모든 정보를 얻을 수 있겠지만, 지체(lag)를 어색하게 느끼는 팀원이 생기기도 할 것이다. 여러분에게나 팀원들에게나, 익숙해질 때까지 시간을 주기 바란다. 비동기 업무 방식의 핵심은 지체와 싸우는 대신 화해하는 것이다.

팀의 왼쪽 이동을 여러분이 이끌고 있다면, 일부 팀원에게 근황을 게시하라고 잔소리하는 악역을 맡기도 할 것이다. 걱정할 필요는 없다. 조만간 팀원들이 새 관행에 습관을 들이고 그 이점을 알게 되면 더 이상 잔소리할 필요가 없을 것이다. 또한, 아마 여러분은 스탠드업 회의의 여러 가지 '또 다른 이점'들을 들어본 적이 있을 것이다. 사실 원격 근무에서는 더 이상 스탠드업도 아니지만, 열린 마음으로 그런 주장들을 받아들이자. 관념적인 스탠드업이 아닌 다른 방법으로 그런 이점들을 얻을 수 있는 대안이 없는지 살펴보면 좋을 것이다. 어쨌거나, 만일 이것이 왼쪽으로 이동을 위해 여러분의 팀이 처음으로 시도하는 관행이라면, 이런 관행에 대해 팀원들이 좋은 인상을 가지게 하는 것이 중요하다.

스탠드업 = 전달/강한 관계

이번 장에서는 개발 작업흐름의 회의 중심적 의례들을 재검토해서 왼쪽으로의 이동 가능성을 타진하기 위한 일련의 실천 지향적 플레이들을 살펴보았다. 애초에 스탠드업 미팅은 전달(conveyance; 제7장 참고)을 위한 것이므로, 관계가 강한 그룹이라면 왼쪽으로 이동하기에 이상적인 대상이다.

이번 장 요약

근황 공유를 위한 스탠드업 미팅을 비동기적 활동으로 바꾸는 것이 어렵지 않다. 스탠드업을 비동기화하면 팀은 개발 주기당 몇 시간의 여유 시간을 확보할 수 있다.

- 프로젝트 관리 도구의 등록, 작업 할당, 토론 기능을 이용해서 근황을 지속적으로 공유하자.
- 스탠드업의 대안으로, 또는 스탠드업을 보강하는 차원에서, 팀이 사용하는 도구의 기능(GeekBot이나 Butler 등) 또는 특화된 솔루션을 이용해서 스탠드업을 자동화하자.
- 비동기 근황 갱신을 누구에게나 적합한 관행으로 만들지는 말자. 팀 책임자나 고위 관리자의 경우 진척 상황을 요약한 보고서를 제출해서 부담을 줄여 주는 것이 좋다.
- 여러분이 팀을 이끌고 있다면, 모두가 지체와 화해하도록 도와야 한다. 처음에는 팀원들이 새로운 관행에 익숙해지도록 근황 공유를 상기시켜야 할 수도 있다. 또한, 피드백을 열린 마음으로 받아들여야 한다.

스탠드업 미팅이 개발 프로세스에서 제거하기가 가장 쉬운 회의이긴 하지만, 시간을 제일 많이 잡아먹는 관행은 아니다. 스크럼 방법론이나 그 변형을 사용하는 팀이라면 시간을 낭비하는 다른 몇 가지 의례를 재검토할 필요가 있다. 그럼 다음 장에서 이 문제를 살펴보기로 하자.

제**13**장
개발 주기 관리

이전 장에서 우리는 일일 스탠드업을 좀 더 비동기적인 형태로 옮겨서 생산성을 높이는 방법을 논의했다. 스탠드업 미팅은 오래전부터 있었지만, 대중화된 것은 약 20년 전 사람들이 스크럼 Scrum의 일부로 따르기 시작했을 때부터이다. 여러분의 팀이 스크럼을 사용한다면, 스탠드업 미팅 외에도 스프린트 실행을 위한 다른 여러 의례를 따르고 있을 것이다.

팀을 비동기 업무 방식으로 전환할 때 그러한 의례들은 몰입에 커다란 방해가 된다. 비동기 우선 방식을 유지하면서도 스크럼 등 애자일 방법론이 주창하는 반복적인 개발 프로세스를 실행하려면 어떻게 해야 할까?

스프린트 세레모니는 비동기 업무에 방해가 될 수 있다

실무에서 스크럼에 실천해 온 독자라면 [그림 13.1]의 시간선(타임라인)이 낯설지 않을 것이다. 그림의 시간선에는 하나의 스프린트가 2주라는 가정하에서(스크럼 공식 가이드[115]를 따른 것이다) 각 회의의 대략적인 권장 기간이 표시되어 있다. 여러분의 팀이 사용하는 개발 주기에도 아래와 비슷한 의례들이 있을 것이다(구체적인 시간 길이는 다르다고 해도).

- 스프린트 계획 수립(planning) 4시간
- 일일 스탠드업 15분
- 스프린트 검토(review) 2시간
- 스프린트 회고(retrospective) 1.5시간

제9장에서 말한 '질량'이라는 개념을 기억하는지? 스크럼 프로세스들(또는 그 변형들)의 경우 반복된 회의 때문에 질량이 축적될 수 있다. [그림 13.1]에 나온 네 가지 유형의 스크럼 의례들만으로도 2주마다 팀원당 총 10시간이 소요됨을 주목하자. 즉, 스크럼을 곧이곧대로 따르다 보면 2주에 거의 1.5일을 회의로 허비하게 된다.

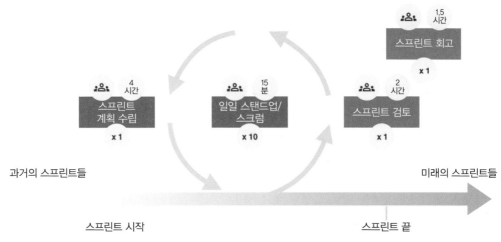

그림 13.1 전형적인 스크럼 시간선.

스프린트에 초점을 둔 접근 방식으로 프로젝트를 운영하다 보면 계획 수립 회의에서 스프린트 범위(sprint scope)를 정하는 데 많은 시간을 쓰게 된다. 주기가 끝나는 시점에서 팀은 검토 과정을 통해서 팀이 그 범위를 얼마나 잘 처리했는지 평가한다. 이런 의례들 각각이 나름의 가치가 있긴 하지만, 나는 원격 환경에서 이를 위한 의견 조정의 비용이 필요 이상으로 높음을 알게 되었다. 따라서, 여러분의 팀이 비동기 우선 방식으로 일하고 싶다면 다음 두 접근 방식 중 하나를 따를 것을 권장한다.

- 2주 단위의 스프린트를 유지하되, 스프린트 범위를 고정하는 대신 '지속적 흐름'을 수용한다.
- 개발 주기를 더 길게 잡고, 소규모 개발 POD들에 더 넓은 범위의 문제를 해결할 수 있는 자율성을 부여한다.

이 두 접근 방식이 각각 모든 맥락에서 잘 작동하는 것은 아님을 주의하자. 두 접근 방식에 관한 아래의 설명을 숙지하고, 여러분의 팀에 잘 맞는 것을 선택해야 할 것이다.

접근 방식 1: 지속적 흐름을 수용한다

이미 스크럼 또는 그 변형을 따르고 있는 팀에게는 이 접근 방식이 팀에, 그리고 이해관계자들에게 요구되는 변화가 가장 적은 접근 방식이다. 개발 주기의 길이는 바꿀 필요가 없다. 단, 요구사항의 크기를 재는 방식과 주기를 실행하는 방법, 결과를 이해관계자들에게 보고하는 방식은 바꾸어야 한다. 이 접근 방식은 스크럼과 칸반kanban을 섞은 '스크럼반scrumban'이라고 불러도 좋을 것이다. 하지만 그런 신조어 이야기는 생략하고, 이러한 접근 방식의 핵심 원리들을 간단하게나마 소개하기로 하자.

▪ 스프린트 범위가 아니라 우선순위 결정에 초점을 둔다

대부분의 기업은 고객에 최대한 빨리 대응할 필요가 있다. 그래서 모든 이해관계자는 필요에 따라 특정 요구사항을 대기열의 위쪽으로 옮기는 유연성을 원한다. 그런데 스프린트 범위를 고정하면 이해관계자들의 그러한 요구를 충족하기가 어려워진다. 일단 범위를 고정하고 나면, 주기의 나머지 부분에서는 바꿀 수 있는 것이 없기 때문이다.

지속적 흐름(continuous flow)은 회의의 추가부담을 최소화하면서 이 문제를 해결하는 간단한 개념이다. 지속적 흐름은 다음과 같이 진행된다.

- 이해관계자들은 백로그의 항목들이 항상 비즈니스 우선순위의 내림차순으로(즉, 중요한 것부터) 나타나게 만든다.
- 개발팀은 백로그의 제일 위 항목부터 처리해 나간다.
- 개발 프로세스의 각 단계에 작업 진행률 제한을 두어서 병목을 방지하고 팀에 과부하가 걸리지 않게 한다.

[그림 13.2]는 이러한 프로세스를 도식화한 것이다. 물론 규칙이 없다면 이런 접근 방식은 혼돈의 구덩이에 빠지기 쉽다. 그러지 않으려면 다음 세 가지 가드레일이 필요하다.

- 개발자들과 테스터들의 맥락을 전환하면 안 된다. 여러분이 영향을 미칠 수 있는 것은 대기열의 다음 항목(스토리든 버그 수정이든) 뿐이다.
- 제품 소유자는 이해관계자들과 협력해서 '개발 준비 완료' 영역에 있는 항목들이 항상 우선순위 내림차순으로 정렬(sorting)되게 해야 한다.
- 해당 작업에 대해 팀이 설정해 둔 기준들을 충족하지 않는 항목이 '개발 준비 완료' 영역에 들어가는 일이 절대로 없어야 한다. 애자일 팀들은 그런 기준들의 집합을 흔히 'DoR(definition

of ready; 준비 정의)'이라고 부른다. 구체적인 사항은 작업의 성격에 따라 다를 수 있지만, 이 기준들은 개발자들이 실행할 준비가 되었다고 팀이 간주하려면 갖추어야 하는 작업 항목들의 세부수준(level of detail)을 서술한다.

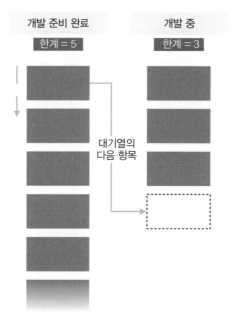

그림 13.2 우선순위화된 백로그의 작동 방식.

▪ 처리량과 주기 시간을 기준으로 시스템을 최적화한다

표준 스크럼 프로세스를 따르는 팀은 흔히 지난 주기에서 전달한 추정 범위를 지금까지 전달한 전체 범위 개념과 비교한다. 이는 하나의 스프린트로 전달할 수 있는 범위가 어느 정도인지 파악하는 것은 물론이고 나머지 범위를 언제 전달할 수 있는지 예측하는 데에도 도움이 된다.

지속적 흐름 위주의 프로세스에서는 이를 뒤집어서, 가장 필수적인 기능성을 제일 먼저 전달한다. 하지만 측정은 여전히 중요하다. 팀이 수행하는 각 작업 항목을 추정하는 데 시간을 소비하는 대신, 다음 두 척도에 초점을 둘 필요가 있다.

- **처리량**(throughput), 즉 스프린트당 전달하는 항목 개수.
- **주기 시간**(cycle time), 즉 한 항목이 '분석 중' 상태에서 팀이 '완료' 상태라고 생각하는 상태에 도달하기까지의 시간.

이들과 관련한 함정과 고려사항 몇 가지를 짚고 넘어가자.

- 처리량은 **범위 항목들의 크기가 비슷할 때** 잘 측정된다. 팀의 선임 개발자와 테스터, 제품 관리자 사이에서 여러분은 스토리들이 거의 같은 크기인지를 유심히 살펴보아야 한다. 이것은 대략적인 추정 작업일 뿐이다. 모든 스토리가 같은 크기임을 100% 확신할 수는 없다. 하지만 정확성이 목표는 아니다. 이 접근 방식의 핵심은, 사소한 오차는 그냥 넘기는 것이다. 어차피 시간이 지나면 오차들이 상쇄될 것이기 때문이다.

- **범위를 기능**(feature) **또는 역량**(capability) **수준에서 협상**하는 것은 여전히 좋은 관행이다. 요구사항을 분석하다 보면 범위가 초기 가정(요구사항을 처음 등록했을 때의)과는 다르다는 점을 깨닫는 경우가 많다. 그런 경우 요구사항을 비슷한 크기의 다른 항목들로 분할하고, 그것이 백로그에 미치는 영향을 이해관계자들에게 알려야 한다. 그런 방식으로 범위를 좁혀나가면 팀은 '작동하는 가장 간단한 것(simplest thing that works)'의 구현에 집중할 수 있다. 고객에게 기능의 초기 버전을 제공할 때, 그 기능에 관련한 모든 티켓을 전달할 필요는 없다.

- **처리량은 기능적 요구사항을 위해서만 측정**해야 한다. 그것이 바람직한 일이다. 만일 처리량이 떨어지는 모습이 보인다면, 이는 어떤 결함 때문에 개발 속도가 늦어지는 것일 수 있다. 그런 경우 여러분은 팀이 회귀 테스트 슈트를 검토하고 테스트 포괄도(test coverage)를 개선하도록 유도해야 할 것이다.

- **주기 시간 척도를 단서로 삼아서 팀의 시스템을 최적화**한다. 주기 시간 척도는 '분석 중'에서 '완료'에 이르는 모든 기능적 항목에 적용되므로, 분석 과정에서 요구사항을 너무 많이 만들어 내려는 유혹을 방지하는 효과를 낸다. 여러분은 단호한 태도로 의사소통해서 이해관계자들이 중요한 것에 집중하게 만들 필요가 있다. 이러한 관행은 탐색적 테스트 같은 비개발 작업들이 병목이 되지 않게 하는 데에도 도움이 된다. 그런 증상이 나타난 경우, 주기 시간에 초점을 두고 개발자들이 테스터의 역할을 겸하게 해서 증상을 완화할 수도 있다.

측정의 분모로서의 스프린트

앞에서 설명한 지속적 흐름 프로세스를 여러분의 팀이 채용하면 2주 단위 스프린트 같은 시간 구간 개념은 더 이상 필요하지 않게 된다. 하지만 측정과 회고를 위해서는 고정된 주기라는 개념을 유지하는 것이 좋다.

- 고정된 주기가 있으면 주기당 처리량을 계산할 수 있다. 그러한 척도는 이해관계자들에게 결과물을 전달할 일정을 예측하는 데 도움이 된다.
- 고정된 주기가 있으면 한 주기가 끝난 후 잠시 멈춰서 팀의 성과와 협업을 검토하고 다음 주기에서 일을 더 잘 해내는 방법을 고민하는 리듬을 만들 수 있다. 회고는 그런 검토와 성찰을 촉발하는 효과적인 방법이다. 이에 관해서는 제14장에서 상세히 논의한다.

▪ 시연은 꼭 필요할 때만

솔직히 말해 보자. 모든 스프린트에서 이해관계자들에게 뽐낼 만한 어떤 성과가 나오지는 않는다. 실질적인 시연물(데모)이 없다면 정기적인 스프린트 검토는 형식적인 보고 활동으로 변한다. 그 대신, 다음과 같은 접근 방식으로 스프린트 검토를 진행하자.

- 모든 주기에서 팀의 성과를 담은 보고서를 작성한다. 이 보고서에는 프로젝트 관리 시스템 또는 작업현황판에 있는 스토리들과 전달 및 기술 지표들을 포함해야 한다. 가능한 경우에는 스크린샷과 동영상도 포함하면 좋다. 이런 보고서를 팀 핸드북의 한 영역에 추가하자.
- 이해관계자들이 그 보고서들을 비동기적으로 열람하도록 권장한다. 이해관계자들은 댓글로 피드백을 제공할 수 있으며, 필요하다면 회의를 요청할 수도 있다.
- 시스템에 추가된 새 기능 등 뭔가 보여줄 만한 성과가 있었다면 본격적인 시연을 준비한다. 이 부분에 특별한 주의를 기울이자. 최대한 많은 사람이 참석하도록 시연을 계획해야 한다. 시연은 팀원들이 서로 축하하는, 그리고 팀이 이룬 성과를 뽐낼 기회이다. 나는 이런 시연을 4~6주마다 실시할 것을 추천한다.

스프린트 세레모니들을 피할 수 없다면 효율성을 높이자

계약상의 의무사항 때문에 지속적 흐름 시스템으로 전환하지 못하는 팀도 있을 것이다. 예를 들어 팀이 특정 날짜까지 고정된 범위를 전달하기로 약속했다면 어쩔 수 없이 스프린트 세레모니들을 지켜야 할 수 있다. 그런 경우 팀은 스프린트 수준에서 범위를 추정하고, 그 추정치들을 이용해서 전달 목표로의 진척을 관리하게 된다. 이러한 계획을 순조롭게 진행하는 데에는 스프린트 계획 수립과 스프린트 검토가 도움이 된다. 또한, 그러한 세레모니들은 범위 변경 및 계획상의 위험 요소에 관한 대화의 계기가 된다.

여러분의 팀이 그런 상황이라면, 그래서 스프린트 계획 수립 회의와 스프린트 검토 회의를 제거할 수 없다면, 그런 회의들을 좀 더 효율적으로 만드는 방법을 찾아보아야 할 것이다. 백로그의 우선순위를 엄격하게 설정하면 스프린트 계획 수립 회의를 단축할 수 있다. ConveRel 사분면을 기준으로 동기적 의사결정에서 비동기 정보 공유를 분리하면 두 회의 모두 단축된다. 주기당 그런 회의를 최대 1시간으로 줄이는 것을 목표로 삼기 바란다.

접근 방식 2: '셰이프 업' 주기를 사용한다

잘 확립된 제품을 소유한 팀이라면 계약상의 납기(전달 기한)는 큰 문제가 아닐 것이다. 그런 팀은 제품을 정기적으로 개선하는 것이 최우선 과제이다. 그런 상황에서 나는 라이언 싱어Ryan Singer의 '셰이프 업Shape Up' 접근 방식[116]을 선호한다. 이 접근 방식에서는 추정도, 백로그도 없다. 범위 관련 척도들을 추적할 필요도 없다.

대신 팀은 이런 것들을 얻게 된다. 팀원들은 6주 동안 중단과 방해가 거의 없이 한 가지 문제를 심층적으로 작업할 수 있다. 팀원들은 스스로 일감을 만들고 관리하며, 가벼운 시각적 자료로 스스로에게 보고한다. 가장 중요한 점은, 팀원들이 업무 수행에서 완전한 자율성을 누린다는 것이다. 이런 접근 방식에 구미가 당기지 않는가?

이 접근 방식을 자세히 알고 싶은 독자는 라이언 싱어의 저서 *Shape Up: Stop Running in Cir(cles and Ship Work That Mat)ters*[역주]를 읽기 바란다. 여기서는 이 접근 방식의 주요 요소를 간단하게 설명하겠다.

■ 셰이핑 과정

제품 개선을 위한 아이디어는 **누구나 제시할 수 있다.** 그러나 그런 아이디어가 실제로 개발로 이어지려면, 일단의 사람들이 해당 작업을 '셰이핑shaping(형상화, 구체화)'하는 과정을 거쳐야 한다.

- 셰이핑 과정의 산물은 **제안서**(pitch document)이다. 이 문서는 풀고자 하는 문제와 관련 제약 조건, 해법, 그리고 실행 가능/불가능 영역을 요약한다. 와이어프레임이나 목업mock-up은 이 문서에 넣지 않는다. 스토리나 아키텍처 도식도 없다. 그런 세부사항은 디자이너와 개발자가 문제를 해결해 나가면서 파악하면 된다. 제안서는 두꺼운 매직으로 그린 듯한 스케치와 상자/화살표 도표를 이용해서 잠재적인 해법을 서술하는 데 주력한다.

- 모든 제안이 개발로 이어지지는 않는다. 각 주기에서 셰이핑된 제안서들은 **베팅 테이블**에 올려진다. 제품에 관한 의사결정권자들이 이 테이블에 있는 제안 중 원하는 것에 베팅한다. 어떤 제안서에 베팅한다는 것은 그 제안서에 담긴 문제를 해결하기 위해 6주 동안 팀을 투입하겠다고 약속하는 것이다. 그런데 왜 6주일까? 저자 싱어에 따르면 6주는 두세 명으로 구성된 팀이 실질적인 작업을 완료하기에 충분히 긴, 그리고 계획을 짜기에는 충분히 짧은 시간이라고 한다.

[역주] 전문이 https://basecamp.com/shapeup에 공개되어 있다. —옮긴이

▪ 상한 있는 손실

셰이핑 과정의 핵심 특징 하나는 **상한 있는 손실**(capped downside)이라는 개념이다. 셰이핑 팀은 개발팀이 해당 아이디어를 6주 안에 수행할 수 있음을 확신해야 한다.

- 6주라는 시간 구간은 회로 차단기 역할도 한다. 만일 개발팀이 6주 안에 제품을 출시할 수 없다면, 이는 셰이핑에 문제가 있었다는 뜻이다. 그런 경우 작업을 중단하고 아이디어를 다시 셰이핑해야 한다.
- 손실에 상한을 두는 대가로 개발팀은 문제를 해결할 수 있는 **중단 없는 시간**(uninterrupted time)을 확보하게 된다. 또한 개발팀은 6주의 개발 주기 동안 '망치 범위(hammer scope)'에 대한 자유와 자율성을 보장받는다. 즉 그 기간 동안 개발팀은 문제 해결에 꼭 필요한 부분을 스스로 선택해서 집중할 수 있다.

▪ 비동기 상태 보고

개발팀은 주어진 6주 프로젝트를 여러 범위로 분할하고, 각 범위를 그것을 구성하는 좀 더 구체적인 작업들로 분할한다. 그리고 개발 상태를 비동기적이고 투명하게 공유하는데, 이를 위에 [그림 13.3]의 스크린샷에 나온 것 같은 언덕 그래프(hill chart)를 활용한다.

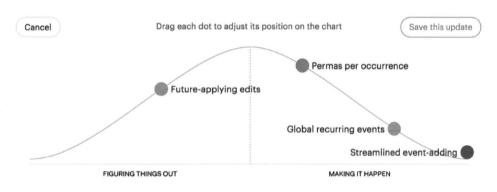

그림 13.3 범위와 진척 정도를 보여주기 위한 언덕 그래프.
(출처: Ryan Singer, *Shape Up: Stop Running in Circles and Ship Work That Matters*, Basecamp, 2022, p. 134에 나온 그래프를 바탕으로 만들었음)

그래프의 왼쪽은 어떻게 처리할지 파악 중인 범위들이고 오른쪽은 처리 중인 구체적인 항목들이다. 그림은 베이스캠프의 언덕 그래프 뷰인데, 여기서 몇 번 클릭하면 팀의 현재 위치를 확인할 수 있는 세부 정보 뷰가 나온다. 그래프의 여러 상태를 비교해 보면 진척 정도를 가늠할 수 있다.

▪ 두 가지 트랙으로 프로세스 추동

'셰이프 업' 방법은 **2트랙 접근 방식**(two-track approach)을 따른다. [그림 13.4]에 두 트랙과 해당 시간선이 표시되어 있다. 개발팀들이 각자의 문제에 집중하는 동안 셰이핑 팀은 베팅 테이블에 올릴 제안서를 만든다. 6주가 지나면 개발팀들은 각자의 소프트웨어를 출시하고 2주간 냉각기를 가진다. 이 기간에 팀원들은 숨을 돌리기도 하고 미진한 부분을 마무리하기도 한다. 이때 사소한 버그를 수정할 수도 있다. 이 냉각기는 셰이핑 팀이 베팅 테이블에 제안서들을 올리는 시기이기도 하다. 이상의 주기가 8주마다 반복된다.

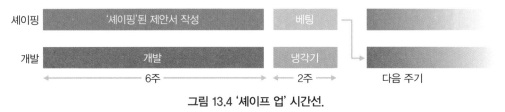

그림 13.4 '셰이프 업' 시간선.

(**출처**: Ryan Singer, *Shape Up: Stop Running in Circles and Ship Work That Matters*, Basecamp, 2022)

라이언의 책을 구해서 처음부터 끝까지 읽어보길 권한다. 확립된 제품을 책임지는 독자라면, 이 접근 방식이 팀을 자율적으로 만드는 데 도움이 됨을 알 수 있을 것이다. 또한, 길어야 몇 주 단위로 작업을 예측하고 계획하는 덕분에 제품과 아이디어를 신선하게 유지할 수 있음도 알게 될 것이다.

물론 이 접근 방식은 표준적인 스크럼 구현과는 아주 다르다. 따라서 팀에 바로 적용하기 어려울 수 있다. 이 책을 쓰는 당시 나는 단 두 개의 팀에 이 접근 방식을 적용해 보았는데, 계약상의 의무사항이 엄격하지 않은 덕분에 성과가 좋았다. 여러분의 팀에도 적합한지는 여러분이 직접 파악해 보아야 할 것이다.

비동기성의 관건은 강한 프로세스

이번 장에서 논의한 두 접근 방식에는 몇 가지 공통점이 있다. 두 경우 모두, 견고한(solid) 프로세스가 잦은 회의를 없애는 데 도움이 된다. 그리고 두 접근 방식 모두 실행 수준에서 자율성을 촉진하지만, 표준 스크럼 프로세스를 따를 때보다 좀 더 엄격한 규율이 필요하다. 따라서 이 접근 방식들을 따르려면 해야 할 일이 많아 보일 것이다. 그러나 본질적으로 이 접근 방식들은 스프린트 계획 수립과 스프린트 검토로 얻을 수 있는 많은 가치를 다른 여러 활동으로 분산시키는 것이라 할 수 있다.

이번 장 요약

스프린트 세레모니들 때문에 개발 주기당 몇 시간의 회의가 추가될 수 있다. 그런 회의들은 비동기 업무 방식에 방해가 된다. 이번 장에서는 개발 프로세스를 실행하는 데 필요한 회의 횟수를 크게 줄일 수 있는 접근 방식 두 가지를 소개했다.

- 접근 방식 1: 지속적 흐름을 수용한다.
  - 우선순위의 내림차순으로 정렬(sorting)된 백로그에 기반해서 작업을 진행한다.
  - 속도 대신 처리량과 주기 시간을 생산성의 척도로 사용한다.
  - 스프린트는 측정의 공통분모로만 사용한다.
  - 자주 출시하고 정기적으로 보고하되 시연은 뭔가 보여줄 만한 성과가 있을 때만 실행한다.

- 접근 방식 2: '셰이프 업' 주기를 사용한다.
  - 두 개의 트랙으로 프로젝트를 운영한다. 소수의 인원으로 구성된 셰이핑 팀이 작성하고 선별한 제안서들을 개발팀들이 6주 단위로 구현한다. 제안서들을 개발팀들이 구현하는 동안 다음 제안서들을 준비한다.
  - 개발팀은 제안서의 구현에 관해 완전한 자율권을 가진다. 개발팀은 주어진 범위에 집중해서 결과물을 산출하고, 언덕 그래프를 이용해서 비동기적으로 진척 정도를 보고한다.
  - 6주 안에 출시할 수 없으면 해당 제안서에 대한 작업을 중지한다. 이는 프로세스에 대한 '상한 있는 손실'에 해당한다.

지금까지 스탠드업과 스프린트 계획 수립, 스프린트 검토를 살펴보았다. 재검토할 스프린트 세레모니가 하나 남아 있는데, 바로 스프린트 회고이다. 스프린트 회고는 하나의 장 전체를 할애할 만한 주제이므로, 다음 장에서 살펴보기로 하겠다.

제14장
의미 있는 스프린트 회고 실행

회고(retrospective)는 팀이 일한 방식을 팀원들이 서로를 비난하지 않는 안전한 환경에서 되돌아볼 수 있는 이벤트이다. 이 이벤트의 목표는 공동의 경험을 통해서 배우고, 팀의 강점을 인식하고, 이후 팀의 효능을 개선하는 방법을 모색하는 것이다.

애자일 소프트웨어 개발의 핵심은 지속적인 개선이다. 개발 프로세스를 거듭 반복하면서 팀은 피드백과 성찰을 통해 경험으로부터 배우게 된다. 회고는 애자일 도구 모음에서 가장 강력한 성찰적 사고 관행 중 하나이다.

하지만 회고를 자주 실시하는 팀은 드물다. 그리고 분산 환경에서는 회고를 조율하기가 상당히 까다로울 수 있다. 비동기 우선 접근 방식이 회고를 좀 더 의미 있게 실행하는 데 도움이 될까?

회고가 드물면 팀이 허약해진다

가장 표준적인 형식의 회고는 모두가 참석하는 회의 형태로 진행된다. 분산 팀에서는 그런 회의를 잡기가 어렵다 보니 회고를 자주 실행하지 않는다. 회고가 드물면 생각과 아이디어가 사람들의 머릿속에 점점 쌓이고, 회고 당일에 그런 아이디어가 쏟아져 나온다. 그러면 회의 시간의 대부분을 사람들의 의견을 수집하고 종합하는 데 보내게 된다. 일정 시간 동안만 아이디어를 모으고 무조건 다음으로 넘어가는 식으로 회의를 강행할 수도 있겠지만, 그러면 회의가 비생산적이 된다. 회고가 의미 있는 결과를 산출하지 못하면 사람들이 회고에 대한 믿음을 잃게 되고, 결국 회고는 그저 타성적으로 참여하는 무의미한 활동으로 전락한다.

아이디어를 공유할 의례화된 공간이 없으면 팀원들은 자신의 건설적인 아이디어가 받아들여지지 않을 수도 있다는 불안감을 가지게 된다. 이는 효과적인 회고의 전제조건인 '안전감'(sense of safey)과 '개방성(openness)'을 떨어뜨린다. 그리고 사람들이 안전하게 느낀다고 해도, 최근성 편향(recency bias)이 문제가 될 수 있다. 즉, 팀원들이 최근의 직접적인 문제만 거론하고, 머리에 바로 떠오르지는 않지만 더 크고 중요한 문제는 간과할 수 있는 것이다.

회고를 적어도 한 달에 한 번은 실행할 것을 목표로 삼자. 대부분의 애자일 실천자들은 효과적인 회고 관행이 팀의 효능에 필수라는 점에 동의할 것이다. 효율적인 회고는 애자일 팀의 여러 측면에 중대한 영향을 미친다.

그럼 비동기 우선 접근 방식을 따르는 분산 팀이 회고를 정기적이고 효과적으로 실행하는 방법을 살펴보자. 편의상 팀에서 회고를 진행하는 사람이 독자라고 가정한다.

이벤트가 아니라 프로세스로서의 회고

우선, ConveRel 사분면들을 다시 떠올리기 바란다(그림 14.1).

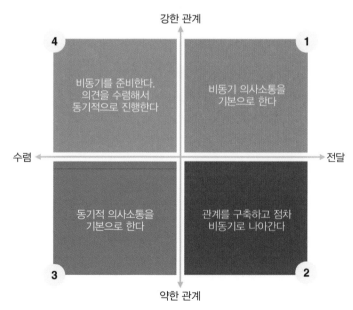

그림 14.1 ConveRel 사분면들.

(Luke Thomas, Aisha Samake 저 *The Anywhere Operating System*, Friday Feedback, Inc., 2021에서 전재)

회고는 비교적 강한 관계의 그룹에서 의견을 수렴하는 것을 목표로 하는 활동이다. 즉, 본질적으로 회고는 사분면 4를 지향한다. 이 점에 착안해서 회고를 다음과 같은 네 가지 활동으로 분해할 수 있다(그림 14.2도 보라).

1. **의견 수집**. 팀원들은 지난 시간을 생각하고 몇 가지 질문에 답한다. 질문은 실행하고자 하는 회고의 형식에 따라 다를 수 있다.

2. **의견 종합**. 진행자가 비슷한 의견을 모아서 그룹으로 묶는다. 사람들이 각자 브레인스토밍하는 경우 이런 식으로 의견들을 그룹화하면 사람들이 머리에 떠올린 주제들이 명확해진다. 예전에는 화이트보드나 플립차트에 스티커 메모(sticky note)[역주]를 붙이는 식으로 회고를 진행하기도 했다. 그런 접근 방식은 의견들을 주요 범주들로 분류하는 데 적합했다. 원격 근무 환경에서는 뮤럴이나 Miro 같은 협업 화이트보드를 이용해서 그와 비슷한, 또는 더 나은 결과를 얻을 수 있을 것이다.

3. **우선순위 투표**. 한 번의 회고에서 모든 주제를 다룰 수는 없는 일이다. 따라서 의견 그룹들에 우선순위를 매길 필요가 있다. 보통은 사람들이 각 주제에 투표하는 식으로 우선순위를 정한다. 표를 많이 받은 순으로 상위 3~5개의 주제를 선택한다.

4. **실행 약속**. 여기서 이론과 현실이 만난다. 팀은 우선순위가 높은 주제들 각각을 논의하고, 각 주제에 대한 조치를 정해서 그 실행을 약속한다. 이때 각 조치를 담당할 팀원을 구체적으로 등록(sign-up)하는 것이 바람직하다. 아예 팀의 작업현황판에서 이 조치들을 추적할 것을 권한다.

비동기로 진행		판단력 발휘	동기적 진행을 기본으로
1 의견 수집	**2** 의견 종합	**3** 우선순위 투표	**4** 실행 약속

그림 14.2 회고 시간선.

[역주] 참고로 스티커 메모는 원래 마이크로소프트 *Sticky Notes*의 한국어판 제품명이지만, 이 책에서는(그리고 일반적으로도) 화면(또는 물리적 보드)의 임의의 위치에 배치할 수 있는 작은 메모를 뜻하는 일반 명사로 쓰인다. —옮긴이

이 시간선에서 주목할 점이 몇 가지 있다.

- 1번과 2번 활동은 비동기적으로 진행하기가 어렵지 않다. 따라서 실제 회고 이벤트에서는 제거할 수 있다. 비동기로 진행하면 사람들이 좀 더 심사숙고할 여유가 생긴다.
- 3번 활동을 비동기적으로 진행하는 것도 가능하겠지만, 사람들이 잘 이해할 수 있도록 주제들을 여러분이 명확하게 서술할 필요가 있다.
- 4번 활동 역시 비동기적으로 진행할 수 있지만, 다음과 같은 문제들에 신경을 써야 한다.
  - 팀원들이 느끼는 안전감이 그리 높은 수준이 아니라면, 비동기 환경에서 솔직한 의견을 제시하지 않을 수 있다. 특히 새로 구성된 팀에서는 동기적인 환경에서 의견을 모으는 것이 더 쉬울 때가 많다.
  - 조치에 대한 합의를 이루는 데에는 동기적인 환경에서 빠르게 생각을 교환하는 것이 도움이 된다. 속도는 비동기 의사소통에는 없는 특징이다.

물론 비동기 업무 방식에 좀 더 익숙해지면 회의가 아예 필요 없어질 수도 있다. 하지만 그런 상태에 도달하려고 너무 서두르지는 말아야 한다. 왼쪽으로 이동할 수만 있다면, 작은 걸음이어도 좋다.

안전한 분위기에서 의견 수집

협업용 화이트보드에서 회고를 진행할 수도 있지만, 화이트보드 자체로 의견을 수집하기는 좀 까다롭다. 모든 화이트보드가 익명성을 보장하지는 않으므로, 만일 팀의 안전감 수준이 충분히 높지 않다면 화이트보드는 이상적인 도구가 아니다. 대신 나는 설문조사 양식을 이용해서 의견을 수집하는 방법을 추천한다.

● **참고자료**

예제 설문조사 양식

이 책의 부록 사이트(https://www.asyncagile.org/book-resources)에 비동기적인 회고 설문조사 양식의 예가 있으니 참고하기 바란다. 여러분 팀의 독자적인 설문지를 만드는 바탕으로 활용하면 좋을 것이다.

팀원들이 설문조사 응답 마감일을 합의하도록 해야 한다. 그렇지 않으면 여러분(또는 회고 진행자)이 무기한으로 기다리는 사태가 벌어질 수 있다. 비동기 업무 방식과 그에 따른 책임성에

익숙하지 않은 팀이라면 여러분이 각 팀원에게 개별적으로 재촉해야 할 수도 있다. 모두가 의견을 제출했다면, 그것들을 화이트보드에 스티커 메모로 추가하고 적절히 그룹화하자. 그러면 모두가 효율적으로 의견들을 살펴볼 수 있다. 그런 다음에는 모두가 의견 주제들에 투표한다.

● 모범관행

데이터 주도적 회고

회고에서 사람들이 머리에 가장 먼저 떠오른 문제점들에만 집중하는 일을 피하는 한 방법은 회고 시 데이터에 근거해서 논점을 만드는 것이다. 다음은 그러한 데이터 기반 논점의 몇 가지 예이다.

- 주기 시간과 처리량이 개선되고 있는가, 아니면 더 나빠지는가?
- 스프린트 목표와 약속이 얼마나 잘 지켜지는가?
- 버그 수정과 재작업에 드는 시간의 비율이 어느 정도인가?
- 실무 환경으로의 배치(deployment)가 얼마나 자주 일어나는가?
- 코드 검토를 기다리는 시간이 얼마나 되고 코드 검토가 얼마나 깊게 진행되는가?

회고를 데이터 주도적으로 만들려면, 회고 프로세스의 단계 2에서 이런 논점들을 종합하고, 이후에 실행할 조치를 결정하는 단계에서 사람들이 선택할 수 있게 해야 한다.

동기적 투표 대 비동기 투표

앞에서 언급했듯이 투표도 비동기적으로 진행할 수 있다. 그런 경우 각 주제의 이름을 잘 지어야 한다. 특히, 맥락이 제거되어도 그 내용을 쉽게 짐작할 수 있는 이름을 붙일 필요가 있다. 협업용 화이트보드로 비동기 투표를 진행하는 것도 가능하다. 단, 그런 경우 무기한으로 진행되는 익명 투표 세션을 설정해야 하는데, 아는 사람은 알겠지만 이는 좀 까다로운 일이다. 따라서 그냥 투표를 위한 설문조사 양식을 만들어서 사람들에게 보내고 특정 시점까지 응답해 달라고 요청하는 것이 더 깔끔한 방법이다.

하지만 내가 선호하는 방식은 그와 다르다. 회고 프로세스에서 이 단계까지 왔다면, 전달 작업은 대부분 끝난 것이다. 실시간 환경에서 투표는 단 몇 분이면 끝난다. 어차피 회고를 위해 회의를 할 거라면, 그냥 그 회의에서 투표를 진행하는 게 합리적이다. 그러면 맥락을 잃지도 않고, 애매한 부분이 있을 때 사람들이 직접 질문할 수 있다(그리고 그에 따라 회고용 보드를 갱신한다).

회고 환경 설정

그 어떤 화이트보드 도구라도 회고용 보드(retrospective board)로 사용할 수 있는데, 이를테면 뮤럴, Miro, 구글 잼보드 등이 있다. 또한, Parabol처럼 회고 회의에 특화된 인터페이스를 갖춘 도구들도 있으니 한번 찾아보아도 좋을 것이다. 기존 템플릿을 사용하든 아니면 여러분이 직접 만들든, 회고용 보드는 회고 회의 여러 단계에 대응되는 섹션들을 갖추어야 한다. 그럼 어떤 섹션들이 필요한지 살펴보자.

● 참고자료

회고 템플릿

전에 회고를 진행한 적이 없는 독자라면 원서 부록 사이트에 다양한 회고 키트들이 있으니 살펴보기 바란다.

부록 사이트에서 제공하는 것들은 [그림 14.3]에 나온 것 같은 뮤럴 템플릿들이다. 뮤럴 이외의 화이트보드를 사용하는 독자라면, 그 키트들의 디자인을 본떠서 적당한 회고용 보드를 만들면 될 것이다.

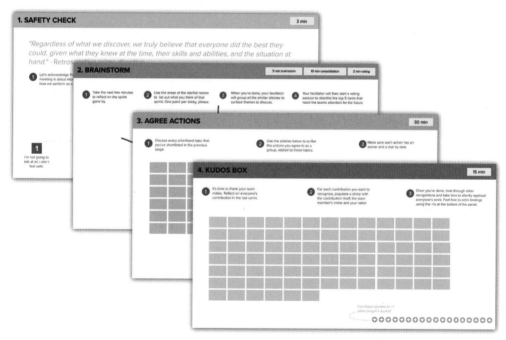

그림 14.3 starfish 회고 키트의 주요 특징을 보여주는 스크린샷들.

▪ 안전 점검

이 '안전 점검(safety check)' 섹션은 다음과 같은 회고의 기본 원칙(prime directive)을 존중하기 위한 것이다.

이 회고에서 어떤 이야기가 나오든, 우리는 모든 참여자가 당시 알고 있던 것, 자신의 기량과 능력, 그리고 당시 상황에 맞게 각자 최선을 다했다고 믿는다.

이러한 기본 원칙을 미리 명시함으로써, 회고가 누군가를 비난하고 책임을 묻기 위한 것이 아님을 모두에게 알리게 된다. 그런 다음에는 각자에게 자신이 느끼는 안전감의 수준(5가 가장 높고 1이 가장 낮은 척도로)을 익명으로 제시하게 해서, 모두가 회고를 충분히 안전하게 느끼는지 점검한다. 나는 이러한 안전 점검을 동기적으로 진행하는 쪽을 선호하지만, 원한다면 비동기적으로 진행할 수도 있다. 그리고 안전 점검을 의견 수집 이전에 할 수도 있고 이후에 할 수도 있다. 이는 여러분이 판단할 일이다.

> **경험 보고: 회고의 안전감 수준이 낮은 상황에 대처하는 방법**
>
> 나는 18명의 팀원이 호주에서 북미까지 전 세계에 흩어져 있는 팀의 회고 회의를 진행한 적이 있다. 당시 그 팀은 1년 동안 회고 회의를 한 번도 실행하지 않았다. 일단 안전 점검을 진행했는데, 심란하게 낮은 수준인 1과 2를 보고한 팀원들이 있었다.
>
> 이론적으로는, 만일 팀의 안전감이 충분히 높지 않다면 그날은 회고를 포기하고 안전감 문제를 해결해야 한다. 하지만 당시 그 팀에서는 그럴 수 없었다. 전체 일정에서 두 시간을 확보하는 것 자체가 어려운 상황이었기 때문이다. 그날 회고를 연기하면 이후 몇 주 동안 회고를 하지 못하게 될 수 있었다.
>
> 그래서 나는 회고 회의 자체에서 팀의 안전감을 개선해야 했다. 나는 팀원들에게 다음과 같은 질문을 던지고 익명으로 답해 달라고 요청했다.
>
> 모두가 안심하고 발언할 수 있도록 이 그룹의 안전감을 개선하려면 어떻게 해야 할까요?
>
> 다행히, 돌아온 제안들은 회고 진행자인 내 선에서 처리할 수 있는 것들이었다. 여러분의 상황은 이와 다를 수 있겠지만, 어쨌든 이 방법은 사람들이 회고가 그리 안전하지 못하다고 느끼는 이유를 파악하는 데 도움이 될 수 있다. 내 경우는 회고의 기본 원칙을 다시금 일러주고, 회고가 개선을 위한 것일 뿐 비난을 위한 것이 아님을 명확히 해야 했다.

나는 또한 팀원들에게 회고에서 자신의 의견을 익명으로 제시하는 것도 가능하다고 말해 주었다. 뮤럴의 경우 비공개 모드(Private mode)를 이용해서 스티커 메모를 추가할 수 있다.[117] 그리고 토론에 익명으로 참여하고 싶은 사람은 진행자인 나에게 일대일 채팅 메시지를 보내면 반영하겠다고 말했다. 이런 점들을 보장한 후 안전 점검을 다시 실행하니 1과 2가 3과 4로 바뀌었다. 모두는 우리 중에 안전하지 못하다고 느끼는 사람들이 있음을 인정했고, 회고의 나머지 부분을 그러한 공감대를 가지고 진행했다.

▪ 브레인스토밍

'브레인스토밍brainstorming' 섹션은 수집된 모든 의견을 기록하고 주제들을 종합해서 모두가 쉽게 파악할 수 있게 하는 공간이다. 투표를 동기적으로 진행하는 경우에는 투표도 이곳에서 진행할 수 있다. 안전 점검 후 5~10분 정도 시간을 두어서 사람들이 이 섹션의 주제들을 검토하고 애매한 부분이 있으면 질문하게 하길 권한다. 각 주제가 무엇을 의미하는지를 모든 참여자가 명확히 이해했으면 우선순위 결정 투표로 넘어간다. 그룹의 안전감 수준에 따라서는 공개 투표로 할 수도 있고 비공개(익명) 투표로 할 수도 있다.

▪ 조치

논의하고자 할 주제들의 우선순위가 투표로 결정되었으면, 이 '조치(actions)' 섹션에 모든 조치를 해당 소유자 및 마감일과 함께 기록한다.

▪ 칭찬

회고가 개선에 집중하다 보면 칭찬에 인색해지기 쉽다. '칭찬(kudos)' 섹션을 회고용 보드에 추가해서, 팀원들이 업무 중 자신의 경험을 풍부하게 해준 사람들에게 감사의 마음을 전할 기회를 마련하자.

내가 만든 템플릿들에는 회고 진행 지침들이 포함되어 있다. 그 지침들을 단계별로 따르면 회고 회의를 진행하는 데 도움이 될 것이다. 회고 회의를 마친 후에는, 회고에서 결정한 조치들을 한 곳에서 추적할 수 있는 장소를 마련하는 것도 잊어서는 안 된다. 이번 장에서 이전에 언급했듯이, 이를 위한 합리적인 기본값은 팀의 작업현황판이다.

회고는 이벤트가 아니라 프로세스이다

[그림 14.4]는 비동기 우선 회고 프로세스의 시간선이다. 간단히 말하면, 원격 환경에서는 회고를 회의가 아니라 하나의 프로세스로 생각해야 한다. 그리고 이러한 사고방식은 회고뿐만 아니라 모든 의사소통으로 확장된다.

의사소통은 이벤트가 아니라 프로세스이다.

회고 프로세스는 두 부분으로 구성되는데, 비동기 부분과 동기 부분이다. 전체 프로세스에서 비동기 부분을 얼마나 크게 잡을지는 전적으로 여러분에 달려 있다. 팀이 비동기 업무 방식에 익숙하다면 좀 더 크게 잡아도 될 것이다. 중요한 것은 사람들이 비동기적으로 의견을 제시하고 여러분이 그것들을 의미 있는 방식으로 종합할 충분한 시간을 두어야 한다는 점이다. 좀 더 구체적으로, 나는 회고 프로세스의 비동기 부분을 한 주로 잡으라고 권한다. 프로세스의 나머지 부분은 60분 이내로 끝내는 게 어렵지 않다. 단, 한동안 회고를 진행하지 않았다면 더 길게 잡아야 할 것이다.

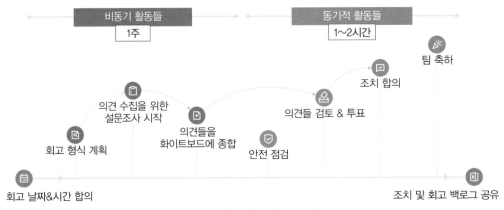

그림 14.4 비동기 우선 회고 프로세스.

● 참고자료

회고를 재미있게 진행하려면

나의 동료인 파울로 카롤리[118]는 *Fun Retrospectives*라는 책을 쓴 저자이기도 하다. 그는 그 책의 멋진 부록 사이트(https://www.funretrospectives.com/)[119]도 운영한다. 또한, 회의의 진행을 돕는 앱[120]도 있으니 참고하기 바란다.

2020년대의 스크럼

이전 두 장(제12, 13장)과 이번 장에서는 표준 스크럼 세레모니들의 비동기 우선 버전을 논의했다. 지금까지의 논의에서 보았듯이 이런 세레모니들에 대해 내가 권장하는 방식은 "비동기로만"이 아니다. "비동기 우선, 동기는 그다음"이다.

> **이번 장 요약**
>
> 긍정적인 팀 환경과 지속적 개선 문화를 유지하는 데에는 회고를 자주 진행하는 것이 효과적이다. 하지만 비동기 우선을 위해서는 회고를 이벤트가 아니라 하나의 프로세스로서 접근할 필요가 있다.
>
> - ConveRel 사분면들에서 회고는 강한 관계를 가진 그룹의 수렴(사분면 4)을 지향한다. 따라서 의견 수집 및 종합은 비동기로 진행해도 된다.
> - 토론할 주제들의 우선순위를 정하는 투표도 비동기로 진행하는 것이 가능하지만, 애초에 투표는 시간이 오래 걸리지 않으므로 비동기로 진행해도 이득이 크지 않다.
> - 회고를 본격적으로 진행하기 전에 모든 의견을 종합해서 회고 환경을 설정해 두면 회고 회의를 좀 더 효과적으로 진행할 수 있다.
> - 회고 환경을 처음 만드는 독자라면 이 책의 부록 사이트에 있는 뮤럴 템플릿들이 도움이 될 것이다.

스크럼 세레모니들에 비동기 우선 사고방식을 적용하는 것만으로도 상당한 진전을 이루게 된다. 하지만 소프트웨어 개발팀이 따르는 관행이 스크럼 세레모니들만은 아니다. 다음 장부터는 스크럼에서 벗어나서, 비동기 우선 접근 방식을 적용해서 이득을 얻을 수 있는 다른 여러 회의 중심 팀 관행들을 살펴본다. 먼저 다음 장에서는 스토리 착수(킥오프)와 데스크 점검을 논의한다.

제15장
착수(킥오프) 회의와 데스크 점검: 의례화된 중단 줄이기

모든 팀원이 한 사무실에서 일할 적에는 대부분의 의사소통이 동기적으로 이루어졌다. 실제로 내 회사에서는 팀마다 큰 테이블이 하나 있고 모든 팀원이 한 테이블에 앉아서 일했다. 누군가와 협업할 일이 있으면 그냥 그 사람에게 다가가서 일을 마치면 그만이었다. 하지만 원격 근무에서는 이런 의사소통 패턴이 무너진다. 아마도 이것이 원격 근무의 가장 큰 특징이자, 가장 실현되지 않은 이점 중 하나일 것이다.

제임스 스태니어는 *Effective Remote Work*에서 이렇게 말했다.[121]

> 기술자들은 뭔가 생각하던 중에 방해를 받는 것이 큰 고통임을 잘 알고 있다. 누군가가 "시간 있어요?"라고 묻는 순간, 머릿속으로 돌리던 컴퓨터 프로그램의 복잡한 내부 표현이 즉시 공기 중으로 사라져 버리기 때문이다.

원격 근무는 말 그대로 '원격'으로 일을 하는 것이니만큼, 동료에게 말을 걸어서 그 사람의 일을 중단시키기가 쉽지 않다. 따라서 동료의 생산성을 낮출 확률이 줄어든다. 하지만 원격 근무를 마치 사무실 근무처럼 진행하면 이러한 이득이 실현되지 않는다.

이번 장에서는 두 가지 동기적 협업 관행인 착수(킥오프kickoff)와 데스크 점검(desk check; 데브박스 테스트dev-box test라고도 한다)을 살펴본다. 이전 장에서 다른 관행들에 대해 했듯이, 이 관행들을 원격 근무 환경에 맞게 바꾸는 방법을 제시하겠다.

회의 횟수를 줄이면서도 품질을 유지하는 방법

본격적인 논의로 들어가기 전에 용어 정리부터 하자. [표 15.1]은 *Full Stack Testing*[122](번역서는 《풀스택 테스트》, 최경현 옮김)이라는 책에 나온 두 관행의 정의를 이 책의 목적에 맞게 수정한 것이다. 그 책은 고객이 원하는 기능성을 간결하게 서술한 것을 **사용자 스토리**(user story)라고 부른다. 하지만 이번 장에서는 **사용자 스토리**를 간단히 **스토리**로 줄여서 부르거나, 문맥에 따라서는 **요구사항**(requirement)이라고 표현하기도 하겠다.

표 15.1 착수와 데스크 점검의 정의.

착수	데스크 점검 또는 데브박스 테스트
반복(iteration) 도중, 개발자들이 사용자 스토리를 선택해서 개발로 들어가기 직전에 스토리 착수 프로세스가 진행된다. 스토리 착수는 비즈니스 담당자와 개발자, 테스터가 **사용자 스토리의 요구사항들과 특수 사례(edge case)들을 깊게 논의**하는 프로세스이다.	데브박스 테스트라고도 하는 데스크 점검은 **새로 개발된 기능성을 점검**하기 위해 테스터와 비즈니스 담당자가 개발자의 컴퓨터에서 수동으로 탐색적 테스트를 실행하는 프로세스이다.

애자일 팀은 착수와 데브박스 테스트를, 프로세스의 품질을 유지하고 빠르게 피드백을 받는 수단으로 활용한다. 이 관행들은 모든 팀원이 함께 일하는 환경에서 애자일 팀이 즉흥적이면서도 의례적으로 진행해 온 것인데, 온라인으로도 그와 상당히 비슷하게 진행할 수 있다. 하지만 원격 근무 팀의 경우 이런 회의들은 몰입을 방해하며, 유연한 근무 시간과 심층 작업에 방해가 될 수 있다.

비동기 우선 환경에서도 이 두 관행의 이득을 누릴 수 있으면 좋을 것이다. 이를 위해, 이번 장에서는 내 경험에서 얻은 접근 방식 두 가지를 제안한다. 이 기법들을 제13장에서 논의한 지속적 흐름 접근 방식과 함께 사용하면 더욱더 효과적이다.

접근 방식 1: 착수와 데스크 점검 둘 다 비동기로 진행한다

나는 두 관행 모두 완전히 비동기적인 방식으로 진행하는 것을 선호한다. 그렇게 하면 작업 일정의 유연성을 최대로 유지하면서 업무 중단을 최소화할(꼭 필요한 경우에만 중단이 일어나도록) 수 있다. 단, 이 비동기 접근 방식을 위해서는 다음과 같은 단계들을 규율 있게 따를 필요가 있다.

▪ 단계 1: 준비 정의와 완료 정의를 합의한다

제6장에서 기본적인 팀 규범 몇 가지를 논의했다. 소프트웨어 요구사항 전달의 관점에서 팀은 다음 두 기준을 합의해야 한다.

- **준비 정의**(DoR, Definition of Ready): 요구사항은 준비 정의의 기준을 충족하기 전에는 개발 단계로 들어갈 수 없다. 팀은 요구사항의 개발 준비 수준을, 다시 말해 개발자가 요구사항을 선택해서 구현을 시작하려면 그 요구사항을 어느 정도나 세부적으로 구체화해야 하는지를 합의해야 한다. 경우에 따라서는 완전히 상세한 요구사항을 추정하고 그것을 초기에 요구사항에 부여했던 추정치와 비교해 보아야 할 것이다. 그러면 범위의 변화(가 있었다면)를 정량화할 수 있다.

- **완료 정의**(DoD, Definition of Done): 요구사항이 "완료되었다"라고 간주하려면 반드시 충족해야 하는 기준들의 집합이다. 비즈니스 논리(business logic)나 승인 테스트만으로 구성되는 것은 아니다. 팀에 따라서는 로깅, 모니터링, 심지어 문서화에 관한 기준들도 DoD에 포함될 수 있다. 하나의 요구사항이 실무에까지 배치되려면 많은 단계를 거쳐야 할 수 있으므로, 이 기준들을 충족하는 노력에는 여러 역할이 관여하게 된다.

이들을 합의해야 하는 이유가 무엇일까? 우선, DoR이 있어야 개발자가 선택할 사용자 스토리에 대한 하나의 표준을 팀 차원에서 설정할 수 있다. 게다가 비동기 업무 환경에서는 스토리 자체에 좀 더 많은 세부사항이 필요하다. 이는 좋은 일이다. 세부사항이 완전할수록 중의성(모호성)이 줄어들어서 팀원 모두가 요구사항을 이해하는 데 도움이 된다. 한편 DoD는 개발자가 움직이는 표적을 맞혀야 하는 어려움을 피하게 해준다. DoD는 모든 사용자 스토리가 지향해야 할 공통의 표준을 제공한다.

나는 이 기준들을 프로젝트 관리 도구의 점검목록(checklist)을 이용해서 명시적으로 표명할 것을 권장한다. 아툴 가완디Atul Gawande가 저서 *The Checklist Manifesto*[123](번역서는 《체크! 체크리스트》, 박산호 옮김)에서 지적했듯이 이런 점검목록은 구체적이어야 하며, "가장 긴요하고 중요한 단계들만 상기시켜야 한다".[123] [그림 15.1]에 이런 점검목록의 예가 나와 있다. 이런 점검목록들을 여러분이 사용하는 작업현황판의 요구사항 템플릿에 포함시키면 좋을 것이다.

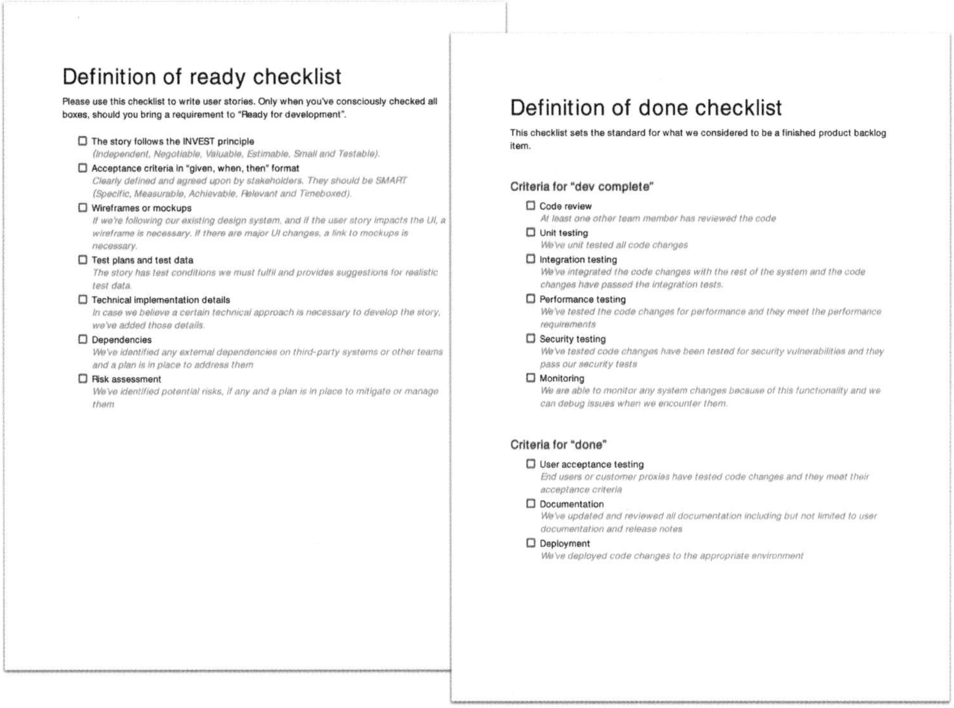

Definition of ready checklist

Please use this checklist to write user stories. Only when you've consciously checked all boxes, should you bring a requirement to "Ready for development".

- ☐ The story follows the INVEST principle
  (Independent, Negotiable, Valuable, Estimable, Small and Testable).
- ☐ Acceptance criteria in "given, when, then" format
  Clearly defined and agreed upon by stakeholders. They should be SMART (Specific, Measurable, Achievable, Relevant and Timeboxed).
- ☐ Wireframes or mockups
  If we're following our existing design system, and if the user story impacts the UI, a wireframe is necessary. If there are major UI changes, a link to mockups is necessary.
- ☐ Test plans and test data
  The story has test conditions we must fulfil and provides suggestions for realistic test data.
- ☐ Technical implementation details
  In case we believe a certain technical approach is necessary to develop the story, we've added those details.
- ☐ Dependencies
  We've identified any external dependencies on third-party systems or other teams and a plan is in place to address them
- ☐ Risk assessment
  We've identified potential risks, if any and a plan is in place to mitigate or manage them

Definition of done checklist

This checklist sets the standard for what we considered to be a finished product backlog item.

Criteria for "dev complete"

- ☐ Code review
  At least one other team member has reviewed the code
- ☐ Unit testing
  We've unit tested all code changes
- ☐ Integration testing
  We've integrated the code changes with the rest of the system and the code changes have passed the integration tests.
- ☐ Performance testing
  We've tested the code changes for performance and they meet the performance requirements
- ☐ Security testing
  We've tested code changes have been tested for security vulnerabilities and they pass our security tests
- ☐ Monitoring
  We are able to monitor any system changes because of this functionality and we can debug issues when we encounter them.

Criteria for "done"

- ☐ User acceptance testing
  End users or customer proxies have tested code changes and they meet their acceptance criteria
- ☐ Documentation
  We've updated and reviewed all documentation including but not limited to user documentation and release notes
- ☐ Deployment
  We've deployed code changes to the appropriate environment

그림 15.1 준비 정의와 완료 정의를 명시한 점검목록들.

● 참고자료

예제 점검목록

이 책의 부록 사이트(https://www.asyncagile.org/book-resources)에 편집 가능한 준비 정의 및 완료 정의 점검목록들이 있다.

이 자료들을 여러분만의 점검목록을 만드는 출발점으로 삼으면 좋을 것이다.

▪ 단계 2: 스토리 수준에서 세부사항을 완성한다

애자일 사용자 스토리는 가벼운 요구사항 의사소통 수단으로 작용한다. 또한 사용자 스토리는 개발의 위험도 낮추어 준다. 사용자 스토리는 요구사항들을 작은 단위로 정리한 것이기 때문에, 개발 도중 실수를 저질러도 기존의 더 크고 긴 요구사항들을 구현할 때 보다 '폭발 반경'이 작다.

사용자 스토리를 잘 작성하면 착수 회의를 열 필요가 없어진다. 특히, 팀이 합의한 준비 정의에 맞게 작성했다면 더욱 그렇다. 회의의 필요성을 줄이려면, 개발자에게 필요한 모든 세부사항을 스토리에 포함해야 한다. 이 요구사항들은 반드시 애자일 팀의 '삼총사', 즉 제품 소유자, 테스트 기술자(또는 품질 보증 분석가/QA), 기술 책임자(또는 책임 개발자)가 협력해서 작성해야 한다.

- 제품 소유자(PO, product owner)는 비즈니스 논리와 승인 기준들을 제공한다.
- 테스터는 테스트 접근 방식, 테스트 사례(test case; 검례), 테스트 데이터를 명시한다.
- 그리고 기술 책임자(TL, tech lead)는 구현 참고사항을 스토리에 추가한다(참고할 사항이 있는 경우).
- 사용자 화면을 다루는 스토리에는 목업이나 클릭 가능한 원형(prototype)으로 가는 링크를 포함해야 한다. 스토리가 어느 정도나 세부적이어야 하는지는 팀이 합의한 준비 정의에 따라 결정해야 한다.

사용자 스토리들을 협업 문서로 작성하자. 그러면 모든 팀원이 인라인 댓글로 의견을 제공할 수 있다. 논의를 보존하고 싶다면, 댓글들을 복사해서 지라 등 여러분이 사용하는 작업현황판에 붙여넣거나 카드에 첨부하면 된다.

● 참고자료

상세한 사용자 스토리의 예
사용자 스토리 작성이 이 책의 주된 주제는 아니므로, 사용자 스토리를 효과적으로 작성하는 구체적인 방법은 언급하지 않겠다. 하지만 가상의 온라인 잡화점을 위한 사용자 스토리 몇 가지를 만들어서 이 책의 부록 사이트에 올려 두었으니 참고하기 바란다. 여러분의 팀에서 효과적인 사용자 스토리를 작성하는 방법을 배우는 데 도움이 될 것이다.

■ 단계 3: '준비된' 스토리들을 미리 대기열에 채워둔다

비동기 의사소통은 좀 더 사려 깊은 의사소통을 위해 의도적으로 의사소통의 속도를 늦춘다. 의사소통의 속도를 늦출 때 중요한 것은 사람들에게 반응할 시간을 주는 것이다. 여러분이 제품 소유자라면, 스프린트 시작 전에 개발팀이 스토리들을 살펴볼 시간을 주어야 한다. 이로부터 피드백을 구하는 데에는 다음과 같은 방법을 추천한다.

- 후보 스토리들을 미리 대기열에 채워둔다. 작업현황판의 '개발 준비(Ready for development)' 대기열에 항상 스토리들이 들어 있어야 한다. 또한, [피드백 바랍니다](Waiting for feedback) 같은 태그를 붙여 두면 팀이 스토리들을 필터링하는 데 도움이 된다.
- 개발자들을 대기열에 초대해서 스토리들을 살펴보고 등록하고 싶은 스토리들을 자세히 읽게 한다. 질문 사항이 있으면 댓글을 달 수 있도록 적절히 준비하는 것도 중요하다. 제품 소유자나 기술 책임자, 테스터는 질문들에 적절히 답해야 한다.
- 그러한 질문·답변은 스토리를 좀 더 상세하고 풍부하게 서술하는 데 도움이 된다. 결과적으로 스토리 착수의 필요성을 더욱 줄이는 효과를 내게 된다.

제6장에서 논의한 동의 기반 의사결정에서와 동일한 접근 방식을 이상의 과정에 채택하자. 만일 어떤 요구사항이 대기열의 최상위에 도달할 때까지 아무런 반대 의견도 없었다면, 모든 사람이 그 요구사항에 동의한 것이라고 가정하는 것이다. 개발 단계에 들어간 후에 중요한 반대 의견이 제기된다면, 그에 해당하는 새 백로그 항목을 추가하거나 사례별로(case-by-case) 해결하면 된다.

■ 단계 4: 데스크 점검을 녹화된 동영상으로 대체한다

데스크 점검 회의는 15분으로 제한하는 것이 바람직한 관행이다. 그런 제한을 두지 않으면, 데스크 점검이 개발자의 컴퓨터에서 탐색적 테스트(exploratory test)를 본격적으로 실행하는 긴 활동이 될 수 있다. 시간제한은 데스크 점검이 그러한 수동(manual) 테스트의 토끼굴로 빠져들 위험을 방지한다. 정리하자면, 본질적으로 데스크 점검은 심지어 동기적으로 실행한다고 해도 짧고 간단해야 한다.

하지만 모두가 같은 물리적 공간에서 일하는 경우에도 데스크 점검을 담당할 사람이 아무도 없을 때가 있다. 그런 경우 일정이 동기화되길 기다리는 대신 녹화된 동영상을 활용하는 것이 바람직하다. 사실상 이는 제품 소유자와 테스터의 일정이 준비되길 기다리지 않고 '행동이 기본' 원칙에 따라 일단 행동하고 보는 것에 해당한다.

이런 데브박스 테스트에서 명백한 결함들이 많이 발견될 것이다. 하지만 그런 결함들을 점검목록을 이용해서 미리 대비할 수 있다. 팀은 완료 정의에 따라 적절한 점검목록을 만든다. 개발자들은 개별 스토리에 대한 구체적인 승인 기준들을 이용해서 그 점검목록에 살을 붙인다.

그런 식으로 점검목록을 완성했다면, 개발자들은 그것을 이용해서 각 테스트 조건과 기타 완료 조건들(로깅, 모니터링 등)의 충족 여부를 보여주는 간단한 시연 동영상을 녹화한다. 그런 다음 그 동영상을 백로그 항목에 첨부하고 **@이름** 멘션 기능을 이용해서 테스터와 제품 소유자의 주의를 끈다. 그러면 테스터와 제품 소유자는 자신들의 일정에 따라 비동기적으로 데브박스 테스트를 수행한다. 개발자들이 너무 오래 기다리지 않도록, 데브박스 테스트가 실제로 일어나기까지의 제한 시간을 팀 차원에서 합의할 필요가 있다. 이런 동영상을 만드는 데에는 제4장에서 소개한 비동기 동영상 도구들이 도움이 될 것이다.

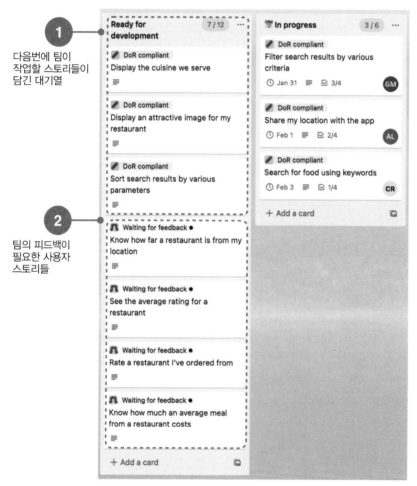

그림 15.2 나머지 팀원들이 피드백을 공유할 수 있도록 미리 스토리들을 대기열에 채워 둔다.

동영상 제작을 마지막 작업으로 두지 말자

데스크 점검용 동영상은 아직 완료하지 않은 사소한 일감이 남아 있을 때 만드는 것이 바람직하다. 그런 사소한 일감으로는 여러분이 관여한 코드에 단위 테스트 추가, 개선할 필요가 있는 코드의 리팩터링, 여러분이 직접 짠 코드의 최종 수정 및 커밋 메시지 작성 등이 있다. 이런 일감들을 남겨 두면, 동영상에 대한 피드백을 기다리며 한참을 멍하니 있을 필요가 없다.

▪ 단계 5: 꼭 필요한 경우에는 회의를 진행한다

스토리 착수를 위해서든 데브박스 테스트를 위해서든, 모여서 회의를 해야 할 때가 종종 있다. 예를 들어 어떤 사안에 대해 피드백을 자주 주고받아야 하는데, 이를 비동기로 진행하는 것은 너무 느리고 비실용적일 수 있다. 그런 경우 화상통화를 이용해서 실시간으로 해결하는 것이 낫다. 단, 다음과 같은 중요한 위생 사항 두 가지를 반드시 지켜야 한다.

- 회의에 대한 모든 모범관행을 따라야 한다.
- 경험에서 배워야 한다. 다음번에 비슷한 상황이 발생했을 때 비동기적으로 해결할 방안을 고민해서 기록해 두자.

모든 것을 하루아침에 바꾸어야 하는 것이 아님을 기억하기 바란다. 작은 걸음으로 멀리 가야 한다.

접근 방식 2: 동기적 관행들을 유지하되 미리 계획한다

팀원들이 동기적인 착수 회의나 데스크 점검 중 하나 또는 둘 다를 유지하고 싶어 할 수도 있다. 내가 권장하는 방식은 아니지만, 그런 동기적인 행사들을 당장 수정하기가 여의치 않은 팀도 있을 것이다. 그런 경우 나는 다음과 같은 두 단계를 규율 있게 따를 것을 권장한다.

▪ 단계 1: 해당 관행을 팀의 작업흐름에 표시한다

팀의 작업현황판은 개발 프로세스의 주된 신호 메커니즘(signaling mechanism)이어야 한다. 따라서 착수나 데스크 점검을 기다리는 요구사항이 있다면, 누구나 작업현황판에서 그 요구사항을 발견할 수 있어야 한다. 그러한 게이트 점검(gate check)들을 작업현황판에 표시해 두면 해당 작업에 소요되는 시간도 측정할 수 있게 된다. 그런 데이터를 개선을 위한 자료로 활용할 수 있다. [그림 15.3]은 이런 프로세스를 작업흐름에 표시한 예이다.

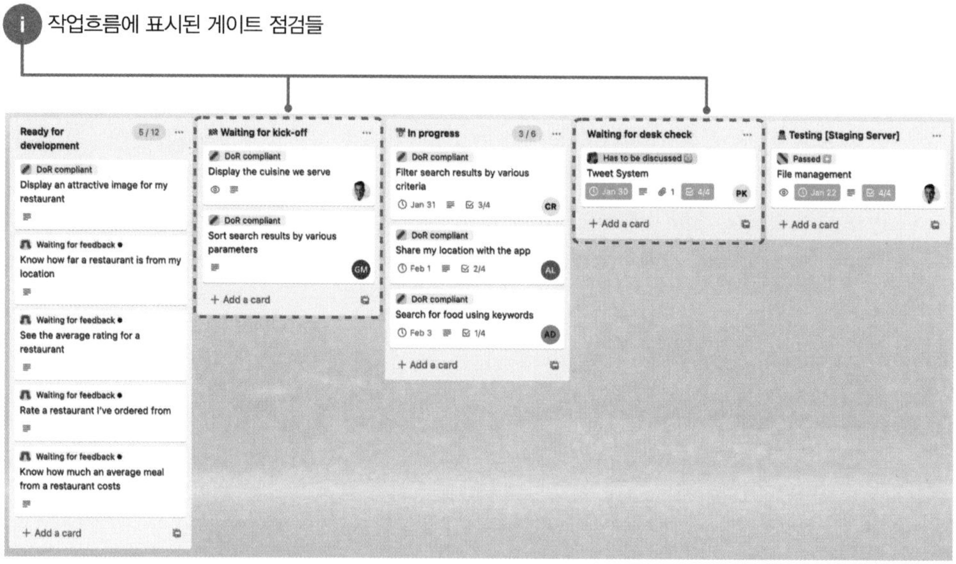

작업흐름에 표시된 게이트 점검들

그림 15.3 모든 팀 프로세스가 작업현황판에 나타나게 해야 한다.

▪ 단계 2: 동기적 활동들을 위한 팀 규범을 명확히 한다

제7장에서 논의했듯이, 개발팀의 팀원들이 근무하는 시간이 적어도 네 시간은 겹쳐야 한다. 팀과 팀 사이도 마찬가지이다. 테스트팀과 개발팀이 분리된 조직에서 두 팀이 비동기적으로 협업을 해야 한다면, 두 팀의 근무 시간이 충분히 겹치게 만들어야 한다. 비동기 협업에서 겹치는 시간이 짧으면 대기 시간이 길어지고 개발자나 테스터가 상대방의 진전을 가로막는 결과가 빚어질 수 있다.

더 나아가서, 팀원들이 다음과 같은 몇 가지 팀 규범들에 합의하게 만들어야 할 수도 있다.

- 동기적 작업을 위한 시간을 미리 정해서 합의한다. 이것을 '신성한 반나절'(제9장)을 합의하는 팀 플레이와 결합하면 효과가 더 커진다. 제품 소유자와 테스터는 정해진 시간 구간에서만 동기적으로 협업하고, 나머지 시간에는 유연하게 일할 수 있다.
- 스프린트 첫날에 따로 시간을 내서 테스터들과 제품 소유자들이 개발자의 질문에 답하게 한다.
- 테스터들과 제품 소유자가 긴급하게 모니터링하는 데 사용할 인스턴트 메시징 채널을 만든다. 이 채널에 대한 최대 소요시간(TAT, turnaround time; 또는 처리시간)을 합의한다.

피드백 루프를 '원격 네이티브'하게 만들자

하나의 개발 주기에서 사용자 스토리마다 착수와 데스크 점검을 수행하다 보면 회의가 급격히 많아진다. 물론 그런 피드백 루프들에는 나름의 존재 이유가 있으므로, 비동기 우선을 위해 무조건 제거하는 것은 바람직하지 않다. 이번 장에서 논의한 두 가지 접근 방식은 그런 피드백 루프를 '원격 네이티브'한 환경에 맞게 적응시키는 것을 목표로 한다. 두 접근 방식 중 어떤 것을 선택할지는 변화에 대한 여러분의 요구와 팀 환경에 달려 있다.

이번 장 요약

스토리 착수와 데스크 점검은 프로세스의 품질을 유지하고 빠르게 피드백을 받는 수단으로 작용한다. 이런 팀 관행을 원격 근무 환경에 맞게 조정하는 방법은 크게 두 가지이다.

- 접근 방식 1: 완전히 비동기적으로 진행한다.
  - a. 준비 정의(DoR)와 완료 정의(DoD)에 정렬한다.
  - b. '삼총사'가 협력해서, 착수 회의가 필요 없을 정도로 스토리를 세부화한다.
  - c. "준비된" 스토리들을 미리 대기열에 채워두어서 개발자들이 삼총사에게 질문할 수 있게 한다.
  - d. 표준 점검목록에 따라 녹화한 동영상으로 데스크 점검을 대신한다.
  - e. 그래도 여전히 회의가 필요하다면 진행하되, 관련 모범관행들을 따른다.
- 접근 방식 2: 동기적 관행들을 유지하되 미리 계획한다.
  - a. 착수와 데스크 점검을 작업현황판에 표시하고 이들이 작업흐름에 미치는 영향을 측정한다.
  - b. 여러 역할들 사이의 동기적 의사소통과 비동기 의사소통이 모두 생산적이 되도록, 근무 시간이 충분히 겹치게 한다. 소요시간 같은 팀 규범들에 합의한다.

팀원들이 한 장소에서 동기적으로 일할 때는 이 두 가지 관행이 일종의 팀 허들처럼 느껴졌다. 그런데 허들 같은 관행이 더 있다. 다음 장에서는 또 다른 비공식 관행인 '기술 허들'을 논의한다.

제16장
기술 허들을 재구성하기 위한 질문 6가지

지난 몇 장에서 우리는 통상적인 애자일 관행 몇 가지를 비동기 협업이라는 렌즈를 통해 살펴보았다. 지금까지의 논의에서 단지 "협업을 위한 협업"은 피해야 한다는 주제가 반복되고 있음을 눈치챘을 것이다. 종종 우리는 협업처럼 보이기만 하면 어떤 활동이든 받아들이는 우를 범한다. 그러다 보면 사용자 스토리 하나를 전달하는 데 6개의 게이트 점검을 거쳐야 하는 지경에 이른다. 이러한 '협업' 게이트 점검들 각각은 업무를 중단하고 맥락을 전환하는 요인이 된다. 게다가, 이들은 여러분의 주의력에 '잔상'을 남긴다. 즉, 점검을 마치고 당면한 작업으로 전환한 후에도 조금 전의 중단에 관한 생각이 머릿속에 계속 남아서 생산성이 떨어진다. 몇 년 전 **이코노미스트**Economist 지에 실린 '협업의 저주(collarboration curse)'라는 제목의 기사에 다음과 같은 부분이 있다.[124]

> 조직들은 직원들이 사용할 수 있는 시간이 한정되어 있다는 점, 회의에 참석하거나 인터넷 논의에 참여하라는 요청이 있을 때마다 심층 작업 시간이 줄어든다는 점, 그리고 사람들의 시간에 대한 사소해 보이는 요구들이 모여서 순식간에 커다란 요구가 될 수 있다는 점을 인식하는 데 더 큰 노력을 기울여야 한다. 사람들이 협업하도록 돕는 것은 멋진 일이다. 그리고 사람들에게 생각할 시간을 주는 것은 더욱 멋진 일이다.

비동기 우선 업무를 추구하는 우리는 협업에 더욱더 현명하게 접근할 필요가 있다. 원격 근무가 아직 생소한 사람들이 많기 때문이다. 내가 이 책을 집필하기 시작하고 몇 년이 지난 지금도 원격 근무 환경은 동기적 공동 상주 업무 방식의 사무실 환경보다 새로운 환경이다. 이 새로운 환경은 새로운, 하지만 사무실 환경에 비하면 덜 직관적인 업무 방식을 요구한다. 직접 만나서 진행할 때는 잘 되는 패턴이라도, 화상회의와 인스턴트 메시징을 이용해서 곧이곧대로 진행하면 비효율적일 수 있다. 개발팀에서 발견되는 그런 패턴 중 하나가 바로 허들이라고 부르는 회의이다.

허들이 무엇이고 왜 필요한가

가장 순수한 동기적 버전에서, **허들**huddle은 화이트보드 주변에서 벌어지는 짧은 스탠드업 회의이다. 원격 버전의 경우는 다른 온라인 회의와 다를 것이 없다. 이 '허들' 패턴에 대한 내 생각을 말하기 전에, 내가 경험한 두 가지 변형을 간단히 설명하겠다.

- **즉석 허들**. 팀이 일상적인 기술 문제를 해결할 때 즉석 허들(ad hoc hudddle)을 사용한다. 일정 같은 것을 따로 확인하지는 않고, 그냥 즉흥적으로 여러 사람을 대화에 끌어들여서 문제를 해결하는 식이다.
- **예정된 허들**. 이 패턴에서는 개발팀이 한 주 단위로 논의할 주제들의 목록을 작성하고, 예측 가능한 주기로 모여서 논의한다.

나는 이 두 패턴 모두 재구성 대상이라고 생각하지만, 첫 패턴이 둘째 패턴보다 더 문제가 많다고 본다. 이 점은 잠시 후에 설명하겠다. 일단 지금은 여러분의 팀에서 이 패턴들을 비동기 우선에 맞게 변형함으로써 좀 더 많은 가치를 끌어내는 방법을 살펴보자. 일련의 질문을 던지고 답하는 식으로 논의를 진행하겠다.

팀의 자율성이 어느 정도인가?

하버드 비즈니스 리뷰에 실린 롭 크로스Rob Cross, 렙 레벨Reb Rebele, 애덤 그랜트Adam Grant의 글에 따르면, "위험을 회피하는 **문화**에서는 뭔가 결정할 사항이 있을 때 사람들이 관리자나 이해관계자에게 끊임없이 의사를 묻는 대신 스스로 결정하도록 격려함으로써 시간이 낭비되는 검토 및 승인 요청을 줄일 수 있는 경우가 많다."[125]

제15장에서 언급했듯이 사용자 스토리는 요구사항을 지정하는 효과적인 수단이다. 사용자 스토리를 이용하면 개별 요구사항이 아주 작아지기 때문에 개발 위험이 줄어든다. 그런데 팀들은 이 간단한 단위를 위한 개발 프로세스를 너무 복잡하게 설정해서 필요 이상으로 무겁게 만드는 경향이 있다. 사용자 스토리 하나를 구현하기 위해 스프린트 계획 수립 회의에서 논쟁을

벌이고, 착수 작업을 수행하고, 여러 번의 허들을 "넘고", 기술 점검과 데스크 점검을 거치는 등의 복잡한 과정을 진행하고 있음을 문득 깨닫고는 망연자실한 경험이 있을 것이다. 피드백과 협업이 필요한 것은 사실이지만, 이 모든 세레모니가 과연 약속한 만큼의 가치를 제공할까? 아니면 팀원들이 모두 위험을 피하고 있는 것은 아닐까?

내가 경험한, 분산 환경에서 효과적으로 돌아가는 팀들은 책임을 최대한 작은 단위로 나누어 가진다. 결정을 내릴 때마다 모든 사람의 의견을 물어야 한다면 시스템에 소음이 생길 수밖에 없다. [그림 16.1]의 모형 A가 그러한 상황을 나타낸 것이다.

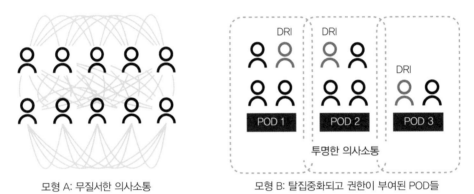

모형 A: 무질서한 의사소통   모형 B: 탈집중화되고 권한이 부여된 POD들

그림 16.1 분산 팀은 차분하고 탈집중적인 모형을 조직화해야 한다.

더 나은 모형은 [그림 16.1]의 모형 B이다. 이 모형은 팀 안에 더 작은, 탈집중화된 POD를 만든다. 각 POD는 최소 2인, 최대 4인의 소규모 그룹이다. 효과적인 POD의 특징을 몇 가지 들자면 다음과 같다.

- POD들을 결과물(outcome)에 정렬시킨다. 이때 결과물은 전달할 기능 하나일 수도 있고 어떤 에픽epic[역주]일 수도 있다.
- 결과물마다 그것을 직접적으로 책임지는 개인, 즉 DRI(directly responsible individual) 혹은 직접 책임자를 지정한다. DRI는 POD 안에서 "동급자 중 일인자(FaE, first among equals)"에 해당한다. 어려운 상황이 발생해서 중대한 결정을 내려야 할 때 이들이 도움이 된다.
- 한 DRI가 다수의 POD를 담당하지 않는다. DRI가 여러 POD에 참여하면 DRI의 맥락 전환과 불필요한 조정 작업이 많아져서 진행에 방해가 된다. 대신, POD마다 전담 DRI를 두면 각 DRI는 주어진 문제들을 좀 더 깊게 고찰해서 해결할 수 있다.

[역주] 에픽은 다수의 사용자 스토리로 구성된 좀 더 큰 단위의 일감을 말한다. 작은 '이야기'들이 모여서 '서사시' 또는 '대작'을 이루는 것을 비유한 용어이다. —옮긴이

- POD들은 자율적으로 운영된다. 상위 팀은 각 POD가 DRI의 도움을 받아 스스로 결정을 내리도록 격려한다.
- 지식 공유를 권장하고 사일로를 제거하기 위해 POD들의 수명을 짧게 유지한다. 원하는 결과물이 나오면 POD를 해체한다. 만일 어떤 POD가 한 달 이상 지속된다면, POD의 존재 이유를 고민해 봐야 한다.
- DRI를 제외한 팀원들은 아직 결과물이 나오지 않았어도 POD들 사이에서 순환시킬 수 있다. 하지만 여기에는 장단점이 있음을 주의해야 한다. 사람들을 순환시키면 더 많은 사람이 코드베이스의 해당 부분에 관여하게 된다는 장점이 있지만, 대신 전문성과 연속성 면에서 손해가 있을 수 있다.
- 정보를 팀 전체에 전파해서 모든 팀원이 각 POD에서 일어나는 일을 바로 알 수 있게 한다. 이렇게 하면 정보가 소위 '벽 안의 정원(walled garden)'에 갇히는 일이 없다.

이런 식으로 POD들을 운영하면, 뭔가 도움이 필요한 경우 더 작고 응집된 그룹에 도움을 청할 수 있다. 결과적으로 전체 시스템에서 소음과 중단이 줄어든다.

"즉시 동기적으로"가 정말로 필요한가?

제9장에서 "즉시 동기적으로" 의사소통하는 것이 그것을 시작한 사람 자신의 몰입에는 도움이 될지라도 의사소통의 상대방은 작업이 중단될 수 있음을 논의했다. 여러분이 당면한 문제를 해결하는 것이 중요한 만큼, 동료가 업무 중단 없이 집중하는 시간 역시 중요하다. 작은 배려가 큰 열매를 맺곤 한다는 점을 기억하자. 어떤 허들을 진행하고 싶을 때, 그것을 동기적이 아니라 비동기적으로 진행할 수는 없는지 생각해 보아야 한다.

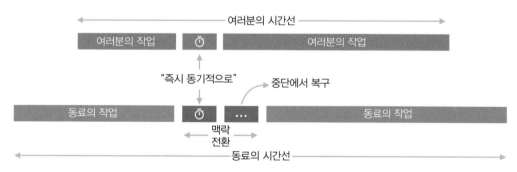

그림 16.2 "즉시 동기적으로"는 제안자에게는 도움이 되지만, 상대방은 몰입이 깨질 수 있다.

"즉시 동기적으로" 대신 서면 작성은 어떨까? 논의 대상을 스케치나 동영상으로 좀 더 자세하게 묘사할 수 있다면 그런 산출물을 만들어 보자. 그런 산출물은 문제 해결의 속도를 높일 수도 있다. 도움을 원하는 사람이 문제를 정확하게 서술하면, 도움을 주는 사람들은 핵심적인 해답을 좀 더 직접적으로 제시할 수 있다. 또한, 일련의 서면 의사소통은 나중에 다른 사람이 참조할 수 있는 하나의 의사결정 기록으로 남는다. 게다가, 글을 쓰거나 스케치를 작성하다 보면 생각이 명확해져서 다른 사람의 도움 없이 스스로 문제를 해결할 수 있게 될 때도 많다.

제4장에서 보았듯이 글쓰기는 어려운 문제를 파고들어서 정복할 수 있는 하나의 '초능력'이다. 한 번 글을 써 두면 나중에 필요에 따라 비동기적인 의사결정(어떤 종류이든)에 써먹을 수 있다. 심지어는 동기적인 회의에서도 활용할 수 있다.

'행동이 기본' 원칙을 따른다면 어떤 결과가 나올까?

행동을 기본으로 두는 것은 비동기 우선 사고방식의 주된 목표이자 이점이다. 팀의 모든 구성원은 독립적으로 일하고 의사결정을 내릴 수 있는 기량을 반드시 배양해야 한다. 그러한 기량은 관리자가 팀원을 채용할 때 반드시 살펴봐야 할 특성이기도 하다. 능력이 뛰어난 개인들로 팀을 구축했다면, 모든 팀원은 주어진 문제에 자신감 있게 도전해서 최선을 다해 해결할 수 있어야 한다. 필요한 정보나 자료가 부족한 경우에도 최선을 다해 노력하고 필요하다면 역추적이나 리팩터링을 수행하는 것이 팀의 문화가 되어야 한다. 다음은 이를 위한 조언이다.

- 비가역적인(돌이킬 수 없는) 결정과 가역적인 결정을 구분할 수 있도록 서로 돕는다. 대부분의 프로젝트 결정은 가역적이야 한다. 여기에는 제6장에서 논의한 동의 기반 의사결정 접근방식이 도움이 된다.
- 애자일 팀 중에는 짝 프로그래밍을 실천하는 팀이 많은데, 여러분의 팀도 그렇다면 이미 두사람이 하나의 문제를 해결하고 있는 것이다. 바로 그 지점에서 위험이 어느 정도 완화된다!
- 여러분의 팀이 짝 프로그래밍을 하지 않는다면, 적어도 코드 검토 프로세스를 통해서 설계 및 구현 위험을 완화해야 할 것이다.
- 위험 요소들을 강조하는 체계적인 접근 방식을 만들어야 한다. 여러분이 사용하는 분기 (branching) 전략에 따라서는, 코드 분석 결과를 통해서 고위험 갈래(branch)들을 식별해서 사전에 위험들을 능동적으로 해결할 수도 있다.

'행동이 기본'을 팀원들이 자신의 일을 깊게 고찰하기 위한, 그리고 기업가 정신과 계산된 위험을 감수하는 문화를 구축하기 위한 방법으로 삼기 바란다.

허들을 진행해야 한다면, 회의를 효과적으로 만드는 방안은 무엇인가?

행동을 기본으로 둘 수 없을 때도 생긴다. 그런 상황이라면 회의를 해도 괜찮다. 하지만 회의는 최후의 수단이지 첫 번째 선택지가 아님을 잊어서는 안 된다. 다음은 생산적인 허들을 위한 제안 몇 가지이다.

- 서면 자료를 만들고 그것을 모든 사람이 검토한 후에만 회의를 시작하자. 회의를 망치고 모두의 시간을 낭비하는 사람은 회의 준비가 가장 덜 된 사람일 때가 많다. 제7장에서 설명한 '6페이지 메모 패턴'으로 회의 자료를 만들고, 회의 시작 후 처음 몇 분은 모든 사람이 조용히 그 자료를 검토하게 하자.
- 허들은 적은 수의 사람만 참여하는 소규모 회의이어야 한다. 허들 회의는 화이트보드 주변에 서서 빠르게 진행하는 회의임을 기억하자. 만일 허들이 30분을 넘어간다면, 그리고 참가자가 4명보다 많다면 뭔가 잘못하고 있는 것이다.
- 비동기 의사소통이나 '행동이 기본' 대신 동기적인 허들을 진행하기로 했다는 것은 해당 사안이 복잡하고 중대한 문제라는 뜻이다. 따라서 모두의 이득을 위해 회의 내용과 결정 사항을 반드시 문서화해야 한다. 여기에는 변명의 여지가 없다. 의사결정 기록에 관해서는 제18장에서 좀 더 자세히 논의한다.

이런 '최후의 수단' 허들들의 빈도는 여러분이 비동기 우선 개발 문화를 얼마나 잘 구축하고 있는지를 보여주는 지표라고 할 수 있다. 허들이 너무 잦다는 것은 스토리 정의나 명확한 구현 결정 측면에 문제가 있기 때문일 수도 있고 팀의 자율적 문화가 충분히 구축되지 않았기 때문일 수도 있다. 뭔가 고쳐야 할 문제가 있는 것이다.

● 모범관행

캘린더가 비면 즉석 대화가 가능하다

회의를 최후의 수단으로 두면 캘린더에 비교적 여유가 생긴다. 캘린더가 비면 중요한 즉석 대화를 조직화하기가 수월하다. 동료를 도울 30분의 시간을 내려고 기존 약속 여러 건을 이리저리 뒤섞을 필요가 없다. 다음과 같은 도움 요청에 간단히 응할 수 있다.

> 안녕하세요! 나랑 슈리가 이 새 구성요소를 구현할 방법을 고민 중인데 혹시 괜찮은 아이디어 있으면 좀 나눠 주세요. 30분 정도 시간 낼 수 있을까요?

일반적으로, 캘린더가 회의(문서와 문자 메시지, 심지어 이메일 대신에)로 가득한 팀보다는 캘린더에 여유가 있는 팀에서 서로를 좀 더 빠르게 도울 수 있다.

정기적인, 예정된 허들들은 어떻게 할까?

지금까지 한 이야기는 모두 애자일 팀의 훌륭한 '즉석' 허들에 관한 것이다. 이번 장 서두에서 언급했듯이, 예정된 허들은 즉석 허들만큼 문제가 되지는 않는다. 애자일 팀들은 예정된 허들을 흔히 이런 식으로 처리한다: 먼저, 논의하고자 하는 주제들로 개별적인 백로그를 하나 만든다. 그런 다음에는 주중 한 요일을 정하고, 정기적으로 모여서 이 백로그의 맨 위 항목부터 논의해 나간다. 그런데 프로젝트의 성패에 치명적인 주제 중에는 이런 패턴으로 다루기가 곤란한 것도 있을 수 있음을 주의해야 한다. 예정된 기술 허들은 팀이 논의해야 할 주제들을 개괄적인 수준에서 분류하는 모임으로 보는 것이 바람직하다. 이를테면 시도해 볼 만한 새 라이브러리나 파이프라인에 통합할 새 정적 분석 도구, 또는 제품에 대한 접근성 감사 수행 계획 같은 것을 이런 예정된 허들에서 논의하면 좋을 것이다. 팀의 흥미를 끄는 것이면 무엇이든 좋다. 허들에서 어떠한 조치를 결정했다면, 반드시 그 조치를 팀의 백로그에 추가해야 한다. 그때부터는 평소대로 작업을 추적하면 된다.

이런 허들 회의 자체가 아주 효율적이지는 않지만, 그래도 이런 예정된 허들은 가치가 있다. 특히 이런 허들은 우리 같은 기술종사자들이 모여서 자신이 좋아하는 것들을 이야기하는 일종의 사교 모임으로 작용한다. 제7장에서 인간성에 관해 이야기했다. 이런 즐거운 동기적 대화는, 대부분의 업무를 비동기적으로 진행하는 팀에서 팀원들이 서로 연결되어 있다는 느낌을 가지는 데 도움이 된다.

제로섬 게임이 아니다

이전 장과 이번 장에서 보았듯이, 팀이 수행하는 특정 관행들을 비동기 우선 방식에 맞게 바꾼다고 해도 100% 비동기적으로 변하지는 않는다. 이런 노력들로 팀이 동기성 스펙트럼에서 얼마나 왼쪽으로 이동하는지는 상황에 따라 다르다. 기술 허들의 경우에는, 상황에 따라 달라지는 요소들을 이번 장에서 제시한 질문들을 이용해서 분해해 보면 좋을 것이다.

일반적으로 기술 허들은 어떤 기술적 문제를 해결하거나 프로젝트의 기술적 결정을 내리기 위한 즉석 회의이다. 또한, 정기적으로 모여서 팀이 신경 쓰는 광범위한 기술적 주제들을 논의하는 형태의 기술 허들도 있을 수 있다. 이런 회의들을 비동기 우선 환경에 맞게 재구성하려면, 다음과 같은 질문들로 허들 회의를 고찰하는 게 도움이 될 것이다.

- 팀의 자율성이 어느 정도인가? 탈집중적 POD 모형을 이용해서 의사결정을 더 작은 그룹들에 분담하는 방안을 고민해 보자.
- "즉시 동기적으로"가 정말로 필요한가? 가능하다면 속도를 늦추고, 먼저 글을 쓴 다음 거기서부터 진행하는 것이 좋다.
- 팀원들이 '행동이 기본' 원칙에 따라 행동했을 때 발생할 수 있는 가장 나쁜 일은 무엇인가? 가역적인 의사결정을 위해 동의 기반 의사결정 접근 방식을 채용하자.
- 최후의 수단으로 회의가 꼭 필요하다면, 그런 상호작용이 덜 방해가 되게 하는, 그리고 회의를 더 잘 준비해서 생산적으로 진행하는 방안은 무엇인가? 이 책에서 지금까지 논의한 여러 모범 관행을 따르는 것이 도움이 될 것이다.
- 마지막으로, 예정된 허들들은 즉석 허들만큼 문제가 되지는 않는다. 예정된 허들들은 팀이 논의할 주제들을 빠르게 분류하는 모임이자, 팀원들의 연결감을 향상하는 사교 모임이기도 하다.

지금까지 우리는 애자일 팀이 흔히 실천하는 여러 관행을 살펴보았다. 다른 주제로 넘어가기 전에 논의할 관행이 하나 남아 있다. 다음 장에서는 비동기 우선 방의 '코끼리'인 짝 프로그래밍을 논의한다.

제**17**장
짝 프로그래밍: 방 안의 코끼리

망치를 들고 있으면 모든 것이 못처럼 보인다는 말이 있다. 비동기 근무라는 망치를 손에 쥐고 있으면 일상의 모든 것을 비동기로 만들고 싶어질 수 있다. 하지만 그런 유혹에서 잠시 벗어나, 이번 장에서는 '방 안의 코끼리'를[역주] 다루고자 한다. 짝 프로그래밍(pair programming)은 동기적인 활동의 하나인데, 애자일 팀, 특히 XP(eXtreme Programming)를 따르는 팀이 가장 흔히 수행한다. 짝 프로그래밍이 생소한 독자를 위해 정의를 제시하겠다.

짝 프로그래밍은 두 개발자가 같은 컴퓨터에서 터미널을 공유하면서 같은 코딩 문제를 두고 함께 일하는 관행이다.

짝 프로그래밍을 항상 실천하는 팀도 많은 만큼, 여기서 좀 더 시간을 들여서 이 관행을 자세히 살펴보고 비동기 우선에 맞게 짝 프로그래밍에 접근하는 방법을 논의하는 것이 좋겠다.

호불호가 갈리는 주제

짝 프로그래밍, 좀 더 일반적으로 '페어링'pairng(어떤 활동을 짝을 이루어 수행하는 것)은 논란의 여지가 있는 주제라고 말해도 과언이 아닐 것이다. [표 17.1]에 이 관행에 대한 두 가지 관점이 정리되어 있다.

[역주] '방 안의 코끼리(elephant in the room)'는 모두가 알고는 있지만 누구도 말하지 않고 애써 외면하는 크고 무거운 문제나 골칫거리를 뜻한다. 제10장의 '눈 가리고 코끼리 더듬기'에 등장하는 코끼리와는 다른 비유이다. —옮긴이

표 17.1 페어링에 관한 극단적 의견 두 가지.

광신자	반대론자
"짝 프로그래밍은 고품질 코드를 작성하는 유일한 방법이다."	"두 사람이 한 가지 일을 하는 페어링은 비생산적인 시간 낭비이다."

세상만사가 그렇듯이 진실은 흑백으로 정확히 나뉘지 않는다. 아마 진실은 표에 나온 두 극단 사이의 어느 지점에 있을 것이다. 내 생각에, 짝 프로그래밍을 정기적으로 실천하는 팀에게는 짝 프로그래밍이 고도로 생산적인 활동이 될 수 있을 것이다. 짝 프로그래밍 기법 자체는 이 책의 주제에서 벗어나므로 자세히 다루지 않겠다. 이에 관해서는 내 동료 비기타 뵈클러Birgitta Böckeler와 니나 시세거Nina Siessegger가 페어링과 그 이점을 상세히 서술한 글[126]을 강력히 추천한다. 다만, "짝 프로그래밍이 개발자의 생산성을 반감한다"라고 생각하는 독자에게는 마틴 파울러의 다음과 같은 재치 있는 답변[127]을 제시하면 될 것 같다.

그럴 수도 있겠지요. 프로그래밍에서 제일 어려운 부분이 타이핑이라면 말이죠.

짝 프로그래밍의 이점

내가 여러 팀과 경험한 바에 따르면, 페어링의 가장 큰 이점들은 비기타와 니나의 글에 나온 것과 겹친다. 정리하자면 다음과 같다.

• **지속적인 코드 검토.** 두 사람이 같은 화면에서 함께 일하면 서로에게 정직해질 수밖에 없다. 짝 프로그래밍을 진행하면서 두 사람은 자연스럽게 리팩터링할 코드를 찾게 된다. 두 사람은 위험한 코드를 피할 수 있는 안전망을 서로에게 제공한다. 또한, 팀의 코딩 표준을 벗어나지 않게 하는 책임도 나누어 가질 수 있다.

• **지식 공유와 멘토링.** 코드베이스를 아무리 철저하게 문서화해도, 신입 개발자로서는 코드베이스에 자신의 코드를 기여할 수준에 이르기 전에는 자신감 있게 코드베이스를 탐색하기 어렵다. 코드베이스가 커질수록 신입 개발자가 느끼는 진입장벽이 높아지고, 코드를 작성하기가 점점 두려운 일이 된다. 그러나 페어링은 신입 개발자, 심지어는 경험이 없는 개발자가 코드베이스의 구조를 익히는 데 도움이 되며, 결과적으로 진입장벽이 낮아진다. 짝을 지속적으로 순환하면, 숙련된 프로그래머들의 기량을 경험이 적은 개발자들에게 전이하기가 쉬워진다. 또한, 숙련된 개발자들도 새로운 시각으로부터 배우는 점이 있을 수 있다. 그리고 작업의 흐름에 대한 피드백 덕분에 팀의 회복탄력성(resilience)이 향상된다.

- **팀 유대감과 동료애.** 종종 간과하는 페어링의 장점이다. 짝을 지어 일하면 동료를 가까운 거리에서 관찰하게 된다. 그 과정에서 다양한 문제 해결 방식을 경험할 수 있을 뿐만 아니라, 다른 식으로 알 수 없었을 상대방의 기벽이나 공통점을 발견하게 된다. 동료애에 금전적 가치를 매기기는 어렵지만, 팀에서 일해본 사람이라면 동료애가 그 어떤 생산성 지표보다 가치 있는 요소임을 알 것이다.

물론 짝 프로그래밍에는 어려움과 단점도 있다. 하지만 그것이 이번 장의 주제는 아니므로, 자세한 내용은 비기타와 니나의 글[128]을 참고하기 바란다. 앞에서 언급한 이점들은 공동 상주 팀은 물론 분산 팀에도 중요하다. 페어링이 분산 팀에게도 이처럼 유익한 동기적 활동일 수 있다면, 페어링을 비동기 우선 업무 방식에 접목하려면 어떻게 해야 할까? 나는 네 가지를 고려할 것을 권한다. 바로, 유연성을 위한 설계, 적절한 도구 사용, 개인 규율 장려, 페어링과 단독 작업의 혼합이다. 그럼 이들을 차례로 살펴보자.

유연성을 위한 설계

사람들이 각자 자신에게 가장 적합한 시간대에 일할 수 있다는 점은 원격 근무의 가장 큰 특징 중 하나이다. 이는 다른 사람과 "동기적으로" 짝을 이루어 일을 해야 하는 페어링과는 상충하는 특징이다. 하지만 내가 보기에 이것은 해결이 불가능한 문제가 아니다. 이 문제를 해결하는 방법은 다음 두 가지인데, 나는 둘째 방법을 선호한다.

- 모든 사람이 페어링할 수 있는 '핵심 시간대(core hours)'를 팀 차원에서 지정한다. 이렇게 하면 작업을 예측하기 쉽지만, 대신 일부 팀원에게 부담이 될 수 있다. 모든 사람의 일상이 똑같지는 않으므로, 이 방식을 따른다면 어떤 팀원에게는 일상생활이 좀 더 어려워질 수 있음을 주의해야 한다.
- 내가 선호하는 방식은 페어링 시간을 각각의 짝이 개별적으로 정하게 하는 것이다. 페어링 세션마다 두 사람이 동기적으로 일하기 편한 시간대를 스스로 결정하게 하며 된다. 이런 종류의 탈집중화는 팀의 프로세스를 좀 더 견고하고 탄력 있게, 나심 탈레브Nassim Taleb의 용어를 빌자면 '안티프래질antifragile'[129]하게 만든다. 하루에 어떤 이벤트들이 있든, 두 사람이 서로 시간을 맞추는 것은 그리 어렵지 않은 일이다. 이 접근 방식은 제16장에서 살펴본 것처럼 큰 팀을 작은 POD들로 나누어 구성할 때 특히나 효과적이다.

[그림 17.1]은 내가 경험한, 어떤 동유럽 소프트웨어 개발사에서 두드러지게 잘 작동한 패턴을 나타낸 것이다. 나는 이를 **배턴 전달 페어링 루틴**(baton-pass pairing routine)이라고 부른다. 하루 업무를 다른 개발자보다 일찍 시작한 개발자는 일단 혼자서 작업을 진행한다. 이후 둘째 개발 자가 합류하면 두 사람이 몇 시간 동안 집중해서 페어링을 진행한다. 시간이 되어 첫 개발자 가 로그오프한 후에는 둘째 개발자가 혼자서 일한다. 하루가 끝나면 둘째 개발자는 첫 개발자 를 위해 메모를 작성한다. 그러면 다음 날 첫 개발자가 그 '배턴(바통)'을 이어받아서 작업을 진 행한다. 그 개발사는 효과적인 커밋 메시지를 작성하는 관행을 지켜온 덕분에 이 패턴이 더욱 더 생산적이었다.

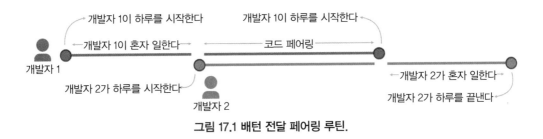

그림 17.1 배턴 전달 페어링 루틴.

적절한 도구 사용

단지 화면을 공유한다고 짝 프로그래밍이 되는 것은 아니다. 줌이나 MS 팀즈를 이용해서 페 어링을 시도해 본 개발자들에게 물어본다면, 상대방과 실제로 나란히 앉아서 하는 것과는 전 혀 다른 경험이라고 답할 것이다. 사실 그럴 만도 하다. 원격 제어 같은 기능이 끼어들면 화상 회의 도구가 굼뜨고 비효율적으로 작동한다. 개발자 두 명이 실제로 나란히 앉아서 키보드와 화면을 공유하는 것과는 비교할 수 없다.

적절한 도구가 없으면 원격 페어링은 힘겨운 싸움이 된다. 효과적인 원격 페어링을 위해서는 그런 용도에 특화된 도구가 필요하다. 내 동료들이 즐겨 사용하는 도구로는 Tuple과 Visual Studio Live Share를 들 수 있다. CoScreen과 Pop을 칭찬하는 이야기도 들었지만, 한 팀에서 이들을 본격적으로 사용한 경험은 없다. 앞으로 더 많은 도구가 등장할 것이므로, 추천하고픈 도구들을 일일이 나열하지는 않겠다. 다만, 개발자들을 위한 페어링 도구를 실무에서 멀어진 임원급 인사가 선택하는 일은 피해야 할 것이다. 개발자의 의견에 귀를 기울여서, 개발자에게 정말로 필요한 페어링 도구를 제공해야 한다.

> **주목해야 할 경향: AI 짝 프로그래머**
>
> 이 책을 쓰는 현재, 시중에는 수많은 프로그래밍 봇이 나와 있다. 유명한 깃허브 코파일럿 외에도 아마존 코드위스퍼러CodeWhisperer나 Tabnine, Codeium 등이 개발자들 사이에서 빠르게 인기를 얻고 있다. 여러분도 이 분야를 주의 깊게 지켜보아야 할 것이다. 코딩 봇은 실시간 협업의 어려움 없이 짝 프로그래밍의 이득을 얻을 수 있는 유망한 혁신이 될 수 있다. 하지만 이 책을 쓰는 현재 AI가 생성한 코드를 어느 정도나 신뢰할 수 있을지를 걱정하는 목소리가 있음을 주의해야 한다. AI 모델은 공개적으로 사용 가능한 소스 코드로 훈련된 것이므로, 저작권이 있는 코드를 출처가 명확하지 않은 공개 코드와 혼합하면 의도치 않은 사용권(라이선스) 문제가 발생할 수 있다.

개인 규율 장려

제5장에서 논의했듯이 효과적인 원격 근무를 위해서는 개인의 규율도 중요하다. 페어링 세션에서 개발자는 자신의 시간뿐만 아니라 상대방의 시간에도 책임이 있음을 인식해야 한다. 페어링 세션 도중에 인스턴트 메시징으로 다른 회의에 참여하거나 하면 상대방의 몰입을 방해할 수 있다. 페어링은 두 사람이 주어진 코딩 문제를 해결하는 데 완전히 몰입할 때 잘 작동한다. 반대로, 상대방이 산만하게 굴면 페어링은 그만큼 비효율적이 된다. 몇 년 전 Thoughtworks 사의 내 동료들이 짝 프로그래밍의 안티패턴 몇 가지로 웃기는 동영상을 만든 적이 있다.[130] 그 동영상은 사무실 환경을 기준으로 한 것이지만, 동영상의 모든 교훈은 원격 근무 환경에도 적용된다. 피해야 할 짝 프로그래밍 안티패턴 몇 가지를 요약하자면 다음과 같다.

- **키보드 독차지.** 짝 프로그래밍은 일하면서 서로에게 배우는 방법이다. 코드를 한 사람만 작성하는 것은 다른 사람의 자신감이나 사기에 도움이 되지 않는다. 한 사람은 타이핑하고 다른 사람은 방향을 지시하는 운전자-내비게이션(driver-navigator) 패턴을 이용해서 주기적으로 키보드를 공유해야 한다. 다음은 이를 위해 시도할 만한 구체적인 기법 두 가지이다.
  - **마우스와 키보드:**[역주] 한 사람은 마우스나 트랙볼을 다루고 다른 사람은 키보드를 다룬다. 주기적으로 역할을 바꾼다.
  - **탁구**(ping pong): 한 사람이 실패하는 테스트를 작성하면 다른 사람은 그 테스트를 통과하는 코드를 작성한다. 이는 테스트 주도적 개발을 실천함과 동시에 서로가 즐겁게 경쟁하는 방법이 될 수 있다.

[역주] 원문은 "ball and board"인데, 'ball'은 마우스에 고무공이 들어 있던 시절의 유물이라고 할 수 있다. 마우스를 움직이면 공이 회전하고, 그에 따라 커서의 위치가 변한다. ―옮긴이

- **항상 같은 사람과 페어링.** 여러분이 항상 같은 사람과 짝을 이룬다면 그 사람과는 강한 유대감을 형성할 수 있겠지만, 팀의 다른 사람들에게 배울 기회를 잃게 된다. 또한, 기량과 지식의 사일로가 생길 위험이 있다. 그렇게 하는 대신 주기적으로 짝을 바꾸어서 사람들이 충분히 섞이게 하자.

- **경직된 문제 해결 방식.** 페어링에 깔린 가정은 어떤 문제를 해결할 때 "두 사람의 머리가 한 사람보다 낫다"라는 것이다. 따라서 페어링 세션을 한 사람이 지배적으로 주도하는 것은 도움이 안 된다. 상대방의 의견을 경청하고 필요하다면 질문을 해서 상대방의 관점을 이해하는 노력이 중요하다. 그런 과정에서 좀 더 풍부한 해법을 찾을 수 있을 것이다.

- **수동적인 페어링.** 앞의 안티패턴과 짝을 이루는 안티패턴으로, 한 사람이 너무 주도적으로 페어링을 진행하면 다른 사람은 수동적으로 변해서 모든 것을 상대방에게 맡기게 된다. 한 사람이 아무 일도 하지 않는다는 점에서, 이는 각자 따로 일하는 것보다 나쁘다. 수동적인 페어링은 적어도 한 사람이 페어링 활동을 유용하다고 생각하지 않고 그저 타성적으로 따르고 있음을 말해주는 신호일 수 있다. 그런 상황이라면 여러분이 관련자들과 솔직한 대화를 나눌 것을 권한다. 만일 페어링의 이점을 관련자에게 충분히 납득시키지 못한다면, 페어링을 고집하지 말고 혼자 일하게 하는 것이 나을 수 있다.

- **짝을 남겨두고 떠나기.** 바쁜 고참(시니어) 개발자가 신참(주니어) 동료와 짝을 이루는 경우, 회의 참석 때문에 자리를 비워야 할 때가 종종 있다. 그럴 땐 각자 따로 일하는 게 나을 수 있다. 팀이 본격적으로 짝 프로그래밍을 실천하고자 한다면, 페어링 시간을 '신성한 시간'(제9장의 "신성한 반나절" 참고)으로 두어야 한다. 캘린더를 비우고 모든 방해 요소를 차단하자.

- **철학 논쟁.** 짝 프로그래밍 중 두 사람이 뭔가 논의를 하기도 하는데, 그런 논의가 해법을 좀 더 견고하게 만들 때가 많다. 하지만 논의가 당면한 문제에 아무런 도움이 안 되는 긴 철학 논쟁으로 빠지는 일은 피해야 한다. 그런 논의는 나중에 좀 더 비공식적인 대화의 시간으로 미루는 습관이 필요하다. 두 사람이 의견이 일치하지 않는다면, 페어링을 멈추고 각자의 관점을 가상 화이트보드나 공유 문서에 적도록 하자. 그러면 각 관점의 장단점을 따져서 합의에 도달하는 데 도움이 될 것이다. 그래도 결론이 나지 않는다면, 일단 합의가 되는 부분만으로 계속 작업을 진행하고 해당 프로젝트 또는 기능의 직접 책임자(DRI)가 비동기적으로 또는 동기적으로 결론을 내도록 하는 것이 바람직하다.

페어링과 단독 작업 혼합

일단 페어링의 가치를 알게 되면 항상 페어링하고 싶은 마음이 들 수 있다. 직접 해본 사람은 알겠지만 짝 프로그래밍은 강도 높고 피곤한 작업이다. 사람은 가끔 숨을 돌려야 하는데, 여기에 앞에서 언급한 배턴 전달 루틴이 도움이 된다. 짝 프로그래밍의 강도 높은 상호 코드 검토의 이점을 얻지는 못한다고 해도, 잠시 단순한 방식으로 코딩을 진행하는 것도 나쁘지 않다. 그런 코딩은 페어링에서 벗어나 잠시 숨을 돌리고 싶을 때 수행할 만한 단독 작업으로 적합하다.

또한, 사람들은 단지 자신감을 회복하기 위해서라도 단독 작업이 필요할 때가 있다. 관련해서 비기타와 니나는 다음과 같은 해법을 제시한다.

> 문제에 직접 부딪혀 보는 것이 누군가에게 자세한 방법을 듣는 것보다 더 효과적인 학습 경험일 때가 많다. 이에 대응하는 방법이 몇 가지 있다. 하나는 가끔 주니어 프로그래머가 스스로 코드를 짜게 하고, 멘토가 정기적으로 체크인해서 코드를 어느 정도까지 검토해 주는 것이다.

앤드루 몬탈렌티Andrew Montalenti는 개발자 두 명이 서로의 설명책임성 파트너(accountability partner)가 되는 짝 프로그래밍 패턴을 권장한다.[131] 이 패턴은 다음과 같이 진행된다(그림 17.2도 참고하자).

1. 하나의 계획서 또는 대략적인 디자인 스케치를 **동기적으로** 작성한다.
2. 몇 가지 원형(prototype)들과 함수 및 클래스를 **비동기적으로** 구현한다.
3. 각 구현 접근 방식의 장단점을 **동기적으로** 논의한다.
4. 하나의 솔루션으로 총의를 모으는 것을 목적으로 해서, 각자 서로의 피드백에 기초해서 원형들을 **비동기적으로** 개선한다.
5. 원하는 기능성을 구현하기 위한 계획과 그 계획을 실현하기 위해 각자 담당할 일감들을 **동기적으로** 합의한다.
6. 개별 코딩 일감들을 **비동기적으로** 구현한다.
7. 각자 구현한 코드 조각들을 **동기적으로** 통합한다.
8. 병합된 코드를 검토하고 필요하다면 다듬는 과정을 **비동기적으로** 진행한다.

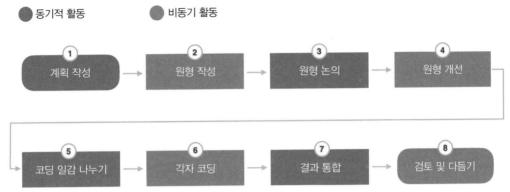

그림 17.2 설명책임성 파트너와 페어링.

이런 패턴은 자신의 속도에 맞게 일한다는 단독 작업의 이점과 동료의 문제 해결 방식에서 뭔가를 배운다는 짝 프로그래밍의 이점을 모두 취할 수 있다. 어떤 일을 하든, 팀이 교조주의에 빠지게 해서는 안 된다. 페어링에 나름의 장점이 있는 것은 분명하지만, 애자일 선언문은 "공정(프로세스)과 도구보다 개인과 상호작용"[역주]도 강조함을 주목하자. 훌륭한 인재들로 팀을 꾸렸다면, 여러분의 우선 과제는 팀원들이 효과적이고 포용적으로 협업하는 나름의 방식을 찾는 것이다. 맥락을 존중하지 않는 기법은 그 어떤 것이든 피해야 한다.

재미있다면 어떻게든 짝을 이루자

여러 번 언급했듯이 비동기 우선이 "비동기만(async-only)"을 뜻하는 것은 아니다. 팀이 짝 프로그래밍을 즐기고 그 가치를 인정한다면 짝 프로그래밍을 계속 실천해야 마땅하다.

이번 장 요약

짝 프로그래밍은 생산성 높은 동기적 활동이다. 만일 여러분의 팀이 짝 프로그래밍의 가치를 인정한다면 계속 실행하기 바란다. 다음은 비동기 우선 팀에서 짝 프로그래밍을 효과적으로 실천하는 데 도움이 되는 몇 가지 아이디어이다.

- 페어링 때문에 업무 일정이 경직되지 않도록, 유연성을 고려해서 업무 패턴을 설계하자.
- 적절한 페어링 도구를 활용하자. 그렇지 않으면 개발팀이 페어링을 효과적으로 진행하는 데 어려움을 겪을 수 있다.

[역주] 애자일 선언서 한국어판 https://agilemanifesto.org/iso/ko/manifesto.html에서 전재했다. 괄호는 옮긴이가 추가한 것이다. ―옮긴이

- 짝 프로그래밍에서는 이 책에서 이야기한 모든 개인 규율이 더욱더 중요해진다. 짝 프로그래밍에서는 자신의 시간뿐만 아니라 상대방의 시간도 책임지게 된다.
- 실용적인 자세가 중요하다. 항상 페어링할 필요는 없다. 가끔은 사람들이 단독으로 일하면서 자신의 실수로부터 배울 방법을 찾아보자. 반대로, 대부분의 작업이 비동기로 진행되는 팀이라도 디자인이나 설명책임과 관련해서 짝을 이루어 일할 부분이 있는지 찾아보자.

이번 장에서는 짝 프로그래밍의 장점을 원격 근무 환경에서 살리는 방향으로 논의를 진행했지만, 그 반대의 상황도 고려해야 할 것이다. 여러분의 팀이 짝 프로그래밍을 즐기지 않는다고 해도 너무 걱정할 필요는 없다. 그렇다고 세상이 끝나는 것은 아니다. 그런 상황이라면 코드 검토와 팀 내 지식 공유에 더 큰 노력을 기울일 필요가 있겠다. 실용적인 자세로 임하자.

지금까지 우리는 에자일 팀이 흔히 실천하는 여러 애자일 관행과 기법을 살펴보았다. 이제부터는 초점을 조금 바꾸어서, 비동기 우선의 여정에 도움이 되는 몇 가지 문서화 관행을 논의한다. 첫 주제는 다음 장의 감사용 기록(audit trail)이다.

제18장
업무 과정에서 생성된 감사용 기록

어린 시절 읽은 **헨젤과 그레텔**이라는 동화를 기억할 것이다. 여기서 그 동화 전체를 제시하지는 않겠다. 이 동화에서 흥미로운 부분은 헨젤이 나중에 집에 돌아가기 위해 길에 흔적을 남긴 것이다. 흔적으로 남긴 하얀 조약돌들은 시간이 지나도 그대로 있었지만, 빵 부스러기들은 새와 짐승이 먹어 치웠다. 개발 프로젝트에도 조약돌처럼 오래 지속되는 흔적(trail)이 필요하다. 왜 그럴까? 동화에서처럼 나중에 길을 찾기 위해서이다. 버그를 해결하거나, 어떤 의사결정을 이해하거나, 코드 변경의 근거를 파악하려면 과거로 돌아가는 '길'이 필요하다.

'그냥 물어보자' 패턴은 더 이상 통하지 않는다

예전에는 모두가 한 테이블에서 일했다. 따라서 궁금한 게 생겼을 때 "그냥 물어보면" 답을 얻을 수 있었다. 해결이 안 되는 버그가 있다면, 바로 허들 회의를 열어서 답을 구하면 되었다. 어떤 아키텍처상의 결정을 이해하지 못했다면, 역시 "그냥 물어보면" 누군가가 설명해 주었다. 어떤 코드 변경의 의도를 파악하기 어려울 때도, 큰 소리로 물어보면 누군가가 이유를 말해 주었다. 근무 환경이 산만하긴 했지만, 그래도 원하는 답을 얻을 수 있었다.

그러나 원격 근무 환경에서는 이런 "그냥 물어보자" 패턴이 더 이상 통하지 않는다. 여러분의 곁에는 모여서 허들을 할 사람도 없고, 직접 물어볼 사람도 없다. 그렇다고 채팅 메시지로 원격 동료를 계속 방해하는 것은 바람직하지 않다. 따라서 원격 팀에게는 비동기적인 역추적 방법이 필요하다. 이번 장의 주제는 헨젤이 남긴 하얀 조약돌에 해당하는, 역추적을 위한 기록이다. 이번 장에서는 비동기 업무의 작업흐름에서 만들어지는 다섯 가지 '흔적' 또는 감사용 기록을 논의한다. 그럼 첫 흔적인 회의록으로 시작하자.

> **감사용 기록이 작업 요약을 대신하지는 않는다**
> 이번 장에서 논의하는 모든 감사용 기록(audit trail)은 결국 "어떻게 여기에 도달했는가?"라는 질문의 답이라고 할 수 있다. 감사용 기록을 이용해서 프로젝트의 현재 상태로부터 과거의 어느 시점까지 역추적하는 능력이 중요하긴 하지만, 그런 역추적이 필요해지는 상황을 피하는 것이 더 중요하다. 즉, 프로젝트의 현재 상태를 이해하고 싶은 팀원은 감사용 기록을 살펴보기 전에 먼저 팀 핸드북에서 답을 찾을 수 있어야 한다.

회의록

"그냥 물어보자" 패턴(제17장 참고)이 통하지 않는 원격 근무에서는 팀의 의사소통 경로들이 얼마나 되는지 생각해 볼 필요가 있다. 2인 팀의 의사소통 경로는 하나뿐이지만, 3인 팀은 세 개이고 4인 팀은 6개, 10인 팀은 무려 45개이다. 이는 팀이 클수록 구두 의사소통이 일종의 '전화 게임(game of telephone)'[역주]이 되는 이유이다(그림 18.1).

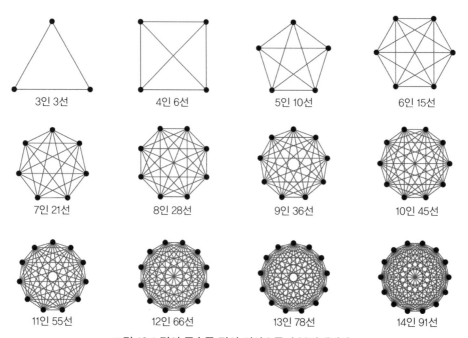

그림 18.1 팀이 클수록 팀의 의사소통이 복잡해진다.

[역주] 전화 게임은 특정 단어나 문구를 차례로 다음 사람에게 전달하는 놀이로, 도중에 실수가 누적되어 엉뚱한 단어나 문구로 변할 때가 많다. 좀 더 자세한 사항은 위키백과 '옮겨 말하기' 항목(https://ko.wikipedia.org/wiki/옮겨_말하기)을 참고하자. —옮긴이

10인 팀에서 세 명이 회의를 했는데 구두로만 정보를 전달했다고 하자. 그런 경우 회의 결과를 공유하기 위한 그나마 나은 시나리오는 또 다른 회의를 잡아서 나머지 팀원들에게 정보를 전달하는 것이다. 이전에 논의했듯이 팀 내 정보 전달은 기본적으로 비동기적이어야 한다. 최악의 시나리오는 단지 정보를 전달하기 위한 회의를 여러 번 추가로 실행하는 것이다. 그러다 보면 어느새 전화 게임 상황이 벌어진다.

더 나은 접근 방식은 기존 방식대로 회의를 잘 요약한 서면을 작성하는 것이다. 간결한 요약서는 사람들이 긴 회의의 요점을 몇 분 안에 파악하는 데 도움이 된다. 구글 캘린더나 마이크로소프트 아웃룩 같은 인기 있는 캘린더 도구에는 회의록 작성을 유도하는 기능이 내장되어 있다. 그리고 컨플루언스에는 회의에서 결정한 모든 조치를 자동으로 팀 핸드북의 할 일 목록에 등록해주는 매우 실용적인 템플릿이 있다.[132] 이런 도구는 마감일을 지키는 데 도움이 되며, 시스템이 조치 담당자에게 적절한 알림 메시지를 보내기까지 한다. 이 문제를 위해 조직이 추가 예산을 책정할 여유가 있다면, 이런 종류의 문서화를 원활하게 해주는 도구들도 고려해 보면 좋을 것이다. 그런 도구로는 Fellow, tl;dv, Hugo, Otter 등이 있다. 하지만 중요한 것은 도구나 템플릿이 아니라 규율이라는 점을 명심해야 한다.

회의록을 작성하는 것만으로는 충분하지 않다. 팀원들이 회의록을 쉽게 찾고 참조할 수 있어야 한다. 이를 위해서는 모든 회의록을 한 장소에 담아둘 수 있는 컨플루언스 같은 플랫폼이 도움이 된다. 한편, 회의 결과와 관련해서 누군가의 시선을 끌어야 한다면 태그를 활용하면 될 것이다. 오피스 365나 구글 워크스페이스를 사용하는 경우에는 회의록들을 둘 장소를 결정해야 한다. 모든 사람이 모든 회의록을 점검하리라고 기대하지는 말자. 마치 소방호스에 입을 대고 물을 마시듯이 모든 사람이 모든 산출물을 억지로 소비하려 드는 상황은 바람직하지 않다. 대신, 필요해지면 그때 손쉽게 찾아볼 수 있게 하는 데 주력하자.

회의록에 무엇을 포함할 것인가?

회의 요약서가 장황하거나 복잡할 필요는 없다. 다음은 회의록이나 회의 요약서의 기본적인 구성요소 몇 가지이다.

- 회의의 목표와 안건들—이 사항들은 회의 전에 미리 열람케 했을 것이다.
- 회의 참석자들—@이름 형태로 동료를 언급할 수 있는 도구들이 많다. 그런 도구를 이용한다면 참석자 명단을 순식간에 만들 수 있다.
- 각 안건의 핵심 논점—불릿 목록 형태로 일목요연하게 작성하자.
- 조치 사항—누가 무엇을 언제까지 해야 하는지 정리한다. 문서 시스템 자체에서 해당 조치들을 추적할 수 있는 도구들도 있다.
- 결정 사항(있다면)—의사결정 기록이나 제안서 같은 근거 자료로의 링크들이 있어야 한다.

비즈니스 의사결정 기록

애자일 개발팀은 "계획을 따르기보다 변화에 대응하는" 것에 가치를 둔다. 이 원칙에는 비즈니스의 요구와 필수 사항이 시간에 따라 변하며, 소프트웨어 개발은 그러한 변화에 대응해야한다는 개념이 깔려 있다. 사실 여러분도 이 점을 일상적으로 경험하고 있을 것이다. 비즈니스 담당자들은 항상 뭔가를 결정한다. 결정할 사항은 우선순위, 로드맵, 이전(migration), 예산, 대상 그룹, 실험 등 다양하다.

팀이 크고 결정 사항이 많을수록 그 모든 것을 머리에 담거나 대화 속에서 추적하기가 어려워진다. 따라서 분산 팀은 모든 비즈니스 의사결정을 비즈니스 의사결정 기록(BDR, business decision records)의 형식으로 문서화하는 것을 규율로 삼아야 한다. 일반적인 의사결정 기록에 관한 조엘 헨더슨의 훌륭한 가이드[133]가 비즈니스 의사결정 기록의 작성에도 유용하다. 컨플루언스를 사용한다면, 모든 의사결정을 팀 핸드북의 한 장소에 채워 넣을 수 있는 내장 템플릿[134]이 있으니 확인해 보기 바란다.

아키텍처 의사결정 기록(ADR)

XP(익스트림 프로그래밍)의 핵심 원칙 중 하나는 단순성이다. 단순성은 간소한 설계로 이어진다.[135] 최근 10년 사이에 '진화적 아키텍처(evolutionary architecture)'라는 개념이 인기를 끌었다. 진화적 아키텍처를 사용하는 팀은 시스템의 근본적인 기술 요구사항들을 미리 파악하되, 그 밖의 결정 사항들은 "책임이 따르는 마지막 순간(last responsible moment)"까지 미룬다.[136] 이런 방식의 이점은, 섣부른 추측을 피하고 필요한 정보가 생겼을 때 결정을 내릴 수 있다는 것이다.

이는 여러분의 아키텍처가 시간에 따라 변할 것이며, 언젠가는 아키텍처가 왜 그런 식으로 만들어져 있는지 조사할 필요가 있을 수도 있음을 뜻한다. 그런 경우 프로젝트의 '고고학적' 시간선을 제공하는 아키텍처 의사결정 기록(ADR, architectural decision records)이 도움이 된다. 다음은 ADR의 장점 몇 가지이다.

- ADR을 이용해서 총의를 모으고, 프레임워크와 코드 재사용을 촉진하고, 심지어는 중복된 노력을 제거함으로써 신속하게 **파트너 팀들과 이해관계자들을 정렬시킬 수 있다.**
- 프로젝트의 아키텍처가 어떻게 발전했고 특정 사항들이 어떤 근거로 결정되었는지 이해하는 데 유용하다는 점에서 ADR은 **현재 및 미래의 팀원들의 온보딩**에 도움이 될 수 있다.
- ADR이 있으면 **프로젝트 소유권 이전**이 쉬워진다. 프로젝트를 인수하는 새 팀은 ADR을 활용해서 시스템의 아키텍처가 지금까지 어떻게 발전했는지를 좀 더 수월하게 이해할 수 있다.

관련해서 조엘 헨더슨의 ADR 가이드[137]를 추천한다. 또한, ADR 작성을 시작하는 데 사용할 수 있는 템플릿도 많이 있다. 이 주제에 관한 마이클 나이가드Michael Nygard의 원래의 글(2011년)[138]은 표준 ADR의 형식을 따르고 있으므로, 그 글 역시 학습에 크게 도움이 될 것이다. ADR 작성을 여기서 자세히 다루지는 않겠다. 대신 몇 가지 조언을 제시하는 것으로 마무리하겠다.

- 회의록처럼 **ADR도 프로젝트의 중앙 위치에 두어야 한다.** 구글 드라이브 같은 협업 파일 공유 도구나 컨플루언스 같은 위키를 사용할 수도 있겠다. 하지만 합리적인 기본 선택은 버전 관리 시스템에 코드와 함께 두는 것이다.[139]
- 문서화하기에 **너무 작은 의사결정은 없다.** 사실, 변경 사항을 제대로 문서화하지 않아서 드는 비용이 팀이나 조직의 초기 중복 노력으로 인한 비용만큼이나 높다. ADR은 가벼운 형식이므로 변경 사항을 기록하는 데 몇 분만 사용하면 된다.
- 문서화되지 않은 의사결정을 발견했을 때 **점잖게 행동하자.** 누군가를 비난하기보다는, 향후 혼란을 피할 수 있도록 팀과 협력해서 문서화하는 데 주력하는 것이 바람직하다.
- 마지막으로, **ADR을 팀의 모든 사람이 이해할 수 있는 방식으로 작성해야 한다.** 의사결정에 깔린 근거와 합의에 도달한 해법을 기술자와 비즈니스 담당자 모두가 이해할 수 있다면 ADR을 영향력 있게 잘 작성한 것이다.

손쉬운 ADR 작성을 위한 도구

ADR-manager[140]는 깃허브 저장소와 통합되는 도구이다(그림 18.2). 이 도구는 이전 ADR들을 열람하고 편집하는 기능을 제공한다. 또한, 일관된 형식에 따라 새 ADR을 생성하는 과정도 안내해 준다.

그림 18.2 ADR-manager 관리자의 안내에 따라 ADR을 작성하는 예.

GUI 대신 명령줄에서 ADR들을 관리하고 싶다면 adr-tools[141] 같은 도구가 있다. 원하는 텍스트 편집기 안에서 이 도구를 실행하도록 설정하는 것이 가능하다.

커밋 메시지

개발자라면 공감할 만한 이야기인데, 여러분도 어떤 버그 하나를 잡기 위해 다음과 같은 과정을 거쳐야 했던 적이 있을 것이다.

- 방대한 로그에서 "변수 타입 수정" 같은 별로 도움이 되지 않는 커밋 메시지들을 일일이 살펴본다.
- 각 커밋에 해당하는 코드를 읽고 이해해서 버그의 근본 원인을 찾아낸다.

애초에 커밋 메시지를 잘 작성해 두면 이런 상황에 큰 도움이 된다. 버그 자체를 방지하기는 어렵다. 코드를 뒤져서 버그를 잡아야 하는 상황이 언젠가는 발생한다. 효과적인 커밋 메시지는 버그의 근본 원인을 찾기 위한 빠른 1단계 조사를 좀 더 쉽게 만들어 줄 뿐이다. 여기서 커밋 메시지를 상세히 분석하지는 않겠다. 다만 다음과 같은 몇 가지 논점을 제시하고자 한다.

- 커밋 메시지를 잘 작성하는 게 아주 어려운 일은 아니다. 기본적으로 커밋 메시지는 제목과 설명문으로 구성되는데, **제목은 50자 미만**으로 하고 설명문의 **각 행은 72자 미만**으로 하는 것이 바람직하다. 이런 문자 길이 지침은 너무 간결한 메시지와 너무 장황한 메시지 사이의 균형을 잡는 데 도움이 된다.[142] 이런 제약을 지키기가 어렵다면, 커밋 자체가 너무 큰 것일 수 있다. 그런 경우 커밋을 좀 더 원자적으로 분해해 보자.
- 메시지 제목은 **커밋의 목적을 설명**하는 것이어야 한다. 그런 제목은 여러 커밋 메시지 중 자신이 관심 있는 변경에 해당하는 커밋이 무엇인지 찾을 때 도움이 된다.
- 설명문은 커밋이 가한 변경의 범위를 다른 사람이 **코드 자체를 보지 않고도** 파악할 수 있도록 작성해야 한다.
- 그리고 커밋이 작업현황판에 자동으로 반영되도록 **도구들을 적절히 통합**하자. 예를 들어 지라는 깃허브나 깃랩, BitBucket과 통합된다.[143]

이 주제와 관련해서 후르바시 니쿠Hoorvash Nikoo의 가이드[144]와 Conventional Commits 사의 가이드[145]가 대단히 유용하다. 그 밖에도 커밋 메시지 작성법을 배우는 데 도움이 되는 지침서가 많이 있을 것이다. 커밋은 분산 프로젝트에서 가장 기본적인 의사소통 단위이다. 시간을 내서 프로젝트의 커밋 메시지들을 살펴보고 품질이 어느 정도인지 점검하자. 그리고 독자가 코딩도 직접 한다면, 독자 자신의 커밋 메시지를 개선할 방법도 찾아보아야 할 것이다. 사용하는 도구가 지원한다면, 코드 커밋 메시지에 적용하는 규율을 팀의 핸드북 페이지들의 편집 작업에도 적용할 수 있을 것이다. 페이지에서 변경한 내용에 관한 짧은 메시지를 추가해 두면 다른 사람들이 변경 사항을 파악하기 위해 페이지 개정판(revision)들을 비교하는 수고를 덜 수 있다.

●참고자료

더 나은 커밋 메시지 작성법을 배울 수 있는 도구

간단한 명령줄 도구를 사용해서 효과적인 커밋 메시지 작성법을 배울 수도 있다. Commitzen[146]이 그러한 도구의 하나이다. 이 도구를 설치한 후, 커밋 시 git cz를 입력하면 Commitzen이 몇 가지 질문을 제시한다. 여러분이 그 질문들에 응답하면 Commitzen이 깔끔한 커밋 메시지를 만들어 준다.

풀 요청(PR)

마지막 감사용 기록은 풀 요청(PR, pull request)이다. 이 '흔적'을 제일 나중에 이야기하는 이유는 PR이 인기가 있긴 하지만 그만큼 논쟁의 대상이기도 하기 때문이다. 대부분의 버전 관리 시스템이 제공하는 PR(깃랩은 *MR*(merge request, 병합 요청)이라고 부른다)은 프로젝트에 코드를 기여하고자 하는 누구라도 자신의 변경 사항을 제출하게 하는 기능이다. 그러면 팀의 누군가가 제출된 변경 사항을 검토해서 필요에 따라 코드베이스에 병합한다. 이론적으로 이는 코드 검토를 촉진하는 체계적인 접근 방식이라 할 수 있다.

PR 또는 MR을 코드 검토의 수단으로 사용하는 팀이 많은 것이 사실이다. 하지만 내 동료 중에는 트렁크 기반 개발[147]과 짝 프로그래밍을 조합한 접근 방식을 선호하는 사람도 많다. 내 동료이자 저자인 키프 모리스Kief Morris는 그 접근 방식이 지속적 통합과 좀 더 잘 맞는다고 생각한다.[148] 확실한 것은 PR이 시스템에 지연을 가져온다는 점이다. 동료 라이언 바우처Ryan Boucher의 다음과 같은 비공식 연구 결과[149]를 생각해 보자.

> PR들(2020년에 약 7,000건)의 91%에는 댓글이 하나도 달리지 않았다. 그리고 2020년에 전체 대기 시간(작성에서 해결까지)은 약 13만 시간이었다.

이런 수치들은 PR 기반 코드 검토가 시간을 많이 소비하는 '체크 상자 체크하기' 활동이 될 수 있음을 말해준다. PR이 야기하는 추가부담이 의도치 않은 결과로 이어지기도 한다. 예를 들어 개발자가 어떤 버그를 수정하거나 새 기능을 작성하다 보면 그 버그나 기능 부근의 다른 코드도 리팩터링하게 될 때가 많다. PR은 그런 관행을 억제하는 것으로 보인다. 이와 관련해서 동료 댄 머턴Dan Mutton[150]은 이렇게 말한 적이 있다.

> 내가 관여한 프로젝트 중 PR을 사용하는 모든 프로젝트에서 PR의 추가부담 때문에, 사람들이 "하는 김에 이것도 좀 고치자"라는 취지의 작은 코드 개선들(테스트 이름 바꾸기, Readme 파일 개선, 사소한 리팩터링 등등)을 더 이상 하지 않게 되었다. 기능 갈래(feature branch)에서는 여전히 리팩터링을 수행하지만, 해당 기능이 관여하는 곳에서만 이루어질 뿐이다. 갈래를 생성하고, 코드를 작성하고, PR을 처리하는 모든 과정을 거친 다음 사소한 변경을 위해 사람들을 쫓아다니고 싶은 사람이 누가 있겠는가? 그렇게 해봤자 PR이 오랫동안 처리되지 않다가 결국 코드베이스와 더 이상 동기화되지 않아서 반년 주기의 정리 과정에서 삭제되는 사례가 너무나 많다.

이것이 PR이 논란의 대상인 이유이다. 하지만 PR이 널리 쓰이는 것도 사실이다. 게다가 PR 사용 여부를 여러분이 결정할 수 없을 수도 있다. 그리고 여러분은 내 동료들보다 PR을 좀 더 높게 평가할 수도 있겠다. 팀이 짝 프로그래밍을 실천하지 않는다면, PR 기반 코드 검토가 코드 품질을 보장하는 데 효과적인 대안일 수 있다. 그런 경우라면 PR에서 의사를 명확히 표현해야 한다. PR 작성에 관해 키비 맥민Keavy McMinn이 쓴 간단한 가이드가 있는데[151], 다음은 그 글 중 내가 강조하고 싶은 몇 가지 좋은 관행이다.

- **목적을 명확하게 전달한다.** 무엇을 바꾸었는지뿐만 아니라 왜 바꾸었는지도 설명해야 한다. 예를 들어 새 기능성을 추가했다면, 그 기능성으로 구현하고자 하는 사용자 스토리도 알려주어야 한다.
- 작업현황판과의 **통합을 활용한다.** 이전에 언급했듯이 지라는 깃허브와 깃랩, BitBucket과 통합되며, 표를 손쉽게 참조할 수 있는 기능을 제공한다.[152]
- **구현을 설명한다.** 특히, 코드를 조사하는 것만으로는 명확하지 않은 부분이 있다면 구현을 설명할 필요가 있다. 동영상이나 스케치, 도식을 활용해서 명확하게 설명하자. 이상적으로는 그런 자료가 이미 작업현황판에 등록된 일감 정보에 포함되어 있을 것이다.
- PR을 검토하는 입장이라면, **피드백 제공 시 정중하게 행동해야 한다.** 요청자에게 뭔가를 다시 제안하기 전에, 여러분이 해당 PR과 제안을 충분히 잘 이해했는지 점검할 필요가 있다. 여러분의 제안에 깔린 근거를 요청자가 잘 이해할 수 있도록 도와야 한다.
- PR을 작성해서 보내는 입장이라면, **피드백을 열린 마음으로 받아들여야 한다.** PR은 여러분의 코드를 개선할 기회이자, 건강한 엔지니어링 문화를 조성할 기회이기도 하다.
- PR은 팀을 지체시키기로 악명이 높다. 검토자와 요청자는 사려 깊으면서도 시기적절하게 협력할 필요가 있으므로, **대기 시간을 최소화**하는 것이 중요하다. PR 선택(pickup) 시간, 즉 PR이 제출된 후 검토를 시작하기까지의 시간과 PR 검토 시간, 즉 코드 검토를 완료하고 병합하기까지의 시간을 추적해야 한다. PR 선택 시간과 검토 시간이 짧다는 것은 협업과 피드백 문화가 건강하다는 지표이다.

● **모범관행**

모든 PR을 실용적으로 대하자

모든 병합에 본격적인 코드 검토가 필요하지는 않다. gitStream[153] 같은 도구를 이용하면 작고 안전한 코드 변경 사항을 개발자가 자동으로 승인해서 병합할 수 있다. 위험도가 높은 변경 사항에 대해서는 특별한 규칙(특정 검토자를 거치거나, 둘 이상의 검토자를 거치는 등)이 적용되게 설정할 수 있다.

가장 빈번한 문서화 형식으로서의 감사용 기록

이 책에서 문서화는 팀 핸드북의 필요성과 관련해 제10장에서 처음으로 논의했다. 이번 장에서는 일상적인 업무의 흐름에서 만들어지는, 감사용 기록이라고도 부르는 다섯 가지 문서화를 이야기했다. 이런 기록들은 시간선의 임의의 시점에서 프로젝트가 어떤 상태였는지 파악하는 데 도움이 된다.

● 참고자료

감사용 기록의 예

원서 부록 사이트의 참고자료 페이지(https://www.asyncagile.org/book-resources)에 이번 장에서 논의한 다섯 가지 감사용 기록의 예가 있으니 참고하기 바란다. 여러분의 팀에서 이런 기록들을 작성하는 방법을 파악하고자 할 때 이 예들이 도움이 될 것이다.

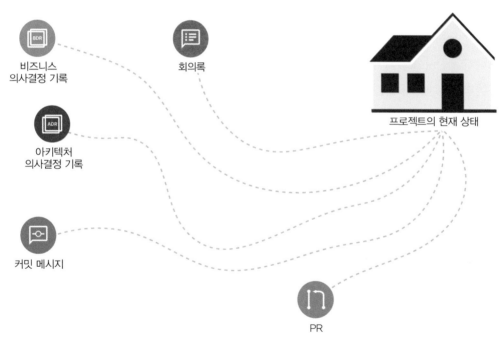

그림 18.3 비동기 우선 팀에 필요한 다섯 가지 감사용 기록.

감사용 기록이 있으면 팀은 프로젝트나 코드베이스를 현재 상태로부터 특정 시점으로 역추적해서 프로젝트나 코드베이스가 왜 현재와 같은 모습인지 파악할 수 있다. 다음의 다섯 가지 감사용 기록은 소프트웨어 개발팀에서 가장 자주 사용하는 문서화 형식이다.

- **회의록.** 회의 결과를 다른 팀원들과 수월하게 공유하는 데 도움이 된다.
- **비즈니스 의사결정 기록.** 팀 차원의, 또는 구축 중인 소프트웨어에 관한 비즈니스 관련 의사결정을 추적할 수 있는 문서이다.
- **아키텍처 의사결정 기록.** 시스템의 아키텍처를 변경할 때마다 해당 의사결정을 이 아키텍처 의사결정 기록(ADR) 문서에 기록한다. 이 문서들을 보면 소프트웨어의 아키텍처가 시간이 흐르면서 어떻게 변해왔는지를 파악할 수 있다.
- **커밋 메시지.** 개발자들은 프로젝트에서 뭔가를 변경할 때마다 커밋 메시지를 작성한다. 커밋 메시지는 나머지 팀원이 코드가 어떻게, 왜 바뀌었는지 이해하는 데 도움이 된다.
- **풀 요청(PR).** PR은 코드베이스에 어떠한 변경 사항을 제안하고 그러한 변경 사항에 관한 피드백을 받기 위한 메커니즘이다. 잘 관리한다면 PR은 코드 검토와 건강한 협업 문화 조성에 대단히 유용한 도구가 될 수 있다.

로마가 하루아침에 이루어지지는 않았듯이, 이런 감사용 기록 관련 관행들을 한꺼번에 검토하기보다는 한 번에 하나씩 살펴보는 것이 바람직하다. 2주마다, 또는 스프린트마다(스크럼을 따르는 팀이라면) 적어도 한두 가지 관행을 개선하는 것을 팀 차원의 약속으로 두면 좋을 것이다. 관행마다 그것을 챙기는 '수호자(champion)'를 지정해서 모든 사람이 책임 있게 따르게 하자. 이런 감사용 기록들을 더 자주, 더 명확하게 작성하면 집으로 돌아가는 길을 찾기가 훨씬 수월해진다. 다음 장에서는 이번 장의 문서화 형식들보다는 덜 자주 쓰이는, 개발 관련 아이디어와 설계·디자인의 의사소통을 위한 문서화 몇 가지를 살펴본다.

제**19**장
기술 및 기능 설계의 의사소통

소프트웨어 개발에는 비용이 많이 든다. 우리가 위험과 인지적 부하(cognitive load)를 줄이는데 그렇게 집착하는 이유가 그것이다. 예를 들어 우리는 사용자 스토리, 짝 프로그래밍, 단순한 설계, 단위 테스트를 이용해서 요구사항을 더 작게 만드는 데 노력한다. 문제를 더 작게 나누는 것이 도움이 되긴 하지만, 그런 작은 조각들이 전체적인 그림에 어떻게 들어맞는지 이해하는 것이 중요하다.

전달(delivery) 단계에서 정보 공유가 부실하면 혼란이 발생할 수 있다. 팀이 클수록 혼란이 기하급수적으로 커진다. 제10장에서 이야기한 '눈 가리고 코끼리 더듬기'를 기억할 것이다. 이 비유는 불완전한 정보를 가진 사람들이 같은 사물을 얼마나 다르게 인식할 수 있는지를 말해준다.

구현에 가까운 일감일수록, 그 일감이 어떤 설계와 디자인에서 비롯한 것인지를 잘 이해하고 처리하는 것이 바람직하다. 팀원들이 코끼리 전체를 볼 수 있게 하는 것이 여러분의 역할이다. 적절한 산출물을 활용하면 팀 안에서 설계(디자인) 세부사항을 빠르게 전달할 수 있다.

설계에 대한 애자일 접근 방식

지난 15년 동안 애자일 운동은 설계를 제품 개발의 중심부에 두는 방법을 모색했다. 그 결과로 사용자 스토리 매핑(user story mapping)[154], 설계 스프린트(design sprint)[155], 이중 트랙 개발(dual track development)[156]과 기타 여러분이 익숙한 설계 기반 접근 방식들에서 여러 가지로 작은 혁신이 이루어졌다.

내가 겪은 바로, 애자일 설계 철학은 다음 두 가지를 지향한다.

- **올바른 것을 구축한다.** 여기서 올바른 것(right thing)은 제품의 고객들에게 가장 가치가 있는 아이디어들을 말한다.
- **그것을 올바르게 구축한다.** 그런 아이디어들을 품질을 중시하는 반복적인 공학적 접근 방식을 이용해서 실현한다.

내가 참여한 여러 프로젝트에서 동료들과 나는 이 두 지향점을 병렬적으로 해결했다. 즉, 지속적 전달과 지속적인 기술 및 기능 설계를 병행해서 진행했다.

지속적 설계(continuous design)는 이 책의 범위를 벗어나는 주제이다. 대신 이 책에서는 설계 및 디자인의 의사소통에 집중하고자 한다. 그래서 이번 장에서는 설계 관련 아이디어들을 비동기적으로 공유하는 기법 세 가지를 제시하겠다. 세 기법 모두 진행 중인 프로젝트(in-flight project)에 유관하며, 기술적인 설계 뿐만 아니라 사용자 경험(UX)과 기능적 설계 및 디자인에도 적용된다.

● 참고자료

Write the Docs 커뮤니티

문서화에 관심이 있는 독자라면 "Write the Docs" 커뮤니티[157]에 가입해 봐도 좋을 것이다. 이 커뮤니티는 정기적으로 콘퍼런스를 주최하며, 구독 가능한 뉴스레터와 도움을 요청할 수 있는 슬랙 네트워크도 갖추고 있다. 또한 팀을 위한 효과적인 문서 작성 방법을 배우는 데 도움이 되는 유용한 가이드와 템플릿도 많이 있으니 웹사이트를 잘 살펴보기 바란다.

아이디어 문서

'아이디어 문서(idea paper)'는 내가 만들어 낸 용어가 아니다. 나는 이 용어를 제임스 스태니어의 *Effective Remote Work*[158]에서 처음 배웠다. 그때까지 내가 관여한 팀들에서는 이런 성격의 문서를 일반적이고 상상력 부족한 이름으로 불러왔다. 그러니까 **공유 문서**나 **위키 페이지** 같은 지루한 이름들 말이다. 그보다는 이 **아이디어 문서**라는 용어가 훨씬 내 마음에 든다. 아이디어 문서는 이름 그대로 아이디어를 담은 문서이다. 하나의 아이디어 문서는 하나의 아이디어로 시작된다. 여기서 '아이디어'는 개발자의 일을 어렵게 하는 엉성한 프레임워크 같은 팀 내부 사안일 수도 있고, 제품의 사용량 데이터나 경쟁 제품 분석에서 나온 통찰 같은 외부적인 사안일 수도 있다. 만일 팀이나 이해관계자가 겪는 문제를 해결할 방법이 떠올랐다면 잊지 말고 아이디어 문서에 적어 두자!

그런데 새로운 아이디어는 깨지기 쉽다. 보살피고 키울 필요가 있다. 여러분이 떠올린 아이디어를 사람들로 가득한 회의실(또는 줌)에서 카리스마 있게 설명해야 한다는 압박감 없이도 발전시킬 수 있는 환경이 필요하다. 시간을 들여서 아이디어를 문서화하면, 관련한 모든 가정(assumption)을 명시적으로 밝힐 수 있다. 다음은 아이디어 문서를 작성하는 데 도움이 되는 조언 몇 가지이다.

- 도움이 된다면 가정을 데이터로 보강하고 그림으로 설명하자.
- 사람들이 궁금해할 사항을 예측할 수 있다면 이를 위한 FAQ 섹션을 마련하자.
- 구현 방법을 명확히 설명했는지 확인하자. 몇 가지 구현 세부사항을 문서에 추가하면 좋을 것이다.

아이디어 문서가 길 필요는 없다. 반대로, 나는 아이디어 문서를 훑어보기 쉽게, 그리고 최대한 간결하고 명확하게 작성할 것을 권장한다. 일단 글을 써 두면 모든 사람이 일관된 방식으로 여러분의 아이디어를 알게 된다. 눈 가리고 코끼리를 더듬는 상황은 더 이상 일어나지 않는다.

- 의견이 있는 팀원은 댓글로 의견을 제시한다. 여러분은 의견을 검토해서 아이디어를 보강한다.
- 질문이 있는 팀원은 문서 안에 인라인으로 질문을 제시한다. 여러분은 FAQ 섹션을 보강한다.

한 차례의 피드백 교환 과정에서 동료 팀원들이 여러분의 아이디어를 검토하고, 동료들의 피드백에 기반해서 여러분이 아이디어를 보강한다. 완성된 아이디어 문서를 통해 모두가 같은 정보를 공유한 상태가 되면 의사결정이 원활해진다. 팀이 해당 아이디어의 구현에 반드시 합의해야 하는 경우라면 특히나 더 효과적이다.

말이 난 김에, 아이디어 문서를 읽을 때 팀의 책임이 무엇인지에 관한 내 생각을 밝힐 필요가 있겠다. 그런데 내 생각을 37signals의 훌륭한 직원들이 훨씬 더 잘 설명한다.[159]

우리는 반응(reaction)을 원하지 않는다. 우리는 인상 비평을 원하지 않는다. 타성적이고 경솔한 응답을 원하지 않는다. 우리가 원하는 것은 신중한 피드백이다. 글을 정독하자. 두 번, 아니 세 번 읽자. 곰곰이 생각하자. 아이디어 제시자가 시간을 들여서 생각을 정리하고 발표했듯이, 여러분도 시간을 들여 생각을 정리하고 밝혀야 한다. 그러면 아이디어를 깊게 이해할 수 있다.

이 과정을 서두르지 말고 천천히 진행하는 것이 바람직하다. 제11장에서 논의했듯이 속도가 곧 생산성은 아니다. 시간을 들여서 아이디어를 발전시키면, 아이디어를 빨리 전달하는 데 급급할 때보다 더 큰 성과를 얻게 된다.

기능 분해 문서

비즈니스 분석가와 제품 관리자, 제품 소유자는 팀보다 몇 스프린트 또는 몇 주 앞서 제품이나 시스템의 특정 기능의 메커니즘을 정의한다. 기능 분해 문서(feature breakdown document)는 비즈니스 맥락부터 세부사항까지 구현의 모든 측면에 팀을 정렬시키는 데 대단히 유용한 수단이다. 기능 분해 문서는 예전에 쓰인 장황한 시스템 요구사항 명세서와는 다른 것이다. 효과적인 기능 분해 문서는 간결하며, 다양한 개발 산출물을 연결하는 데 도움이 된다. 기능 분해 문서가 제품 문서화(제품 사용 설명서 등)의 역할을 하지는 않는다. 이 문서는 개발팀이 참고해야 하는 기준 자료이다. 내가 기능 분해 문서에 포함하는 요소들은 다음과 같다.

- 비즈니스 맥락과 성공 척도(있는 경우).
- 작동 방식에 관한 간단한 설명.
- 적용 가능한 산출물들로의 링크(있는 경우).
  - 최종 사용자에 관한 연구와 피드백(있는 경우)
  - 목업, 와이어프레임, 클릭 가능한 원형.
  - 이 기능과 관련된 사용자 스토리 및 에픽
- 자주 묻는 질문들. 이 섹션을 사람들의 의견을 받는 용도로 사용할 수 있다.

컨플루언스나 노션 같은 도구들에는 이런 기능 분해 문서의 작성을 돕는 템플릿들이 내장되어 있다. 기능 분해 문서가 강력한 이유는 점진적으로 문서를 보강할 수 있다는 것이다. 종종 우리는 기능의 최소 버전을 만든 다음 피드백을 기다렸다가 그에 따라 기능을 개선한다. 피드백을 받았다면 그것을 어디에 기록해야 할까? 당연히 기능 분해 문서이다. 새로운 사용자 스토리는 어떨까? 어디에서 그것들을 참조해야 할까? 물론 기능 분해 문서이다. 알려진 문제점들 역시 마찬가지이다. 잘 활용한다면, 기능 분해 문서는 제품이나 시스템의 한 기능이 거쳐가는 수명 주기를 설명해주는 강력한 단일 진실 공급원(single source of truth)이 될 수 있다.

나만의 템플릿 만들기

이런 설계 산출물들을 작성하는 데 경험이 어느 정도 쌓이면, 여러분의 팀에 가장 잘 맞는 하나의 형식을 찾게 될 것이다. 도구가 제공하는 일반적인 템플릿 대신, 팀원들이 재사용할 수 있는 여러분만의 템플릿을 만들어 보기 바란다. 그러면 팀 안에서 설계와 디자인에 관해 일관된 방식으로 의견을 나누게 된다는 장점도 생긴다.

기술 설계서

기능에 관한 문서들과 대응되는 기술적 문서로는 기술 설계서(technical design document), 줄여서 **설계서**(design doc)[160]가 있다. ADR(아키텍처 의사결정 기록)이 하나의 요약 문서라면, 설계서는 그러한 요약의 바탕이 된 세부사항 문서에 해당할 때가 많다. 아이디어 문서와 비슷하게 설계서도 팀이 속도를 늦추고 아키텍처와 소프트웨어 솔루션의 여러 설계 측면을 명확히 표현하는 수단이 된다. 팀은 설계서를 작업용 산출물로 삼아서 생각을 다듬고, 서로의 피드백에 응답하고, 총의를 도출할 수 있다. 설계 프로세스가 끝났을 때 팀의 누군가가 프로세스를 ADR 형태로 요약하는 것이 바람직하다. 설계서들을 코드베이스에 함께 저장하는 것도 좋고, 팀 핸드북에 잘 보이는 섹션을 따로 두어서 추가하는 것도 좋다.

설계상의 의사결정에 따라서는 설계서에 여러 세부사항이 포함될 수도 있다. 다음은 설계서에 흔히 포함되는 항목들이다. 표준적인 설계서의 구조를 보여주는 [그림 19.1]도 참고하기 바란다.

- **맥락과 범위.** 설계서가 다루는 설계 문제의 배경, 설정, 경계를 서술한다.
- **목표와 비목표(nongoal).** 의도한 결과물과 설계가 달성하고자 하는 것, 그리고 하지 말아야 하는 것을 개괄한다.
- **실제 설계.** 제안하는 솔루션을 상세히 설명한다. 시스템 맥락 도식과 API, 데이터 저장소, 코드 및 의사코드, 기타 반드시 고려해야 하는 제약들을 포함해야 한다.
- **대안.** 설계 문제를 푸는 다른 가능한 접근 방식들을 논의하고 제안하는 설계가 최상의 선택지인 이유를 설명한다.
- **설계 전반 요구사항.** 설계 전반에서 구현이나 성능에 영향을 줄 수 있는 문제점 또는 고려사항이 있으면 나열하고 해결책을 서술한다.

그림 19.1 기술 설계서의 구조.

좋은 설계서는 15~20분 이내로 읽을 수 있을 정도로 짧아야 한다. 더 나아가서, *Industrial Empathy*의 가이드[161]에 나와 있듯이 1~3쪽짜리 '미니 설계서'도 좋다. 사실 설계서가 짧다는 것은 그만큼 설계 문제가 작아졌다는 신호이다. 이는 모든 팀이 추구해야 할 미덕이다. 문제가 클수록 해법이 복잡해지며, 해법에 대한 총의를 모으는 데 필요한 시간이 길어진다.

그렇긴 하지만 효과적인 설계서는 상세해야 한다. 설계서에 직접 서술하지 않는다고 해서 설계의 세부사항이 없는 것은 아니다. 세부사항은 암묵적으로 존재한다. 제안하는 설계가 영향을 미치는 범위가 넓고 팀이 클수록 오해의 여지가(따라서 잠재적인 피해가) 크다. 그런 만큼 시간을 들여서 세부사항을 꼼꼼히 살필 필요가 있다.

● 참고자료

예제로 배우기

앞에서 언급한 Write the Docs 커뮤니티의 자료들도 이번 장에서 말하는 각 문서 형식을 좀 더 공부하는 데 도움이 되지만, 원서 부록 사이트에 있는 예제 문서들 역시 참고할 만하다. 간결함을 위해 문서 형식별로 비교적 도메인 중립적인 주제를 선택해서 예제 문서를 마련했다. 여러분의 상황과 관련이 있는 예제를 고르면 학습이 더욱 효과적일 것이다.

의사소통 복잡성 다스리기

팀이 커지면 의사소통이 복잡해진다. 처음에 작게 출발한 팀이라도 시간이 지나면서 새 팀원을 영입하게 된다. 또한 장기 근속자들은 언젠가 팀을 떠난다. 그것이 인생이다. 팀의 크기나 인원 변동뿐만 아니라 의사결정의 성격도 의사소통의 복잡성에 영향을 미친다. 복잡한 의사결정은 서면으로 처리하는 게 낫다. 사람들의 기억에 한계가 있다는 점 역시 글쓰기가 더 나은 이유가 된다. 이번 장에서는 소프트웨어 개발팀이 설계와 디자인에 관해 소통하는 데 도움이 되는 세 종류의 문서를 살펴보았다. 침착하게, 천천히 문서를 작성하자. 문서화가 팀의 이해 공유에 얼마나 도움이 되는지 깨닫고 나면 문서화에 소홀하던 시절로 돌아갈 마음이 사라질 것이다.

이번 장 요약

소위 BDUF(big up-front design; 설계를 완성한 후에만 구현으로 들어가는 것)를 따르지 않는 팀은 필연적으로 소프트웨어의 설계와 전달을 병렬로 진행하게 된다. 아이디어와 기능 및 기술 설계의 의사소통에는 다음 세 가지 문서가 유용하다.

- **아이디어 문서**는 아이디어를 명확히 서술함으로써 아직 무르익지 않은 아이디어를 좀 더 발전시키는 효과를 낸다. 사람들이 아이디어 문서를 참조하면서 피드백을 공유하는 과정에서 아이디어가 더욱 풍부해진다. 아이디어를 모두가 잘 이해하게 되면 의사결정도 쉬워진다.
- **기능 분해 문서**는 주어진 한 기능에 관한 모든 정보를 담은 단일한 자료이다. 팀이 기능을 개선하는 과정에서 이 문서는 그 기능에 대한 단일 진실 공급원으로 작용한다.
- **기술 설계서**는 소프트웨어 아키텍처와 기술 솔루션에 관한 의사소통을 효율적으로 진행하는 수단이 된다. 일반적으로 아키텍처 의사결정 기록(ADR)보다 이 문서를 먼저 작성한다. 간결함도 중요한 고려사항이긴 하지만, 상세함이 이득이 된다.

제18장에서는 가장 자주 필요한 문서 형식인 감사용 기록을 다루었고, 이번 장에서는 그보다 덜 빈번한 설계 관련 문서들을 논의했다. 문서화에 관한 우리의 논의를 마무리 짓는 다음 장에서는 좀 더 안정적인 산출물을 살펴본다.

제20장
핸드북 문서화의 안정적 요소 두 가지

이번 장은 다시 핸드북을 이야기한다. 문서화에 관한 우리의 논의가 한 바퀴 돌아서 다시 핸드북으로 돌아온 셈이다. 문서화에 대한 여정을 이런 식으로 구성한 것은, 여러 형식의 문서들을 가장 자주 만들 문서들에서 시작해서 가장 안정적인(변화가 없는) 문서들까지 체계적으로 살펴보기 위해서였다. 팀 핸드북은 제10장에서 이미 논의했지만, 팀 핸드북 중 새로 합류한 사람들이 큰 어려움 없이 업무를 시작하도록 돕기 위한 섹션 두 개를 좀 더 자세히 살펴볼 필요가 있겠다.

애자일과 문서화

이전 두 장을 되돌아보면, 문서화의 모든 것을 상세히 서술하는 것이 내 목표가 아니었음을 알 수 있을 것이다. 그 대신 나는 팀의 효과적인 의사소통에 도움이 되는 문서화 패턴들을 나열하고자 했다. 이번 장의 논의를 본격적으로 진행하기 전에, 내가 참여한 프로젝트들에서 지켜 온 다섯 가지 문서화 원칙을 소개하겠다.

- 문서화를 위한 문서화는 문제가 많고 낭비이다. 문서에는 구체적인 목적이 있어야 한다. 따라서, 만일 어떤 문서가 원래의 목적에 더 이상 부합하지 않는다면, 그 문서가 이제는 유관하지 않음을 모두가 알 수 있도록 따로 보관해야 한다.
- 코드처럼 자주 변하는 대상은 동적으로, 자동화해서 문서화하는 것이 바람직하다. 팀의 글쓰기 노력은 안정적인 사항들의 문서화를 우선시해야 한다.

- 문서화가 가벼울수록 사람들이 문서를 소비하고 반복적으로 개선하기가 쉽다. 문서를 작성하는 사람은 누구라도 간결한 글쓰기 기량을 닦아야 한다.
- 사람들은 문서를 구체적인 맥락에서 소비한다. 따라서 문서의 위치가 문서의 내용만큼이나 중요하다. 문서를 잘 작성하는 것만으로는 충분치 않다. 사람들이 효율적으로 열람할 수 있도록 적절한 장소에 두어야 한다.
- 철 지난 문서는 문서화에 대한 팀의 신뢰에 해가 된다. 따라서 문서의 작성뿐만 아니라 문서의 유지보수에도 예산을 책정할 필요가 있다.

안정적이고 목적이 뚜렷하며 가벼운 문서화의 관점에서 팀 핸드북의 두 섹션을 좀 더 확대해서 살펴보자. [그림 20.1]은 핸드북의 구조를 프로젝트 맥락과 프로젝트 내용으로 나누어서 도식화한 것으로, 제10장에도 나왔다. 이번 장에서는 이 두 부분에서 한 섹션씩 두 개의 섹션을 좀 더 자세히 살펴본다.

- 프로젝트 맥락 부분의 '작업 방식' 섹션
- 프로젝트 내용 부분의 '코드 & 파이프라인' 섹션, 특히 README 파일

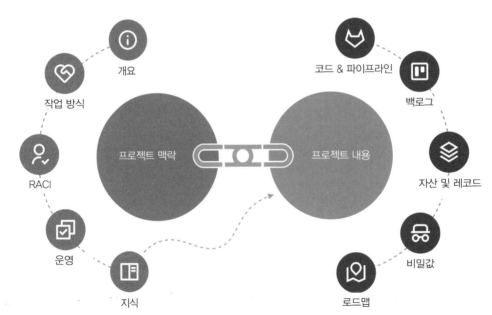

그림 20.1 프로젝트 핸드북의 구조.

그럼 이들을 좀 더 자세히 탐색해 보자.

작업 방식

팀에 새로 합류한 팀원은 어떻게든 빨리 팀에 기여하고 싶어 하기 마련이다. 그런 경우 여러분은 새 팀원이 뭔가를 혼자 추측해야 하는 상황을 줄여주어야 한다. 이 문제는 온보딩에 관한 다음 장(제21장)에서 좀 더 포괄적으로 다룰 것이다. 여기서는 문서화에 초점을 두고, 그런 팀원에게 도움이 되는 문서를 작성할 때 유용한 몇 가지 질문을 제시하겠다.

• **팀원들이 하나의 팀으로서 어떻게 협업하는가?** 짝 프로그래밍이 기본인가? 아니면 각자 따로 코딩한 후 코드 검토를 진행하는가? 코드 검토는 어떤 식으로 진행되는가? 짝 프로그래밍을 실천하는 경우 팀원들이 사용하는 노트북들을 일관된 방식으로 설정해 두는 것이 바람직하다. 이에 대한 가이드라인이 있는가?

  스탠드업 회의나 스토리 착수 회의, 데스크 점검 등 여러 협업 기법을 진행하는 구체적인 방식을 핸드북에 명시하자. 같은 회사 안에서도 팀마다 그런 관행들을 실행하는 방법이 다를 수 있으므로(특히 내가 일하는 회사 같은 컨설팅 회사들은 더욱 그렇다), 각자의 추측에 맡기는 것은 바람직하지 않다. 이 부분을 팀의 의사소통 프로토콜(제6장)과 연계하는 것도 잊지 말자.

• **프로젝트에 어떤 환경들이 있고 어떻게 다른가?** 하나의 프로젝트에는 개발, QA, UAT, 스테이징, 실무(production) 등 다양한 환경이 관여한다. 구체적인 환경들은 팀마다 다를 수 있다. 그리고 환경마다 접근 권한이나 자격증명, 접근 제어 방식, 배치 프로토콜이 다를 수 있다. 접근 제어를 설정해야 하는 경우에는 해당 지침을 핸드북에 명확히 서술해야 한다.

  또한 개발자들은 프로젝트의 환경들에 설정된 분석, 모니터링, 알림 수준들도 알아야 한다. 그런 정보는 개발자가 시스템의 상태를 파악하고 필요에 따라 문제를 해결하는 데 필요하다.

• **프로젝트의 주요 지표와 척도를 어떻게 추적하는가?** 측정하지 않는 것을 개선하기란 어렵다. 팀은 코드 품질이나 4대 핵심 척도[162]를 비롯한 여러 가지 매개변수와 보안, 유지보수성, 신뢰성, 성능 같은 여러 비기능적 요건들을 LinearB나 SonarQube, Waydev 같은 도구를 이용해서 스스로 평가한다. 신입 개발자가 팀이 사용하는 모든 도구에 경험이 있지는 않을 것이다. 그런 도구들의 사용법을 핸드북에 적어 두면 신입 개발자가 일을 시작하는 데 도움이 된다.

이러한 작업 방식의 몇 가지 기본 측면 외에도, 핸드북의 이 섹션에 포함할 만한 협업의 다른 측면들이 있을 것이다. 목표는 팀원들이 팀으로서 협력하기로 합의한 방식을 모든 팀원이 언제라도 참조할 수 있게 하는 것이다.

팀 API 작성

아마도 여러분의 팀이 회사에서 고립되어 일하지는 않을 것이다. 어쩌면 다른 팀이 여러분의 팀에 어떤 식으로든 의존할 것이며, 그 반대도 마찬가지이다. 흔히 말하는 API는 소프트웨어와 프로그래밍적으로 상호작용하는 방법을 서술한다. 그와 비슷하게, '팀 API'는 다른 팀이 여러분의 팀과 상호작용하는 방법을 서술한다. 팀 API 작성에는 매슈 스켈턴과 마누엘 파이스가 제공하는 팀 API를 위한 편리한 템플릿들[163]이 유용할 것이다. 이 템플릿들은 팀 토폴로지에 관한 둘의 저서 *Team Topologies*[164](번역서는 《팀 토폴로지》, 김연수 옮김)의 일부이다. 이들을 출발점으로 삼으면 좋을 것이다.

코드베이스 README 파일

프로젝트의 규모에 따라서는 코드 저장소가 여러 개 있을 수 있다. 저장소마다 최소한의 문서화가 필요하다. 자주 변하는 것들은 따로 문서화하지 않는 것이 좋다. 이를테면 코드 자체가 그렇다. 코드를 작성할 때 다음 사항들을 잘 지킨다면 코드 자체가 스스로를 문서화하게 된다.

- 이름을 잘 짓는다.
- 코드 악취를 제거한다.
- 단위 테스트를 포괄적으로 진행한다.

코드의 이러한 '자기 문서화(self-documentation)'는 그 자체로 사고방식의 전환이다. 개발팀이 그런 읽기 쉬운 코드를 작성하게 하려면, 코드도 문서화임을[165] 모든 팀원이 인식할 필요가 있다. 그런 인식이 바탕이 되어야 팀이 가독성과 명확성을 위한 코딩 패턴과 관행을 채택하게 된다.

읽기 좋고 깨끗한(clean) 코드는 따로 문서화할 필요가 없지만, 자주 변하지 않는 안정적인 내용은 문서화가 필요하다. 달리 말하면, 여러분이 각 개발자에게 매번 반복해서 일러주고 싶지는 않은 내용은 문서화해 두어야 한다. 그런 내용을 문서화하기에 가장 좋은 장소는 바로 유서 깊은 코드베이스 README 파일, 즉 프로젝트의 최상위 폴더에 있는 README 파일이다. 사람들이 프로젝트를 살펴볼 때 가장 먼저 읽는 파일인 만큼, 이 파일을 유용하게 잘 만들 필요가 있다. REAME 파일을 잘 작성하는 데 도움이 되는 자료는 차고 넘친다. 내가 특히나 좋아하는 자료는 hackergrrl[166]로 알려진 카이라 오클리Kira Oalkey의 "Art of README"[167]이다.

다음은 README 파일이 갖추어야 할 섹션들이다.

- **프로젝트 이름 및 설명.** 당연한 섹션이다. 만일 프로젝트 이름을 독자가 결정할 수 있다면, 되도록 직관적인 이름을 짓기 바란다. 명명 권한이 없다면, 그리고 프로젝트 이름이 그리 직관적이지 않다면 그 이름의 유래를 이 섹션에 포함하는 것이 좋다. 그리고 또한 소프트웨어 (프로젝트의 결과물)가 무엇을 하는지도 이 섹션에서 설명해야 한다.

- **설치 및 사용 방법.** 신입 개발자가 소프트웨어의 작동 방식을 파악하려면 소프트웨어를 설치하고 사용할 수 있어야 한다. README 파일에 간단한 단계별 설치 명령을 담은 섹션이 있으면 그런 개발자에게 큰 도움이 될 것이다. 의존요소(dependency; 또는 의존성)[역주]들이 있으면 반드시 나열해야 한다. 그리고 소프트웨어를 실행하고 사용하는 방법도 보여주는 것이 좋다. 도움이 되는 동영상이 있으면 링크를 이 섹션에 추가하자. 또한, 단계별 터미널 명령들을 나열하는 것도 큰 도움이 된다. 개발자가 설정해야 할 환경 변수들이 있다면 역시 이 섹션에 나열해야 한다. 하지만 권한이 있는 사람만 보아야 하는 정보를 여기에 포함해서는 안 된다. 프로젝트의 비밀값(secret)들은 다른 방법으로 공유해야 한다.

- **시각 자료 및 코드 개요.** 고수준 아키텍처 도식(다이어그램)이나 의존성 그래프, UML 도표 같은 것이 있으면 이 섹션에 링크를 추가한다. 이 섹션에 들어갈 코드 설명은 최대한 간략하게 유지하는 것이 좋다. 백문이 불여일견이듯이 천 마디 말보다는 그림 한 장으로 보여주는 게 이상적이다. 이미지 하나로 부족하다면 간결한 불릿 목록으로 보충하자.

그밖에, 맥락에 따라서는 기여자나 지원 정보, API 명세나 ADR 폴더에 대한 링크, 기타 세부 사항을 담은 섹션들을 둘 수도 있다. README 파일의 여러 섹션은 오랫동안 안정적으로 유지된다. API 명세 같은 다른 산출물과 README 파일을 상호 링크해 두면 README 파일 갱신 횟수를 줄일 수 있다. 팀 알림을 설정해서 분기마다 README 파일을 검토하는 것도 좋은 관행이다.

[역주] 소프트웨어 개발과 관련해서 dependency는 주어진 소프트웨어가 제대로 작동하는 데 필요한 다른 소프트웨어 패키지나 라이브러리 등을 뜻한다. —옮긴이

README 파일 작성을 돕는 도구들

아직 README를 한 번도 써본 적이 없는 독자라도 걱정할 것은 없다. 다음은 마크다운Markdown 문법만으로 README 파일을 작성하는 데 도움이 되는 두 가지 도구이다. 원하는 섹션을 골라서 써나가기만 하면 된다.

- Make a README(https://www.makeareadme.com)[168]
- Readme.so(https://readme.so/; 그림 20.2)[169]

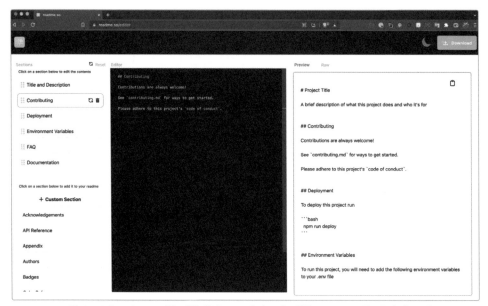

그림 20.2 Readme.so를 이용해서 코드베이스에 대한 README를 작성하는 예.

코드 문서화? 글쎄요

깨끗한 코딩 원칙들을 따르고 테스트를 포괄적으로 작성한다면, 코드 매뉴얼이나 개별 파일로 작성된 기술 문서 같은 전통적인 코드 문서화는 필요하지 않을 수 있다. 심지어 코드베이스에 주석을 상세하게 붙일 필요도 줄어든다. 코드 문서화가 아예 필요 없다는 이야기는 아니다. 아주 잘 관리된 코드베이스라도 사람들이 이해하려면 시간이 걸린다. 따라서 여러분 팀의 개발자들이 코드를 읽고 이해하는 경험을 단순화하는 방법을 생각해 볼 필요가 있다. 하지만 코드의 문서화라는 끝나지 않는 과제에 빠져 허우적대는 것은 바람직하지 않으므로, 나는 자동화된 솔루션으로 개발자들을 지원하는 쪽의 접근 방식을 추천한다.

다음은 그러한 솔루션의 몇 가지 예이다.

- CodeSee는 다양한 기술 스택에 대한 대화식 코드베이스 도식을 자동으로 생성한다. 그런 도식들은 사람들이 코드베이스의 변경 사항 및 그 영향을 빠르게 이해하는 데 도움이 될 수 있다. 또한 코드 검토 프로세스를 간소화하는 데에도 도움이 될 것이다.
- StepSize는 개발자가 현재 보고 있는 코드와 관련한 기술 부채(tech debt)를 문서화하는 기능을 제공한다. 이런 기능은 기술 부채를 관리해야겠다는 동기를 팀원들에게 부여한다. IDE 안에서 기술 부채를 쉽게 문서화할 수 있다면 그 효과가 더욱 클 것이다.
- Glean은 범용 검색 기능을 통해서 프로젝트의 다양한 정보 출처를 하나로 묶는 데 도움이 된다. 이런 기능이 있으면, 팀이 지라나 컨플루언스, 깃허브 같은 여러 개의 도구를 사용하는 경우 원하는 정보에 도달하기까지 필요한 클릭 횟수를 최소화할 수 있다.

새로운 도구가 계속 등장할 것이므로, 이 도구들이 전부가 아님은 분명하다. 이 도구들은 단지 개발자 경험(특히 문서화 같은 작업)을 최대한 자동화한다는 전반적인 방향성을 암시하는 것이라고 받아들이기 바란다.

문서가 좋으면 추측 작업이 줄어든다

실제로 가려운 부분을 긁어주는 문서화야말로 최고의 문서화이다. 한 번 작성한 문서가 여러 번 유용하게 쓰이는 상황을 경험해 보면 문서화의 위력을 느낄 수 있을 것이다. 문서화가 잘 되어 있으면 "링크로 응답"(제10장 참고)이 가능해진다. 그러면 회의를 여러 번 피할 수 있다. 물론 문서화는 자주 바뀌지 않은 사항들에 초점을 둘 때 가장 효과적이다. 이전 장에서 감사용 기록과 설계 문서를, 이번 장에서 작업 방식 섹션과 README 파일을 논의한 것으로 이 책의 문서화 논의는 마무리하기로 한다.

신입 개발자의 업무 시작을 돕고 개발팀 전체의 정렬성을 유지하려면 안정적이고 가벼운 문서화가 필요하다.

- 팀 핸드북은 팀의 작업 방식을 명확히 밝혀야 한다. 특히, 팀의 협업 방식, 환경, 접근 제어, 프로젝트 지표들을 명확히 알 수 있게 해야 한다.
- 코드 저장소마다 README 파일을 깔끔하게 작성해 두면 개발자가 단시간에 코드베이스에 기여하기 시작하는 데 도움이 된다.

원서 부록 사이트(https://www.asyncagile.org/book-resources)에 이 두 가지 문서에 대한 예들이 있으니 참고하기 바란다. 문서화 노력은 실제 문제를 푸는 데로만 한정할 필요가 있다. 최신 도구를 이용해 문서화 작업을 가능한 한 자동화한다면 모든 문서를 항상 최신 상태로 유지하기가 어렵지 않을 것이다.

효과적이고 가벼운 문서화의 이점이 가장 크게 발휘되는 곳은 바로 효율적인 온보딩이다. 그런 만큼, 제3부를 마무리하는 다음 장에서는 온보딩을 논의한다.

제**21**장
효율적인 온보딩 프로세스 만들기

글을 일관성 있게 쓰려면 노력이 필요하다. 그래서 초보자는 글쓰기가 강조되는 비동기 업무 방식을 어려워할 수 있다. 제2장에서 이야기한 동기식 의사소통과 비동기 의사소통의 균형을 생각한다면, 비동기 의사소통이 당장은 힘들더라도 점차 최적으로 나아가게 됨을 이해할 수 있을 것이다. 이는 또한 팀의 생산성과 효율성을 높이는 데에도 도움이 된다.

온보딩onboarding(조직 적응)은 글쓰기에 들인 노력의 성과가 실제로 눈에 띄게 드러나는 영역이다. 제임스 스태니어에 따르면 "온보딩 속도는 여러분의 기술, 관리, 문화적 효율성의 함수이다."[170] 이 말에 나도 동의한다.

그래서 이번 장에서는 사람들을 여러분의 팀에 합류시키는 데 도움이 되는 사고방식의 전환 한 가지와 아이디어 네 가지를 살펴본다. 팀 핸드북과 개발자 문서화, 기타 산출물들은 온보딩 경험의 강화에 꼭 필요한 핵심 자원이다.

한 번 작성하고 여러 번 실행

서면으로 작성된 산출물들이 없다면 온보딩이 상당히 번거로운 과정이 될 수 있다. 문서화가 없으면 모든 정보를 대화와 회의를 통해 공유해야 한다. 그러면 노력이 중복될 뿐만 아니라, 정보의 일관성을 유지하기 어렵다. 모든 온보딩을 한 사람이 담당한다면 정보의 일관성이 어느 정도 지켜지겠지만, 한 사람에게 모든 부담을 가중하면 전체 프로세스가 취약해진다. 온보딩 담당자가 아프거나 휴가를 가면(더 나쁘게는 퇴사하면) 온보딩 자체가 중단되어 버린다.

그리고 한 사람이 모든 온보딩을 잘 처리한다고 해도, 언젠가는 지치거나 지루해질 것이다. 그렇다고 많은 사람을 온보딩에 투입하면 온보딩 프로세스의 일관성이 나빠진다. 한 사람에게 맡기되 매번 온보딩 대화에 변화를 주어서 덜 지루하게 만들 수도 있을 것이다. 하지만 이러한 상황들은 모두 이상적이지 않다.

이러한 취약하고 중복되고 일시적인 대화를 한 수준 높게 업그레이드하는 방안은 바로 온보딩 문서들을 잘 작성하는 것이다. 다음은 그러한 문서화 기반 접근 방식의 몇 가지 장점이다.

- 그런 자산들을 모두가 접근할 수 있도록 공유하면 팀 전체가 그 자산들을 공동으로 작성하고 개선할 수 있게 된다.
- 사람들이 언제라도 여러분의 팀에 합류할 수 있다. 온보딩 세션 일정 때문에 사람들을 몰아서 지도하거나 오래 기다리게 할 필요가 없다.
- 신입 팀원(이하 간단히 신입)이 뭔가 궁금한 점이 있으면 언제라도 해당 문서에 인라인으로 질문을 남길 수 있다. 그리고 팀원 누구나 그 질문에 답변해서 자료을 갱신하고 FAQ를 보강할 수 있다.
- 누군가를 온보딩시킬 때마다, 대상자는 온보딩 자료의 최신 버전을 보게 된다. 온보딩 자료는 영구적으로 유지되고 계속해서 개선된다.

의사소통 부담을 줄이려면 대화식 온보딩 접근 방식을 이러한 문서 중심적(document-centric)으로 전환할 필요가 있다. [그림 21.1]은 그러한 전환을 묘사한 것이다. 눈치챘겠지만, 이러한 온보딩 자료는 여러분이 이미 핸드북과 개발자 문서의 일부로 이미 만들어 둔 것이다! 새 동료가 분량에 압도되지 않도록 적절한 섹션들을 선택해서 제시하기만 하면 된다. 이에 관해서는 사고방식 전환과 네 가지 아이디어를 논의하면서 좀 더 이야기하겠다.

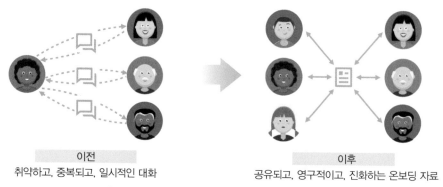

이전
취약하고, 중복되고, 일시적인 대화

이후
공유되고, 영구적이고, 진화하는 온보딩 자료

그림 21.1 대화식 온보딩에서 문서 중심 온보딩으로 전환.

FAQ를 이용한 '멍청한 질문 예산' 보존

프로젝트를 진행 중인 팀에 새 팀원을 합류시키기가 쉬운 일은 아니다. 모든 팀원이 친절하게 대한다고 해도, 새 팀원으로서는 두렵고 떨리는 일이 많다. 괴짜(geeky) 조직 문화에서 신입은 자신의 기량과 경험을 믿지 못하며, 자신의 미천한 실력이 만천하에 "까발려지는" 느낌을 받게 된다. 이를 흔히 가면 증후군(impostor syndrome)[171]이라고 부른다. 또한, 모든 사람의 머릿속에는 소위 '멍청한 질문 예산(dumb questions budget)'이 암묵적으로 존재한다. 신입은 자신이 유능해 보이길 원한다. 그래서 멍청해 보일 것 같은 질문은 억제하고 꼭 필요한 사항만 질문하려 든다. 덕덕고DuckDuckGo의 엔지니어링 책임자 케이트 휴스턴Cate Huston은 이렇게 말한다.[172]

> 우리 팀의 신입이 궁금해할 만한 모든 것이 어딘가에 적혀 있어요. 신입이 찾아낼 수 있는 곳에요. 그래서 신입은 자신의 멍청한 질문 예산을 사용할 필요가 없죠. 사람들은 멍청한 질문을 많이 하고 싶지 않아서 궁금한 것이 있어도 참곤 합니다. 신입은 뭐든 원하는 것을 찾아서 읽을 수 있어요. 그런 다음에는 더 나은 질문을 가지고 와서 흥미로운 대화를 나눌 수 있고요.

사실 정말로 "멍청한" 질문이라는 것은 없다. 여러분에게는 멍청해 보일지라도 팀에 새로 합류한 사람에게는 전혀 멍청한 질문이 아닐 수 있다. 핸드북과 온보딩 자료를 준비할 때는 그런 질문들을 예상해서 답과 함께 FAQ 페이지에 추가하자. 그리고 신입의 새로운 질문이 들어오면 FAQ 페이지를 더 보강하자. 그러면 자료의 최신성과 유관성을 유지할 수 있다. 또한, 이렇게 공들여 만든 FAQ는 새 팀원이 팀의 배려심을 느끼게 되는 요소이기도 하다.

온보딩 점검목록 작성

가장 기본적인 수준에서 온보딩은 신입 팀원이 팀에 기여하게 되기까지의 일련의 과정을 뜻한다. 정밀한 점검목록(checklist)을 만들어 두면 그러한 온보딩 과정에서 신입 팀원이 추측에 의존해야 하는 상황을 피할 수 있다. 신입이 어떤 일을 언제까지 어떻게 해야 하는지를 문서화하자. 다음은 점검목록의 작성에 요긴한 팁 몇 가지이다.

- **필수 사항에 집중.** 신입에게 '주방 싱크대'[역주]까지 던져주고 싶은 마음이 들 수도 있다. 하지만 생산성을 높이는 최단 경로를 생각해야 한다. 신입이 프로젝트에 처음으로 기여하기 전에 반드시 해야 하는 최소한의 일들은 무엇인가?

[역주] "everything but the kitchen sink" 같은 관용구로 흔히 쓰이는 'kitchen sink(주방 싱크대)'는 "굳이 이것까지?"라는 생각이 들게 하는, 또는 마지막 순간까지 선택하지 않고 미룰 만한 무언가를 뜻한다. 만일 누군가에게 주방 싱크대까지 줬다면 정말로 모든 것을 남김없이 준 셋이다. ─옮긴이

- **행동 지시문으로 표현.**[역주] 점검목록은 신입이 수행할 활동 또는 작업들의 목록이어야 한다. 그런 활동으로는 문서 읽기, 서류 작업, 접근 권한 얻기, 팀 내 교육 과정 이수 등이 있다. 신입이 자신이 해야 할 일을 명확히 알 수 있도록, 그런 활동들을 명확한 명령문 또는 행동 지시문 형태로 표현하자.

- **점검목록을 온보딩 허브로 활용.** 점검목록 항목들에 관련 자원들로의 링크를 추가하자. 예를 들어 신입이 어떤 서류 양식(form)을 채워야 한다면 해당 항목에 그 양식으로의 링크를 추가하고, 새로 배워야 할 것이 있으면 해당 교육 과정으로의 링크를 추가하는 식이다. 그리고 신입이 해당 활동들을 수행하다가 뭔가에 막힐 만한 요인이 있다면 관련 담당자 연락처를 명기해야 한다. 점검목록 항목마다 개별 담당자를 정할 수도 있고, 온보딩 과정 전체에 대한 담당자 하나를 둘 수도 있다.

- **마감일 명시.** 온보딩 과정이 늘어지지 않도록, 점검목록 항목마다 마감일을 명시하자. 그러면 신입이 스스로 책임 있게 온보딩 과정을 수행할 수 있다. 범용적인 점검목록을 만들고 싶다면 첫 주에 해야 할 일들과 처음 30일 이내에 완수해야 할 일들을 명시하는 등으로 특정 날짜가 아니라 날짜 범위를 지정할 수도 있겠다.

- **성찰로 마무리.** 온보딩 점검목록의 마지막 단계는 성찰(reflection) 활동이어야 한다. 이 단계는 신입이 자신의 온보딩 경험을 돌아보고 잘된 점과 개선할 점을 공유하기에 이상적인 시간이다. 신입의 그러한 의견은 이후 팀원들의 온보딩 경험 개선에 도움이 될 것이다.

핵심은 설계자처럼 생각하는 것이다. 온보딩 여정의 설계는 가산적(additive)이 아니라 감산적(subtractive)이어야 한다. 그러한 관점은 새 팀원에게 부담이 되지 않도록 온보딩 여정을 가볍게 만드는 데 도움이 된다. 앙트완 드 생텍쥐페리의 유명한 말을 기억하기 바란다.【173】

설계자는 더 추가할 것이 없을 때가 아니라 더 뺄 것이 없을 때 완벽함이 달성되었음을 알게 된다.

[역주] 원문은 "Start with verb(동사로 시작하라)"이다. 영어에서 동사로 시작하는 문장은 명령문이다. 하지만 한국어로 점검목록을 작성할 때 꼭 "~하라/하세요" 같은 명령형 문장을 사용할 필요는 없다는 점에서 '행동 지시문'으로 표현했다. —옮긴이

온보딩 점검목록의 예

[그림 21.2]는 간결한 온보딩 점검목록의 예이다. 원서 부록 사이트(https://www.asyncagile.org/book-resources)에서 내려받을 수 있다.

Welcome aboard!

To help you hit the ground running, we've put together a simple checklist for you to follow. Each item on this list links to related resources on our shared drive. By the time you get to the end of these steps, you should be able to achieve the following goals.

1. Connect to our project systems.
2. Learn how our application works.
3. Become familiar with how we've structured our tech stack.
4. Anchor a story card with another developer.

Task	How to complete	Who to contact
☑ Read the high-level developer notes	Read the document and use it as a reference to complete the remaining onboarding steps.	Buddy
☑ Connect to the VPN	Without this, you won't be able to access anything other than email without this. If you aren't able to access VPN, contact techops-support@thoughtworks.com	TechOps
☑ Gain access to BitBucket + JIRA + Confluence + CircleCI	Check your inbox for credentials. This is part of your systems onboarding package.	Project manager
☑ Explore how the app works and learn which release/features are in which environments	Play around with the application on the QA/ UAT environments. You can use the test data from _this spreadsheet_.	QA
☑ Understand the layers of our tech stack	Watch the embedded video. Feel free to ask questions on the document itself. One of us will respond and we'll also enrich the document if an additional explanation helps.	Tech lead
☑ Run full stack locally	_Refer to the list of commands and the process_ you must follow to run the full stack on your machine.	Buddy
☐ Develop a story card	Learn how to pull from master, create a branch for your card, and _our standard for commit messages_.	Buddy/ pair
☐ Create a pull request and push your code	Learn how to move your card from "pending merge" to "merged not deployed"!	Buddy/ pair
☐ Retrospect with your buddy and share feedback about the onboarding process	Pay it forward by helping the onboarding process get better the next time around.	Buddy

그림 21.2 온보딩 점검목록의 예.

자동화와 재사용성에 집중

여러분의 팀이나 부서에 개발자가 자주 충원된다면, 개발자가 자신의 개발 환경을 빠르게 설정하는 데 유용한 도구들을 제공하는 것이 도움이 될 것이다. 그러면 신입 개발자가 곧 프로젝트에 기여할 수 있게 될 뿐만 아니라 팀의 전반적인 효율성도 향상된다.

예를 들어 예전에 내가 몸담은 팀들에서는 표준 개발 환경을 구성하는 모든 소프트웨어 구성요소를 담은 VM(virtual machine)을 Vagrant[174]를 이용해서 개발자의 노트북에 생성했다. 이런 접근 방식에서는 신입 팀원이 다른 사람의 도움 없이 문서에 있는 몇 가지 단계를 따라 해서 자신의 개발 환경을 손쉽게 설정할 수 있다.

그밖에 다음 방법들도 유용할 것이다.

- 스크립트 기반 솔루션을 이용해서 개발 환경을 구축하고 공유한다. DevEnv[175]라는 훌륭한 오픈소스 도구가 제공하는, 다양한 기술 스택을 위한 미리 만들어진 패키지들이 이러한 접근 방식에 도움이 될 것이다.
- 컨테이너를 이용하면 일관된 방식으로 개발 환경들을 운용할 수 있다. 예를 들어 VS Code 확장 프로그램 Dev Containers[176]를 이용하면 하나의 컨테이너를 모든 것을 갖춘 개발 환경으로 사용할 수 있다.

오픈소스 공동체를 잘 살펴보면 여러분 팀의 개발 환경을 정의하고 공유할 수 있는 다양한 도구를 발견하게 될 것이다. 이번 장을 쓰는 현재, 이 문제를 해결하는 데 사용할 수 있는 프로젝트가 1,000개가 넘는다.[177] 여러분의 팀에 잘 맞는 것을 찾아보기 바란다.

내가 몸담았던, 여러 기능을 포괄하는 좀 더 큰 규모의 팀에서는 일상 업무를 수월하게 해주는 개발자 포털을 구축했다. 그런 포털을 통해 팀원들은 다음과 같은 다양한 자원과 정보를 공유할 수 있었다.

- **소프트웨어 템플릿.** 개발자가 매번 코드를 처음부터 새로 작성하기보다는 일관된 출발점에서 구축을 시작하는 게 좋다. 그런 출발점 역할을 하는 소프트웨어 템플릿에는 흔히 표준적인 상용구 코드(boilerplate code)들이 포함되어 있다. 그런 상용구 코드는 개발자가 좋은 코딩 관례와 패턴을 따르도록 유도하는 데에도 도움이 된다.
- **API와 이벤트.** API들과 이벤트들을 분야(도메인)별로 정리해 두면 개발자가 기존 시스템 기능성을 재사용하는 데 도움이 된다.
- **개발자 도구.** 개발자 경험을 가속할 수 있는 스타터 키트와 도구 모음을 조직 또는 팀 차원에서 만드는 경우도 있다. 여기에는 독점적 내부 프레임워크도 포함된다.

짐작했겠지만, 이런 종류의 플랫폼이 있으면 기존 기능과 패턴을 재사용하기가 쉬워져서 신입이 추측에 의존해야 하는 상황이 줄어든다. 신입 팀원에게만 유용한 것도 아니다. Thoughtworks에서는 이런 플랫폼 덕분에 아이디어에서 결과물까지의 시간을 평균 30%까지 단축할 수 있었다.[178] 우리가 NEO라고 부른 그 플랫폼의 화면 몇 개가 [그림 21.3]에 나와 있다. 이런 개발 플랫폼을 만들어 보고 싶다면, Backstage[179]라는 훌륭한 도구가 있으니 참고하기 바란다.

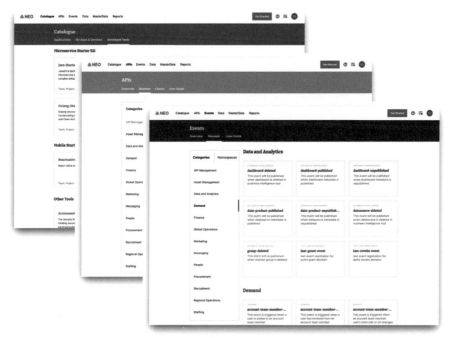

그림 21.3 Thoughtworks가 내부적으로 사용하는 개발 플랫폼 *NEO*의 화면들.

신입에게 단짝 찾아주기

버디 시스템buddy system이라고 부르는 2인1조 시스템은 팀원 모두가 온보딩 프로세스에 참여하게 하는 데 효과적인 방법이다. 누군가가 팀에 합류할 때마다, 비슷한 일을 하는 기존 팀원을 신입의 '단짝(buddy)'으로 배정한다. 단짝은 말하자면 신입의 여행 가이드 역할을 한다. 단짝은 신입이 궁금한 점을 물어보거나 도움을 요청하는 첫 번째 사람이자 신입을 다른 팀원들에게 소개하는 사람이 되어서 신입의 온보딩을 돕는다.

단짝이 해야 할/해줄 수 있는 일들 역시 점검목록으로 명시하면 좋을 것이다. 신입의 점검목록과 단짝의 점검목록을 대조해서 온보딩 책임을 둘이 나누어 가지게 하자. 예를 들어 신입이 팀의 '해피아워happy hour' 통화에 참석해야 한다는 항목이 신입의 점검목록에 있다면, 단짝이 그 통화에서 다른 모든 사람에게 신입을 소개해야 한다는 항목이 단짝의 점검목록에 있어야 할 것이다.

신입의 단짝 역할을 해 보면 온보딩 경험을 좀 더 잘 알게 된다. 그런 사람이 많아지면 팀 전체의 온보딩 능력이 개선될 것이다. 이로부터 만들어지는 피드백 루프는 온보딩 자료와 프로세스를 최신 상태로 유지하는 데 도움이 된다. 단짝들이 팀의 공유 공간에 온보딩 프로세스를 개선할 아이디어를 추가하도록 격려하자.

강한 관계 조성

팀원들 사이에 끈끈한 관계가 없다면 팀이 아니다. 새 팀원이 소속감과 동료애를 일찍 경험할수록 새 팀원은 업무 방식에 더 쉽게 적응하게 된다. 비동기 우선 문화에는 신뢰가 필수이다. 사람은 자신과 좋은 관계를 맺고 있는 사람을 신뢰하기 마련이다. 따라서 온보딩에서 관계 강화 문제를 과소평가해서는 안 된다. 관계 강화에는 의미 있는 동기적 상호작용들이 중요하다. 실시간 의사소통은 연결감을 높이는 데 대단히 유용하므로, 사람들을 팀으로 통합하는 데 그런 의사소통을 활용할 필요가 있다.

첫째로, 신입을 위한 보고 관계를 확립하자. 보고 관리자(reporting manager; 직속 상사)는 신입 팀원을 정기적으로 점검해야 한다. 보고 관리자는 처음 몇 번의 회의를 통해서 신입 팀원에게 기대할 수 있는 것들을 설정한다. 그런 회의들에서는 신입의 역할과 성과 수준뿐만 아니라 관리자와 직속 상사가 신입과 어떻게 협업할 것인지도 논의할 필요가 있다. 이런 관리 관계에 관해서는 제23장에서 좀 더 자세히 살펴볼 것이다.

둘째로, 신입을 팀 활동들에 포함시키자. 사람들이 직접 만나는 것이 왜 가치 있는 일인지, 팀 경험을 왜 공유해야 하는지는 이전에 논의했다. 적어도, 의제 없이 대화를 나눌 팀 '해피아워'를 정기적으로 개최해야 한다. 해피아워는 며칠에 한 번씩 모든 사람의 일정에서 한 시간 정도를 빼는 것 말고는 따로 준비할 것이 없는 부담 없는 행사이다.

마지막으로, 신입이 다른 팀원들과 일대일로 만나도록 격려하자. 다른 사람과 단독으로 대화를 나누는 것을 부담스러워하는 사람도 있음을 유념해야 한다. 경험 많은 팀원이 자발적으로 신입에게 자신을 소개하고 일대일 대화를 주선해서 새로운 동료들과 만나게 하는 환영 분위기를 팀 안에 만들면 좋을 것이다. 내 경험으로 볼 때, 일대일 대화는 사람들이 서먹함을 없애고 서로를 깊이 있게 알게 되는 가장 빠른 방법 중 하나이다. 신입이 어떤 성격이든 팀원들로부터 따뜻함을 느낄 수 있도록 부담 없는 자리를 마련해야 할 것이다.

온보딩 효율성 = 팀 효율성

제임스 스태니어는 온보딩의 효율성이 단지 온보딩에 관한 것만은 아니라고 덧붙인다. 온보딩 효율성은 팀 또는 부서가 기술, 관리, 문화의 여러 측면에서 얼마나 효율적인지를 대표하는 하나의 척도라고 할 수 있다. 팀 또는 부서의 효율성이 얼마나 높은지는 온보딩 프로세스에 대해 보고한 신입 팀원이 만족도가 얼마나 높은지(또는 불만 수준이 얼마나 낮은지)로 가늠할 수 있다. 이를 조직 전체로 확장한다면, 이러한 효율성은 사람들이 팀과 팀 사이에서 또는 부서와 부서 사이에서 얼마나 원활하게 이동할 수 있는지를 나타내게 된다.

이번 장 요약

온보딩 자료를 만들 때는 "한 번 작성하고 여러 번 실행한다" 접근 방식을 따르는 것이 바람직하다. 그러면 중복되고 일시적인 대화를 제거할 수 있다.

- 풍부한 FAQ를 마련해서 신입의 '멍청한 질문 예산'을 보존한다.
- 점검목록으로 온보딩에서 추측 작업을 제거한다.
- 자동화와 재사용에 집중한다.
  - 컨테이너나 스크립트를 이용해서 신입의 개발 환경 설정을 자동화한다.
  - 관심 있다면, 소프트웨어 템플릿들을 공유하고 팀원들이 API와 이벤트, 공유 개발 도구들을 발견하는 데 도움이 되는 개발 포털을 구축해 보자.
- 신입에게 '단짝'을 지정한다. 단짝은 입사 초기에 신입을 이끌어 주는 친구 역할을 한다.
- 동기적 상호작용으로 신입의 연결감과 동료애를 구축한다.

독자의 직급에 따라서는 팀 수준뿐만 아니라 부서 수준이나 조직 전체 수준에서 상황을 개선할 수도 있을 것이다. 독자가 회사 전체를 바꿀 정도의 지위가 아니라도 실망할 필요는 없다. 이 비동기 우선 플레이북의 다른 모든 플레이와 마찬가지로, 여러분이 직접 통제할 수 있는 영역부터 해결해 나가면 된다. 여러분이 가진 청사진에 대한 확신이 든다면, 다른 사람들이 여러분의 경험으로부터 배울 수 있도록 그 청사진을 적극적으로 홍보하기 바란다.

이번 장으로 이 플레이북의 제3부가 끝났다. 제3부는 비동기 우선 업무 방식으로 전환하고자 하는 '실무자'를 위한 가이드이다. 그런데 사실 업무 방식이라는 것은 경영진의 지원이 충분하지 않으면 바꾸기가 쉽지 않다. 이 책의 제4부는 비동기 우선 사고방식을 관리 및 경영 측면에서 실천하는 방법을 다룬다. 아직 그런 자리에 오르지 않은 독자라면, 제4부는 경영진에게 책임을 묻는 측면에서 유용할 것이다.

비동기
우선 리더십

비동기 우선 관행들은 먼저 개인과 팀 수준에서 도입하는 것이 합리적이다. 하지만 효과적인 관리와 리더십이 없으면, 팀은 구식의 실시간 작업 방식으로 돌아가야 하는 게 아닌가 하는 압박을 받게 된다. 제4부에서는 여러분이 비동기 우선 업무 방식을 지지하는 리더로서 비동기적인 사고방식을 여러분의 관리 스타일에 채용하는 방법을 설명한다.

- **제22장** "비동기 우선 리더십 사고방식"은 비동기 우선 리더가 되는 데 필요한 사고방식의 전환을 설명한다. 이 장에서는 또한 그러한 사고방식을 적용해서 포용성의 수호자가 되는 방법도 배운다.
- **제23장** "사려 깊은 직원 관리"에서는 비동기 우선 방식에 효과적인 직원 관리자가 되는 방법을 배운다.
- **제24장** "팀의 성공을 위한 환경 조성"에서는 효율성과 자율성을 위해 팀의 환경을 조율하고 관리하는 방법을 배운다.
- 마지막으로 **제25장** "기업 내 암묵지 관리"는 기업 수준에서의 지식 관리를 깊게 파고든다. 직원들이 분산되어 일하는 회사에서 지식을 관리하는 데 필요한 시스템들의 특징을 살펴보고, 현재의 도구들을 감사해서 더 필요한 것이 무엇인지 알아보는 방법도 논의한다. 또한 이 장에서는 회사의 지식 생태계를 관리하기 위해 배치해야 하는 인력에 관해서도 배우게 된다.

제22장
비동기 우선 리더십 사고방식

이번 장부터는 실무자와 개인 기여자에서 리더와 관리자에 초점을 옮겨서 비동기 우선을 논의한다. 조직의 리더가 비동기 우선 사고방식을 가지고 있으면 비동기적 협업이 원활해진다. 그런 리더십이 없다면 팀이 조직의 관성과 현상 유지 경향에 굴복할 위험이 있다.

비동기 우선 리더십 사고방식(async-first leadership mindset)을 구축한다는 것이 무슨 뜻일까? 한번 설명해 보겠다.

'참된 방법'을 가진 독재자

여러 해 동안 관리자와 리더들에게 비동기적 업무 방식을 설명하면서 나는 다양한 반응을 경험했다. 원격 근무를 싫어하는 사람들은 당연히 회의적인 반응을 보인다. 애초에 원격 근무에 깊은 편견을 가진 현업 전문가들을 설득하기는 어려우므로, 그 부분은 넘어가기로 하자.

이번 장과 관련해서 주목할 것은 원격 근무를 지지하며 내 말을 진지하게 듣는 사람들의 반응이다. 이 '비동기 업무 방식'을 자신과 자신의 팀에 적용하는 방법을 바로 떠올리는 사람들도 있었다. 하지만 직원들 혹은 '다른 사람들'에게는 비동기 우선이 가치가 있겠지만 본인에게는 별 효과가 없으리라 생각하는 리더가 많았다. 나는 이런 이야기를 많이 들었다.

"하지만 내 업무는 비동기로 안 되죠!"
"알다시피 사람들과 대화하는 게 내 일인걸요. 비동기로는 힘듭니다!"
"잘 알겠습니다만 나한테는 안 맞아요."

이런 우려 중 근거가 있는 것은 하나도 없다. 예를 들어, '걸어 다니며 경청하면서 관리하기 (MBWAL, manage by walking around and listening)'[180]가 리더십의 '참된 방법(the way)'이라고 배운 사람들이 많다. 그런 관리 방법을 비동기적으로 할 수는 없는 일이다.

한 가지 명확히 해 둘 것은, 리더로서 여러분이 할 일에 동기성이 필요한 부분이 많다는 점은 나도 동의한다는 것이다. 이 주제는 다음 장에서 다룰 것이다. 그전에 "하지만 내 업무는 비동기로는 안 되죠!"라는 생각을 조사할 필요가 있겠다. 이를 위해 일련의 질문을 던지고자 한다.

여러분 자신의 역량을 최대한 발휘하려면 어떻게 해야 할까?

기본 원칙들로 돌아가자. 비동기 업무 방식 자체가 우리의 목표는 아니다. 이는 단지 목적을 위한 수단일 뿐이다. 비동기 업무 방식의 이점은 이전 장들에서 충분히 논의했다. 직장 생활에서 여러분은 어떤 이점들을 누리고 싶은가? 몇 가지 이점을 리더십의 관점에서 다시 살펴보면 여러분의 업무에 대한 사고방식을 바꾸는 데 도움이 될 것이다.

▪ 반복되는 회의 지옥에서 탈출

여러분의 캘린더를 한번 잘 살펴보기 바란다. 반복되는 회의가 얼마나 많은가? 동료와의 일대일 회의는 제외하고 다른 회의들을 세어보자. 아마 의제가 명확하지 않은 회의에 낭비하는 시간이 주당 15시간 정도 될 것이다. 내가 관찰한 바로는, 다른 반복되는 회의의 안건을 논의하기 위해 회의를 반복하는 관리자가 드물지 않다. 다른 식으로 말해 보겠다. 이런 반복되는 회의들이 한 주에 여러분이 일하는 시간의 최대 38%까지 소비할 수 있다. 이는 다섯 시간 중 두 시간이 **의제 없는 회의**로 낭비된다는 뜻이다.

이런 동기적 상호작용들에 관한 다음과 같은 몇 가지 어려운 질문에 스스로 답해보기 바란다.

- 그런 회의 중 참석자가 여덟 명을 넘는 회의는 몇 건이나 되는가? 이전에 논의했듯이 그런 회의는 시간 낭비일 때가 많다. 그런 회의들은 대부분 협력적이지도 않고 생산적이지도 않다.
- 그런 회의 중 수동적인 정보 전달을 위한 것이 몇 건인가? 정보는 이메일이나 문서, 심지어는 정보 데크(infodeck)[181]로 공유하는 것이 더 효율적이다. 게다가 대화에 비해 그런 서면 매체는 영구적이다.
- 그런 회의에 능동적으로 참여하는 빈도는 어느 정도인가? 만일 답이 "가끔"이라면, 여러분은 정기적으로 시간을 낭비하는 셈이다.

자주 회의에 참석해서 상사의 "눈도장을 받아야" 하는 문화가 일부 회사에 남아 있음은 알고 있다. 이는 개인 차원에서는 해결할 수 없는 문제이다. 하지만 여러분이 시간을 효과적으로 사용할 자율성을 가지고 있는 직위라면, 회의들을 골라서 의도적으로 참석 또는 불참함으로써 비동기 우선 문화를 주창하는 것도 생각해 보기 바란다. 특히, 의제 없는 반복적인 회의는 거부해야 할 것이다.

그런 회의들을 주최하는 사람이 여러분이라면, 불필요한 회의를 제거해서 시간을 확보하는 것이 바람직하다. **회의가 필요한 안건**이 제기되면 그때 적은 수의 사람들로 회의를 진행하면 된다. 불필요한 회의를 제거했다면, 그런 회의를 진행할 시간은 이미 확보된 것이다!

▪ 회의가 적을수록 효과적이다

'회의는 최후의 수단'이라는 개념은 회의를 악마화하거나 배척하기 위한 것이 아니라 회의를 좀 더 효과적으로 만들기 위한 것이다. 특별한 예외는 있겠지만, 보통의 경우 회의에서 뭔가 새로운 것이 나오지는 않는다. 어떤 일을 촉진하거나 어떤 결정이 내려지는 것은 대부분 회의 밖에서이다. 올리비에 시보니, 캐스 선스타인, 대니얼 카너먼은 더 나은 의사결정으로 이어지는 의사결정의 '위생(hygiene)' 개념을 다음과 같이 설명한다.[182]

> 어떤 판단을 내릴 사람이 여러 명일 때는, 한 사람에게 판단을 맡기거나 세 사람이 한 테이블에 앉아 논의하는 대신 각자 독립적으로 판단하게 한 후 그 평균을 구하는 게 좋습니다. 또는 같은 취지의 다른 변형을 사용할 수도 있겠고요. 어떤 방법이든, 사람들의 판단을 취합하기 전에 각자 독립적으로 판단하게 만드는 것이 중요합니다. 그것이 바로 큰 도구입니다.

어떤 복잡한 결정을 내려야 하는 회의를 생각해 보자. 회의에서 정해진 시간 안에 모든 데이터를 수집하고, 모든 관점을 드러내고, 편향의 중첩을 피하고, 합의에 도달하기는 어렵다. 아마 독자도 시간을 지키기 위해 회의를 서둘러 끝낸 경험이 많을 것이다.

최후의 수단으로 회의를 진행해야 한다면, 여러분과 다른 사람 모두에게 독립적으로 작업할 시간을 주고, 모두가 결정과 관련된 자신의 관점을 공유하게 만드는 것이 바람직하다. 참석자들이 유관한 데이터와 정보를 취합할 시간도 필요하다. 그런 준비 과정에서 모든 데이터와 관점을 고려한 후 회의를 열면 기존 방식의 회의에서와 동일한 결론에 좀 더 빠르게 도달할 수 있다. 결과적으로 전체적인 시간이 더 짧아지고 회의의 효율성이 높아진다! 이는 좋은 일이 아닌가?

▪ 반복 작업 줄이기

여러 사람에게 같은 말을 몇 번이나 반복하는지 세어본 적이 있는가? 리더와 관리자는 프레젠테이션이나 단계별 지도(walk-throughs), 아이디어 공유 같은 의사소통을 반복적으로 수행하게 된다. 리더가 어떤 아이디어를 카리스마를 발휘해서 실시간으로 발표하는 게 가치 있는 일이긴 하지만, 각각의 의사소통에서 그런 아이디어를 소비하는 사람은 소수이다. 블로그 게시물이나 문서, 녹화된 음성 또는 동영상 같은 비동기적 매체를 활용하면 같은 내용을 반복해서 소통하는 횟수를 줄일 수 있다. 그리고 여러분의 아이디어가 입소문(바이럴)을 타서 널리 퍼질 수도 있다.

제18장에서 우리는 비교적 작은 팀에서도 의사소통이 복잡해질 수 있음을 보았다. 의사소통을 반복해야 한다는 것이 동기적 의사소통 전략의 유일한 문제점은 아니다. 오해의 여지가 있고 '전화 게임'이 될 수 있다는 점도 중요한 문제이다.

공들여 글을 작성하면 사람들은 그 글에 반응하고, 질문을 던지고, 피드백을 제공할 수 있다. 그런 과정을 통해 글을 더 간결하게 만들거나 FAQ 섹션을 추가함으로써 의사소통을 더욱 풍부하게 만들 수 있다. 그런 식으로 꾸준히 조금씩 개선하는 것이 훌륭한 의사소통의 비결이다. 이전에도 언급했듯이, "한 번 작성하고 여러 번 실행"하는 접근 방식이 중요하다.

▪ 목소리 키우기

리더십과 경영진에는 다양성이 있어야 한다. 경영진의 성별이나 인종, 출신이 다양하지는 않더라도, 사고방식이나 성격은 다양할 것이다. 동기적인 협업은 외향적인 사람이나 영어가 유창한 사람에게 적합할 때가 많다. 만일 여러분이 말수가 적은 사람이라면, 그런 스타일의 의사소통에서 여러분의 뜻을 제대로 표현하기 어려울 것이다. 하지만 글쓰기는 여러분의 속도에 맞게 천천히 진행할 수 있다. 비동기 의사소통 문화에서는 말수가 적고 내성적인 사람도 자신의 목소리를 낼 수 있다.

외향적이고 영어가 유창한 사람이라도 비동기가 도움이 된다. 동기적 의사소통과는 달리 내성적인 사람들의 사려 깊은 의견을 얻을 수 있다. 덕분에 리더십 그룹의 다양성이 빛을 발한다. 비동기 의사소통을 옹호하는 것은 말주변이 없거나 내성적인 동료의 아군이 되는 훌륭한 방법이다.

어떻게 하면 여러분이 걸림돌이 아니라 모범이 될 수 있을까?

회의에서 회의로 뛰어다니다 보면 업무 자체를 생각할 시간이 거의 없다. 대화가 피상적이고 즉흥적으로 될 때가 많다. 그러다 보니 팀원들이 서로 협업하는 방식을 팀원과 여러분의 협업에는 적용할 수 없게 된다. 결과적으로 여러분은 여러분이 만들려고 하는 비동기 우선 문화에서 가장 약한 고리가 된다.

제임스 클리어는 이렇게 말했다:[183]

> 인간은 모방 기계이다. 우리는 주로 주변 사람들을 따라 하면서 방법을 배운다. 일반적으로 우리가 모방하는 사람들은 다음 세 부류이다.

1. **가까운 사람들.** 친구와 가족은 무엇을 하는가?
2. **다수 대중.** 군중은 무엇을 하는가?
3. **힘 있는 사람들.** 지위 높은 사람들은 무엇을 하는가?

리더인 여러분은 '힘 있는 사람들'에 해당한다. 즉, 여러분은 모든 사람이 따르고자 하는 하나의 모범 또는 '롤 모델'이다. 따라서 여러분이 회의를 첫 번째 선택지로 두는 것은 팀원들에게 잘못된 본보기를 제시하는 것이라 할 수 있다. 그러면 여러 가지 문제가 발생하는데, 첫째로 팀원들이 여러분과 반드시 협업해야 하는 경우 팀의 비동기 업무 역량이 떨어질 수 있다. 둘째로, 여러분처럼 되고 싶은 사람들이 여러분의 회의 중심적 일정을 흉내 내서 동료들에게 적용하려 들 것이다. 이는 바람직한 일이 아니다.

잡무를 어떻게 피할 것인가?

여기서 잡무는 구체적으로 "바쁘게 시간을 보내긴 하지만 꼭 필요하지는 않은 업무"를 뜻한다.[역주] 여러분은 하루에 잡무가 어느 정도인가? 여러분이 하는 일을 폄하하려는 것은 아니다. 단지 여러분이 업무가 의미 있는 것이길 바랄 뿐이다. 다음은 여기서 말하는 잡무의 몇 가지 예이다.

- 팀을 대신해서 의사소통을 담당하는 프로젝트 관리자가 많다. 하지만 팀에 이미 효과적인 의사소통 패턴이 갖추어져 있다면 프로젝트 관리자는 다른 일에 집중할 수 있다.

[역주] 잡무의 원문은 'busywork'이다. 저자는 롱맨 현대 영어사전의 뜻풀이 "work that gives someone something to do, but that is not really necessary"를 부연했음을 밝혀 둔다. —옮긴이

- 종종 관리자들은 어떤 의사결정 사항을 결재(승인, 비준)하는 데 많은 시간을 보낸다. 하지만 아주 중요한 승인이나 비가역적인 결정을 제외한다면, 대부분의 경우 관리자가 굳이 일일이 결재할 필요가 없다. 무의미한 결재를 없애고 팀에게 재량권을 돌려주려면 어떻게 해야 할까?
- 지원 요청이나 조사 요청이 많이 들어온다는 것은 제품의 품질이나 사용자 경험에 뭔가 문제가 있음을 뜻할 때가 많다. 리더인 여러분은 그런 부분에 좀 더 주의를 기울여야 하지 않을까?
- 혼자 팀의 근황을 수집해서 다른 사람들에게 전파하는 '내부 저널리스트(internal journalist)'가 되어서는 곤란하다. 그보다는, 회사 내 소셜 네트워크를 권장하는 것이 낫다. 그러면 모든 사람이 스스로 저널리스트가 된다.

잡무를 피하는 데 관건은 트랜잭션보다는 시스템에 초점을 두는 것이다. 그 둘의 차이가 [22.1]에 정리되어 있다.

표 22.1 트랜잭션 초점 대 시스템 초점.

트랜잭션 초점	시스템 초점
트랜잭션 초점에서는 구체적인 개별 활동들을 최적화할 뿐, 해당 트랜잭션을 간소화하거나 아예 제거할 수도 있는 프로세스나 관행, 도구에는 관심을 두지 않는다.	시스템 초점에서는 여러 트랜잭션의 목표를 평가하고 가능한 한 적은 개입으로 그러한 목표를 달성할 수 있는 프로세스나 관행, 도구를 도입하려 한다.

예를 들어 팀 핸드북 시스템이 있으면 여러분이 팀원들에게 프로젝트의 여러 측면을 설명하는 활동이 간단해지거나 아예 생략된다. 다른 예로, 감사용 기록 시스템은 프로젝트 고고학을 구축하며, 따라서 관심 있는 사람은 누구나 사후에 프로젝트의 의사결정들을 이해할 수 있다. 그리고 서면 스프린트 검토 시스템은 지루한 잡무 수준의(특히, 제품이나 서비스의 시연이 충분하지 않은) 스프린트 검토 회의를 줄여준다.

그런 시스템들을 만드는 데 시간을 투자할 필요가 있다. 그런 시스템들이 있으면 팀의 업무가 간단해져서 팀원들이 좀 더 의미 있는 일에 시간을 할애할 수 있을 뿐만 아니라, 여러분의 잡무가 줄어들어서 여러분이 꼭 해결해야 할 흥미로운 문제들에 집중할 수 있게 된다.

포용성의 수호자가 되려면 어떻게 할까?

리더는 사람들이 각자 다양한 관점과 문제 해결 기법을 주저 없이 밝힐 수 있도록 도와야 한다. 내향적인 사람이나 신경학적 다양성을 지닌 사람, 영어가 모국어가 아닌 사람들은 외향적인 사람, 영어가 모국어인 사람과 동등한 입장에서 의사소통하기가 어렵다. 또한, 멀리 떨어진 시간대에 있는 사람을 비롯해 동기적인 상호작용을 위한 시간을 내기가 쉽지 않은 사람들 역시 의사소통이 제한적일 수 있다.

동기화를 아예 피하라는 말은 아니다. 단지, 무작정 회의를 잡을 생각부터 하는 대신 '비동기 우선' 사고방식으로 문제를 바라볼 필요가 있다는 뜻이다. 여기에 다음의 조언들이 도움이 될 것이다.

- **속도가 곧 생산성이라는 생각을 버리자.** 이전 장들에서 언급했듯이 속도와 생산성은 같은 개념이 아니다. '느려짐' 또는 감속화(slowing down)는 버그가 아니라 기능이다. 감속화는 사려 깊은 의사소통, 아이디어 개발, 데이터 표면화 및 해석의 측면에서 이점이 될 수 있다. 주목해야 할 주제를 시간을 들여 숙고하도록 팀원들을 장려하자. 진행에 여유를 두는 것은 여러분이 다양한 관점을 포용하는 데 도움이 된다. 여러분은 프로세스를 서두르게 만드는 외부 압력으로부터 팀을 보호해야 한다. 애초에 시간을 충분히 확보해서 프로세스를 시작하면, 급하게 서두르다 일을 망치는 사태를 피할 수 있다.
- **포용적 의사소통 설계를 장려하자.** 글쓰기 같은 의사소통 패턴은 "운동장을 평평하게" 만든다. 목소리가 가장 크거나, 경험이 가장 많거나, 말을 가장 잘하는 사람만이 아니라 모든 사람이 발언권을 가지도록 의사소통을 설계해야 한다. 이는 여러분의 회의에도 적용된다. 침묵 회의(silent meeting)[184] 같은 기법을 도입해서, 논의에 들어가기 전에 각자가 독립적으로 고찰하고 판단해서 의견을 드러내게 하자.
- **의사소통을 이벤트가 아니라 프로세스로 취급하자.** 복잡한 문제를 단발성, 일회성 의사소통으로 해결하지는 못한다. [그림 22.1]은 바람직한 의사소통의 시나리오를 표현한 것이다. 이 가상의 '꼬리 잡기' 게임에서 각각의 상호작용과 산출물은 다른 상호작용이나 산출물을 기반으로 구축된다. 대화에 아직 참여하지 않은 사람들을 배려하도록 팀을 독려하자. 문서를 작성하고, 감사용 기록을 적극적으로 활용하는 것은 이러한 의사소통 꼬리 잡기 게임을 플레이하는 효과적이고도 부담 없는 방법이다.

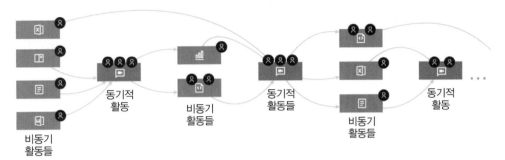

그림 22.1 비동기 우선, 동기적은 그다음: 프로세스로서의 의사소통.

대부분의 기업은 이미 장소 독립적 협업을 위한 디지털 인프라를 제공한다. 비동기 의사소통을 활용하면 그러한 인프라를 한 차원 더 발전시킬 수 있다. 비동기 의사소통을 이용하면 사람들이 소위 '줌 피로(Zoom fatigue)'[185]를 피할 수 있을 뿐만 아니라, 여러분이 포용성의 수호자 역할을 하는 데에도 도움이 된다.

팀의 회복탄력성을 유지하려면 어떻게 해야 할까?

나심 탈레브는 저서 *Antifragile*[186](번역서는 《안티프래질 Antifragile》, 안세민 옮김)에서 '영역 의존성(domain dependence)'을 다음과 같이 설명한다.

인간은 학습된 맥락에서 벗어난 상황은 잘 인식하지 못하곤 한다. … 같은 개념이라도 다른 문맥에서 제시되면 잘 인식하지 못한다는 점에서, 우리 모두는 비슷한 장애를 가지고 있는 셈이다. 우리 인간은 사물의 가장 피상적인 부분, 즉 선물의 포장지 같은 것에 속을 수밖에 없는 운명이 아닐까 싶을 정도이다.

비동기 작업에 관해 리더들과 이야기할 때도 이런 영역 의존성이 문제가 된다. 비동기 우선으로 전환하면 개발자나 디자이너가 더 많은 시간과 공간을 확보해서 고품질의 결과물을 낼 수 있다는 점은 리더들이 잘 인식한다. 또한, 그런 방식에서 팀이 더 행복하고 효과적으로 일할 수 있다는 점도 받아들인다. 하지만 비동기 업무 방식이 자신의 영역, 즉 리더십 영역에 어떻게 적용되는지는 잘 이해하지 못한다. 조직의 많은 사람이 한 명의 리더에 의존한다는 점에서, 이런 문제는 조직의 리더십 부분을 취약하게(fragile) 만든다.

애자일 팀에는 '버스 지수(bus factor)'라는 개념이 있다. 버스 지수는 팀의 회복탄력성(resilience)을 측정하는 척도로, 팀의 모든 업무가 중단되려면 팀에서 최소 몇 명이 갑자기 사라져야[역주]

[역주] 직원이 "버스에 치여서" 출근을 못 하게 되는 상황을 가정한다는 점 때문에 '버스' 지수라는 이름이 붙었다. ―옮긴이

하는가를 뜻한다. 동기화 중심적 의사소통 접근 방식에서는 리더인 여러분이 정보 흐름의 중심에 놓인다. 여러분이 사라지면 시스템이 멈추게 된다. 즉, 여러분의 버스 지수는 가능한 가장 낮은 값인 1이다.

그와는 다른 세상이 가능하다. 회의를 최후의 수단으로 두자. 팀에 사려 깊은 의사소통 행동을 증진하자. 초능력으로서의 글쓰기를 장려하자. 시스템과 산출물을 활용하면 버스 지수를 높일 수 있다. 행동 변화, 프로세스 개선, 기량 구축도 리더십 활동이다. 이렇게 하면 팀의 회복탄력성이 개선된다. 여러분은 더 이상 팀의 '인간 라우터'가 될 필요가 없다.

필수 업무를 위한 시간 확보

이번 장 도입부에서 나는 동기성이 필요한 상황이 항상 존재함을 인정했다. 리더는 속도 대 사려 깊음, 폭 넓히기 대 깊게 파고들기, 단기적 승리 대 미래 투자 사이의 절충점을 찾아야 한다. 팀의 연결감 역시 여러분이 우선으로 챙겨야 할 사항이다. 비동기 우선 리더십에서도 일대일 면담을 권장하는 것은 그 때문이다. 팀원들과 좋은 시간을 보내는 것은, 여러 까다로운 문제를 해결해서 팀원들의 삶을 편하게 만드는 것과 함께 리더로서 여러분이 할 수 있는 가장 영향력 있는 일 중 하나이다. 그런 중요한 업무를 위한 시간을 확보하려면 이번 장에서 다룬 비동기 우선 사고방식이 필수이다.

> **이번 장 요약**
>
> 비동기 우선 팀을 이끄는 사람은 자신의 업무 역시 비동기 우선으로 수행해야 한다. 이를 위해서는 사고방식의 전환이 필요하다.
>
> - 자신의 역량을 최대한 발휘하는 방법을 고찰하는 것으로 시작하자. 다음은 이를 위한 몇 가지 방안이다.
>   - 반복되는 회의들을 면밀히 조사해서, "의제 없는 회의"에 해당하는 것들은 거부하거나 삭제한다.
>   - 회의는 최후의 수단이라는 규칙을 적용해서 회의를 좀 더 효율적으로 진행한다.
>   - 반복적인 의사소통을 좀 더 영구적인 매체로 대체해서 그런 의사소통의 빈도와 소비 시간을 줄인다.
>   - 비동기 의사소통을 이용해서 여러분 자신의 목소리를 높이고 다른 리더십 동료들을 포용한다.

- 실현되었으면 하는 변화를 주도하자. 여러분이 팀과 시스템의 병목이 되어서는 안 된다. 스스로 비동기적으로 일해서 모범을 세우자.
- 트랜잭션보다는 시스템에 초점을 두어서 잡무를 줄이자.
- 포용성의 수호자가 되자. 그러려면 협업에 관한 기존의 사고방식을 바꿀 필요가 있다.
  - 속도가 곧 생산성이라는 생각을 버린다. 속도를 늦추는 것이 소프트웨어 개발의 여러 협업 활동에 도움이 된다.
  - 의사소통을 포용적으로 설계한다. 이를테면 침묵 회의를 이용해서 논의 도입 전에 각자의 관점을 드러내게 한다.
  - 의사소통을 이벤트가 아니라 프로세스로 취급한다. 서면 의사소통과 감사용 기록을 이용하면 여러 상호작용을 연결할 수 있다.
- 여러분에 대한 팀의 의존성을 줄여서 팀의 회복탄력성을 개선하자. 비동기 의사소통과 시스템, 산출물을 이용하면 팀의 버스 지수를 높일 수 있다.

비동기 업무 방식을 회사가 받아들이게 한다는 것이 동기적 의사소통을 모두 제거하자는 것은 아니다. 중요한 것은 모든 것을 좀 더 사려 깊게 생각하는 것이다. 따라서 스스로 모범이 되어야 한다. 비동기 업무로 전환하려면 리더가 행동으로 모범을 보여서 다른 사람들이 따라 하게 만들어야 한다. 다른 사람들은 여러분의 행동을 보고 여러분의 사고방식을 인식한다.

다음 장에서는 사람들로 초점을 옮긴다. 모든 리더가 관리자인 것은 아니지만, 모든 관리자는 리더이다. 어떻게 하면 사람들을 잘 관리할 수 있을까? 이 문제를 다음 장에서 좀 더 자세히 살펴보겠다.

제23장
사려 깊은 직원 관리

관리자는 비동기 우선 문화의 관건이다. 회사가 모선이라면, 관리자는 직원과 모선을 잇는 부교이다. 직원들의 기량과 능력, 강점, 성격, 열망을 가장 잘 아는 사람이 바로 관리자이다. 우리 모두에게는 배려심을 가지고 세심하게 직원들을 이끄는 관리자가 필요하다.

언뜻 모순된 것처럼 보이겠지만, 비동기 우선 문화에서 효과적으로 일하려면 사람과 사람 사이의 관계가 매우 중요하다. 관리자는 그러한 인간관계를 조성하는 데 필수적인 역할을 한다.

올바른 방향으로 수정

IT 업계에서 **관리자**(manager)라는 단어는 별로 인기가 없다. 기업들은 회사 구조가 "평준화되었다"라거나 "관리자는 없다" 같은 말을 하기 위해 극도로 노력한다. 관리자의 역할을 '성과 파트너'(performance parter)나 '성공의 촉매'(success catalyst) 같은 완곡한 표현으로 숨기기도 한다. 그런 얄팍한 수가 좋은 리더십으로 이어지지는 않는다. 거부 상태(state of denial)는 혼란을 초래할 뿐이다. 회사에 상사 또는 '보스'가 있다는 사실을 인정하지 않는다면, 누구도 좋은 상사가 되기 위해 노력하지 않을 것이다. 직원들이 자신에게, 그리고 자신의 업무와 경력에 개인적인 관심을 보이는 상사를 만나지 못한다면, 큰 규모에서 전체적인 모델이 무너지게 된다.

내 생각에 우리 업계에는 '상사' 또는 '보스'라는 말로 대표되는 무능한 관리자의 문제에 과도하게 반응해서 오히려 역편향에 빠지는 경향이 있다. 공정하게 말하자면, 무능한 기술자도 끔찍한 상사만큼이나 흔하다. 다만, 나쁜 상사는 일을 제대로 하지 못하는 디자이너보다 조직에 더 큰 피해를 준다. 이 업계는 사람들이 좋은 상사가 되도록 훈련시키는 대신 평준화된 조직이라는 신화를 전파하는 데 급급했다. 어느 정도 규모가 있는 회사에서 일해 본 사람이라면, 일정 직급 이상으로 올라가면 반드시 위계구조(hierarchy)가 존재함을 알 것이다. 나는 기업들이 눈 가리고 아웅 하는 대신 이러한 명백한 현실을 솔직히 인정하길 바란다. 그래도 괜찮다. '평준화된 조직 문화'에 사실은 관리자가 존재한다고 인정해도 세상이 블랙홀로 빠져들지는 않는다. 그 단어를 입에 올려도 하룻밤 사이에 우리의 일터가 더 나빠질 일은 없다. 오히려, 책임성이 더 명확해질 뿐이다.

공식 직함이야 어떻든, 회사에서 다른 직원들을 이끄는 사람은 곧 직원 관리자(people manager)이다. 그렇다면, 직원 관리자로서 여러분이 고민할 문제는 **효과적인** 직원 관리자가 되려면 어떻게 해야 하는가이다. 특히 비동기 우선 환경에서 효과적인 직원 관리자가 되려면 어떻게 해야 할까? 나는 다음 세 가지를 제안한다.

나 자신의 업무 관리

무엇보다 중요한 일은 여러분의 영향권 안에 있는 직원 관리 관계들을 재검토하는 것이다. 관리할 사람이 너무 많으면 모두를 세심하게 관리하기가 어렵다. 평준화를 추구하다 보니 한 관리자가 수십 명에게 보고받는 형태가 된 회사들이 많다. 이 문제를 먼저 해결해야 한다.

회사의 인사 관리팀과 협업해서, 사람들 사이에 의미 있는 보고 관계를 구축해야 한다. 그렇다고 복잡한 관리 구조로 전환해야 할 필요는 없다. 핵심은 각 개인에게 그 사람의 업무와 밀접한 직원 관리자를 찾아서 연결하는 것이다. 예를 들어 개발팀의 개발자들을 그 팀의 기술 책임자(tech lead)가 관리하게 할 수도 있다. 그리고 그런 기술 책임자들은 엔지니어링 관리자가 관리하게 하는 식으로 위계구조를 만들어 나가면 될 것이다.

이때 대략적인 원칙은 관리자와 직속 부하직원(관리자에게 직접 보고하는 직원)들의 비율을 1:5 정도로 유지하는 것이다. 왜 1:5일까? 이는, 사람들을 관리하기 위해서는 각 직원과 일대일로 만나는 시간이 필요하기 때문이다. 주 5일 근무제에서 하루에 한 시간이면 매주 모든 직속 부하직원을 만날 수 있다. 직속 부하가 다섯 명보다 많으면 일정에 아귀가 맞지 않아서 결국에는 다음 상황 중 하나가 발생한다.

• 한 주에 일부 직원과는 만나지 못해서 그들의 작업을 제대로 이해하지 못하게 된다.
• 반대로, 모든 직원과 만나기 위해 회의에 더 많은 시간을 소비하면 여러분 자신의 업무를 볼 시간이 부족해진다.

둘째 상황은 첫 상황만큼이나 나쁘다. 킴 스콧Kim Scott이 말했듯이, 여러분은 반드시 "팔을 걷어붙이고" 함께 일해야 한다.[187]

> 팀원들의 좋은 파트너가 되려면, 그리고 GSD(getting stuff done; 임무 완수)의 바퀴가 효율적으로 돌아가게 하려면 여러분은 실무와의 연결성을 유지해야 한다. 그러려면 팀원들의 업무를 관찰하는 것으로는 부족하다. 여러분이 업무를 직접 수행할 필요가 있다.

가장 효과적인 관리자는 직원들의 업무를 피상적으로 이해하는 수준에 머무르지 않는다. 효과적인 관리자는 시간을 내서 세부사항을 파악한다. 세부사항을 파악한다는 것이 직원들의 업무를 미시적으로 세밀하게 관리한다는 뜻은 아니다. 그보다는, 필요할 때 도움을 줄 수 있고 상황에 맞게 실행 가능한 피드백을 제공할 수 있다는 뜻이다. 세부사항을 파악하면, 필요한 경우 사람들이 올바른 방향으로 나아가도록 경로를 수정해 줄 수 있다. 더 나아가서, 직원들이 여러분에게 조언과 지도를 요청할 것이고, 여러분의 존재가 직원들의 업무에 가치를 더하게 될 것이다.

일대일 면담

내가 가장 좋아하는 '동기적' 직원 관리 활동을 이야기할 차례가 되었다. 바로 일대일 면담(one-on-one meeting)이다. 직업상 나는 개인 기여자 역할과 관리자 역할을 번갈아 맡고 있다. 나는 1인당 매주 한 시간을 할당해서 직속 부하직원들과 대화하는 방식을 선호한다. 여러 해 동안 나는 이런 회의 시스템을 개발해 왔다. 나와 직속 부하들은 상대방의 주의가 필요한 주제들을 트래커 시스템으로 함께 관리한다. 멋진 점은, 트래커의 메모 기능으로 비동기적인 의사소통을 거침으로써 일대일 면담 전에 여러 주제를 해결할 수 있다는 것이다. 그러면 일대일 면담은 거래적 대화[역주]가 아닌, 좀 더 편안한 대화를 나눌 수 있는 열린 시간이 된다. 그런 트래커 시스템으로 사용할 수 있는 도구는 전통적인 작업현황판뿐만 아니라 Fellow 전문 도구나 공유 협업 문서 등으로 다양하다. [그림 23.1]은 널리 쓰이는 작업현황판 시스템인 트렐로Trello를 이용해서 일대일 면담을 추적하는 템플릿이다.

[역주] 원문은 transactional conversation으로, 어떤 결론을 도출하거나 무언가를 성취하기 위한 대화를 말한다. ―옮긴이

그림 23.1 직속 부하직원들과의 일대일 상호작용을 추적하기 위한 트렐로 템플릿.

나는 내성적인 사람이지만, 이런 회의에서 얼마나 말이 많아지는지 스스로 놀랄 정도이다. 사실 이는 안티패턴이다. 이 일대일 면담은 직속 부하를 위한 회의이므로, 부하직원이 회의를 주도하고 원하는 만큼 발언할 여지를 주어야 한다. 이야기할 거리는 많고도 많다. 다음은 내가 이런 회의에서 다루는 몇 가지 주제이다.

- **개인적 웰빙.** 나는 사람들이 업무뿐만 아니라 사생활에 관해서도 공유하길 원한다. 물론 당사자가 그것을 불편하게 여기지 않는다고 할 때의 이야기이다. 나 역시 인간적인 면모를 보이고 내 상황을 공유하고자 노력한다. 누군가에게 보고를 받는 관리자라고 해서 내가 특별한 사람은 아니다. 단지 경력이 몇 년 더 길고 업무 경험이 좀 더 많거나, 조직의 근속 기간이 조금 더 길 뿐이다. 동료들이 그 점을 더 잘 알 수록 좀 더 개방적으로 나를 대하게 된다.
- **민감한 대화.** 트래커로는 공유할 수 없는 민감한 주제가 존재한다. 예를 들어 동료들이 직장 내 대인 관계 문제를 나와 이야기하고 싶을 수도 있다. 나는 그런 주제를 실시간 대화로 해결하는 쪽을 선호한다.
- **기대치에 대한 진척 정도.** 보통의 경우 보고 관계는 성과 관리 프로세스에 대응된다. 일대일 면담을, 직속 부하직원이 기대치를 얼마나 달성했는지를 나와 정기적으로 공유하는 시간으로 활용할 수 있다. 매주 그런 주제를 논의할 필요는 없겠지만, 어쨌든 이런 주제를 위한 시간을 마련하는 것이 중요하다. 또한 이런 일대일 면담은 필요하다면 직원의 경로를 수정할 기회도 된다. 나는 종종 이런 면담을 직원들의 업무량을 평가하는 기회로 활용한다. 사람들의 시간은 제로섬 게임(영합 게임)에 해당한다. 즉, 새 일감을 받으려면 다른 어떤 일감을 마

무리해야 한다. 직원과 대화해서 직원의 기량과 관심사, 역량을 파악해 두면, 직원이 항상 건강한 도전을 경험할 수 있도록 업무량을 조정하기가 쉬워진다.

- **서로 돕기.** 보고 관계를 제쳐놓는다면 우리는 모두 동료이다. 나는 동료나 관리자에게 기꺼이 도움을 요청한다(꼭 일대일 면담 자리에서 그러는 것은 아니지만). 동기적인 일대일 상호작용의 장점은 도움을 주고받는 방법을 두 사람이 빠르게 브레인스토밍할 수 있다는 점이다. 관리자의 경우, 이런 일대일 면담으로 직원들이 하는 일을 파악해 두면 상호 도움을 위한 과정이 원활해진다. 그러면 여러분은 소매를 걷어 붙이고 직원들에게 도움을 제공할 수 있다. 조언은 쉽지만 실행은 어렵다. 실질적인 도움을 제공함으로써 여러분은 직원의 실행 부담을 덜 수 있고 직원들과 좀 더 강한 관계를 구축할 수 있다.

- **피드백.** 이상적인 세상이라면 피드백을 공유하기 위해 일대일 면담을 기다리지는 않을 것이다. 나는 업무 또는 관련 사건의 맥락 안에서 피드백을 제공하는 쪽을 선호한다. 그래야 사람들이 피드백에 따라 조치를 취할 기회가 생기고, 구체적인 사항들이 머리에 생생하게 남는다. 나와 신뢰도가 높은 직속 부하직원들하고는 비동기적으로 피드백을 공유하기도 한다. 특히, 부하직원의 자신감을 북돋아 주기 위한 피드백이면 더욱 그렇다. 하지만 직속 부하직원의 업무 효율성을 높이기 위한 피드백이라면, 그리고 부하직원과의 관계가 아직 무르익지 않은 상황이라면 동기적인 대화로 피드백을 제공하는 것이 낫다. 그리고 가장 일찍 가능한 동기적 대화 기회가 정기적인 일대일 면담일 때가 많다.

'급진적 공정함'의 실천

Thoughtworks 경력 초기에 나는 운 좋게도 패트릭 쿠아Patrick Kua[188]와 함께 일할 수 있었다. 패트릭의 여러 가르침 중 기억에 남는 것은 '부정적 피드백(negative feedback)'이라는 것은 없다는 점이다. 패트릭은 피드백의 목적이 다음 두 가지뿐임을 내게 알려 주었다.

- **자신감을 북돋는다.** 상대방에게 지금 잘하고 있으며 계속 그렇게 하면 된다고 말해준다.
- **효과성을 높인다.** 상대방이 지금 하는 일을 더 잘할 수 있으려면 바꾸어야 할 부분을 제시한다.

이 두 목적 모두, 그 바탕에는 공감과 긍정이 깔려 있다. 그래서 패트릭은 모든 피드백이 긍정적이라고 주장한 것이다. 만일 여러분의 머릿속에 다른 어떤 목적의 피드백이 떠올랐다면 다시 생각해 보기 바란다. 아마도 그것은 피드백이 아닐 것이다.

수년간 나는 *Crucial Confrontations*[189](번역서는《결정적 순간의 대면》, 김경섭 옮김)처럼 안전한 피드백 대화를 이야기하는 책들을 읽었다. 패트릭의 가르침과 내가 읽은 여러 책의 내용을 잘 요약한 책으로는 킴 스콧의 *Radical Candor*[190](번역서는《실리콘밸리의 팀장들》, 박세연 옮김)가 있다. [그림 23.2]에서 보듯이, '급진적 공정함(radical candor)'은 여러분이 관리하는 사람들을 개인적인 측면에서 배려하면서도 업무에 관해서는 직접적으로 대립하고 지적하는 태도를 말한다.

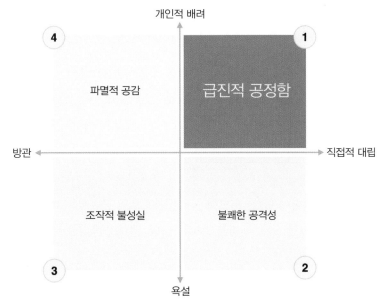

그림 23.2 **급진적 공정함**은 개인적인 배려와 직접적 대립이 교차하는 지점에 존재한다.

킴 스콧의 접근 방식을 제대로 이해하려면 책을 직접 읽어 보길 권한다. 여기서는 간단히 요약만 하겠다.

- **관심**을 보이고 배려하려면 신뢰를 쌓아야 한다. 이는 시간이 걸리는 일이다. 배려를 보여주는 한 가지 방법은 특정 사건에 대한 피드백을 제공할 때 상대방이 긍정적인 의도로 그렇게 했음을 인정해 주는 것이다. 사건에 대한 상대방의 관점을 물어봄으로써 안전감을 만들 수 있다.
- **직접적으로 대립**할 때는 상황, 행동, 영향(situation, behavior, impact: SBI) 프레임워크를 따르자. SBI 기반 피드백은 다음 요소들로 이루어진다.
  - 여러분이 관측한 상황은 무엇이고,

- 그 상황에서 상대방이 어떻게 행동했으며,

- 그 행동의 영향이 무엇인가?

예 "라비씨, 저번 스프린트 검토 회의에서 제가 고객 피드백을 문서화하라고 요청했는데 제 말을 못 들으셨는지 회의록에 해당 항목을 추가하지 않았더군요. 제가 무시당하는 느낌이었습니다. 게다가 고객이 원하는 중요한 수정 사항이 기록되지 않았고요…"

킴 스콧은 또한 반드시 피해야 할, 급진적 공정함의 다음과 같은 안티패턴들도 설명했다.

- **불쾌한 공격성**(obnoxious aggression). 개인적인 관심을 보이지 않고 직접적으로 대립하는 것을 말한다.
- **파멸적 공감**(ruinous empathy). 직접적인 대립 없이 관심만 보이는 것을 말한다.
- **조작적 불성실**(manipulative insincerity). 관심도 보이지 않고 직접 대립하지도 않는다.

관리자로서 여러분은 관계 구축 및 피드백 공유를 위한 이 프레임워크를 꼭 익혀 두길 권한다. 피드백은 적시에, 원자적인 방식으로 공유하는 것이 최선이다. 피드백을 너무 오래 쌓아두면 여러분의 머릿속에서 상대방에 관한 이야기가 가지를 치고 자라나서, 결국은 그 사람과의 업무 관계를 망칠 위험이 있다. 피드백을 비동기적으로 공유하는 데에도 익숙해져야 한다는 점을 이전에 언급했었다. 다음은 비동기적으로 피드백을 주고받는 방법들을 정리한 것이다.

▪ 피드백을 줄 때

- **올바른 의도로 접근한다.** 피드백은 자신감 강화나 효과 개선(또는 둘 다)을 위한 것이어야 한다. 그런 의도의 피드백이 아니라면 제공하지 말아야 한다.
- **안전감을 구축한다.** 피드백 상호작용에도 ConveRel 사분면을 적용하자. 관계가 약하면 비동기 피드백이 효과적이지 않을 수 있다. 그런 경우에는 동기적 매체가 낫다. 피드백 상호작용 바깥에서 동료와 건강한 업무 관계를 구축하는 데 노력하자.
- **세부사항을 포함한다.** 너무 장황해지지 않도록 조심하면서 SBI 프레임워크에 따라 명확한 피드백을 제공한다. 상대방의 의도가 긍정적임이 분명하다면 그것을 반드시 인정해 주자. 의도가 불명확해도 추측하지는 말아야 한다. 그런 경우 서면 피드백으로 질문하는 것이 좋다.
- **적시에 제공한다.** 앞에서 언급했듯이 피드백은 관련 맥락 안에서 제공하는 것이 가장 좋다. 피드백이 늦을수록 조치를 취할 기회가 줄어든다. 어떠한 사건에 관한 피드백은 그 사건과 최대한 가까운 시간에 공유하자.

- **소리 내어 읽어 본다.** 피드백을 적어서 소리 내어 읽었을 때 어떤 느낌이 드는가? 이모지를 추가해서 어조를 좀 더 명확히 표현할 수 있을까? 여러분이 이런 피드백을 받았다면 어떤 생각이 들까? 이런 질문에 따라 메시지를 더 다듬고 명확히 한 후에 공유하자.
- **피드백에 관한 질문의 기회를 준다.** 상대방이 여러분의 피드백에 관해 궁금한 점이 있을 가능성이 크다. 질문-응답 과정을 비동기적으로 수행할 수도 있지만, 관계 구축에 도움이 될 것 같으면 실시간 통화도 좋을 것이다.
- **새로운 매체를 사용해본다.** 때로는 음성 메시지나 동영상이 서면 피드백보다 더 효과적일 수 있다. 자유롭게 실험해 보자!

■ **피드백을 받을 때**

- **개인적으로 받아들이지 않는다.** 피드백을 여러분 자신에 대한 판단으로 생각하지 말아야 한다. 피드백은 여러분의 업무를, 그리고 팀원들과의 협업을 개선하기 위한 수단일 뿐이다.
- **긍정적인 의도를 가정한다.** 피드백 제공자가 최대한 선의로 제공했다고 가정하고 피드백을 읽어야 한다. 뭔가 불쾌한 내용이 있다면, 일단은 웃는 얼굴로 다시 읽어보자.
- **감사하는 마음을 가진다.** 누군가가 여러분을 위해 세심한 피드백을 작성했다는 것은 그 사람이 여러분을 챙기고 배려한다는 뜻이다. 이는 고마운 일이므로, 명시적으로 감사의 뜻을 표하자.
- **시간을 들여 이해한다.** 글을 어느 정도 빨리 읽는 능력은 누구나 가지고 있다. 하지만 피드백을 급하게 읽지는 말자. 세심하게 읽어서 교훈을 얻어야 한다. 계속 그대로 해도 되는 일은 무엇이고, 더 잘 할 수 있는 일과 그 방법은 무엇인가?
- **설명을 요청한다.** 종종 서면 피드백에 모호하고 불분명한 내용이 있을 수 있다. 피드백을 더 잘 이해할 수 있도록 주저하지 말고 질문하자. 사람들은 피드백을 제공할 때 예시나 제안을 빼먹는 경우가 많다. 그런 부분을 명시적으로 찾아보기 바란다.
- **적용하고 검증한다.** 피드백의 효과는 그것을 실제로 적용할 때 비로소 나타난다. 그리고 피드백을 적용했다면 그 결과를 피드백 제공자에게 반드시 알려주어야 한다. 이는 피드백에 대한 감사의 뜻을 표하는 방법이다. 그 역도 마찬가지이다. 만일 피드백을 적용할 수 없다면, 그 사실을 제공자에게 정중하게 알려야 한다. 생각하는 데 시간이 걸려서 좀 늦을 수도 있지만, 어떤 경우이든 해당 사실을 제공자에게 투명하게 밝히는 것이 중요하다.

짐작했겠지만, 팀에서 급진적 공정함의 문화를 구축하는 가장 좋은 방법은 여러분이 먼저 피드백을 요청하는 것이다. 그러면 킴 스콧의 표현으로 "누군가에게 피드백을 주기 전에 여러분이 피드백을 받아들일 수 있음을 증명할" 수 있다.

팀과 기업 문화를 잇는 가교가 되자

이번 장을 조언 한마디로 마무리한다면 이렇게 말하고 싶다: "직원들의 편에 서서 그들을 지지하세요!" 종종 여러분의 직속 부하직원이 예정에 없는 채팅이나 전화 통화를 원할 수 있다. 직장에서 스트레스를 받는 상황이 있거나, 대인관계를 망쳤거나, 기타 어떤 힘든 일이 있을 때 문득 상사와 이야기를 나누고 싶은 마음이 들 수 있음을 기억하자. 그런 예정에 없는 요청에 대처하려면 여러분의 일정에 충분한 시간을 확보해 두어야 한다. 이는 회의를 최후의 수단으로 삼아야 하는 또 다른 이유이다.

이번 장 요약

관리자로서 여러분은 직원들과 조직을 잇는 가교 역할을 한다. 회사가 직원을 소중히 여기고 있음을 보여주려면 관리자가 직원들에게 관심을 보여야 한다. 이번 장에서는 이를 위한 세 가지 방법을 살펴보았다.

- 관리자와 직접 보고자(직속 부하직원)의 비율을 1:5 이하로 유지한다. 그러면 관리자가 업무가 과중해지는 일 없이 직원들과 충분히 시간을 보낼 수 있다.
- 일대일 면담을 효과적으로 진행한다. 이런 상호작용은 관계 구축과 지침 공유, 도움 제공에 초점을 두어야 한다. 거래적 대화는 피하자.
- 적시에 원자적으로 피드백을 제공한다. 여기에는 급진적 공정함 프레임워크가 효과적이다.

앞에서 나는 여러분이 팀과 회사 문화를 잇는 가교가 되어야 한다고 말했다. 그런데 문화 자체도 이야기할 것이 많은 주제이다. 비동기 팀이 번성할 수 있는 문화를 어떻게 조성해야 할까? 이를 다음 장에서 살펴보기로 하자.

제24장
팀의 성공을 위한 환경 조성

기술전문가의 관점에서는 팀을 하나의 소프트웨어 시스템으로 상상하는 것이 도움이 될 때가 있다. 이번 장에서는 팀의 생산성과 행복도에 영향을 미치는 환경 변수 몇 가지를 살펴본다. 그런데 환경 변수(environment variable)가 무엇일까? 위키백과는 환경 변수를 다음과 같이 정의한다.[191]

> 환경 변수는 컴퓨터에서 프로세스가 실행되는 방식에 영향을 미칠 수 있는 값을 담은, 사용자가 정의할 수 있는 변수이다. 이 변수는 프로세스가 실행되는 환경의 일부이다. 실행 중인 프로그램은 자신의 구성(configuration)을 위해 환경 변수의 값에 접근할 수 있다.

소프트웨어 프로그램의 원활한 실행을 위해 환경 변수들을 적절히 설정하는 것과 비슷하게, 리더로서 여러분이 주어진 상황에 맞게 팀의 환경 변수들을 동적으로 설정해야 할 때가 종종 생긴다. 환경 변수를 적절히 설정하려면 판단력과 경험, 그리고 비전이라는 세 가지 요소가 모두 필요하다. 여러분의 선택은 팀의 생산성과 행동 방식에 영향을 미친다.

성공을 위한 설계

댄 히스Dan Heath의 저서 *Upstream*[192](번역서는 《업스트림》, 박선령 옮김)에는 "모든 시스템은 원하는 결과를 얻도록 완벽하게 설계되어 있다"라는 문장이 반복해서 나온다. 여러분이 새로 구성한 비동기 우선 팀도 하나의 시스템이다. 팀은 회사의 부서들과 사업부들, 그리고 회사 자체로 구성된 동심원 시스템의 한 원이다. 그런 조직 구성요소들은 하나의 시스템으로서 자연스러운 평형(equilibrium) 상태를 이룬다. 이 시스템에는 힘을 가하면 변형되지만 힘을 제거하면 원래 상태로 돌아가는 경향이 있다. 여러분의 업무 방식은 팀 평형의 일부이다. 새로운 업무 방식을 유지하려면, 그런 업무 방식이 함의하는 새로운 평형에 맞게 팀 시스템을 설계해야 한다.

한 사람의 리더로서 독자 혼자서 조직의 모든 부분에 영향력을 미칠 수는 없을 것이다. 따라서 여러분의 영향력이 미치는 범위에서부터 변화를 시작하는 것이 합리적이다. 이번 절에서는 그런 변화를 지속적으로 가할 수 있도록 여러분의 팀과 주변 생태계를 설계할 때 고려해야 할 변수 다섯 가지를 살펴본다.

팀 토폴로지를 통한 팀의 인지 부하 관리

누구나 자신의 업무를 직접 지휘하고픈 욕구가 있다. 그리고 그러한 욕구는 팀 전체로까지 확장되곤 한다. 팀이 자율적으로 일하지 못하면 다음과 같은 여러 증상이 나타난다.

- 의존성 때문에 또는 소유권 부족 때문에 자주 업무가 차단된다.
- 시스템이 복잡해서 지식의 사일로silo가 만들어진다.

일을 진전시키려면 누구와 소통해야 하는지, 누구에게 도움을 받아야 하는지가 불분명하다.

이런 문제점들을 해결하기 위해 매슈 스켈턴과 마누엘 파이스는 팀 토폴로지team topology(팀의 위상구조)[193]라는 개념에 관한 책[194]을 썼다. 인지 부하(cognitive load)를 덜고 결과물 전달 능력이 개선되도록 소프트웨어 개발팀을 조직화하는 방법에 관한, 그리고 팀들 사이의 상호작용 패턴들도 명확히 설명해주는 훌륭한 책이니 직접 읽어보길 권한다.

스켈턴과 파이스는 다음과 같은 네 가지 유형의 팀들로 구성된 토폴로지를 기본으로 삼아서 팀들을 조직할 것을 권한다.

- **스트림 정렬 팀**(stream-aligned team). 특정 사업부문의 작업흐름에 정렬된 팀이다(CII iOS 앱 개발팀).
- **활성화 팀**(enabling team; 또는 권한 부여 팀). 스트림 정렬 팀이 장애물을 극복하는 데 도움을 준다. 또한 누락된 기능성을 검출하는 일도 돕는다(CII 테스트 자동화를 전문으로 하는 팀).
- **난해한 하위 시스템 팀**(complicated subsystem team). 전문 지식이 필요한 시스템을 개발하는 팀이다(CII 생체 정보 기반 인식 관리 시스템 개발팀).
- **플랫폼 팀.** 스트림 정렬 팀이 결과물을 전달하는 과정을 가속할 수 있는 일단의 바탕 서비스 및 API를 제공한다(CII 핵심 뱅킹 플랫폼 팀).

스켈턴과 파이스의 책에는 이런 팀들이 서로 의미 있는 방식으로 소통하기 위한 상호작용 패턴들도 설명되어 있다. 저자들은 팀 사이의 상호작용 패턴 중 다음 세 가지만 권장한다.

- **협업**. 특정 헌장(charter)을 위해 팀들이 일정 기간 함께 작업하는 패턴이다. 이를테면 플랫폼 팀과 스트림 정렬 팀이 새 API 명세를 합의하기 위해 협업하는 것이 이러한 패턴의 예이다.
- **XaaS**. XaaS, 즉 '서비스로서의 X(X as a Service)'는 한 팀이 뭔가를 "서비스로서" 제공하고 다른 팀이 그 서비스를 소비할 때 생겨나는 패턴이다. 이런 종류의 상호작용에서는 서비스를 제공하는 팀에게 많은 입력을 요구할 필요가 없어야 한다. 만일 장시간의 입력이 필요하다면, 이는 해당 팀들이 이 패턴 대신 협업 패턴을 따라야 한다는 뜻일 수 있다.
- **업무 촉진**. 이 패턴에서는 전문 지식을 갖춘 팀이 다른 팀을 돕고 조언(멘토링)한다. 이를테면 테스트 자동화 팀이 iOS 앱 개발팀의 기능 자동화 제품 구축을 돕는 것이 이 패턴에 해당한다.

[그림 24.1]은 이 네 가지 팀으로 구성된 팀 토폴로지와 그 팀들 사이의 세 가지 상호작용 패턴을 도식화한 것이다. 동료 그룹의 다른 리더 및 관리자와 협력해서, 팀들이 최대한 자율적으로 일해서 성과를 낼 수 있도록 팀들을 이런 토폴로지로 재구성할 수 있을지 조사해 보면 좋을 것이다. 그러한 조사가 사소한 작업은 아닐 수 있다. 어쩌면 조직 구조를 크게 바꾸어야 할 수도 있다. 아직 그런 일에 뛰어들 생각이 들지 않을 수도 있겠다. 그럴 만하다고 생각한다. 하지만 이런 구조적 개선을 항상 마음 한구석에 간직해 두었다가, 언젠가 시기가 무르익으면 이런 팀 조직화 방식을 적극적으로 주장하길 바랄 뿐이다. 어쨌거나, 이런 토폴로지의 목표는 각 팀의 인지 부하를 최소화하고 소음 섞인 상호작용을 제한하는 것이다.

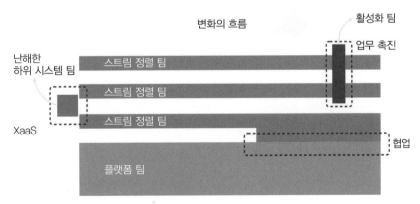

그림 24.1 팀 토폴로지와 팀 간 상호작용 패턴.

팀의 내부 구조 재검토

제1장에서 이야기한 제작자(maker)와 관리자(manager)의 차이점을 기억할 것이다. 소프트웨어 개발팀에서 그러한 차이점은 좀 더 구체적으로 다음과 같이 발현된다.

- **제작자**는 뭔가를 만든다. 개발팀의 디자이너, 테스터, 프로그래머, 문서 작성자가 제작자에 속한다.
- **관리자**는 그것을 감독한다. 관리자는 프로젝트들을 조율하고, 팀과 사람을 이끌고, 장애물을 제거한다.

관리자도 성실하게 팀원들을 지원함으로써 팀의 성공에 한몫하는 경우가 많긴 하지만, 기본적으로 비동기 업무 방식의 초점은 **제작자를 위한 최적화**에 있다. 이전에 논의했듯이 관리자의 일정과 제작자의 일정은 호환되지 않는다. 따라서 관리 계층을 최대한 얇게 유지해야 한다. 그렇지 않으면 관리자는 팀이 현재 무슨 일을 하고 있는지 파악하기 위해 모든 제작자가 회의에 참여하도록 강제할 것이다. 이는 제작자들을 짜증 나게 만드는 나쁜 관행이다.

내가 당연한 말을 하고 있다고 생각할 수도 있겠다. 이런 이야기를 굳이 하는 이유는, 팀 구성 과정에서 제작자를 우선시하는 사고방식이 익숙하지 않은 조직들이 실제로 존재하기 때문이다. 리더들은 제작자들로 팀을 채우기 전에 관리 계층부터 생각할 때가 많다. 그러면 부지불식간에 두꺼운 관리 계층이 만들어진다. 관리 계층이 두꺼울수록 병목이 많아지고, 제작자들은 단지 관리자를 위한 무의미한 작업에 더 많은 시간을 낭비하게 된다.

그런 접근 방식 대신 나는 다음을 추천한다.

1. 주어진 문제를 풀 수 있는 최고의 제작자들을 찾아서 팀을 구성한다.
2. 충분히 만족스러운 팀이 되었다면, 가능한 한 가장 얇은 관리 계층이 되도록 최소한의 관리자들을 추가한다.
3. 전임(full-time) 관리자가 없어도 팀이 잘 돌아갈 것 같다면, 실무자가 필요에 따라 관리 작업을 수행하는 FaE(first among equals; 동급자 중 일인자) 구조를 도입한다.
4. 나중에 전임 관리자가 필요하다고 팀원들이 요구하거나, 리더십과 조율에 뭔가 부족한 점이 여러분 눈에 보인다면, 이는 여러분이 상상의 문제가 아니라 실제 문제를 해결하고 있다는 징표이다.

리암 마틴Liam Martin의 연구에 따르면 비동기 우선 조직은 "동기적 조직에 비해 관리 계층이 50% 작다."[195] 이 사실을 다음과 같이 해석할 수 있을 것이다.

- 직무 책임성이 명확하고 목표가 투명하면 그렇지 않은 경우에 비해 직원들이 좀 더 자율적으로 일할 수 있다.
- 비동기 우선 팀의 작업흐름은 여러 산출물을 만들어 내며, 이를 통해서 의사소통과 문서화가 원자적으로 이루어진다. 따라서 전임 관리자가 감당해야 하는 의사소통 추가부담을 많이 줄일 수 있다.
- 적절한 자동화 덕분에 많은 보고서가 실시간으로 작성된다. 팀은 작업현황판을 최신 상태로 유지하는 등의 사소하고 원자적인 규율들만 지키면 된다.

리더로서의 여러분과 제작자들 사이에 중간 관리자들을 두어야 하는 경우에도, 이러한 비동기 우선 규율들은 동기적 방식에 비해 리더의 삶에서 지루한 작업을 많이 덜어준다. 여러분도 이러한 효율성을 기꺼이 누렸으면 좋겠다.

압박감을 줄이고 차분한 분위기 조성

이 책을 위해 자료를 조사하다가 나는 주요 기술 회사의 고위급 리더가 쓴, 비동기 의사소통을 옹호하는 글을 발견했다. 훌륭한 글이었지만, 아무리 바쁜 하루를 보냈어도 저녁 식사 후 자유 시간에 그날 받은 글들을 모두 읽어 본다는 이야기가 조금 걸렸다.

잠시 생각해 보자. 나는 여러분이 온종일 바쁘게 일해야 한다고 주장하지 않는다. 우리가 원하는 것은 차분하고 행복하며 생산적인 팀이다. 비동기 우선 업무 방식은 서면 의사소통을 소비하기 위해 **연장 근무**를 하는 것이 아님을 유념하기 바란다. 실무 팀원뿐만 아니라 리더인 여러분도 마찬가지이다. 여러분이 그렇게 하는 것은 의사소통이 일상 업무의 일부가 아니라는 메시지를 팀원들에게 전달하는 나쁜 본보기가 된다.

리더가 저지르는 또 다른 실수는 **너무 일찍 성과를 기대하는 것**이다. 이전에 언급했듯이, 변화가 직선으로 진행되는 경우는 드물다. [그림 24.2]는 변화 과정의 일반적인 궤적을 보여주는 사티어 변화 곡선이다. 팀에 새로운 업무 방식을 도입한 초기에는 팀이 변화에 적응하느라 성과가 잠시 감소할 수 있다. 성급한 리더는 이 시점에서 "효과가 없네"라고 말하면서 변화를 포기하기도 한다. 그러지 말고 용기를 내서 계속 나아가야 한다. 저항과 혼돈의 기간을 줄이도록 노력해야 하겠지만, 그래프가 이렇게 내려가는 것은 자연스러운 현상임을 기억하자.

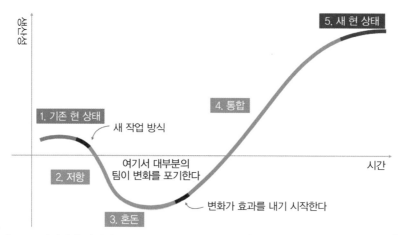

그림 24.2 버지니아 사티어 Virginia Satir**의 변화 과정 모형**(Process of Change Model)[196].

다른 모든 변화처럼 비동기 우선으로의 변화에서도 척도와 지표를 이용해서 팀을 이끄는 것이 변화에 도움이 된다.

- 선행지표(leading indicator)들은 팀이 올바른 방향으로 변하고 있는지 감지하는 데 도움이 된다.
- 후행지표(lagging indicator)들은 특정 기간 또는 주요 이벤트(대규모 릴리스 등)를 돌아보고 팀이 가치를 어떻게 전달하고 있는지 파악하는 데 도움이 된다.

[표 24.1]은 SPACE 프레임워크[197]에 부합하는 잠재적인 지표들이다. 팀의 피드백 루프를 구축하고 모든 사람이 스스로 변화를 주도하게 만드는 데 이 지표들이 활용하기 바란다.

표 24.1 비동기 업무 방식으로의 전환을 파악하고 이끄는 데 도움이 되는 지표들.

만족도	성과	활동	협업	효율성
개인의 만족, 행복, 건강 정도	프로세스들의 결과	조치 또는 출력 개수	사람들이 의사소통하고 함께 일하는 방식	작업 시 지연이나 중단이 얼마나 적은가?
후행	**후행**	**선행**	**후행**	**선행**
• ESAT 점수 • NPS 점수 • 재직의도 • 다양성과 포용성	• 주기 시간(cycle time) • 배치(deployment) 빈도	• 다음의 양: -커밋 -PR -설계서	• 온보딩 시간 • 성공적 지식 검색 비율 • 전문 지식 발견성	• 중단(의 부족) • 심층 작업 시간 • 업무 인계 횟수 • 검토 시간 • 개별 기여자당 회의 시간(5 이하)과 관리자당 회의 시간(10 이하)
선행	**선행**	• DAU/MAU = 일일 활성 사용자/월간 활성 사용자[198]	**선행**	
• 감소한 연장 근무 시간 • 유연한 근무 시간 • 주당 40시간 근무	• 처리량 • 속력 • 재작업 비율	• 준수 여부: -의사결정 문서화 -회의 문서화	• 검토 선택 시간 • 검토 깊이 • 검토 대기 시간 • 의사결정 속력 • 문서화 위생	

마지막으로, 변화 과정에는 **너무 바빠서 개선할 시간이 없는** 혼란의 시기가 존재한다. 이는 팀과 리더 모두에 해당한다. 다가오는 릴리스, 화난 고객들, 팀의 인원 변동, 제작 과정 문제 등등 팀이 처리해야 할 중요한 일이 항상 생긴다. 변화를 도입하기에 이상적인 시간은 없다. 팀이 전달해야 할 결과물들이 산적해 있다면, 협업 관행들의 개선은 뒷전으로 미루기 마련이다. 팀원들뿐만 아니라 리더도 그런 생각을 하게 된다. 하지만 리더의 역할은 팀이 변화를 받아들이고 새로운 관행들을 업무 방식에 흡수할 수 있도록 이런 변화를 고민할 시간을 마련해 주는 것이다. 좋은 일에는 시간이 걸린다!

의식적인 팀 문화 구축

모든 종류의 장소 독립적 업무에서 흔히 나타나는 우려 사항은 "강력한 문화"를 유지하기가 어렵다는 것이다. 문화는 다루기가 다소 까다로운 주제이다. 이는 문화의 정의가 사람마다 다를 수 있기 때문이다. 특히, 문화를 서술하는 데 쓰이는 표현이 너무나 많다 보니 더욱 까다롭다. 아마 여러분도 다음 표현을 들어보았을 것이다.

- X-팩터
- 비법 양념
- 마법!
- 특별한 무언가
- 우리의 DNA
- 가족 같은 회사

나는 원격 근무 팀에서 건강한 문화를 유지하려면 좀 더 관측 가능한 접근 방식이 바람직하다고 생각한다. 인재 채용 분야가 '문화 적합성(culture fit)'보다는 '가치 정렬성(value alignment)'을 중시하는 쪽으로 변하는 모습을 보면서 그런 생각을 가지게 되었다. 그러한 변화의 가장 중요한 이유는, 문화라는 애매모호한 개념으로 사람을 판단하기 보다는 대상자가 고용자가 원하는 가치에 부합하는 행동을 보이는지 관찰하는 것이 더 쉽다는 것이다. 또한, 그러한 접근 방식은 문화를 자신에게 편리한 방식으로 정의하는 '컬트 집단'이 회사 안에 만들어지는 것도 막아준다.

이런 생각은 팀 문화에도 적용된다. 문화라는 광범위한 개념을 생각하는 대신, 문화를 구성하는 요소들을 생각해 보기 바란다. 모든 팀원이 팀의 가치에 동의한다면, 가치에 맞게 행동하는 팀원을 칭찬하고 비생산적으로 행동하는 팀원을 지도하기가 쉬워진다.

아마 여러분의 회사는 이미 회사가 중요시하는 가치들을 명시해 두었을 것이다. 따로 팀의 가치들을 정의한다고 해서 회사의 신념들이 훼손되지는 않는다.

- 첫째로, 팀 가치들은 팀의 목표와 팀원들의 행동을 회사 전체의 목표 및 가치에 정렬시키는데 도움이 된다. 이를 통해 팀의 목적의식과 방향성을 확립할 수 있다. 또한, 팀원들이 자신의 일이 회사의 더 큰 사명에 어떻게 부합하는지 이해하는 데에도 도움이 될 수 있다.
- 둘째로, 팀 가치들은 긍정적이고 응집된 팀 문화 조성에 도움이 될 수 있다. 팀이 중시하는 가치들을 명시하면 팀원들은 의사소통과 협업 방식에 더욱 주의를 기울이게 된다. 그러면 의사소통과 협업이 개선될 수 있다.
- 마지막으로, 팀 가치들은 의사결정과 문제 해결을 위한 지침으로 작용할 수 있다. 어려운 의사결정 사항이나 난제가 있을 때 팀원들은 팀 가치를 참조해서 적절한 조치를 결정할 수 있다. 그러면 팀이 계속해서 목표들에 정렬하고 집중하기가 쉬워진다.

● 모범관행

팀 가치들을 식별하려면

팀의 가치들을 식별하는 데 사용할 수 있는 행사는 여러 가지인데, 짧은 세션에서부터 종일 진행되는 워크숍까지 다양하다. 내가 좋아하는 방식은 짧은 세션에서 시작해서 팀 가치에 대한 이해를 점차 구체화하는 것이다. 다음은 내가 시도해 본, 그리고 여러 번 성공을 거둔 방식이다.

1. 스티커 메모를 이용해서 협업용 화이트보드에 핵심 가치들을 나열하는 것으로 시작한다. 제임스 클리어가 작성한 57가지 핵심 가치[199]를 출발점으로 삼으면 좋을 것이다. 회사의 가치들과 겹치는 가치들이 있는지 보고 싶다면, 이 가치 목록에 회사의 가치들도 추가하면 된다. 또한, 미리 제시된 가치들 외에 여러분 자신의 성찰(비동기 우선 업무로의 전환을 주도하는 가치들을 고찰하는 등)에서 얻은 가치들을 추가할 수도 있다.
2. 팀원들이 각자 조용히 그 가치들을 읽고 가장 중요하다고 생각하는 가치에 '점 투표(dot-voting)'[역주]를 하게 한다. 각자 최대 다섯 표까지만 투표하도록 제한하자.
3. 이런 식으로 초기 가치 집합을 결정했다면, 그 가치들을 새로운 캔버스로 옮긴다. 이제 팀원들에게 자신이 투표한 가치들을 설명하게 한다. 각 가치에 대해 그 가치가 왜 중요하다고 생각했는지, 가치에 맞게 행동하려면 어떻게 해야 할지를 설명하는 스티커 메모를 작성해서 해당 가치 주변에 붙이도록 유도하자.
4. 각 가치의 설명과 관련 행동이 완성되면, 두 번째 투표를 실시한다. 이번에는 팀원들이 설명과 관련 행동들을 잘 읽고 자신이 공감하는 상위 가치 세 개에게 투표하게 한다.

[역주] 점 투표는 원하는 항목이 있는 칸에 작은 스티커를 붙이는 식으로 의사를 표명하는 것을 말한다. 스티커가 많을수록 사람들이 더 선호한다는 뜻이다. —옮긴이

5. 두 번째 투표의 결과에 따라 상위 가치 세 가지(또는 다섯 가지)를 결정한다. 이제 팀 가치 집합이 완성되었다!

6. 후속 조치로, 팀 핸드북에 이 가치들을 명문화하고, 워크숍에서 팀원들이 작성한 설명들과 행동들도 핸드북에 추가한다. 팀원들에게 핸드북의 해당 섹션을 다시 살펴보고 가치에 부합하는 행의 예를 더 추가해서 가치 섹션을 강화하도록 독려하자. 또한, 몇 달에 한 번씩 팀이 이런 가치들에 맞게 일하고 있는지도 팀원들에게 물어보자. 이는 신입이 팀의 현재 업무 방식에 의문을 표하는 경우에 특히나 유용한 관행이다.

● 참고자료

팀 가치 발견을 위한 뮤럴 템플릿

팀 가치를 찾는 데 도움이 되도록 나는 Team Values Discovery라는 이름의 뮤럴 템플릿을 만들었다(그림 24.3). 원서 부록 사이트(https://www.asyncagile.org/book-resources)에서 내려받을 수 있다. 여러분의 팀에서 팀 가치 발견 워크숍을 실시할 때 이 템플릿을 활용하면 좋을 것이다. 뮤럴 이외의 화이트보드 도구를 사용한다면, 이 템플릿의 디자인을 재활용해서 필요한 템플릿을 만들면 된다.

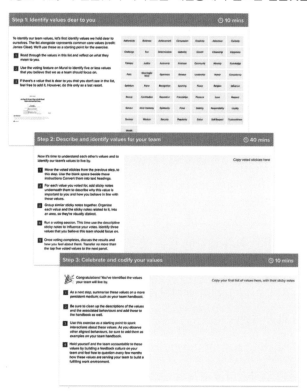

그림 24.3 팀 가치 발견을 위한 Team Values Discovery 뮤럴 템플릿.

공통의 목적에 정렬

> 직원들은 여러분이 하는 일 때문에 여러분을 따르는 것이 아닙니다. 당신이 그 일을 하는
> 이유 때문에 따르는 거지요. 여러분이 하는 일은 단지 여러분이 무엇을 믿는지에 대한 증
> 거로 작용할 뿐입니다.
>
> —사이먼 시넥Simon Sinek의 TED 강연[200] 중에서(이 책의 목적에 맞게 수정했음)

모든 사람은 자신보다 더 큰 무언가의 일부가 되려고 한다. 사람들을 하나로 묶는 또 다른 요소는 목적의식(sense of purpose)이다. 나는 사람들이 단지 조직의 목적만 추구하는 것으로는 충분하지 않다고 생각한다. 직원 개개인은 조직의 대의에 기여하기에는 너무 작은 존재일 수 있다. 그보다는, 팀 고유의 목적을 정의하는 것이 팀에게 도움이 될 수 있다.

이는 원격·비동기 우선 팀에게 특히나 유용하다. 서로를 직접 보지 못하는 환경에서 각 팀원은 자신이 나머지 팀원들과 멀리 떨어져서 일하는 한 명의 프리랜서라고 느끼게 된다. 팀의 목적을 명확히 정의해 두면 그렇지 않을 때보다 더 깊은 유대감을 형성하기가 수월해진다.

그렉 맥커운Greg McKeown은 저서 *Essentialism: The Disciplined Pursuit*[201](번역서는 《에센셜리즘》, 김원호 옮김)에서 목적(책에서는 *essential intent*(본질적 의도)라고 불렀다)을 구체적이면서도 고무적인(영감을 주는) 형태로 정의하라고 권했다. 비슷한 개념들과 비교해 보면 목적을 어떻게 정의해야 하는지 감을 잡을 수 있을 것이다.

- 사명 선언문(mission statement)은 고무적이지만 구체적이지 않다.
- 가치(value)는 일반적이고 다소 무미건조한(bland) 경향이 있다.
- 분기별 목표는 구체적이지만 고무적이지 않다.

최근 여러 해 동안 나는 내가 몸담은 모든 팀에서 목적을 브레인스토밍할 때 [그림 24.4]에 나온 맥커운의 틀을 활용했다. 뭔가 대단한 것을 생각해 낼 필요는 없다. 그냥 모두가 이해하고 집중할 수 있는 간단한 문구 하나면 된다. 예를 들어 데이터 시각화 플랫폼을 구축하는 어떤 팀에서 나와 팀원들은 "우리의 고객이 데이터를 활용해서 더 나은 의사결정을 내리도록 돕는 것"이 우리의 목적임을 동의했다.

그런 간단한 문구가 주인의식으로 이어졌다. 모든 팀원은 모든 기능과 모든 개선 사항에 대해 "이것이 정말로 더 나은 의사결정을 유도할 수 있을까?"라는 질문을 던졌다. 팀에는 일을 제대로 하고자 하는 건전한 긴장감이 있었다. 팀은 그러한 목적을 항상 염두에 두고 제품에 대한 아이디어를 구상했다. 팀 목적은 우리 존재의 중심에 있었다.

여러분의 팀에도 그런 개별 목적을 두면 좋을 것이다. 그렇다면, 팀원들이 목적을 정의하고 소유하게 만들려면 어떻게 해야 할까?

그림 24.4 목적을 정의할 때는 "구체적이면서 고무적인" 문구를 고안하자.

가상 업무 공간을 잘 구성하자

이번 장에서는 가상 업무 공간의 구성에 영향을 주는 다섯 가지 '환경 변수'를 설명했다. 팀의 협업 방식에 영향을 미치는 변수들인 만큼, 항상 주의 깊게 살펴보아야 할 것이다. 이 변수들은 또한 팀의 실험과 도전을 부추기고 팀에 더 큰 자율성과 목적의식을 부여한다. 이로부터 여러분은 무엇을 얻을 수 있을까? 그러면 팀의 응집력이 향상된다. 이상적으로는 팀의 성과도 향상될 것이다.

이번 장 요약

비동기 우선으로 가려는 팀의 리더는 팀의 성공과 팀원들이 일하는 환경에 영향을 주는 몇 가지 요인을, 판단력을 발휘해서 잘 결정해야 한다. 그러한 요인을 이 책에서는 **환경 변수**라고 부른다. 이번 장에서는 다섯 가지 환경 변수를 논의했다.

1. 팀의 자율성과 몰입을 극대화하기 위한 팀 경계 및 상호작용의 조직화. 매슈 스켈턴과 마누엘 파이스의 팀 토폴로지는 팀 구성을 고찰할 때 도움이 되는 틀을 제공한다.
2. 가볍고 제작자 중심의 팀 구성. 관리만 하는 인원은 꼭 필요한 경우에만 추가하자.

3. (비동기 우선으로 가는 경우) 차분한 업무 환경 유지. 다음과 같은 흔한 실수들을 피해야 한다.
   - a. 의사소통을 위해 근무 시간을 연장한다.
   - b. 너무 일찍 성과를 기대한다.
   - c. 너무 바빠서 개선할 시간을 내지 못한다.

4. 의식적인 팀 문화 구축. 시간을 들여 팀의 가치들을 식별하고, 팀 가치에 부합하는 행동을 장려하자.

5. 공통의 팀 목적에 정렬. 장기적으로 이는 팀의 응집력과 집단적 주인의식을 유지하는 데 도움이 된다.

이번 장을 끝으로 팀 수준 또는 부서 수준의 리더십에 관한 논의는 마무리하겠다. 제4부의 마지막 장인 다음 장에서는 좀 더 큰 범위의, 조직 전체에 관한 주제로 넘어가서 전사적 지식 공유를 살펴본다.

제25장
기업 내 암묵지 관리

많은 회사에 원격 근무가 도입되면서 지식 관리에 관한 기업들의 관심도 새로워졌다. 원격 근무에서는 뭔가 궁금한 것이 있을 때 직접 동료에게 다가가서 물어볼 수 없다. 그런 상황에서 빠르게 답을 얻을 수 있는 시스템은 어떤 것일까? 비동기 우선의 원격 근무 문화에서 견고한 지식 전략은 생산성 향상에 도움이 된다. 그 반대도 참이다. 적절한 지식 전략이 없으면 직원들이 업무 도중 생기는 질문에 답을 구하기가 어려워서 생산성이 떨어진다.

여러분의 직위나 직급에 따라서는, 회사가 지식을 드러내고 공유하는 방식에 여러분이 별 영향을 미치지 못할 수도 있다. 하지만 지식 공유를 위한 '지렛대(lever)'들을 잘 이해한다면 영향력을 가진 리더에게 지식 공유에 대한 여러분의 의견을 설득력 있게 제시할 수 있을 것이다. 일단 회사가 올바른 방향으로 변하기 시작했다면, 여러분은 그런 지렛대들을 이용해서 최적화된 지식 전략을 먼저 여러분이 이끄는 팀 안에서 지역적으로 실현해 나가야 할 것이다.

팀 핸드북을 넘어 커뮤니티로

팀 핸드북을 만드는 것이 어떤 가치가 있는지를 제10장에서 논의했다. 회사 운영을 위한 핸드북을 대중에 공개한 조직들이 많이 있는데, 깃랩이 좋은 예이다.[202] 그런 핸드북에 담긴 종류의 지식을 나는 **비축**(stock) 지식이라고 부른다. 하지만 복잡한 지식 노동에서, 잘 구조화된 지식으로부터 비축 지식을 구축하는 접근 방식에는 한계가 있다.

이 업계에서는 모범관행이 없는 문제, 즉 따라 할 만한 관행이 아직 확립되지 않은 문제를 해결해야 할 때가 많다. 나는 소프트웨어 개발의 상당 부분이 그런 종류의 문제를 다룬다고 주장한다. 기술 스택이나 시장, 도메인, 고객 선호도, 방법론들은 제대로 분류할 수 없을 정도로 빠르게 변한다. 그러다 보니 비축 지식을 동급간(peer-to-peer) 네트워크로 보완할 필요가 생긴다. 그런 네트워크는 지식의 지속적인 흐름과 공급을 가능하게 한다.

지금 우리가 사는 2020년대에서 지식의 형태는 다음과 같이 다양하다.

- **전통적인 형태의 지식.** 프로세스 문서, 템플릿, 도구 모음(toolkit), 학습 자료 등은 변화가 크지 않은 안정적인 관행과 정보에 이상적이다.
- **현대적인 형태의 지식.** 질문 답변, 동영상, 팟캐스트는 획기적이고 새로 생겨나는 관행들에 가장 적합한 형태의 지식이다.

조직 내 지식 공유과 관련해서 HP 사의 CEO를 지낸 루이스 플랫Lewis Platt은 이런 말을 한 적이 있다.[203]

> HP가 아는 것을 HP가 알고 있었다면 생산성이 세 배는 높아졌을 것이다.

여러분의 조직에서 이런 모든 암묵적인 지식 혹은 '암묵지(tacit knowledge)'를 양성하고 관리하려면 어떻게 해야 할까? 이번 장에서는 조직 구성원들의 '노하우'를 지속적으로 반영하는 지식 생태계를 만드는 방법을 살펴본다. 나는 우리가 소비자용 인터넷에서 배울 것이 많다고 주장한다. 다음 두 절을 통해서 이 점을 설명해 보겠다.

다공성 벽 쌓기

우리는 팀 차원의 협업을 자유롭고 원활하게 만들어 주는 여러 도구를 사용한다. 하지만 그런 도구들은 점대점(point-to-point) 방식의 '벽 안의 정원(walled garden)' 솔루션일 수 있다. 구글의 협업 플랫폼인 구글 워크스페이스를 예로 들어 보겠다. 팀 협업을 염두에 두고 만들어진 이 플랫폼에서 여러분은 다음과 같은 일을 할 수 있다.

- 누군가에게 메시지를 보낸다.
- 팀 전체와 채팅한다.
- 화상통화를 시작한다.
- 문서를 팀 전체와 공유한다.
- 작업을 카탈로그화하는 사이트를 만든다.
- 팀의 모든 문서를 하나의 공유 폴더에 저장한다.
- 구글 그룹스의 뉴스그룹을 이용해서 사람들과 의사소통한다.

이들은 모두 멋진 기능이지만, **개별 팀**의 생산성을 높이는 데에만 초점을 두고 있다. 만일 여러분이 어떤 팀이나 그룹에 명시적으로 소속되어 있지 않다면, 울타리(벽)로 둘러싸인 정원 안에서 어떤 일이 일어나는지 전혀 알 수 없다.

사실 이는 구글 워크스페이스만의 문제가 아니다. 다른 여러 플랫폼도 이와 비슷한 방식이다. 애초에 이런 플랫폼들은 한 팀의 팀원들이 효율적으로 협업하는 데 중점을 둔다. 하지만 전사적 지식 공유를 위해서는 단단한 벽으로 정원을 둘러싸는 대신, 구멍이 숭숭 뚫린 '다공성 벽(porus wall)'이 필요하다.

▪ 지식 시스템에 필요한 기능

팀 생산성 제품군이 제공하는 모든 협업 기능이 우리에게 필요한 것은 사실이다. 하지만 암묵적 지식을 양성하려면 그런 기능들이 [그림 25.1]에 나와 있는 다른 몇 가지 핵심 기능과 부합해야 한다. 여러분의 도구 모음이 이런 기능들을 많이 제공할 수도록 지식 전략이 좀 더 견고해진다.

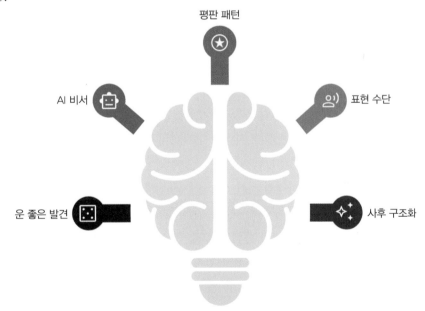

그림 25.1 지식 생태계에 필요한 핵심 기능들.

- **운 좋은 발견**(serendipitous discovery). 회사 안의 정보를 찾는 방법이 일상에서 여러분이 정보를 찾는 방법과 달라서는 안 된다. 평소에 구글이나 뉴스 앱, 소셜미디어에서(심지어 여러분이 잘 모르는 사람의 계정에서) 뭔가를 찾을 때와 비슷한 방식으로 사내 정보를 찾을 수 있어야 한다.

- **AI 비서**. 구글 어시스턴트와 애플 시리가 여러분의 관심사를 이해하고 여러분이 원하는 정보를 찾는 데 어떻게 도움이 되는지 생각해 보기 바란다. GPT 같은 최신 AI 모델은 대화식으로 정보를 검색하는 인터페이스를 제공한다. 그와 비슷한 방식으로 작동하는 효과적인 지식 관리 시스템을 갖춘다면 사람들이 원하는 콘텐츠를 좀 더 쉽게 발견할 수 있다.

- **평판 패턴**(reputation pattern). 인터넷 덕분에 관심사가 여러분과 비슷한 사람들을 쉽게 찾을 수 있다. 그리고 여러분이 관심을 둔 분야에서 평판이 좋고 명성이 높은 사람들도 쉽게 찾을 수 있다. 매체의 조작 문제를 차치할 때, 이런 평판과 명성은 사람들이 인터넷에 자신의 작업물 – 소위 **디지털 배출물**(digital exhaust)에 속하는 – 을 공유함으로써 형성된다. 그와 비슷하게, 여러분의 지식 관리 시스템은 전문 지식과 공통의 관심사가 적절히 겉으로 떠오르게 하는 데 도움이 되어야 한다.

- **표현 수단**. 여러분이 어떤 콘텐츠를 불특정 다수에게 보여주고 싶을 때 대량의 스팸 메일을 전송할 필요는 없다. 블로그에 글을 올려도 되고, 인스타그램, 유튜브 같은 플랫폼을 사용해도 된다. 원한다면 사람들은 여러분을 팔로우하고 해당 콘텐츠에 대한 의견도 제시할 것이다. 물론 그러길 원하지 않는 사람도 있을 것이다. 그것은 전적으로 그들의 선택이다. 전사적 지식 시스템 역시 그와 비슷하게 사람들이 자신의 의견이나 감정을 표현할 수단을 제공해야 한다.

- **사후 구조화**. 마지막으로, 효과적인 지식 시스템은 사후에(after the fact) 정보를 조직화, 구조화하기 쉬워야 한다. 좋은 예가 위키백과이다. 위키백과는 사람들이 마치 Pinterest나 Diigo, 에버노트를 사용할 때처럼 위키백과 콘텐츠를 각자 자신만의 방식으로 구조화하고 탐색하는 기능도 제공한다. 누구나 제한 없이 전사적 지식 시스템에 기여할 수 있게 해야 하며, 사람들이 기여한 콘텐츠를 기업은 물론 개인 수준에서도 적합한 방식으로 재조직화하기 쉬워야 한다.

이런 기능들을 쇼핑 목록으로 취급하지는 말기 바란다. 이 기능들을 머리 한 편에 담아 두고, 일단은 기존 시스템을 재검토하는 것으로 시작하는 것이 바람직하다.

▪ 현재 시스템 재검토

회사의 체계들을 하룻밤 사이에 바꾸기는 힘들다. 기존 협업 스택을 바탕으로 삼아서 여러분이 원하는 시스템을 차츰 구축해 나가기를 권한다. 그 출발점은 기존 도구 스택을 재검토하는 것이다. 이때 [그림 25.2]의 틀이 도움이 될 것이다.

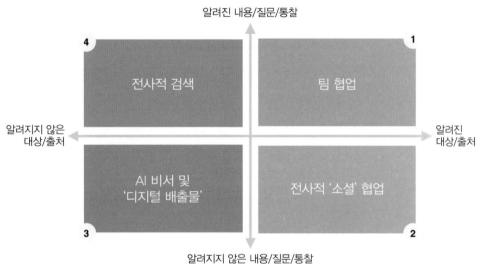

그림 25.2 협업 및 지식 공유 시스템의 재검토.

여러분의 기존 도구 모음을 다음 두 축을 따라 평가해 보기 바란다.

- **대상과 출처**. 지식의 출처(지식 공급원)와 의도된 대상(audience)을 식별하기가 얼마나 쉬운가? X축에서 왼쪽으로 갈수록 대상과 출처가 미지이고 오른쪽으로 갈수록 대상과 출처가 명확하다.
- **내용, 질문, 통찰**. 지식의 내용과 통찰, 답을 찾고자 하는 질문을 정의하기가 얼마나 쉬운가? Y축에서 아래로 갈수록 알려지지 않은 사항이 많고 위로 갈수록 알려진 사항이 많다.

[표 25.1]은 이 2×2 행렬의 각 사분면을 설명한 것이다.

표 25.1 지식 시스템 재검토의 각 사분면을 위한 도구와 솔루션.

사분면	대상과 출처	내용, 질문, 통찰	가능한 도구들
1	알려짐	알려짐	현대적인 전사적 소프트웨어가 주로 다루는 영역이다. 조직이 어떤 지식을 보유하고 있는지 쉽게 파악할 수 있다. 원하는 지식을 찾기도 쉽다. 그리고 누구와 정보를 공유하는지, 정보를 어디서 얻었는지도 알 수 있다. 메일링 리스트, 팀 사이트, 채팅 그룹, 공동 작업 문서 등이 사람과 지식의 이러한 조합에 이상적이다. 이 영역의 도구로는 구글 워크스페이스, 마이크로소프트 365, 노션, 베이스캠프 등이 있다.
2	알려짐	알려지지 않음	인터넷에서 우리가 어떤 사람이나 블로그, SNS 계정, 웹사이트를 팔로우할 때, 그로부터 어떤 가치를 얻을 수 있을지 정확히 예측하지는 못한다. 우리는 그저 우리의 관심사를 대변하는 콘텐츠 작성자를 찾고, 그 사람이 우리에게 유용한 콘텐츠를 생산하리라고 기대할 뿐이다. 이런 상호작용은 양방향으로 일어난다. 우리가 누군가를 팔로우하면 그 사람도 우리를 팔로우하는 식으로 상호작용이 풍부해진다. 도구의 예로는 메타(구 페이스북)의 워크플레이스, Yammer, P2, LumApps 등이 있다.
3	알려지지 않음	알려지지 않음	소셜 네트워크나 디지털 비서, 뉴스 앱, 연예 뉴스 앱 등은 콘텐츠나 기사를 "지능적으로" 선별해서 여러분에게 추천한다. 그런 기능이 우리의 디지털 경험을 풍부하게 해준다는 점을 부인하기는 어렵다. 물론 개인정보보호와 관련해서 우려할 점이 존재하는 것도 사실이다. 기업용 소프트웨어에서는 그 부분에 두 배로 주의를 기울일 필요가 있다. 여기서 '디지털 배출물'의 역할을 무시하면 안 될 것이다. 사람들은 뭔가 흥미로운 콘텐츠를 발견하면 그것을 소비하는 데서 그치지 않고 그 콘텐츠의 작성자를 찾아서 팔로우하며, 그로부터 또 다른 흥미로운 콘텐츠를 발견하게 된다. 마치 빵 부스러기를 따라 집으로 돌아가듯이, 한 발견이 또 다른 발견으로 이어진다. 도구의 예로는 Workgrid가 있다. 또한 사분면 1과 2의 추천 엔진과 커스텀 추천 엔진, 전사적 소셜 네트워크의 직원 프로파일들도 이 영역에 해당한다.
4	알려지지 않음	알려짐	알고 싶은 것이 명확하긴 하지만 어디에서 찾아야 할지, 누구에게 물어봐야 할지 애매할 때가 종종 있다. 그럴 때 구글 웹 검색 엔진 같은 검색 엔진이 회사 내부에도 있으면 편할 것이다. 도구의 예는 엘라스틱Elastic과 Glean이다.

기존 도구들을 이런 틀로 재검토하면 지식 공유 인프라를 개선할 방법을 알게 될 것이다. 이상적으로는, 여러분의 도구 모음이 네 사분면을 모두 포괄해야 할 것이다. 빈 사분면이 있거나 사분면들 사이의 연동이 충분히 면밀하지 않다면, 부족한 부분을 채우는 데 투자할 필요가 있다. 그런 투자를 승인하도록 리더를 설득하는 데 재검토 결과가 도움이 될 것이다.

비축 지식 관리와 지식 흐름 촉진

빠르게 변하는 비즈니스 환경에서, 자산으로서의 명시지(explicit knowledge; 명시적 지식)에는 수확체감(diminishing return)이 적용된다. 이는 시간이 지남에 따라 그런 지식이 낡아져서 더 이상 유관하지(relevant) 않게 변하기 때문이다. 한 세기 전에 기술자의 대학 강의 계획서의 절반이 더 이상 유관하지 않게 변하는 데 35년이 걸렸다고 한다.[204] 오늘날 그러한 반감기는 5에서 10년 정도로 줄어들었다.

사람들과 기업들이 이러한 빠른 지식 변화에 적응하려면 지속적인 학습 문화를 조성할 필요가 있다. 그러한 문화에는 공식 교육 외에 멘토링, 관찰, 실무 경험이 포함될 수 있다.

개인이 기존 기량을 새 영역에 맞게 적응하기 위해서는 다른 사람의 암묵지에 의존하거나 학습을 도울 수 있는 사람들과의 관계를 구축할 필요가 있을 것이다. 그런 형태의 학습은 어떤 지식 저장소나 교육 프로그램에 저장된 정보를 활용하는 것보다는 지식의 흐름(knowledge flow)에 의존해서 이루어지는 경우가 많다.

▪ 약한 유대관계의 힘에 대한 최적화

사람들이 자신과 유대관계가 강한 그룹과 지식을 공유하는 것은 자연스러운 일이다. 하지만 마크 그래노베터Mark Granovetter의 1973년 논문 "The Strength of Weak Ties(약한 유대관계의 힘)" [205]은 우리가 아주 친한 사람들(유대관계가 강한 사람들)로부터는 얻을 수 없는 지식에 접근하는 데 유대관계가 약한 사람들이 도움이 될 수 있다고 주장한다. 오늘날 우리의 업무 네트워크에 유지보수 노력이 덜 요구되면서도 귀중한 정보의 원천이 될 수 있는 약한 유대관계가 많다는 점에서, 이러한 '약한 유대관계의 힘'이라는 개념은 지식 공유 문제와 관련이 있다.

개인이 안정적으로 관계를 유지할 수 있는 사람의 수를 던바의 수(Dunbar number)라고 하는데, 흔히 통용되는 던바의 수는 단 150 정도이다. 하지만 약한 유대관계는 그런 한계 이상으로 인맥(소셜 네트워크)을 확장하는 데 도움이 될 수 있다. 스스로 답해 보자. 여러분과 강한 유대관계를 맺은 사람은 몇 명이나 되는가? 그 수를 회사에서 우연히 알게 된 사람의 수와 비교해 보자. 아마도 **유대관계가 약한 사람들이 강한 사람들보다 훨씬 많을 것이다**. 요점은, 이런 유대관계가 약한 사람들을 지식 관리에 활용하자는 것이다.

그래노베터의 논문은 지식 관리 시스템의 쓰임새(용례)에 대한 영감을 제공한다. 위키 사이트나 생산성 도구들은 유대관계가 강한 사람들의 협업에 도움을 주는 반면, 전사적 소셜 네트워크(ESN, enterprise social network)는 약한 유대관계를 형성하고 확대하는 데 도움이 된다. ESN는 또한 사람들이 블로그나 동영상, 기타 매체를 통해 자신을 표현하는 능력도 제공한다. 이를 통해서 직원들은 공통의 관심사를 기반으로 "잠재적인" 새 관계들에 접근할 수 있다. [그림 25.3]은 사람들 사이에서 다양한 유대관계를 가능하게 하고자 할 때 구현해볼 만한 여러 시스템을 요약한 것이다.

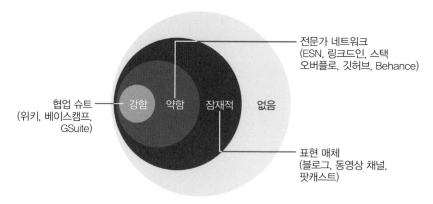

전문가 네트워크
(ESN, 링크드인, 스택
오버플로, 깃허브, Behance)

협업 슈트
(위키, 베이스캠프,
GSuite)

강함 약함 잠재적 없음

표현 매체
(블로그, 동영상 채널,
팟캐스트)

그림 25.3 여러 종류의 유대관계와 지원 시스템.

▪ 사내 플랫폼이 곧 지식 플랫폼이다

지식의 흐름을 활성화하고 약한/잠재적 유대관계를 활용하기 위한 전략으로 나는 '뒤집힌 전략'을 제안하고자 한다. 비축 지식을 생성하되, 다음과 같이 기존과는 반대의 순서로 생성해 나가는 것이다.

1. 사람들이 스스로 콘텐츠를 조직화하고 공유할 수 있는 **커뮤니티 플랫폼을 구현한다.** 기본적으로 모든 콘텐츠를 모든 사람이 접근할 수 있게 하자. 기밀 정보는 기본이 아니라 예외가 되어야 한다.
2. **자유형 콘텐츠 제작을 허용한다.** 콘텐츠의 형식에 제약을 두지 말자. 동영상, 블로그 글, 논의 내용, 파일 등 모든 형식을 허용해야 한다.
3. 사람들이 시스템에 기여한 성과를 반영해서 **자신만의 프로파일을 만드는 수단을 제공한다.** 이를 통해서 사람들은 자신만의 정체성 또는 브랜드를 구축할 수 있다. 그러한 브랜드는 다른 사람들과의 유대감을 형성하는 요인이 될 수 있다. 이런 방식에서 직책이나 직급은 중요하지 않다. 사람들의 호응을 받을 콘텐츠를 만드는 것이 중요해진다.
4. 사람들에게 **태그, 설명, 댓글, 반응을 통해 메타데이터를 추가**하는 수단을 제공한다. 가장 인기 있고 유관한 콘텐츠가 최상단으로 떠오르게 하자.
5. 가장 인기 있고 호응을 얻은 콘텐츠에 구조를 추가하고, 그 **구조를 정기적으로 갱신**해서 회사 안에서 여러분의 부서나 팀의 '최근 최고 성과'를 대표할 수 있게 하자. 그렇게 선별한 정보 중 일부가 회사 핸드북이나 부서별 핸드북에 포함될 수도 있을 것이다.

관련해서, 커뮤니티 기반 지식 시스템과 팀 핸드북 또는 회사 핸드북의 차이점을 짚어 볼 필요가 있겠다. 핸드북은 자주 변하지 않는 안정적인 지식을 담는다. 지식이 안정적일수록 구조화하기가 좋다. 반면에 커뮤니티 플랫폼은 휘발성이 있고 새로이 제시된 지식에 이상적이다. 안정적인 지식을 구조화하는 것과 창발적인(emergent) 관행을 육성하는 것 사이의 균형을 맞추는 것도 중요하다.

■ **모든 시스템에는 사람이 필요하다**

진정으로 민주적인 자유형(free-form) 시스템에서는 모든 사람이 자유로운 형식으로 마찰 없이 집단적 비축 지식에 기여할 수 있다. 이를 활성화하기 위해 나는 [그림 25.4]와 같은 2수준 '의미 부여(sense making; 또는 의미화)' 체계를 추천한다. 이 체계에서 다음과 같은 사람들이 중요한 역할을 한다.

• **커뮤니티 관리자.** 조직의 각급 커뮤니티, 실무 단위, 우수성 센터(CoE, center of excellence), 부서마다 커뮤니티 관리자 그룹이 존재해야 한다. 최고의 콘텐츠가 최상단으로 떠오르는 과정에서 이 관리자들은 콘텐츠에 메타데이터를 추가하고 정리하는 작업을 돕는다. 이 덕분에 사람들이 나중에 '최근 최고 성과'에 좀 더 쉽게 접근할 수 있다.
• **큐레이터/지식 관리자.** 이 개인들은 조직의 구조를 반영한 정보 아키텍처의 생성을 돕는다. 이들은 지식 생태계를 "탐색 가능하고 이동하기 쉽게" 만들어준다.

[그림 25.4]의 의미 부여 구조는 위키백과의 의미 부여 구조와도 비슷하다. 누구나 이 시스템에 기여해서 내용을 풍부하게 만들 수 있지만, 페이지들을 서로 연결하고 올바른 위계구조로 조직화하는 전담 편집자들이 존재한다. 편집자는 페이지들을 감시하면서 필요하다면 변경 사항을 검토해서 적절한 조치를 취하기도 한다.

그림 25.4 지식 생태계를 운영하는 사람들.

오늘날에는 커뮤니티 관리자나 큐레이터가 하는 평범한 작업의 상당 부분을 AI에 맡길 수 있다. 태그 추가, 메타데이터 갱신, 뉴스레터 및 요약본 작성 등이 그러한 작업이다. AI가 이런 작업들을 일정 수준까지 정교하게 해낼 수 있다면, 커뮤니티 관리자와 큐레이터는 좀 더 인간적인 활동에 더 많은 시간을 쓸 수 있다. 다음은 커뮤니티 관리자와 큐레이터가 관여하는 주요 활동이다.

- 치어리더가 되어서 사람들이 시스템 외부와 연결되는 기회를 만든다.
- 팀 간, 부서 간 경계를 넘어 가치 있는 기여자들과 개인적 관계를 구축한다.
- 사일로가 생길 만한 곳에서 사일로를 방지한다.
- 추천 항목과 검색 결과를 미세 조율한다.
- 콘텐츠 작성 프로세스를 업무 자체에 내장해서 업무, 지식 공유, 학습 사이의 경계를 허문다.
- 콘텐츠에 대한 동급간 검토와 피드백 메커니즘을 활성화한다.
- 사람들이 아직 답이 없는 질문에 대한 답을 얻도록 돕는다.

이러한 의미 부여 역할들은 분산 업무 환경에서 커뮤니티를 육성하고 지식을 공유하기 위한 기본 구축 요소라 할 수 있다. 성공적인 분산 조직은 모든 일을 "의도를 가지고" 수행한다. 커뮤니티와 지식 공유를 신경 쓰는 회사라면 그런 것들을 단지 우연에만 맡겨서는 안 된다.

커뮤니티 관리 및 큐레이션을 위한 적절한 시스템과 적절한 인력을 배치한다면, 회사 안에서 '조직화된 운 좋은 발견(organized serendipity)'의 폭풍이 몰아칠 것이다. 이것이 '정수기 옆의 우연한 대화'보다 훨씬 좋은 방법이라고 감히 말할 수 있다.

팀 지식에서 전사적 지식으로

지식 관리가 여러분의 주된 관심사는 아닐 수 있음을 나도 이해한다. 하지만 효과적인 지식 관리가 없다면 비동기적 협업이 어려울 수 있다. 팀 차원이 아니라 회사 전체 차원의 비동기 협업이라면 더욱 그렇다. 그런 만큼, 여러분이 이번 장에서 배운 내용으로 여러분 회사의 지식 관리 시스템을 평가하고, 부족한 부분이 있으면 더 나은 대안을 제시하길 바랄 뿐이다.

핸드북과 문서화는 기업의 지식 관리 솔루션의 일부일 뿐이다. 통일적인 지식 관리 솔루션은 암묵지를 양성하고 사람들 사이의 관계를 구축하는 데에도 도움이 된다.

- 점대점 협업 도구들은 팀의 효율성에 도움이 되지만, 지식의 사일로를 만드는 경향이 있음을 주의해야 한다.
- 팀 협업 도구들 외에, 다음 기능들 대부분을 제공하는 시스템에도 투자해야 한다.
  - 운 좋은 발견
  - AI 비서
  - 평판 패턴
  - 표현 수단
  - 사후 구조화
- 필요한 도구를 결정하려면 기존 시스템을 재검토하는 것으로 시작하자. 시스템을 다음 두 축으로 평가해 보기 바란다.
  - 대상과 출처(알려짐 또는 알려지지 않음)
  - 내용/질문/통찰(알려짐 또는 알려지지 않음)
- 이 두 축에 따른 네 사분면 모두를 시스템이 포괄하는 것을 목표로 도구 모음을 개선하는 데 필요한 비용을 확보해야 한다.
- 안정적인 지식에는 비축(stock) 지식의 형태가 유용하다. 하지만 창발적인 관행들을 포착하기 위해서는 사람들 사이의 흐름을 활성화할 필요도 있다.
- 팀에 존재하는 강한 유대관계뿐만 아이니라 조직 전체 및 외부와의 약한 유대관계들에도 초점을 두어야 한다. 운 좋은 발견은 약한 유대관계들에서 발생한다.
- 팀의 핸드북을 구축하는 것과 함께 사내 커뮤니티 플랫폼도 구현해야 한다. 그런 플랫폼은 회사 내에서 지식을 최신 상태로 유지하는 데 도움이 된다.
- 더 나아가서, 각 커뮤니티 수준에 커뮤니티 관리자를 배치하고 조직 수준에는 큐레이터를 배치한다. 이들은 비축 지식과 흐름에 '의미'를 부여한다.

이번 장으로 이 책의 제4부가 끝난다. 지금까지 우리는 비동기 우선 업무 방식의 장점들이 무엇이고 어떻게 활성화하는지에 초점을 두었다. 하지만 모든 업무 방식에는 나름의 함정이 있다. 이 책의 제5부에서는 여러분이 그런 함정들을 미리 알고 피할 수 있도록, 비동기 우선 업무 방식의 명백한 함정 몇 가지를 논의한다. 그럼 제5부로 넘어가자.

PART

05

함정 피하기

비동기 우선 원격 근무에도 당연히 함정(ptifall)이 있다. 제5부에서는 여러분이 함정들을 피할 수 있도록, 가장 흔한 함정 몇 가지를 자세히 설명한다.

- **제26장** "혼합 업무 방식과 관련한 거대한 혼란"에서는 '혼합(hybrid; 또는 혼성)'의 진정한 의미를 알지 못한 채로 혼합 업무 방식을 채택할 때 생기는 함정들을 설명한다. 원격 우선, 비동기 우선 사고방식이 강제적인 혼합 모델보다 더 합리적인 이유를 배우게 될 것이다.
- **제27장** "비동기 섬"에서는 조직에서 여러분의 팀만 비동기 우선으로 근무할 때 생기는 위험 요소들을 논의한다. 그런 위험 요소들을 완화하는 전략 네 가지도 제시할 것이다.
- **제28장** "가상 업무 환경의 독성 요소"에서는 가상 업무 환경에서 어떻게 독성 행동이 나타나는지, 그런 행동들을 어떻게 방지할 수 있는지를 살펴본다.

제**26**장
혼합 업무 방식과 관련한 거대한 혼란

다양한 사람들이 근무하는 회사에서 사람마다 선호도와 업무 스타일이 다양한 것은 당연한 일이다. 이번 장을 쓰는 현재, 원격 근무 절대주의자remote-work absolutist와 사무실 중심 근무를 선호하는 사람은 아주 다르다. 그리고 사람들은 그 두 극단 사이의 스펙트럼에 분산되어 있다.

뭔가에 대한 의견이 극단적으로 나뉘는 경우 우리는 그 중간의 어딘가를 추구하게 된다. 원격 근무라는 '멋진 신세계(brave new world)'에서 그 중간 지점은 바로 **혼합 근무**(hybrid work)가 아닐까 하는 생각이 들 수도 있겠다. 실제로, 혼합 모델을 "두 방식의 장점만 갖춘 것"이라고 말하는 사람들도 있다. 하지만 나는 혼합 근무가 오히려 '함정'에 가깝다고 생각한다. 특히 궁극적으로 비동기 우선 업무 방식을 채택하는 것이 목표일 때는 더욱 그렇다. 첫째로, 애초에 원격 근무에는 비동기적인 업무 방식이 더 자연스럽다. 물론 다른 사람들과 같은 물리적 장소에 있어도 비동기적으로 일하는 것이 불가능하지는 않다. 단지 대부분의 사람들에게는 뭔가 부자연스럽게 느껴질 뿐이다. 둘째로, 더욱 중요한 점은 '혼합'이 두 방식의 장점만 가지고 있는 것은 아닐 수 있다는 것이다. 왜 그런지 설명해 보겠다.

사람들은 원격 근무를 예전보다 더 선호한다

혼합 또는 **하이브리드**라는 용어가 인기를 끌기 시작한 것은 2021년 상반기이다. 당시 세상은 팬데믹과 맞서 싸우는 중이었고, 어쩔 수 없이 강제로 원격 근무를 시행하는 회사들이 많았지만 그런 상황이 오래가지는 않으리라고 생각하는 분위기였다. 하지만 내 연구 결과에 따르면 사람마다 선호하는 업무 방식이 다르다. [표 26.1]은 인도의 한 주요 기술 기업에서 2년 연속으로 시행한 설문조사 결과를 요약한 것이다.

표 26.1 원격 근무로의 선호도 이동.

사람들이 원하는 주당 원격 근무 일수	2021	2022
5일	15.47%	44.57%
4일	12.15%	16.17%
3일	34.25%	22.2%
2일	24.45%	11.13%
1일	6.08%	2.25%
없음	7.6%	3.67%

이 데이터를 잘 살펴보기 바란다. 1년 사이에 업무 선호도가 크게 변했다. 완전 원격 근무(주 5일)를 원하는 사람의 비율이 거의 세 배나 증가했다. 2021년 설문조사 당시 인도는 코로나19의 2차 확산으로 고생하고 있었다. 사람들은 그 어느 때보다 고립되었다. 당시 사람들의 정신 건강이 얼마나 피해를 보았는지는 아직도 제대로 파악되지 않았다. 그 시기에서 2022년까지 코로나19는 인도의 거의 전역에서 유행하게 되었고, 사람들은 원격 근무에 좀 더 익숙해졌다. 그래서 거의 절반에 가까운 사람들이 완전 원격 근무를 원하게 된 것이다.

미래의 업무에 관한 몇 가지 흥미로운 논점을 이 데이터에서 얻을 수 있다. 첫째로, 이 데이터는 사람들의 선호도가 어디로 향하는지 보여준다. 또한 이 데이터는 '모든 것에 적합한 단 하나의 방식'은 없다는(적어도 지금 당장은) 점도 보여준다. 그런 만큼, '혼합 업무 방식'을 유효한 절충안으로 생각하는 사람이 많은 것도 이해할 만하다. 다음 절부터는 이 혼합 업무 방식에 대한 관점을 좀 더 설명해 보겠다. 먼저 혼합이라는 용어에 대한 몇 가지 오해부터 바로잡기로 하자.

직원이 아니라 조직이 혼합이다

내가 **혼합**이라는 단어를 사용한 2021년에 이미 나는 혼합 방식을 선호하는 사람들이 늘어나고 있음을 인식했다. 내가 원격 및 비동기 업무 방식의 전도사이긴 하지만, 재택근무가 특정 사람들에게만 적합하다는 점을 인정하지 않을 수 없다. '홈오피스' 환경을 제대로 갖춘 사람은 재택근무에 임시방편으로 적응하고 있는 사람보다 성공할 가능성이 높다. 재택근무는 집에서 일하는 것이 감정적/정서적으로 쉽지 않은 사람에게는 독이 될 수 있다. 예를 들어 가정폭력 피해자는 가해자와 한집에 갇혀 일하고 싶지 않을 것이다. 그리고 가사 비중이 불균형한 가정에서 '출근'은 일상적인 가사에서 벗어나 휴식을 취할 수 있는 탈출구가 될 수 있다.

'혼합'에 대한 내 관점은 예나 지금이나 "사람들의 선택을 존중한다"이다. 조직에 채용된 유능한 인재는 뭔가 의미 있는 일을 해서 조직에 기여하고 싶어 한다. 여러분은 그런 인재가 가장 행복하고 생산성이 높은 곳을 선택할 수 있게 하고, 그 선택을 믿어주어야 한다. 각 개인이 선택한 업무 선호도가 자연스럽게 확산되면 '혼합 조직'이 만들어질 것이다. 이러한 미묘한 점을 놓치고 있는 조직이 많다. 그런 조직들은 **업무 선호도가 서로 다른 여러 직원이 섞인 혼합 조직**(hybrid organization)을 고민하지 못하고, **한 직원이 두 업무 방식을 번갈아 따르는 '혼합 직원**(hybrid employee)'을 고민한다.

이러한 미묘한 오해 때문에 3:2 모형('3일 출근 2일 재택' 또는 그 반대) 같은 혐오스러운 해법이 등장한다. [표 26.1]을 다시 보자. 3:2 모형을 반길 사람들이 있을까?

- 업무 선호도가 극단적으로 나뉘어서 원하는 주당 원격 근무일이 2일이나 3일인 직원이 없는, 즉 원하는 주당 원격 근무일이 0, 1, 4, 5일인 회사에서 3:2 모형을 사용한다면 직원 세 명 중 두 명이, 즉 67%의 직원이 불만을 품게 된다. 이들에게 중간 지점은 적합하지 않다.
- 중간 지점에 있는 사람들도 모두 행복하지는 않다. 3일이 출근이냐 재택이냐에 따라 11~22퍼센트의 직원이 자신이 선호하지 않는 방식으로 일하게 된다.
- 결과적으로, 3:2 혼합 모형이 좋은 사람은 11~22퍼센트뿐이다. 게다가, 그런 사람들 역시 근무가 좀 더 유연하길 원한다. 예를 들어 출근 요일들을 회사가 정해주기보다는 자신이 선택할 수 있길 원한다.

하나의 조직으로서 여러분의 조직은 모든 구성원의 생산성과 행복도를 최고 수준으로 끌어올리는 체계를 갖추어야 한다. 3:2 모형이나 그와 비슷한 모형들은 사람들을 '불행의 최소공분모'로 끌어내릴 뿐이다.[206]

퇴행 방지

2020~2022년에 대부분의 기술 조직은 운영팀을 혁신해야 했다. 2년간 어쩔 수 없이 원격 근무를 시행하면서 기업들은 어디에서나 인재를 채용하고 어디에서나 프로젝트에 인원을 투입하는 방법을 배우게 되었다. 요즘에는 처음부터 팀원들이 분산된 형태의 팀을 계획한다. 그리고 대규모 조직에서는 개별 팀들 자체가 여러 지역에 분산되기도 한다.

비용이 많이 들 뿐만 아니라 조직하기도 번거롭던 대면 교육은 가상 교실과 온라인 학습에 자리를 내주었다. 내 경험에 따르면 가상 워크숍이 오프라인 워크숍보다 훨씬 더 효과적이다. 내 경험뿐만 아니라 이 업계에도 이런 현상에 대한 증거가 있다.[207] 간단한 매체 작성 도구 덕분에 콘텐츠 제작 비용이 낮아졌다. 그리고 이는 당연히 온라인 학습의 붐으로 이어졌다.[208]

게다가 팀들은 사무실에서만 종일 일하는 업무 방식의 부적절함을 깨달았다. 팀원들은 근무 장소를 스스로 선택할 때 생산성이 더 높아짐을 알게 되었다. 사무실 근무 모형을 그대로 분산 업무 인력에 그대로 적용해 봤자 전혀 효과적이지 않고 스트레스만 가중됨은 명약관화하다. 이 책 전체가 바로 그 점을 전제로 하고 있다!

'혼합'을 잘못 이해하면 혼합이 주는 모든 이점을 잃게 된다. 다음은 답하기가 그리 쉽지 않은 질문 몇 가지이다.

• 팀원들이 한 국가의 여러 지역에 분산되어 있는 경우, 3:2 모형이나 그와 비슷한 모형을 따른다고 할 때 이들을 어떻게 한 장소로 모이게 할 것인가?
• 사무실이 없는 지역에 사는 사람을 직원으로 채용하는 경우 업무 환경에 대해 그 사람에게 뭐라고 말해야 할까?
• 여러분은 지역과 무관하게 인재를 채용하고 지역과 무관하게 근무할 수 있는 유연성을 포기하고 싶은가?
• 가상 교실과 온라인 학습의 규모와 효율성에 상응하는 교육 성과를 혼합 모형에서 성취하는 것이 가능할까?

모든 이해관계자에게 추가 비용을 부과하지 않으려면

혼합 업무를 제대로 이해하지 못하면 모든 이점을 잃을 수 있을 뿐만 아니라, 모든 이해관계자에게 비용이 발생하기까지 한다. 고용주부터 시작하자. 한 가지 사고실험을 제안하겠다. 직원들의 업무 선호도가 [표 26.1]과 같다고 할 때, 이들이 일할 사무실의 크기(특히 책상 개수)를 간단히 계산해 보기 바란다. 계산해 보면 전체 직원의 25%를 수용하는 크기의 사무실로 충분함을 알 수 있다. 여러분의 회사는 [표 26.1]과는 퍼센트 수치가 다르겠지만, 비슷한 방식으로 계산해 볼 수 있을 것이다. 그리고 사무실이 제공하는 서비스에 따라 전기요금이나 유지보수비, 수도 요금이(때로는 식비도) 줄어들 수 있다는 점도 간과하지 말아야 할 것이다. 어쨌든, '3일 출근 2일 재택' 방식을 사용하려면 대략 전체 직원의 40~60%를 수용할 수 있는 사무실이 필요할 것이다. 바로 여기에서 60~140%의 추가 비용이 발생한다. 그리고 그러한 비용은 회사가 성장함에 따라 증가한다. 만일 직원들이 진정으로 **어디에서나 일하게** 허용한다면, 시간이 지남에 따라 직원들이 원격 근무에 더욱더 능숙해질 것이다. 그러면 회사가 성장함에 따라 매년 사무실을 확장할 필요가 없다.

사무실 건물을 회사가 소유하는 경우와 사무실을 임대하는 경우의 미묘한 차이도 생각해야 할 것이다. 혼합 업무 일정을 강제하는 회사 중에는 대규모 캠퍼스와 사무실 공간을 소유한 회사가 많다. 그런 공간을 급하게 처분할 수는 없는 일이다. 직원들을 매주 며칠씩 출근하게 해서 시설을 활용하는 게 나을 수 있다. 하지만 대부분의 회사는 사무실 공간을 임대한다. 그런 회사들은 임대 기간이 만료되면 임대를 연장하지 않고 사무실 공간을 포기할 수 있다. 여러분이 그런 회사에서 일한다면, 사무실 건물을 직접 소유한 회사의 방식을 맹목적으로 따라서는 안 된다. 직원들의 선호도를 존중한다면 매 분기 운영 비용을 절약할 수 있음을 생각하자.

우리가 종종 간과하는 또 다른 비용으로 인프라 비용이 있다. 혼합 근무를 위해서는 직원들에게 다음 세 가지를 제공해야 한다.

- 번듯한 사무실 인프라
- 번듯한 원격 근무 환경
- 두 세계를 넘나드는 수단

혼합 근무를 중시하는 기업들은 목적 맞춤형 기술(purpose-built technology)에 막대한 금액을 투자한다. 좋은 예가 구글의 캠프파이어 실험[209]이다. 혼합 솔루션의 이 부분을 간과하고 마케팅과 홍보에만 주력하는 회사가 많다.

다음으로 직원을 살펴보자. 아마 여러분의 동료 중에도 소도시로, 또는 가족과 더 가까운 곳으로 이사한 사람이 있을 것이다. 그런 동료는 삶의 질이 개선되고 생활비도 줄어든다. 그러나 강제 혼합 모형은 그런 삶의 방식을 빼앗는다. 일주일에 두세 번은 반드시 사무실로 출근해야 한다면, 사무실에서 먼 지역에 살기 어렵다. 어쩔 수 없이 가족과 떨어져서 생활비가 높은 지역으로 가야 한다.

마지막으로, 강제 혼합주의(forced hybridism)가 사회 전체에 미치는 영향도 논의할 필요가 있다. 이것은 너무나 큰 주제이므로 작은 단원들로 나누어서 이야기하겠다.

▪ 두뇌 유출이 촉진된다

털사 리모트Tulsa Remote[210]는 미국 오클라호마주에서 고급 지식 노동자들이 빠져나가는 '두뇌 유출'의 흐름을 되돌리기 위한 프로젝트이다. 이 프로젝트의 목표는 어디서든 일할 수 있는 원격 근무 노동자들을 오클라호마주의 털사시로 이주하게 하는 것이다. 이주자에게는 1만 달러의 보상금을 제공한다. 멋진 프로젝트이긴 하지만, 전 세계의 모든 소도시가 배울 교훈이 있다.

인도를 예로 들면, 대부분의 지식 노동은 여덟 개의 주요 대도시(tier-one city; 1등급 도시)에서 일어난다. 이 도시들은 정부 및 민간 서비스 제공업체의 관심을 가장 많이 받긴 하지만, 물가가 비싸고 교통이 혼잡해서 점점 살기 힘들어지고 있다. 이 도시들의 사람들이 돈을 꽤 많이 벌긴 해도 가계 저축과 삶의 질은 그리 좋지 않다.

그와는 다른 인도가 있다. 많은 인도인이 97개의 중소도시(tier-two city)에서 산다. 코임바토르, 고치, 비샤카파트남, 마이소르, 자이푸르, 퐁디셰리 등 아주 살기 좋은 곳들이다. 사람들은 이런 중소도시로 돌아가서 지역의 2차, 3차 경제에 기여하고 있다. 역사적으로 중소도시의 두뇌 유출은 대도시에 편중된 기업들의 책임이 크다. 이제는 그런 기업이 두뇌 유출의 방향을 단번에 뒤집어서 지역에 기여할 수 있다. 그리고 기업은 채용할 수 있는 인재 풀이 확대된다는 이점이 생긴다. 이러한 '역 두뇌 유출'은 여러 긍정적인 결과로 이어질 수 있는데, 다음은 몇 가지 예이다.

• 지역 사회에 활력이 생긴다.
• 인재 양성을 위한 멘토링 기회가 만들어진다.
• 혁신을 위한 환경이 조성된다.

관련해서, 프리트위라지 차우두리Prithwiraj Choudhury(라지 차우두리)는 **프릭노믹스 라디오** Freakonomics Radio에서 이렇게 말했다.[211]

> 신흥 시장이 인재를 다시 확보하게 된다는 것은 잠재적으로 대단한 일입니다. 나를 가장 들뜨게 만드는 부분이죠. 서구로 간 인재들이 인도로 많이 돌아올 것이고, 인도뿐만은 아닐 것입니다. 또한, 인도의 소도시들도 승자가 될 수 있다고 생각합니다. 원격 근무가 가능할 정도로 인프라가 좋고 생활비가 저렴하다는 장점을 지닌 2, 3등급 도시들이 있습니다. 벵갈루루나 하이데라바드, 델리 같은 대도시가 아니라 오히려 이런 도시들이 진정한 승자가 되지 않겠나 하는 생각입니다.

하지만 이런 강제 혼합주의는 소도시에서 대도시로의 또 다른 대이동을 유발할 위험이 있다. 그러면 다시 두뇌 유출이 반복된다. 그래서 좋을 일이 무엇이 있겠는가?

▪ 포용성에 해가 된다

여성이 가사를 맡은 비중이 불균형하다는 점은 널리 알려진 사실이다.[212] 또한, 여성이 남성보다 자신의 경력을 더 많이 희생한다는 사실도 널리 알려져 있다.[213] 팬데믹 상황 이전에도, 여성 인력을 포용하려면 여성이 직장을 그만두게 하는 요인들을 제거해야 한다는 점을 우리는 잘 알고 있었다. 예전에 이 업계는 소위 '유연 근무제(flex-work)'라는 반쪽짜리 해법을 시도한 바 있다. 유연 근무제에 소소한 장점이 있긴 하지만, 집에서 일하는 여성들은 그런 장점을 누리기가 힘들다. 다른 팀원들이 대부분 사무실에서 일한다면, 재택근무 여성이 아무리 노력한다고 해도 여성에게 배타적인 환경이 만들어지기 쉽다. 팬데믹 기간에는 원격 근무가 모두에게 어느 정도는 평평한 운동장을 제공했다.[214] 매일 사무실에 출근하기 어려웠던 사람들에게는 그 기간이 훨씬 포용적인 환경이었으리라고 짐작한다.

또 다른 부류의 사회적 약자로 장애인도 생각해 보자. 거동이 불편한 사람에게 인도는 돌아다니기가 가장 어려운 나라 중 하나이다. 이 점은 장애인의 직업 선택에 상당한 영향을 미쳤다. 장애가 있는 사람들이 집에서 일할 수 있다는 것은 포용성 측면에서 커다란 성과이다. 라지 차우두리의 말을 들어보자.[215]

> … 사람들이 어디에서나 일할 수 있으면 기업은 어디에서나 인재를 채용하고 성별이나 장애 여부에 따라 좀 더 포용적인 인력을 확보할 수 있습니다. 따라서, 그런 옵션을 제공하지 않는 기업들은 인재 분포의 오른쪽 꼬리 부분을 놓치게 되리라는 것이 나의 예측입니다. 물론

검증할 수 있는 예측이죠.

기업이 직원들에게 단 며칠이라도 사무실 출근을 강제한다는 것은 출근이 힘든 사람들을 배제한다는 뜻이다. 그런 기업은 변화의 흐름을 거스르는 것이다. 인력의 다양성을 중시하는 기업이 더 혁신적이고 생산적이기도 하다는 연구 결과가 있다.[216] 이 점을 우리가 쉽게 포기해서는 안 될 것이다.

▪ 환경에 사소하지 않은 영향을 미친다

다소 까다로운 주제이지만, 우리는 출퇴근이 환경에 영향을 미친다는 점을 인정해야 한다.[217] 하버드 비즈니스 리뷰의 커버 스토리에서 라지 차우두리는 다소 흥미로운 데이터를 제시했다.[218]

> 2018년 미국인의 통근 시간은 편도 평균 27.1분으로 일주일에 약 4.5시간입니다. 출퇴근을 아예 없애면, 특히 대부분의 사람들이 자동차로 통근하는 지역에서 출퇴근을 없앤다면 배기가스 배출량이 크게 줄어듭니다. 미국특허청(USPTO)의 추정에 따르면 2015년에 원격 근무자들은 본사에 출근하는 경우와 비교해서 8천4백만 마일을 덜 운전했습니다. 이는 탄소배출량을 44,000톤 이상 줄인 것에 해당합니다.

기술 기업이라면 당연히 인류가 처한 기후 위기를 인식하고 있을 것이다. 그리고 확실하지도 않은 이익을 위해 작은 성과조차 포기하는 것이 옳은 일일까?

미신이 아니라 과학을 수용하자

이번 절 제목을 보고 어떤 생각을 하고 있는지 짐작이 간다. 아마 회사에 혼합 근무 정책을 도입한 경영진을 떠올리고 있을 것이다. 어쩌면 그런 결정을 뒷받침하는 데이터가 있을 수도 있겠다. 경영진은 자신의 접근 방식이 제공하는 이점들을 세세하게 고려했을 것이다. 과연 그럴까? 아닐 수도 있다. 그럼 사람들이 강제 혼합주의를 지지하는 몇 가지 이유를 살펴보자. 과연 근거 있는 이유인지는 독자의 판단에 맡기겠다.

▪ 생산성 또는 생산성 부족

원격 근무에서 생산성이 높아진다는 연구는 충분히 많다.[219] 아마 강제 혼합 근무 도입의 주된 이유가 생산성 문제는 아닐 것이다. 만일 원격 근무가 생산성에 문제가 있다면, 2020년과 2021년에 기술 기업들이 그처럼 크게 성공하지는 못했을 테니 말이다. 원격 근무가 비생산적이었다면 그런 기업들은 애초에 사업을 접었지 않겠는가?

2022년과 2023년에 우리는 전 세계적 경기 침체를 겪었지만, 시장 성과가 직원 생산성의 지표는 아니다. 어쩌면 여러분의 직원들이 사무실 환경에서 아주 생산적으로 일했을 수도 있겠다. 하지만 이 점을 생각해 보자. 만일 아직 생소한 완전 원격 근무 환경에서도 직원들이 그 정도의(더 높지는 않더라도) 생산성을 보인다면, 사무실 환경 자체에 뭔가 대단한 장점이 있는 것은 아니라는 뜻일 것이다. 그냥 미신에 빠진 것일 뿐일 수도 있다.

■ '마주치기'만을 통한 운 좋은 발견

사람들이 정수기 근처에서 마주쳐서 대화를 나누길 기대하는 것만으로는 분산, 다중 사무실, 다중 대륙 문화를 구축할 수 없다. 관련해서 라지 차우두리는 이런 말을 했다.[220]

> '복도 대화(hallway conversation)'의 진실은, 이것이 물리적인 사무실에서 서로 친한 사람들 사이에서만 일어난다는 것입니다. 매일 같은 열 명의 사람이 만나서 대화합니다. 영업은 영업끼리, R&D는 R&D끼리, 인턴은 인턴끼리 항상 자신과 같은 부류의 사람들하고만 대화를 나눕니다.

여러분 사무실의 크기와 배치에 따라서는, 단지 같은 캠퍼스에서 일한다는 것만으로는 운 좋은 발견을 보장할 수 없다. 다른 지역에 사는 사람들과의 교류가 필요한 경우에는 어떻게 할 것인가? 내성적인 사람들은 이런 사교적인 상호작용이 편하지 않다는 점을 잊지 말자. 정수기 옆 대화는 확장성이 없고 포용적이지도 않다.

■ '비법 양념'이라는 개념

문화는 단지 사람들이 가까이 앉아 있는 것 이상의 어떤 것이다. 클레이 크리스텐슨Clay Christensen은 문화를 자원(기술 분야에서는 직원이 곧 자원일 때가 많다[221]), 프로세스, 가치관(명시적이든 아니든)의 조합으로 설명했다. 그러한 문화는 사무실의 안팎에서 눈에 보여야 한다. 컨설턴트로서 나는 고객의 사무실에서 일한 적이 많다. 그런 경우 나는 내가 고용주의 문화라고 생각하는 것에 따라 생활하고자 했다.

기업 문화의 측면에서 강제 혼합주의는 대면 활동이 가장 중요하다는 착각을 부른다. 데이비드 하이네마이어 한손과 제이슨 프리드는 저서 *Remote: Office Not Required*[222](번역서는 《리모트: 사무실 따윈 필요 없어!》, 임정민 옮김)에서 이렇게 말한 바 있다.

사람들을 원격으로 근무하게 하려면, 기업 문화를 만드는 것이 대면 사교 활동이라는 환상을 버려야 한다. 그래야 기업 문화를 정의하고 실천하는 실질적인 작업에 전념할 수 있다.

비대칭성을 드러내지 말자

혼합 근무가 문화, 생산성, 운 좋은 발견에 유리하다는 주장을 인정한다고 하더라도, 강제 혼합주의에는 비대칭성(asymmetry) 문제가 있다. 이번 장을 쓰는 지금도, 혼합주의 또는 '사무실 복귀(RTO, return to office)'를 의무화하는 경영진 대부분은 자신의 업무에 대해서만큼은 최대의 선택권을 누린다. 그들은 원하면 언제라도 원격으로 일할 수 있다. 이런 비대칭성이 드러나면 직원과 리더 사이에 갈등이 생길 수 있다.[223]

리더가 자신도 직원들처럼 사무실로 복귀하겠다고 말한다고 해도, 여전히 비대칭성 문제로 불만을 살 수 있다. 어떻게 포장하든 강제 사무실 복귀는 **소수가 다수의 뜻을 대변한 결정**이기 때문이다. 강제 혼합 근무 방식은 직원들이 느끼는 직장 내 자율성을 떨어뜨린다.

이런 인식은 회사가 인재들을 유지하는 데 해가 될 수 있다. 이번 장을 쓰는 현재 전 세계는 경기 침체를 겪고 있다. 하지만 장기적으로 볼 때 기술 산업은 계속 성장할 것이다. 그러면 어떻게 될까? 라지 차우두리는 최고의 인재가 업무 방식의 방향을 주도한다고 말한다. 최고의 인재가 유연성을 중시한다면, 유연성이 없는 조직은 퇴출당할 수밖에 없다. 사람을 최우선으로 두는 조직이 인재 확보 면에서 경쟁력을 가질 것이다.

모든 사람을 '원격 근무자'로 취급하자

앞에서 나는 강제 혼합주의를 채택하는 조직과 경영진을 비난했지만, 거기에 좋은 의도가 있을 수도 있다는 점은 인정해야 할 것이다. 그러나, 진부한 표현이지만 그것은 '지옥으로 가는 길'이다. 이번 장의 목적은 진정한 혼합 근무 조직의 모습에 대한 오해가 어떤 위험을 불러오는지를 개괄하는 것일 뿐이다.

조언 한마디 하자면, **혼합**이라는 용어 자체를 피하는 게 좋다. 중의적인 용어이다 보니 오해하는 사람이 많고 위험 요소가 가득하다. 대신 '원격 우선'이나 '비동기 우선' 사고방식을 수용하자.

비동기 우선 원격 근무를 일찍부터 채택한 혁신 기업으로는 깃랩이나 Invision, Buffer, 베이스캠프, Doist, Automattic을 들 수 있다. 최근에는 쇼피파이, 드롭박스, EPAM, Slalom 같은 회사들도 여기에 합류했다. 얼리어답터(초기 수용자)인 이들은 이미 원격 근무의 이점을 누리고 있다. [그림 26.1]에서 보듯이, 미래의 업무 환경 설계에 대한 혁신의 곡선에서 여러분의 회사가 '초기 다수(early majority)' 구간에 합류할 기회는 아직도 남아 있다. 이 기회를 놓친 회사들은 이 미래 업무 곡선의 낙후자 구간으로 밀려날 것이다.

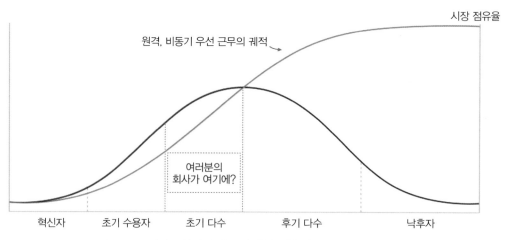

그림 26.1 조직이 곡선의 초기 구간에 합류할 기회가 여전히 남아 있다.
(제임스 스태니어의 *Effective Remote Work*[224]에서 전재.)

비동기 업무 방식은 직원들에게 그들이 원하는 '일과 삶의 균형'을 제공하면서도 여러분의 조직이 이러한 미래에 참여하는 데 도움이 된다. 또한, 우리 업계가 간과하는 숨겨진 인재들을 포용하는 데에도 도움이 된다. 강제 혼합 모형은 그러한 업무 철학의 안티테제(정반대의 주장, 의견)라고 할 수 있다. 강제 혼합 모형은 유연성과 포용성을 희생하고 규모 확대를 제한한다. 혼합 근무 모형을 옹호하는 사람들은 생산성, 운 좋은 발견, 문화적 '비법 양념' 등의 장점을 주장하지만, 그런 주장이 사실이라는 경험적 증거는 없다. 선의를 가지고 조직을 운영하는 리더라면 이런 문제점을 심사숙고할 필요가 있다. 다른 세상이 가능하다.

• 리더로서 여러분이 사람들 사이의 연결감을 중요하게 생각한다면, 사람들에게 사회적 관계를 형성할 시간과 공간, 예산을 제공하자.
• 학습을 중요하게 생각한다면, 사람들에게 관련 비용 지출에 대한 재량권과 적절한 시스템, 그리고 사내 실무 학습 기회를 제공하자.
• 운 좋은 발견을 중요하게 생각한다면, 적절한 도구와 시스템에 투자하자.
• 생산성을 중요하게 생각한다면, 비동기 업무 방식으로 이동하자.

그리고 만일 사무실 공간을 처분하지 않고 남겨 둔다면, 여러분의 인력은 여전히 '혼합'이다. 이는 조직이 혼합이라는 뜻이다. 각각의 개인에게 혼합 근무를 강요하지는 말아야 한다. 어디에서 근무하든 차이가 없게 만들어야 한다.

원하는 직원들은 여전히 사무실에서 대면 상호작용을 진행할 수 있다. 사람이 어디서 일할지를 여러분이 결정하는 대신 각자가 스스로 결정하게 하자. 그런 결정을 개인에게 맡기기가 여의치 않다면, 팀 수준에서 팀에 필요한 직접 대면 시간을 결정하게 하면 될 것이다. 이것이 집단의 요구 대 개인의 요구의 균형을 맞추는 최선의 방법일 수도 있겠다.

모든 사람을 **원격 근무자로 취급하는** 협업 문화를 조성하자. 같은 물리적 공간에 있지 않은 사람들을 항상 포용하는 직장을 만들어야 한다. 이것이 리더로서 여러분이 반드시 촉진해야 할 의식적인 변화이다.

핵심은 선택권과 자율성

혼합 혹은 하이브리드는 인기 있는 용어이자 매혹적인 개념이다. 하지만 나는 제대로 조율되지 않은 혼합 업무 방식은 비동기 우선 업무 방식에 최대의 장애물이 될 수 있다고 믿는다.

이번 장 요약

모든 직원이 며칠은 원격으로, 며칠은 사무실에서 일하는 '혼합' 근무 정책이 '두 방식의 장점만 있는' 접근 방식이라고 생각하기 쉽다. 하지만 혼합 방식은 조율하기가 가장 어려운 업무 방식이다.

- 조직이 사람들의 업무 선호도를 존중한다면, 조직은 저절로 혼합으로 전환된다. 개별 직원을 혼합으로 만들 필요가 없다. 개별 직원이 혼합으로 일하면 모든 직원의 생산성이 최소공분모로 낮아진다.
- 지난 2년간의 팬데믹 상황에서 '강제 혼합' 근무는 채용, 인력 배치, 직원 교육 등의 영역에서 운영 효율성의 향상을 저해하는 위협 요인이었다.
- 강제 혼합주의는 비용도 많이 든다. 고용주는 인프라와 사무실 공간에 돈을 들여야 한다. 직원들에게는 삶의 질 저하라는 비용이, 사회에는 포용성 저하와 두뇌 유출, 환경적 영향이라는 비용이 부과된다.
- 강제 혼합주의를 옹호하는 여러 주장은 근거가 약하다. 그런 주장들은 데이터나 연구 결과에 기반하기보다는 현상 유지 편향이나 심사숙고의 부재에서 비롯한 것이다.

- 리더가 혼합 근무에 대한 자신의 관점을 직원들에게 강요하면, 직원들은 이를 비대칭적인 결정으로 인식하게 된다. 혼합 근무가 리더의 직장 생활에 미치는 영향은 무시할 수 있을 정도로 작지만, 직원들에 미치는 악영향은 그와 불균형하게 크다.
- 직원들이 비대칭성을 느끼면 결과적으로 회사가 취약해질 수 있다. 최고의 인재들이 고용주가 유연한 업무 환경을 제공하는 회사로 이직할 것이다.
- 고용주는 강제 혼합주의 대신 시스템, 직원 교육, 수련회와 사교 행사, 새로운 업무 방식에 대한 적절한 투자를 고민해야 한다. 이를 통해 조직은 미래 업무 곡선의 앞부분을 차지할 수 있다.

여러분의 회사가 원격 우선 사고방식을 채용한다고 해도, 반드시 모든 사람이 비동기 우선으로 일하지는 않을 수 있다. 회사에서 여러분의 팀만 비동기 우선으로 일한다면, 그런 새로운 업무 방식을 유지하는 데 어려움이 따를 수 있겠다. 그래서 다음 장에서는 여러분의 팀이 '비동기 섬'으로 고립될 수 있는 여러 위험 요소들과 그 완화 방법을 살펴본다.

제 27 장
비동기 섬

이번 장의 모든 조언을 되돌아보면, 내가 주되게 권하는 접근 방식이 "일부는 게릴라, 일부는 옹호자"로서 변화를 주도하는 것임을 알 것이다. 게릴라로서 여러분은 비동기 우선 프로세스들과 기법들에서 적당한 것을 기회주의적으로 도입한다. 그리고 그런 실험의 성과가 있다면 여러분은 옹호자로서 그러한 성과를 비동기 우선으로의 전환을 정당화하는 근거로 삼아서 조직을 설득해 나간다.

이런 전략을 따를 때는 작은 것으로 시작하는 것이 합리적이다. 바로 그것이 민첩성(agility)의 핵심이 아니겠는가? 하지만 큰 조직에서는 작은 팀이 자신의 하위문화(subculture)를 무한정 고집하기가 어렵다. '비동기적 우수성의 섬(async island of exellence)'[역주]이 되는 것은 불가능한 일이 아니다. 단지 어려울 뿐이다.

조직의 관성 풀기

팀이나 부서 등 회사의 어떤 부분에 변화를 도입할 때는 항상 그러한 변화에 반발하는 관성 및 불안감과의 밀고 당기는 긴장 관계가 발생한다. 이해를 돕기 위해, 대기업의 팀들을 고찰하는 데 유용한 모형 하나를 만들어 보자.

이 모형에 존재하는 힘들은 비동기 우선 업무 방식에만 국한된 것이 아니다. 팀에 도입하려는 다른 모든 변화에도 동일한 힘들이 적용된다. 이 힘들은 크게 다음 세 종류로 나뉜다.

[역주] island of exellence는 다수의 평범한 존재(팀이든 사람이든) 사이에서 두드러진 소수의 우수한 존재를 나타내는 표현으로, 사자성어로 치면 '군계일학'에 해당한다. 하지만 '우수성의'가 붙지 않은 '섬'(비동기 섬 등) 자체에는 다른 존재들과 고립, 격리되어 있다는 부정적인 뜻이 있음을 주의하자. —옮긴이

- 변화 동인
- 내부 힘
- 외부 힘

이 힘들이 어떻게 충돌하는지 이해하려면 먼저 각 힘이 어떤 것인지부터 알아야 할 것이다.

변화를 돕거나 반발하는 힘들

[그림 27.1]은 세 종류의 힘들이 어떻게 상호작용하는지를 보여준다. 그림 왼쪽에서 오른쪽 순서로 이 힘들을 살펴보자.

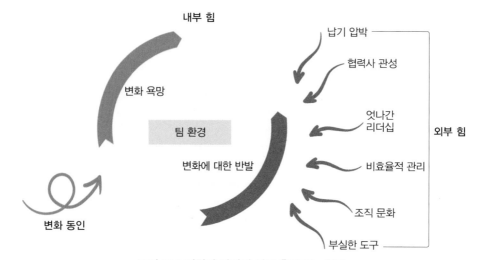

그림 27.1 변화와 관련해 서로 충돌하는 힘들.

▪ 변화 동인

변화 동인(change agent) 혹은 변화 추진자는 팀의 변화를 촉진하는 모든 외부 영향을 말한다. 변화 동인은 다양한 요소의 조합일 수 있다. 이를테면 다음과 같은 요소들을 떠올릴 수 있을 것이다.

- 외부 컨설턴트
- 유행하는 기술 또는 협업 기법
- 성과 목표
- 시장 또는 규정 준수 요건
- 책이나 콘퍼런스, 기타 학습 경험에서 얻은 최신 아이디어

▪ 내부 힘

내부 힘(internal force)은 팀 내부에서 변화를 촉진하거나 지연시키는 힘이다. 팀이 변화를 **욕망**하는 이유로는 다음을 둘 수 있다.

- 현재의 접근 방식이 잘 통하지 않음을 인식하고 있다.
- 현재 상태에 대한 더 나은 대안들을 알고 있다.

반대로, 팀이 변화에 **반발**하는 이유도 여러가지이다. 다음과 같은 이유들을 이번 장에서 좀 더 논의할 것이다.

- 이론에 의한 맹목(theory-induced blindness) 때문에 사람들은 자신이 선호하는 업무 방식이나 사고방식의 결함을 보지 못한다.
- 손실 회피(loss aversion) 경향 때문에 사람들은 이미 가지고 있는 것을 잃을 것을 겁내서 새로운 접근 방식을 채택하지 않는다.
- 일시적으로 생산성이 이유 없이 저하되면 팀원이 변화에 대한 믿음을 잃을 수 있다.
- 누구도 미래를 예측할 수 없다. 그래서 사람들은 몇 달 후에 마주칠 문제를 애써 무시하는 경향이 있다. 사람들은 변화를 피하고 당면한 문제에 집중한다.

변화에 대한 욕망이 변화에 대한 반발을 넘어서면 팀 내부에 변화에 대한 추진력이 생긴다.

▪ 외부 힘

내 경험에 따르면 외부 힘의 영향은 팀의 변화 지속 능력에 반비례한다. 다음은 조직 또는 조직 외부 단위가 팀에 가하는 외부 힘의 예 몇 가지이다.

- **납기 압박**(delivery pressure). 마감일이 촉박하고 출시 계획이 비현실적이면 팀의 업무 환경이 혼돈에 빠진다. 비동기 우선 근무 문화는 프로토콜과 세심한 의사소통을 통해서 팀의 분위기를 차분하게 만드는 것을 목표로 한다. 혼돈을 비동기적으로 관리하기란 거의 불가능하다. 그런 상황에 처한 팀은 다시 동기화 우선 업무 방식으로 후퇴하게 된다.
- **협력사 관성**(partner inertia). 많은 기업은 협력사와 협업한다. 때에 따라서는 자사의 업무 프로세스와 협력사의 업무 프로세스를 분리하지 못할 수 있는데, 역관계에서 협력사가 우월한 위치에 있으면 특히 그렇다. 예를 들어 협력사가 고객사이고 동기적 업무 방식을 선호하는 경향이 있다면, 팀이 비동기 우선 접근 방식을 유지하기가 쉽지 않을 것이다.

- **엇나간 리더십**(misaligned leadership). 비동기 우선 문화에서 리더의 역할을 제22장에서 살펴보았다. 직급이 어떻든, 리더가 비동기 우선 행동의 모범을 보이지 않으면 리더를 따르는 사람들에게 나쁜 영향이 미친다. 리더의 영향력에 따라서는 비동기 우선 팀이 회사에서 불량한 하위문화로 보일 수 있다.

- **비효율적인 관리**. 원격 및 비동기 업무의 관리에는 신선한 접근 방식이 필요하다. 이전 장들에서 비동기 우선으로 전환하는 여러 방법을 논의했다. 예를 들어 관리자는 입력보다는 출력에 초점을 두어야 하며, 자신의 직급에 따른 권위를 버려야 한다. 그렇게 하는 효과적인 방법 하나는 프로세스와 문서화를 명확히 하는 것이다. 질문에 답할 때 같은 설명을 반복하는 대신 적절한 자료로의 링크를 제시할 수 있어야 한다. 그리고 직관에 반하는 이야기일 수 있겠지만, 관리자가 팀원의 업무상 문제점을 대놓고 지적할 수 있으려면 팀원을 개인적으로 챙기고 업무를 파악해야 한다. 관리자가 적응하지 못하면 비동기 우선으로의 전환이 유지되지 않는다.

- **조직 문화**. 모든 팀은 하나의 조직 문화 안에 존재한다. 한 팀이 조직의 나머지 부분과는 다른 하위문화를 오래 유지하는 것은 사실상 불가능하다. 그런 팀은 별종 취급을 받기 마련이다. 그러면 팀들 사이에서 사람들을 순환하기가 어려워진다. 또한, 그런 팀에는 새 인재를 채용해서 충원하기도 어려울 수 있다. 부서 간 협업은 악몽 같은 일이 될 것이다. 모든 시스템에는 일종의 평형 상태가 있다. 조직도 하나의 시스템이므로 항상 평형 상태로 돌아가려 한다. 그만 만큼 별종 취급을 받는 팀이 자신만의 문화를 오래 유지하기란 쉽지 않다.

- **부실한 도구**. 마지막 항목이라서 사소한 문제처럼 보이겠지만, 사실은 중요한 문제이다. 다행히 지식 노동을 요구하는 회사들은 쓸 만한 협업 도구를 갖추고 있다. 하지만 종종 일부 도구의 기능 부족 때문에 팀이 느려지기도 한다. 예를 들어 팀이 짝 프로그래밍을 하기로 결정했지만 이를 위한 전문 소프트웨어가 없다면 짝 프로그래밍 과정이 번거로울 수 있다. 핸드북 우선 문화는 비동기 업무의 핵심인데, 핸드북을 작성할 도구가 없다면 어떻겠는가? 그런데 대기업에서 팀 하나가 사용할 새로운 도구를 도입하기란 쉽지 않다. 승인이니 규정 준수, 기존 시스템과의 통합 등 고려할 것이 많다. 그런 프로세스들이 모두 중요하긴 하지만, 기업의 관료적인 형식주의에 따른 불필요한 절차일 수도 있다(특히 대기업에서). 팀이 만족할 만한 도구를 얻으려면 몇 달, 몇 년이 걸리기도 하는데, 그때는 이미 변화에 대한 동기가 사라진 팀이 많을 것이다.

이런 힘들을 일일이 나열한 것은 회사의 나머지 사람들이 새로운 비동기 우선 업무 방식을 인정하고 받아들이지 않을 때 비동기 우선 팀이 겪을 어려움을 원활하게 설명하기 위해서이다. 변화에 반발하는 힘들이 변화를 요구하는 힘들보다 강하면 변화를 유지하기가 어렵다.

비동기 근무는 새로운 스포츠이다

스포츠 애호가라면, 서로 다른 여러 종목이 비슷한 장비를 사용하는 경우를 본 적이 있을 것이다. 예를 들어 골프와 디스크 골프, 하키와 아이스하키, 탁구와 테니스, T20 크리켓과 테스트 크리켓은 비슷한 장비나 시설을 사용한다. 독자의 국적이나 문화권에 따라서는 이와 다른 예를 들 수 있을 것이다.[역주] 하지만 그런 스포츠 종목들은 겉보기에 비슷해도 규칙이나 뉘앙스, 맥락이 다르다. 또한, 한 종목을 훈련한 선수가 다른 종목에서 성공하려면 특별한 뭔가가 필요하다. 그런 일이 불가능하지는 않지만, 성장형 사고방식(growth mindset)이 요구된다.

비유하자면 동기 우선 업무 방식과 비동기 우선 업무 방식은 목표와 장비는 같지만, 기법과 기량, 사고방식은 다른 스포츠 종목들이다. 두 업무 방식은 기본값도 다르다.

탁구 선수가 테니스도 잘하리라고(또는 그 반대로) 기대하지 않는 것처럼, 사람들이 한 업무 방식에서 다른 업무 방식으로 매끄럽게 전환하길 기대하지는 말아야 한다. 이 점을 언급하는 이유는, 조직이 일부 인원에게 한 팀에서 다른 팀으로 이동하라고 지시하는 경우가 항상 발생하기 때문이다. 심지어 정기적으로 팀을 순환시키는 조직도 있다. 또한, 기존 팀원이 퇴사하고 새 팀원이 입사하는 것도 일상다반사이다.

비동기 우선 종목의 선수가 대부분의 업무를 동기적으로 수행하는 팀에 들어간다면 어떤 일이 벌어질까? 그리고 그 반대의 경우는 어떨까?

- 업무 습관이 팀의 것과는 반대인 사람을 채용하려면 어떻게 해야 할까?
- 인재 채용 풀을 회사의 다른 부서와 공유하는 경우, 비동기 우선 문화를 유지하기 위해 팀에 필요한 특성을 가진 인재를 선발하려면 면접을 어떻게 진행할 것인가?

조직이 클수록 이런 질문에 답하기도 어려워진다. 언젠가 조직은 기본적인 업무 방식을 확실하게 결정해야 하는 상황에 도달한다. 즉, 조직이 플레이하는 스포츠 종목이 어떤 것인지를 확실히 해야 하는 것이다. 기본값이 여러 개 있으면 혼란이 끝나지 않는다.

[역주] 예를 들어 테니스와 족구는 비슷한 네트를 사용한다. 참고로 T20 크리켓은 2028년 LA 올림픽의 정식종목으로 제안된 크리켓의 변형으로, 통상적인 테스트 크리켓보다 경기 시간이 짧다.—옮긴이

시스템 개선 지원

방금 언급한 '다중 기본값' 상황에 관한 내 주장을 좀 더 설명하기 위해, [그림 27.2]에서 보듯이 능력 혹은 역량을 네 단계로 구분하는 의식적 능력 모형(conscious competence model)[역주]을 소개하겠다. 네 단계는 다음과 같다.[225]

- **무의식적 무능력**(unconscious incompetence). **무엇을 모르는지 모르는** 단계이다. 어떤 기량이 부족한지, 어떤 기량이 유용한지 자체를 모르는 상태이다. 이 단계에서는 학습을 시작할 자극이 필요하다.
- **의식적 무능력**(conscious incompetence). **무엇을 모르는지는 아는** 단계이다. 즉, 자신에게 필요한 기량이 무엇인지 구체적으로 알고 있으며, 그런 기량을 자신이 갖추지 못했음을 아는 상태이다. 하지만 그런 기량을 실천하는 방법은 모른다.
- **의식적 능력**(conscious competence). **무엇을 아는지 아는** 단계이다. 해당 기량을 배웠고, 의식적으로 집중해서 단계들을 따르면 그 기량을 실천할 수 있다.
- **무의식적 능력**(unconscious competence). **무엇을 아는지 모르는** 단계이다. 해당 기량을 너무나 많이 실천한 덕분에 제2의 본성이 되어버렸다. 이제는 생각 없이, 무의식적으로 해당 기량을 실천할 수 있다.

그림 27.2 능력 학습의 네 단계.

새로운 업무 방식에 적응하는 과정도 이와 거의 같다. 팀원 모두가 거의 무의식적으로 팀의 관행을 따르게 된다면 '열반'의 경지에 도달한 것이다.

하지만 조직의 요구 때문에 두 업무 방식을 자주 오가야 하는 사람이 있다면 어떻게 해야 할까? [그림 27.3]에서 보듯이 그런 사람은 항상 현재 일하는 팀의 규범에 맞게 자신을 재조정해야 한다. 그러면 대부분의 경우 무의식적 무능력 단계과 의식적 무능력 단계를 오가게 된다. 조금 노력한다면 의식적 능력 단계로 갈 수 있겠지만, 제2의 본성처럼 무의식적으로 팀 관행을 실천하는 단계로 가는 것은 거의 불가능하다.

[역주] 좀 더 완전한 명칭은 의식적 능력학습단계 모형(Conscious Competence Learning Stages Model)이다. 이 모형은 미국의 심리학자 토머스 고든Thomas Gordon이 제시했다. ─옮긴이

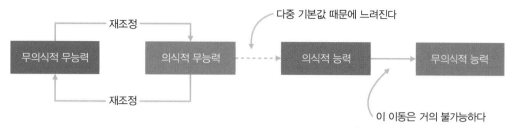

그림 27.3 합리적인 기본값이 없으면 학습 과정이 지체된다.

사람들을 여러 팀에 순환 배치하려면 합리적인 기본값을 조직 전체로 확장해야 한다.

섬의 보호와 확장

한 바퀴 돌아 '섬'의 비유로 돌아가서, 이제 본론을 이야기하겠다. 핵심은 당연히 **일부는 게릴라, 일부는 옹호자**가 되는 것이다. 여러분이 변화를 주도할 가장 작은 단위는 바로 팀이므로, 팀에서 시작해서 게릴라처럼 팀에 변화를 도입하자. 단, 그러면서도 옹호자 역할을 잊어서는 안 된다. 팀 하나가 비동기 우선 업무 방식을 발전시키는 일종의 '양성소(nursery)'가 될 수 있다. 하지만 그러한 변화가 지속되길 원한다면, 그 씨앗을 여러분이 널리 퍼뜨려야 한다.

그런 점을 염두에 두고, 비동기 업무 방식을 보호하거나 확장하는 전략 몇 가지를 제안하겠다. 여러분의 팀이 비동기 우선으로 어느 정도나 이동했는지에 따라 적절한 전략을 선택하기 바란다.

▪ 회사의 수직 슬라이스를 설득한다

주로 동기적으로 일하는 회사에서 비동기 우선으로의 전환을 추진한다면, 모든 사람에게 변화를 납득시키기가 어려울 수 있다. 그래서 이전 장들의 논의는 여러분의 직속 팀을 변화시키는 데 초점을 두었다. 하지만 그런 변화를 일정 기간 지속하려면 조직에서 여러분의 팀과 상호작용하는 다른 계층들의 지지를 반드시 얻어야 한다. 예를 들어 제4부에서 보았듯이 관리자 자신도 비동기적인 방식으로 자신의 업무를 수행해야 한다. 더 나아가서, 팀과 가끔만 상호작용하는 임원이나 이해관계자, 타 부서들도 팀이 동기적 업무 방식으로 돌아가게 만드는 요인이 되어서는 안 된다. 따라서 팀이 상호작용하는 회사의 수직 슬라이스(vertical slice) 전체의 지원이 필요하다. [그림 27.4]는 이러한 수직 슬라이스의 개념을 도식화한 것이다.

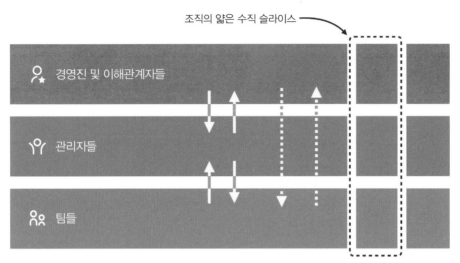

그림 27.4 제한된 반경 안에서, 기업의 모든 계층에서 지지를 받을 필요가 있다.

변화 동인의 하나로서 여러분은 기업의 여러 계층에서 이러한 지지를 이끌어낼 책임이 있다. 여러분의 팀과 협업하는 회사 각 계층의 사람들에게 변화의 근거를 설명하자. 이때 상호작용에 초점을 두는 것이 설득에 도움이 된다. 제20장에서 논의한 팀 API를 기억할 것이다. 팀 API는 팀이 누구와 상호작용하는지 정의하는 데 도움이 된다. 이 산출물을 이용해서 팀의 바깥에 있지만 얇은 수직 슬라이스에 포함된 사람들과의 정렬을 추진하자.

▪ 팀이 속한 부서를 비동기화한다

팀 차원에서 비동기 우선으로의 이동을 충분히 진행해서 좋은 성과가 나오기 시작했다면, 비동기 우선 방식이 효과가 있다고 주장할 근거가 생긴 것이다. 아직 회사 전체에 영향을 미치지는 못하더라도, 팀과 협업하는 다른 팀들에는 영향을 미칠 수 있다. 회사의 조직 구조에 따라 구체적인 명칭이 다르겠지만, 조직에서 팀이 속한 좀 더 큰 단위를 여기서는 '부서(department)'라고 부르기로 하겠다.

나는 부서의 다른 동료들에게 영향을 줄 때 데이터를 활용할 것을 권장한다. 제24장에서, SPACE 프레임워크에 부합하는 지표들을 이용해서 팀의 진척 정도를 추적하는 방법을 설명했다. 그런 지표들을 이용하면, 동료들에게 비동기 우선으로 전환하기 전과 후의 변화를 설득력 있게 제시할 수 있다.

또한, 이러한 변화가 '모 아니면 도' 방식의 변화는 아님을 동료들에게 재차 강조하는 것도 도움이 될 것이다. 여러분의 팀이 동기성 스펙트럼에서 조금씩 왼쪽으로 이동했듯이, 다른 팀들도 그런 식으로 점진적인 변화를 겪을 것이다. 부서의 동료들에게, 이러한 변화를 추동하는 플레이들을 각자의 맥락에 맞게 자율적으로 선택할 수 있음을 강조하자.

● **모범관행**

다른 팀/부서의 안정적인 동조자 찾기

여러분의 부서가 비동기 우선의 이동에 그리 적극적이지 않다고 해도, 다른 팀에서 안정적인 동조자를 찾아내면 팀의 업무 방식을 유지하는 데 도움이 된다. 안정적 동조자(stable counterpart)란 여러분과 오래 업무 관계를 유지할 수 있는 다른 팀 또는 부서의 사람이다.

안정적 동조자가 있으면 개인 간 신뢰를 쌓을 수 있을 뿐만 아니라, 다른 팀의 동료들에게 비동기 업무 방식을 추천할 때 과도하게 선을 넘는 실수를 방지하는 데에도 도움이 된다. 안정적 동조자와의 일대일 관계는 일정 기간 부서 동료들에게 영향을 미칠 통로로 작용하기도 한다. 팀 토폴로지(제24장)와 팀 API(제20장)를 이용해서 이런 팀 간 상호작용의 목적과 성격을 정의하면 좋을 것이다.

▪ **실무 커뮤니티를 만든다**

비동기 우선 이동의 궁극적인 목표는 분산 팀들에서 조직의 업무를 좀 더 효과적으로 수행하는 것이다. 나는 주 5일 사무실로 출근하는 시절은 이미 끝났다고 어느 정도 자신 있게 말할 수 있다. 모든 팀은 어느 정도는 원격으로, 분산해서 근무하고 있고, 분산의 정도는 매년 증가할 것이다. 이런 상황에서 효과적인 원격/분산 근무에 초점을 둔 실무 커뮤니티(community of practice)가 유용할 것이다.

제25장에서 커뮤니티들이 회사 내 지식 공유에 어떻게 도움이 되는지 이야기했다. 커뮤니티를 구현하는 방법은 여러분이 사용하는 도구 스택에 따라 다르다. 그냥 슬랙 채널 하나를 여는 정도로 간단할 수도 있고, 메타의 워크플레이스에서 그룹을 설정하는 것처럼 좀 더 본격적일 수도 있다. 어떤 방식이든, 이런 분산/원격 업무 중심의 커뮤니티는 사람들이 학습 내용을 공유하고 효과적인 원격 근무에 관심이 있는 다른 모든 사람에게 뭔가를 배울 수 있는 유용한 공간으로 작용한다. 회사에서 여러분과 비슷한 생각을 가진 사람들이 모여들 것이다. 또한, 비동기 우선 관행들을 채택하도록 경영진에 영향을 줄 수 있는 다른 전도사(evangelist)들을 여기서 찾

을 수도 있다. 그리고 사람들이 많이 모여서 '임계 질량(critical mass)'을 넘게 되면, 입사 지원자가 비동기적으로 일할 수 있는지 평가하는 데 도움이 되는 채용 기준들을 개발하는 데 이 커뮤니티를 활용할 수도 있을 것이다. 가능성은 무궁무진하다!

▪ 도구, 템플릿, 합리적 기본값을 공유한다

뭔가를 바꾸려 하지만 어디서부터 시작해야 할지 모르면 변화가 힘겹고 두렵게 느껴질 수밖에 없다. 그런 사람들에게 이 책의 기법들을 그대로 들이대봤자 효과가 없을 것이다. 바쁘게 일하다 보면 이 책의 기법들을 자신의 상황에 맞게 적용하는 방법을 고민할 여유가 없기 마련이다.

하지만 여러분의 팀이 어떻게 성과를 거두었는지 잠시 고찰해 보면, 다른 모든 팀과 부서의 비동기 우선 전환을 돕는 방안을 떠올릴 수 있을 것이다. 이를테면 다음과 같다.

- 여러분의 팀에 적용한 방법들을 구체적이고 자세히 설명한다. 그런 정보는 다른 사람들이 각자 자신의 맥락에 맞게 비동기 우선으로 이동하는 방법을 고안하는 데 도움이 된다.
- 여러분의 변화 경험으로 볼 때 합리적인 기본값이 무엇인지를 설명한다. 그런 기본값들을 선택하는 것은 비동기 우선으로 이동하려는 다른 부서나 팀이 가장 먼저 시도할 수 있는 단계일 것이다.
- 도구와 템플릿을 다른 팀들과 공유한다. 예를 들어 DoR(준비 정의)을 작성하는 데 사용하는 템플릿이 있다면 다른 모든 사람이 사용할 수 있게 하자. 트렐로의 자동화 도구 버틀러Butler를 이용해서 스탠드업 근황 공유에 대한 자동화 규칙을 작성했다면, 공유해서 다른 사람들이 출발점으로 삼을 수 있게 하자.

●참고자료

Async agile의 비동기 우선 방법 스택
이 책에서 논의한 방법(method)이나 기법을 다른 사람들과 공유할 통로가 필요하다면, Async agile의 방법 스택(https://www.asyncagile.org/method-stack)을 출발점으로 삼아도 좋을 것이다(그림 27.5).
이 책의 모든 기법을 범주별로 분류해서 등록해 두었으니, 페이지 상단의 선택 목록들을 적절히 이용하면 원하는 플레이를 그리 어렵지 않게 찾을 수 있을 것이다. 또한 각 플레이의 지시사항들을 템플릿으로 삼아서 여러분의 맥락에 맞게 수정, 적응해도 좋을 것이다.

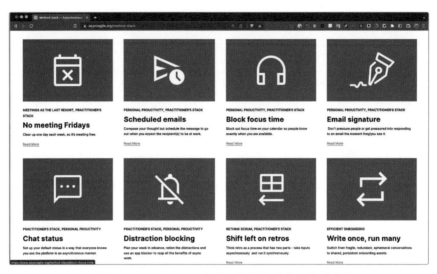

그림 27.5 Async agile의 비동기 우선 방법 스택 페이지.

이 방안들은 모두 여러분의 팀이 회사에서 너무 오래 '별종' 취급을 받지 않게 하는 데 도움이
된다. 여러분 팀의 업무 방식을 회사의 다른 팀들에 전파한다면, 사람들을 여러 팀에 순환 배
치하는 데에도 도움이 된다. 팀원이 때가 되어 다른 팀으로 이동하기가 더 쉬워질 것이다. 제
29장에서는 합리적인 기본값의 개념을 좀더 확장한 '비동기 우선 스타터 키트'를 소개한다.

게릴라 활동 중에도 옹호자 활동을 잊지 말자

비동기 우선으로의 전환을 시작하기에 가장 합리적인 곳은 바로 여러분의 직속 팀이다. 하지
만 조직 전체가 그러한 변화를 받아들이지 않는다면, 여러분의 팀은 다시 과거의 동기적 업무
방식으로 퇴행할 위험이 있다.

이번 장 요약

팀이 '비동기 섬'으로 고립되는 것은 장기적으로 비동기 우선 옹호자가 반드시 피해야 할 하나의
안티패턴이다.

- 팀 외부에서 조직이 가하는 힘들이, 조직의 다른 팀과는 다른 독특한 업무 방식을 가진 팀을
  압도할 수 있다.

- 비동기 우선 업무 방식과 동기 우선 업무 방식은 요구되는 기량 및 사고방식이 서로 다르다. 두 방식을 매끄럽게 전환할 수 있는 사람은 별로 없다. 이 때문에 순환 배치나 부서 간 협업이 어려워진다.
- 조직 전체에 업무수행 방식의 '기본값'이 정해져 있지 않으면 사람들은 항상 자신이 속한 팀에 기반해서 자신의 업무 방식을 재조정해야 한다. 그러면 업무 방식이 제2의 본성이 되어서 업무를 유창하게 수행할 수 있는 수준으로 성장하기 어렵다.
- 여러분 팀의 업무 방식을 보호하고 회사의 나머지 부분에 변화를 전파하는 데에는 다음과 같은 전략이 도움이 된다.
  - 비동기 우선으로의 여정을 시작할 때, 팀과 상호작용하는 회사의 수직 슬라이스 전체의 지원을 확보한다.
  - 비동기 우선 접근 방식의 성공 증거를 축적하고 부서 동료들과 공유해서 여러분의 경험에서 교훈을 얻게 한다.
  - 효과적인 원격 근무에 초점을 둔 실무 커뮤니티를 만든다. 이런 커뮤니티는 여러분의 아이디어를 여러분 자신의 영향권 너머 더 멀리 전파하는 데 도움이 된다.
  - 도구와 템플릿, 합리적인 기본값을 공유한다. 이는 다른 사람들이 새로운 업무 방식을 좀 더 쉽게 채용하는 데 도움이 된다.

제5부의 처음 두 장(이전 장과 이번 장)은 비동기 우선 팀이 빠질 수 있는 조직 차원의 함정들에 초점을 두었다. 제5부의 마지막 장인 다음 장에서는 팀 내부의 여러 함정으로 초점을 옮긴다. 다음 장에서는 특히 원격 팀에서 발생하기 쉬운 해로운 안티패턴 네 가지를 설명한다.

제28장
가상 업무 환경의 독성 요소

모든 업무 모델에는 함정이 있다. 사무실, 특히 개방형 사무실에는 작업 중단(interruption), 배타적 문화, 파벌 같은 문제점이 있다. 그리고 원격 근무 환경에서도 나름의 문제점이 있다. 비동기 우선 원격 문화는 차분하고, 정중하고, 유연하고, 재미있고, 포용적인, 그리고 심층 작업에 가치를 두는 업무 환경을 조성하고자 한다. 이들은 모두 훌륭한 의도이다. 리더와 팀원 모두 업무 환경의 그러한 특성들을 보존해야 한다.

이번 장에서는 원격 우선 및 '혼합' 조직에서 업무 환경을 유독하게 만드는 몇 가지 안티패턴을 살펴본다.

독성은 조금씩 꾸준히 쌓인다

직장을 고의로 유독한 곳으로 만들려는 사람은 없을 것이다. 대부분은 선의의 실수 때문에 독성이 쌓인다. 그런 실수 중 일부는 오래된, 고치기 어려운 습관에서 비롯한다. 그리고 의도한 것은 아니지만 원격 근무 환경의 특성에서 생기는 실수도 드물지 않다.

그런 일들이 벌어질 수 있음을 미리 파악한다면, 이에 대비해서 팀에 적절한 보호 장치를 마련할 수 있다. 그럼 어떤 안티패턴들이 있는지 구체적으로 살펴보자.

고된 노동 축하하기

이번 장을 쓰기 며칠 전에 나는 내가 존경하는 회사의 한 팀이 '슈퍼스타' 몇 명을 축하하는 장면을 보았다. 동료를 축하하는 것은 나도 좋아하는 일이지만, 그 축하 행사에는 마음에 걸리는 무언가가 있었다. 그 행사에서 리더 중 한 명은 "정규 근무 시간 밖에서 여러 시간대를 넘나들며 성과를 낸" 어떤 직원을 축하했다.

이런 성격의 축하는 잘못된 선례를 남긴다는 점에서 문제가 있다. 리더가 장시간 근무나 지속 불가능한 업무 패턴을 축하하면 일종의 불문율이 생긴다. 모든 직원은 회사가 장시간 근무에 가치를 두고 있다고 여기고 자신도 정규 시간 이상으로 일해야 한다고 생각하게 된다. 종종 관리자는 직원들에게 짧은 시간이나마 집중해서 열심히 일하라고 다그치고 싶은 유혹에 빠진다. 애자일 쪽에서는 '허슬hustle' 같은 용어를 사용하기도 한다. 하지만 우리가 알아야 할 진실은, 지속 불가능한 업무 환경은 결국 팀은 물론 여러분(관리자) 자신에게도 해가 된다는 것이다. 이러한 우려를 뒷받침하는 클럭와이즈의 연구[226]가 있다. 다음은 그 연구에서 주목할 만한 결과 두 가지이다.

- **다양성에 미치는 영향.** 여성은 업무 문화가 지속 가능하지 않다고 느끼는 비율이 남성의 두 배이다.
- **인재 소실 가능성.** 지속 불가능한 문화를 가진 회사의 노동자는 12개월 이내에 회사를 떠날 것이라고 답할 확률이 그렇지 않은 회사보다 9배 이상 높다.

그렇다고 열심히 일하는 사람의 노력을 무시하라는 뜻은 아니다. 열의와 노력을 인정하되, 장시간 근무가 아니라 실질적인 성과에 초점을 두어야 한다. 동료들이 일과 삶의 균형을 유지하도록 이끌고 격려하자. 또한, 다른 사람들이 직장에서 지속 가능한 속도로 일하도록 돕는 사람들을 칭찬하자. 그러면 감사하고 인정하는 문화를 유지하면서도 장시간 근무의 독성을 피할 수 있다.

디지털 개근 집착

근접성 편향과 가시성 편향(visibility bias)이라는 쌍둥이 현상은 직장 내 업무 관계에 심대한 영향을 미친다.

- **근접성 편향**(proximity bias): 회사에서 리더와 물리적으로 가까이 있는 사람들은 리더에게 더 큰 영향력을 가지며, 직장 경력을 발전시킬 기회도 더 많이 얻는다.
- **가시성 편향**(visibility bias): 일하는 모습이 "눈에 잘 띄는" 사람만 유능한 직원으로 인정받는다.

이것이 공평하지 않음은 분명하다. 애초에 비동기 업무 방식의 전제는 언제 어디서 일하는지가 문제가 되어서는 안 된다는 것이다. 하지만 우리 모두는 결함이 있는 인간이다. 우리의 행동이 항상 합리적이지는 않다. 편향과 편견 때문에 우리가 보지 못하는 사각지대가 존재한다. 알게 모르게 우리는 묵묵히 어려운 일을 해결하는 사람보다 좀 더 눈에 잘 띄는, 즉 "가시성이 좋은" 동료를 더 높게 평가하는 우를 범하게 된다.

영국 정부의 디지털 서비스에서 정신 건강 네트워크를 공동으로 책임지는 애비 필Abby Peel은 이렇게 말한다.[227]

> 디지털 개근 집착(digital presenteeism)은 화상통화나 전화, 이메일, 채팅, 슬랙 등을 통해서 항상 온라인 접속 상태를 유지해야 한다는 압박감을 느끼는 것을 말한다. 하루 종일 일하고 나서, 심지어는 탈진하거나 몸이 아픈데도 정상 근무 시간 또는 선호하는 근무 패턴보다 더 늦은 시간에 로그인하거나 답장을 해야 한다는 압박감을 느낀다면, 디지털 개근 집착이 있는 것이다.

원격 업무 환경에서 이러한 증상은 다양한 독성 행동과 반응으로 이어질 수 있다.

물론 슬랙이나 기타 커뮤니케이션 플랫폼에서 활발하게 활동하는 동료를 높게 평가하는 사람들은 항상 있다. 하지만 그런 경향이 두드러지면 조만간 모든 사람이 슬랙에 참석해서 응답해야 한다고 느끼게 된다.

- 상사는 근무 시간 이후에도 이메일에 답장하는 직원을 높이 평가한다. 그런 상사가 있으면 부지불식간에 모든 직원이 깨어 있는 동안 계속 이메일을 점검하게 된다.
- 회의에 참석하는 사람만 특정 정보에 접근할 수 있게 하면, 고립공포감(FOMO) 때문에 모든 사람이 회의에 참석하려는 문화가 조성된다.

우리가 업무에 사용하는 도구들도 문제를 심화하는 요인이 된다. 디지털 협업 도구의 읽음 표시나 온라인 상태 표시는 디지털 개근 집착을 악화한다.

앞에서 언급한 축하 행사에서처럼 시간이 아니라 성과에 초점을 두고, 출석이라는 개념을 강조하지 않는 것이 이런 증상을 완화하는 데 도움이 된다. 여러분이 이전 장들의 제안에 따라 의사소통 프로토콜을 마련하고, 작업 기반 의사소통의 대부분을 작업현황판으로 옮기고, 회의를 첫 번째 선택지가 아니라 최후의 수단으로 삼고 있다면 이러한 독성 요소를 피하기 위한 체계적인 프로세스가 이미 갖추어진 것이다.

어떤 직급이든 여러분이 '리더'로 간주되는 위치에 있다면, 여러분 자신의 행동이나 업무 방식도 이 문제에 영향을 미친다는 점을 명심해야 한다. 근무 시간 이후에는 메시지나 이메일을 보내지 말자. 여러분이 더 많이 실천할수록 더 많은 사람이 여러분을 따를 것이다. 실제로, 이번 장을 쓰는 도중에 벨기에나 프랑스, 포르투갈, 이탈리아 같은 국가들은 고용주가 근무 시간 이후에 직원에게 연락하는 것을 법으로 금지하기까지 했다.

고장 난 레코드판 같겠지만 중요한 문제라서 다시금 반복하겠다. 직원들을 가시성이 아니라 업무 성과에 따라 공정하게 평가해야 한다. 사람들이 디지털 겉보기보다는 업무 성과가 더 중요하다는 점을 확신한다면, 디지털 개근 집착이라는 함정을 좀 더 잘 피할 수 있다.

문서에 떠맡기기

비동기 우선 업무 방식에서는 서면 의사소통과 심층 작업 시간을 우선시하도록 팀의 작업흐름을 설계한다. 글쓰기에 여러 이점이 있음은 분명하지만, 항상 그렇듯이 과유불급이다. 균형이 깨지면 글쓰기가 독성 요소로 변질될 수 있다.

당연한 말이겠지만, 일을 필요 이상으로 급하게 처리하려는 경향을 피해야 한다. 모든 일에 즉시 대응할 필요는 없다. 그리고 누구나 일정 시간 동안 중단 없이 일하고 싶어 한다. 긴급성은 과대평가 되었다. ASAP 문화는 독성 문화이다. 하지만 누군가의 접근을 계속 차단하는 것은 무례한 일일 수 있다. '행동이 기본' 원칙을 따르려고 해도 도저히 업무를 진행할 수 없는 처지의 사람에게 무신경하게 "문서에 다 나와 있어요"라고 말하기는 힘들다. 그런 상황이라면 문서나 이메일, 메신저를 이용해서 비동기적으로 의사소통을 지속하기보다는 짧더라도 실시간 대화로 해결하는 것이 훨씬 낫다. 효율적이지 못한 비동기적 의사소통의 씁쓸한 뒷맛은 비동기 우선 업무 방식에 대한 믿음을 약화시킬 수 있다. 여러분이 조성하고자 하는 문화에 득보다는 실이 된다.

제7장의 ConveRel 사분면은 동기적으로 할 것인지 비동기로 할 것인지를 결정할 때 간단한 기준이 된다. 기억하겠지만, '수렴(convergence)' 쪽 사분면들에 해당하는 의사소통들은 대부분 동기적 매체에 더 적합하다. 동기적 매체에서는 동기적 의사소통의 장점인 속도와 연결감이 잘 발휘된다. 팀의 원격 근무 경험이 별로 없어도 효과적이다. 이런 기본 사항들을 재검토해서, 만일 팀이 한 방향으로 너무 치우쳐 있다면 경로를 적절히 수정하자.

의미 있는 동기성에 대한 투자 부족

비동기 업무가 '회의 결사반대'는 아니다. 단지 회의를 첫 번째 선택지가 아니라 마지막 수단으로 취급하는 것일 뿐이다. 비동기 업무에서도 사람들이 반드시 '동기화'해야 하는 상황이 존재한다. 문제는, 회의가 생산성에 악영향을 미친다는 연구 결과가 차고 넘친다는 점이다.

몇 년 전 **하버드 비즈니스 리뷰**는 "Stop the Meeting Madness(회의 광기를 멈추라)"[228][역주]라는 기사를 게재했다. 이 기사는 회의가 얼마나 비효율적인지에 관한, 정신이 번쩍 나는 통계치를 제시했다. 다음은 다양한 업계의 고위 관리자 82명을 대상으로 한 설문조사에서 나온 수치들이다.

- 65%는 회의 때문에 자신의 업무를 마무리하지 못한다고 답했다.
- 71%는 회의가 비생산적이고 비효율적이라고 답했다.
- 64%는 회의가 심사숙고할 시간을 빼앗는다고 답했다.
- 62%는 회의 때문에 팀과 더 가까워질 기회를 놓친다고 답했다.

그런데 팀이 비동기 업무 방식에 익숙해지면, 회의에 대한 역편향 때문에 유용한 회의까지도 피하는 경향이 생긴다. 그러다 보면 시스템이 원래 계획한 것보다 더 지체된다. 핵심은 동기화를 위한 회의를 생산적으로 진행해서 팀원들이 시간 낭비라고 느끼지 않게 하는 것이다. 그러려면 팀이 평소에 꾸준하게 회의의 모범관행들을 지켜야 한다. 그런데 일부 관행은 따르기가 생각보다 어렵다. 규율이 필요한 부분도 있고, 팀원들의 기량이 일정 수준 이상이어야 하는 경우도 있다.

회의를 타성적으로 진행하는 것이 아니라 의도를 가지고 진행한다면, 회의마다 중요한 사안을 처리하게 될 것이다. 꽤나 부담스럽고 끔찍한 일 같겠지만, 그렇게 받아들이지는 말자. 애초에 회의는 비용이 많이 드는 활동이므로 중요도가 높아야 하는 게 맞다. 가능하다면, 그런 중요도 높은 상황을 관리하고 동기적 상호작용을 최대한 활용하도록 여러분을 도와줄 숙련된 진행촉진자(facilitator)를 구해 보자.

모든 회의에 그런 진행촉진자를 고용해야 한다는 뜻은 아니다. 워크숍 한두 번이면 모를까, 그 밖의 상황이라면 매번 진행촉진자를 고용하는 것은 비현실적이다. 하지만 각 팀에 진행촉진자에 대한 열정이 있는 사람을 적어도 한두 명 두는 식으로 인원을 배치할 수는 있겠다. 꼭 전문

[역주] HBR 한국어판에서는 "회의 중독에서 벗어나라"라는 제목으로 번역되었다. 한국어판 기사(유료) URL은 https://www.hbrkorea.com/article/view/atype/ma/category_id/7_1/article_no/1008/page/1이다. —옮긴이

가일 필요는 없고, 열의가 있는 학습자면 된다. 그런 사람들이 진행촉진에 대한 관심을 유지하고 확장할 수 있도록 관련 기량에 대한 교육을 보조하자. 가능하다면 멘토를 찾아주는 것이 좋다. 그리고 관련 기량을 연습할 수 있도록, 여러분 팀의 회의를 몇 차례 계획하고 진행하게 하자. 자신의 진행촉진 도구 모음을 확장하기 위해 회의와 워크숍에서 새로운 패턴과 형식을 시도해 보도록 격려하는 것도 중요하다.

사람들이 회의를 효과적으로 계획하고 운영하는 데 신경을 쓰면 다음과 같은 효과가 생긴다.

- 그런 상호작용에서 기대할 수 있는 가치를 얻게 된다. 즉, 연결감과 속도, 다양한 아이디어를 얻을 수 있다.
- 진행촉진자들은 효과적인 회의의 기준을 계속 높여나간다.
- 사람들이 진행촉진자로부터 배우고 영감을 얻어서 자신만의 진행촉진 기량을 구축할 수 있다.

운이 따른다면 팀에서 진행촉진자를 더 많이 발견할 수 있을 것이다. 사람들이 서로에게 배우면서, 그리고 여러분이 효과적인 미팅에 대한 기준을 세워나감에 따라, 팀의 다른 사람들도 나서서 회의를 이끌게 될 것이다. 이는 좋은 부작용(side effect; 부수효과)이 아니겠는가?

리더로서 경계를 늦추지 말자

칼 뉴포트는 저서 *A World Without Email*[229](번역서는 《하이브 마인드: 이메일에 갇힌 세상》, 김태훈 옮김)에서 **협업적 속도 조절**(collaborative pacing)이라는 용어를 언급했다. 이 용어는 더글러스 러시코프의 저서 *Present Shock: When Everything Happens Now*[230](번역서는 《현재의 충격》, 박종성, 장석훈 옮김)에서 처음 정의되었다. 이 용어는 "인간 집단은 어떠한 새로운 행동이 합리적임을 명시적으로 판단하지 않고도 엄격한 행동 패턴으로 수렴할 수 있다"라는 개념을 나타낸다. 한 사람이 특정한 방식으로 행동하면 다른 어떤 사람이 그 행동을 따라 한다. 그러다 보면 어느새 하나의 패턴이 나타난다.

업무의 독성 안티패턴도 비슷한 방식으로 발생한다. 비동기 우선으로 이동하는 중인 조직과 팀은 반대자들의 현상 유지 편향에 맞서 싸울 수밖에 없다. 원격 근무는 사무실 근무보다 새로운 방식이므로, 원격 근무 환경의 모든 안티패턴은 사무실의 경우에 비해 더 가혹한 비난을 받기 마련이다. 그런 만큼 새로운 업무 방식을 보호하려는 팀과 리더는 항상 경계를 늦추지 말고 이번 장에서 논의한 독성 안티패턴들에 선제적으로 대응할 필요가 있다. 비동기 우선으로의 성공적인 이동에서 이는 올바른 관행들을 채택하는 것만큼이나 중요한 요인이다.

이번 장 요약

오랫동안 원격으로 근무하는 비동기 우선 팀은 몇 가지 독성 안티패턴에 피해를 입을 수 있다. 다음은 원격이 기본인 비동기 우선 업무 방식으로 이동하는 팀이 반드시 방지해야 하는 네 가지 주요 안티패턴이다.

- 고된 노동 축하하기: 장시간 근무와 지속 불가능한 속도를 축하하는 것은 사람들에게 잘못된 본보기가 된다. 오래 미친 듯이 일하면 탈진하기 마련이다. 이는 아무에게도 도움이 되지 않는다.
- 디지털 개근 집착: 근접성 편향과 가시성 편향은 상시 접속 문화(always-on culture)를 강요할 수 있다. 사람들이 모든 회의와 모든 채팅, 모든 이메일 교환에 의무적으로 참여해야 한다고 느끼게 된다. 그러면 업무 시간이 줄어들고 의사소통 시스템의 효율성이 떨어진다.
- 문서에 떠맡기기: 비동기 우선에서도, 마땅한 이유가 있는 대화라면 해야 한다. 그런 대화를 무신경하게 거부하고 문서로 대신하는 것은 비동기 우선이 추구하는 바가 아니다. 시간에 민감한 작업을 위한 의사소통을 비동기적으로 느리게 진행하면 비동기 우선 업무 방식에 대한 사람들의 믿음이 흔들릴 수 있음을 주의하자.
- 의미 있는 동기성에 대한 투자 부족: 비동기 우선은 '비동기만'이 아니다. '회의 결사반대'도 아니다. 비동기 우선 팀은 회의를 개선하는 데에도 노력을 투자해야 한다. 효과적인 진행촉진자가 이 부분에 큰 도움이 될 수 있다. 외부 진행촉진자를 임시로 초빙하는 것에서 더 나아가서, 팀의 효과적인 진행촉진 역량을 기르기 위해 팀원들이 관련 기량을 쌓도록 돕는 것도 중요하다.

이번 장으로 제5부가 끝난다. 이 책의 마지막 부이자 가장 짧은 부인 제6부에서는 지금까지의 모든 내용을 총화한다. 여러분의 팀을 비동기 우선 업무 방식으로 전환하는 데 도움이 되는 도구 모음을 소개하고, 미래의 업무가 어떤 모습인지 전망해 볼 것이다.

PART 06

모든 것을 하나로

이 책의 마지막 부에 도달했다. 지금까지 우리가 배운 모든 것을 종합해서, 팀을 동기성 스펙트럼에서 왼쪽으로 이동시키고 비동기 우선 사고방식을 수용하게 만드는 실질적인 행동에 착수할 때가 되었다.

- 제29장 "비동기 우선 스타터 키트"는 비동기 우선으로의 전환을 시작하는 팀에게 도움이 되는 일단의 도구들을 설명한다.
- 이 책의 마지막 장인 제30장 "업무의 멋진 신세계"에서는 미래의 경향을 예측해서, 앞으로 우리의 협업 방식이 어떤 모습이 될지 전망해 본다.

제29장
비동기 우선 스타터 키트

우리의 여정이 거의 끝나간다. 지금까지 이 플레이북에서 우리는 여러 아이디어와 플레이를 논의했다. 전부는 아니라도 일부는 여러분 팀의 맥락과 업무에 적합할 것이라고 믿는다.

제2장에서는 팀의 변화를 위한 사고방식을 구축하는 방법을 논의했다. 제2부에서는 그러한 변화를 위한 발판을 만드는 방법을 고찰했다. 그리고 이 책에서 가장 긴 부인 제3부에서는 실무자들이 비동기적으로 협업하는 여러 방법을 설명했다.

그런데 이 모든 아이디어가 처음에는 너무 부담스러울 것이다. 어디서 시작해야 할까? 어떻게 하면 빠르게 성과를 얻을 수 있을까? 팀원들이 이러한 비동기 우선으로의 전환을 자기 일처럼 여기게 하려면 어떻게 해야 할까? 이번 장에서는 지금까지의 내용 중 일부를 종합한, 그리고 여러분의 팀이 비동기 우선으로 전환하는 데 도움이 되는 일단의 도구와 템플릿을 소개한다. 흥미가 돋는가? 그럼 시작하자.

다섯 스테이지의 합리적 기본값

스타터 키트의 사용법으로 들어가기 전에, 이것이 비동기 우선으로 가는 유일한 길은 아님을 명확히 하고자 한다. 이 키트를 광범위한 팀들에 도움이 되는 합리적 기본값(sensible default)들의 집합으로 여기기 바란다. 전자기기를 사서 공장 기본값 그대로 사용하는 대신 자신의 입맛에 맞게 조정해서 사용하는 것과 비슷하게, 이 기본값들을 여러분의 상황에 맞게 조정, 조율해야 할 것이다. 따라서 이번 장의 내용을 일종의 처방전으로 받아들이지는 말기 바란다. 이들은 처방전이 아니라, 설계상의 수고를 덜 수 있는 출발점에 더 가깝다.

이 스타터 키트(그림 29.1)는 다섯 스테이지stage로 구성된다. 이 스테이지들을 거쳐 가는 과정을 팀의 상황에 맞게 유연하게 조정해도 좋다. 이미 준비가 된 팀이라면 다수의 활동을 비동기로 진행해도 될 것이다. 하지만 팀원들의 유대감과 적극성을 높일 필요가 있다면 이 활동들을 먼저 동기적으로 진행하는 것이 바람직할 수도 있다. 각 스테이지는 1시간 이내로 진행하는 것이 좋다. 하지만 팀마다 상황이 다를 것이므로, 필요에 따라 늘리거나 줄여야 할 것이다.

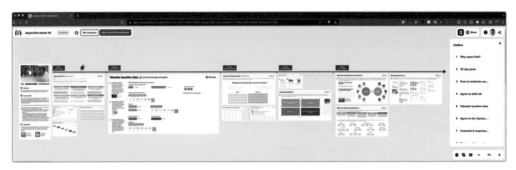

그림 29.1 뮤럴로 본 비동기 우선 스타터 키트.

간결함을 위해, 이 스테이지들을 설명할 때 세부사항은 생략하겠다. 좀 더 자세한 내용과 단계별 지침이 원서 부록 사이트(https://www.asyncagile.org/book-resources)에 있으니 참고하기 바란다.

이 스타터 키트는 구글 워크스페이스와 뮤럴을 이용해서 만들었지만, 여러분이 사용하는 다른 도구로도 이와 비슷한 디자인을 다시 만들 수 있을 것이다. 모든 자료는 크리에이티브 커먼즈 Creative Commons 사용권[231]에 따라 사용할 수 있다. 각설하고, 그림 각 스테이지를 살펴보자.

스테이지 1: 목표(goal)에 정렬

[그림 29.2]는 스테이지 1의 활동 패널들을 보여준다. 제2장에서 보았듯이, 가장 먼저 필요한 것은 팀이 비동기 우선으로의 이동으로 달성하고자 하는 이점들을 향해 정렬하는 것이다. 스테이지 1로 진입하기 전에 여러분은 우선 비동기 우선 이동의 여섯 가지 주요 이점을 팀에 소개하고 비동기 우선 이동에 관한 대화를 시작해야 한다. 기억하겠지만, 여섯 가지 이점은 다음과 같다.

- 일과 삶의 균형
- 다양성과 포용성

- 지식 공유
- 규모 위주의 최적화
- 심층 작업
- 행동이 기본

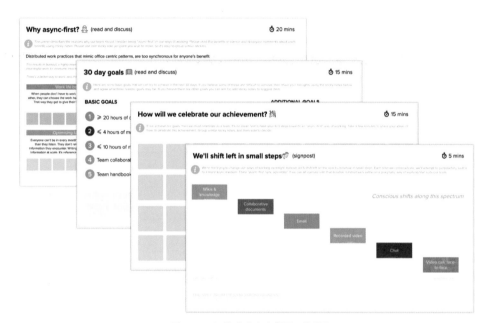

그림 29.2 스테이지 1의 활동 패널들.

팀원들이 이 이점들의 의미를 숙지할 시간을 주고, 스티커 메모를 이용해서 각 이점에 대한 의견을 추가하게 하자. 스테이지 1로 들어가기 전에 반대 의견이나 우려 사항이 있으면 해결하고, 모두가 합의에 도달했음을 확인할 필요가 있다.

다음으로, 비동기 우선 전환의 처음 30일간의 몇 가지 기본 목표를 팀원 전체가 합의해야 한다. 여러분의 편의를 위해, 팀과 여러분이 큰 노력 없이도 달성할 수 있을 정도로 간단하지만 효과가 큰 목표 다섯 가지를 제시하겠다.

- 매주 1인당 심층 작업 20시간 이상
- 매주 개별 기여자당 회의 진행 4시간 이하
- 매주 관리자 또는 리더당 회의 진행 10시간 이하
- 팀 협업 헌장 마련
- 팀 핸드북 마련

이 키트의 다른 모든 요소처럼, 이 목표들 역시 더 과감한 것으로 또는 덜 부담스러운 것으로 수정해도 좋다. 그리고 원한다면 목표를 더 추가할 수도 있다.

달성하고자 하는 목표들을 합의했다면, 목표 달성을 어떻게 축하할 것인지도 합의해야 한다. 목표 달성에는 팀 전체의 노력이 필요하므로, 그러한 노력을 인정해 주는 것이 좋다. 팀 야유회나 회식, 콘퍼런스 참석 지원 등 다양한 방법이 있는데, 팀원들이 직접 결정하게 해야 한다. 팀이 염두에 두어야 할 제약 조건(예산 등)이 있다면, 진행촉진자로서 여러분이 적절히 알려주어야 할 것이다.

이 스테이지의 마지막 단계(step)는 팀에게 제2장의 동기성 스펙트럼을 제시하고, 지금부터 비동기 우선으로 전환을 시작한다고 공표하는 것이다. 이 여정이 팀 주도의 점진적인 이동이 될 것임을 팀원들에게 약속하자. 그리고 어떻게 하면 모든 상호작용을 이 스펙트럼에서 좀 더 왼쪽으로 이동할 것인지를 모두가 고민하게 하자. 여기까지 마쳤다면, 잠시 여유 시간을 둔 후 스테이지 2로 넘어간다.

스테이지 2: 기준 데이터를 표로 만들기

어떠한 변화가 팀에 어떤 영향을 미치는지를 객관적으로 추적하는 수단으로 데이터가 유용할 때가 많다. 스테이지 1에서 제시한 목표 중에 정량화할 수 있는, 즉 크기나 양을 잴 수 있는 것들이 있었다. 좀 더 구체적으로, 사람들이 어디에 얼마나 시간을 보내느냐에 관한 목표들이 있었다. 그런데 나는 추적(tracking) 소프트웨어를 이용해서 이런 매개변수들을 측정하는 것이 오히려 방해가 된다고 생각한다. 그보다는 사람들이 자신의 시간 활용에 대해 스스로 보고하게 하는 것이 낫다.

스테이지 2는 팀원들이 팀의 여러 규율을 어떻게 인식하고 있는지 평가하기에 적합한 시점이기도 하다. 특히 다음 측면의 규율들을 점검하면 좋을 것이다.

- 분산 작업 산출물 활용
- 효과적인 회의 관행
- 온보딩 관행

이를 위한 데이터 수집에 도움이 되는 설문조사 양식이 스타터 키트에 포함되어 있다. 또한, 여러분이 주로 사용하는 도구에 맞게 설문조사 양식을 다시 만들 수 있도록 설문조사 문항들을 담은 문서도 포함해 두었다. 설문조사에 대한 사람들의 응답을 수거한 후에는 일부 응답들을 정량적인 측정치로 변환해야 한다. 구글의 루커 스튜디오Looker Studio[역주] 같은 비즈니스 인텔리전스business intelligence(BI) 도구를 이용하면 훨씬 쉽겠지만, 그런 도구를 사용하지 않는 독자를 위해 점수 계산 기능을 갖춘 기본적인 스프레드시트도 스타터 키트에 포함시켰으니 참고하기 바란다. 이 스프레드시트에 설문조사 결과의 데이터를 입력하기만 하면 스프레드시트의 수식들이 여러 매개변수에 대한 점수를 계산해 준다. 이런 설문조사를 2주마다 실행해서, 시간이 흐르면서 사람들의 인식이 어떻게 변하는지 살펴볼 것을 권장한다. [그림 29.3]에 설문조사 양식과 점수 계산 스프레드시트가 나와 있다.

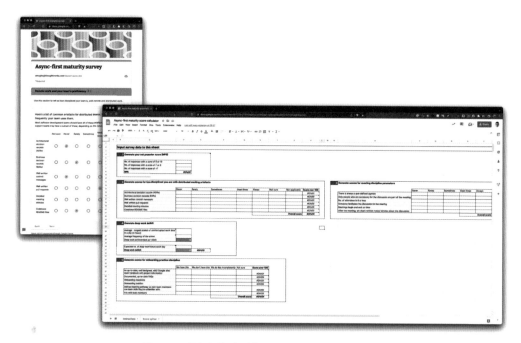

그림 29.3 비동기 우선 성숙도 설문조사와 점수 계산기.

데이터를 수집한 후에는 데이터를 표로 만들어서 대시보드에 추가한다 [그림 29.4]의 예를 보면, 각 데이터 입력 필드 옆에 해당 척도에 대한 지표상의 목표가 표시되어 있다. 이런 표시들은 비동기 우선 엘리트 팀과 비교했을 때 여러분 팀이 비동기 우선으로 어느 정도나 이동했는지 파악하는 데 도움이 된다.

[역주] 예전에는 데이터 스튜디오Data Studio였다. 2022년 구글이 Looker 사를 인수하면서 루커 스튜디오로 바뀌었다. ―옮긴이

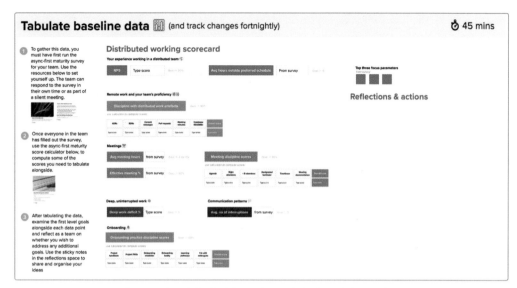

그림 29.4 비동기 우선 성숙도 설문조사의 기준 데이터로 만든 표.

이러한 비교가, 팀이 비동기 우선 전환의 다른 목표들도 고려할 계기가 될 수도 있다. 잠시 성찰을 위한 시간을 마련하면 좋을 것이다. 팀원들에게 스티커 메모로 의견을 추가하게 하고, 추가된 의견들을 분류해서 모든 팀원이 취해야 할 조치를 합의하자.

> **좀 더 우아한 데이터 추적 방법 모색**
>
> 스타터 키트에 처음으로 수집한 데이터를 표로 만드는 데 유용한 공간이 있긴 하지만, 주요 지표들을 지속적으로 추적하기에는 유연성이 떨어진다. 또한, 설문조사 양식에는 팀의 건전성(health)에 대한 다른 지표들(제24장에서 논의한)을 추적하기 위한 문항이 없다. 초기 데이터 수집으로 기준(baseline)을 완성했다면, 좀 더 우아한 데이터 추적 방법으로 전환하길 권한다. 예를 들어 LinearB 같은 도구는 팀 생산성에 관한 통찰을 얻는 데 도움이 된다. 설문조사 결과를 구글 루커 스튜디오 같은 BI 도구와 연동하면 시간에 따른 변화를 관찰하기가 쉬워진다. 이런 도구들은 데이터를 잘게 나누어서 좀 더 세밀하게 관찰하는 데에도 도움이 된다.

스테이지 3: 기본 사항 합의

비동기 우선으로 가려면 여러분과 모든 팀원이 몇 가지 근본적인 원칙들을 합의해야 한다. 그런 합의가 없으면 비동기 근무가 아예 불가능하다. 첫 원칙은 여러 번 언급한 율리시스의 계약, 즉 "회의는 최후의 수단이지 첫 번째 선택지가 아니다"라는 것이다. 그리고 이 계약을 지키기 위해서는 팀이 다음과 같은 다른 두 행동에 반드시 합의해야 한다.

- 글쓰기를 팀 내 주요 의사소통 수단으로 삼는다.
- 의사소통 시 어느 정도의 지체(lag)는 문제 삼지 않는 분위기를 조성한다.

동기적인 업무 방식에 좀 더 익숙한 팀이라면 처음에는 다소 논란이 있을 수 있겠다. 시간을 들여서, 율리시스의 계약에 대해 사람들이 기대하는 사항들과 우려하는 사항들을 충분히 공유하게 해야 한다. 반대 의견이 있다면 이 책에서 배운 모든 것을 활용해서 적절히 해결할 수 있을 것이다. 어떤 경우이든, 율리시스의 계약을 사람들이 일하면서 항상 참조할 수 있는 하나의 팀 약속(team commitment)으로 만들어야 다음 단계로 넘어갈 수 있다.

다음으로, '어느 정도의 지체'가 구체적으로 얼마나 긴 시간인지 정의해야 한다. 이를 위해서는 팀의 모든 의사소통 채널을 나열하고 팀이 그것들을 어떤 식으로 사용하는지, 각 채널에서 사람들이 기대하는 반응 시간이 어느 정도인지를 파악해야 한다. 제9장에서 논의한 합리적인 기본값을 기억할 것이다. 일단은 합리적인 기본값으로 시작하고, 여러분 팀의 맥락에 맞게 적절히 조정해 나가면 될 것이다. [그림 29.5]는 스타터 키트 중 이 단계를 위한 패널이 나와 있다.

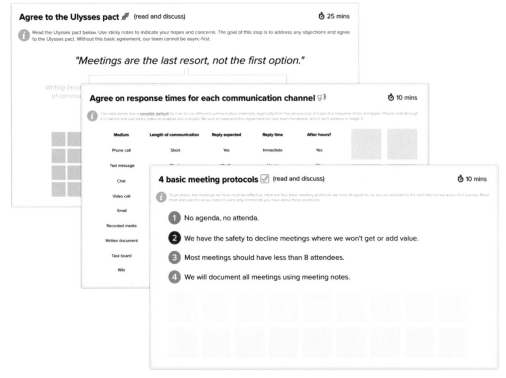

그림 29.5 스테이지 3의 기본 사항 합의 관련 패널들.

이 스테이지의 마지막 단계는 회의에 대한 기본적인 프로토콜 네 가지를 합의하는 것이다. 다음은 제17장에서도 이야기한 네 가지 프로토콜이다.

- 의제 없이 회의 없다.
- 자신에게 도움이 되지도 않고 자신이 도움을 줄 수도 없는 회의는 부담 없이 거부할 수 있어야 한다.
- 대부분의 회의는 참석자가 8명 이하여야 한다.
- 팀은 모든 회의를 회의록을 이용해서 문서화한다.

이 프로토콜들은 논란의 여지가 비교적 적으므로 합의하는 데 시간이 그리 많이 걸리지 않을 것이다. 그렇긴 해도 팀원들이 자신의 생각과 의견을 공유할 공간과 시간을 어느 정도 마련해 주는 것이 좋다. 모든 사람이 자신의 의견을 제출했다면, 그것을 이 프로토콜들을 지키겠다는 약속으로 간주하고 다음 스테이지로 넘어간다.

스테이지 4: 캘린더 비우기

기본 사항들을 모두 처리했다면 구체적인 행동에 초점을 두고 실행에 옮길 차례이다. 이 스테이지의 첫 단계는 여러분과 팀원들의 캘린더들에 '조각 모음(defragmentation)'을 수행하는 것이다. 이를 위해 제12장에서 논의한 다음과 같은 플레이들을 실행한다.

1. 모든 팀 회의를 하루의 한쪽 절반으로 몰아넣고, 다른 쪽 절반은 아무 방해 없이 일할 수 있는 '신성한 반나절'로 남겨 둔다.
2. 매주 하루를 회의 없는 날로 정한다.
3. 앞의 두 사항은 팀 캘린더에 대한 것이다. 모든 팀원은 앞에서 정한 회의 없는 시간과 회의 없는 날에는 회의를 잡지 않도록 자신의 캘린더를 조정해야 한다.

이 세 단계를 실천해도 회의의 절대량이 줄지는 않는다. 다만, 심층 작업을 위해 연속된 시간 블록들을 확보하는 효과가 있을 뿐이다. 심층 작업 시간 확보는 스테이지 1의 목표 하나를 달성하는 데 도움이 된다. 나머지 목표들도 달성하려면 회의 자체를 줄여야 한다. 그것이 이 스테이지의 다음 단계이다. 삭제할 회의와 단축할 회의, 유지할 회의를 결정하는 데에는 제7장의 ConveRel 사분면들이 도움이 될 것이다.

팀의 기존 회의들을 ConveRel의 네 가지 사분면으로 분류하고, 각 사분면의 회의들을 다음과 같이 처리한다.

- 사분면 1(전달/강한 관계)의 회의들은 비동기 의사소통으로 대체하기가 어렵지 않다.
- 사분면 2(전달/약한 관계)와 사분면 4(수렴/강한 관계)의 회의들은 팀원들과 논의해서 시간을 단축할 수 있으면 단축한다. 경우에 따라서는 회의를 아예 제거할 수도 있을 것이다.
- 사분면 3(수렴/약한 관계)의 회의들은 그대로 두어도 좋다. 단, 참석자 수는 제한할 필요가 있겠다. 회의 지속 시간도 재고찰해야 할 것이다. 이 사분면의 회의 일부가 계속 반복된다면, 좀 더 목적의식이 있고 요구에 따른(on-demand) 상호작용으로 대체할 수 있는지 팀과 논의해 보자.

[그림 29.6]은 스테이지 4를 위한 패널들이다. 이 스테이지를 마쳤다면, 스테이지 1의 다섯 가지 기본 목표 중 세 가지(심층 작업 관련 목표 하나와 회의 시간 관련 목표 두 개)를 거의 달성한 것이다. 이제 마지막 스테이지로 넘어가자.

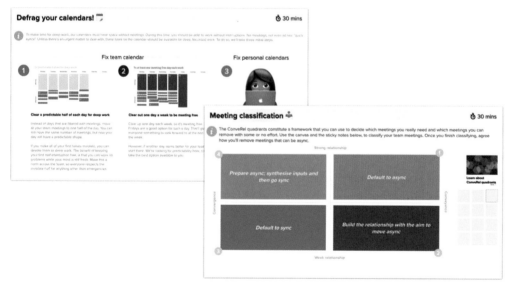

그림 29.6 스테이지 4의 캘린더 비우기 및 회의 줄이는 방법 찾기를 위한 패널들.

스테이지 5: 30일 계획 짜기 및 이후 진행

스테이지 1에서 처음 30일간의 기본 목표로 적합한 다섯 가지 목표를 제시했다. 그중 두 가지는 팀 핸드북 마련과 팀 헌장 마련이다. 스테이지 5에서는 그 목표들을 달성하는 데 도움이 되는, 가벼운 '헛간 짓기(barn rasing)' 활동들을 수행한다. MeatBallWiki의 헛간 짓기 항목[232]은 다음과 같은 문구로 시작한다.[역주]

커뮤니티가 어떤 특정한 목표의 달성을 함께 돕기로 결정할 때 헛간 짓기가 발생한다.

팀 핸드북을 한 사람이 만들 수는 없다. 따라서 분할정복 전략을 취하는 것이 합리적이다. 이 스테이지의 첫 단계는 팀 핸드북을 호스팅할 도구를 결정하는 것이다. 스타터 키트에 이 과정에 도움이 되는 패널이 있으니 참고하기 바란다. 패널은 제10장에서 설명한 핸드북의 구조와 여러 섹션을 반영한 것이다. 팀원들이 스티커 메모를 이용해서 이 패널의 특정 섹션에 자신을 등록하는 식으로 각 섹션에 살을 붙여 나갈 수 있다. 언젠가는 여러분이 초기 버전들을 검토할 수 있도록, 적절한 마감 일자를 정해 두는 것이 좋다.

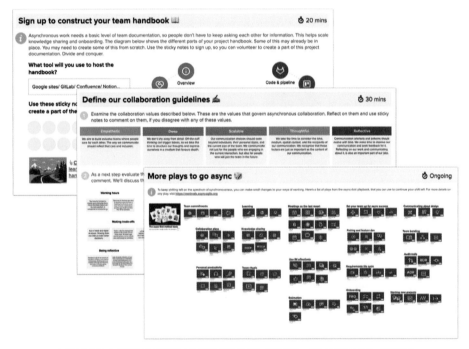

그림 29.7 스테이지 5에서 나머지 목표들을 해결하는 데 도움이 되는 패널들.

[역주] 참고로 헛간 짓기는 품앗이나 두레와 비슷한 지역사회 상호부조 문화이다. MeatBallWiki는 온라인 공동체, 네트워크 문화, 하이퍼미디어를 전문으로 하는 위키 사이트로, 주소는 ⟨http://meatballwiki.org/wiki/⟩이다. —옮긴이

스타터 키트에는 팀의 협업 헌장 또는 협업 지침서에 팀원들이 합의하는 데 도움이 되는 패널도 있다. 여러분이 모든 것을 일일이 지정할 필요가 없도록, 몇 가지 기본값과 지침을 미리 채워 두었다. 아마도 팀원들과 논의해서 좀 더 수정해야 할 것이다. 우선은, 여러분의 의사소통 접근 방식을 주도하는 가치들을 팀원들이 받아들이고 내재화할 시간을 제공하자. 이 과정에서 팀원들이 지침들에 대한 의견을 제시하거나 자신만의 의견을 추가할 수도 있을 것이다. 모두가 의견을 제시할 기회를 충분히 주었다면, 반대 의견이나 제안, 추가 사항을 추려서 적절히 처리해야 한다. 마지막으로, 합의된 일단의 지침들로 팀의 협업 헌장을 확정해서 팀 핸드북 안에 추가한다.

여기까지 마쳤다면, 여러분과 팀의 앞에는 비동기 우선 전환의 긴 꼬리(long tail)가 기다리고 있다. 이 책에서 보았듯이 동기성 스펙트럼에서 좀 더 왼쪽으로 이동하기 위해 팀이 펼칠 수 있는 플레이는 다종다양하다. 물론 어떤 플레이를 구현할지를 가장 잘 결정할 수 있는 사람은 여러분과 팀원들이다. 스타터 키트의 마지막 패널은 이 책의 제2부와 제3부에서 논의한 모든 플레이를 나열한다. 플레이들을 범주별로 분류해 두었으므로, 여러분이 중점적으로 바꾸고자 하는 영역에 맞는 플레이들을 찾기가 어렵지 않을 것이다. 이제부터는 여러분 스스로 선택하는 모험이 시작된다!

화이트보드는 작업현황판이 아니다

스타터 키트는 여러분이 팀과 함께 완수할 행동들과 과제들을 식별하고 합의하는 데 도움을 주기 위한 것이다. 이것이 효과적인 추적 도구는 아님을 주의하자. 따라서, 이 키트로 어떠한 행동을 합의했다면 그것을 팀의 작업현황판(task board)으로 옮겨서 추적하는 것이 바람직하다. 대부분의 작업현황판은 작업 항목들을 태그나 이름표(레이블), 범주별로 필터링하는 기능을 제공한다. 그런 기능을 이용하면 이 책에서 논의한 팀 개선 작업들과 팀의 정규 개발 작업을 분리할 수 있다.

팀이 스스로 주도하는 변화

이 스타터 키트의 목적은 비동기 우선 업무 방식으로의 전환을 간소화하는 것이다. 나는 이 키트가 사무실 중심 모델을 따르는(원격으로 일할 때조차도) 팀에 특히나 유용함을 알게 되었다. 그리고 집단적 주인의식의 관점에서, 업무 방식의 이러한 변화를 팀이 소유하고 주도하는 것이 합리적이다.

이번 장 요약

비동기 우선 스타터 키트는 비동기 우선 업무 방식으로의 전환에 지침이 되는 여러 도구와 템플릿을 모은 것이다. 이 키트는 다음과 같은 다섯 스테이지로 이루어진 과정을 이끄는 지침으로 작용한다.

1. 스테이지 1에서 여러분과 팀은 이러한 전환의 목표들을 합의하고, 그런 목표를 달성했을 때 축하하는 방식도 정한다.
2. 스테이지 2에서는 기준 데이터를 수집하고 표로 만든다. 이 과정에서 여러분은 팀에 대한 통찰을 얻을 수 있다. 추가적인 목표들을 달성하기로 마음을 먹게 될 수도 있다.
3. 스테이지 3은 몇 가지 기본 사항에 대한 합의에 초점을 둔다. 이를테면 회의를 최후의 수단으로 두기로 합의하고, 팀의 의사소통 채널과 회의 프로토콜도 모든 팀원이 합의한다.
4. 스테이지 4에서 몇 가지 구체적인 활동을 시작한다. 먼저, 캘린더에 조각 모음을 적용해서 심층 작업을 위한 연속된 시간 블록을 확보한다. 그리고 회의들을 분류해서 적절히 삭제, 단축, 수정한다.
5. 마지막으로 스테이지 5에서는 팀원들이 팀 핸드북의 여러 섹션의 작업에 자신을 등록하게 하고, 협업 헌장에 합의하게 한다. 이 스테이지에서는 또한 비동기 우선 전환의 긴 꼬리에서 실천할 일련의 플레이들도 파악하게 된다. 그 플레이들을 공통의 팀 목적에 정렬시켜야 한다. 장기적으로 이 스테이지는 팀의 응집력과 집단적 주인의식을 유지하는 데 도움이 된다.

이렇게 해서 이 책의 끝에서 두 번째 장이 끝났다. 다음 장에서는 내가 이 책을 쓰면서 느낀 바를 바탕으로 업무의 미래를 전망해 본다. 다음 장을 읽으면서 여러분과 여러분의 팀, 그리고 여러분의 조직이 그러한 미래에 어떻게 참여하게 될지, 어떤 새로운 업무 방식으로 일하게 될지 상상해 보기 바란다. 이제 이 페이지를 넘기기만 하면 이 책의 마지막 장이 펼쳐진다.

제30장
업무의 멋진 신세계

5:30 a.m.
화요일 아침, 인도의 더운 여름날. 알람 소리에 잠을 깬 니타가 커튼을 열어 젖힌다. 창문으로 햇살이 쏟아져 들어온다. 일어나 기지개를 켠 니타는 앉아서 모닝커피를 마시며 킨들을 읽는다. 독서를 즐기는 니타는 매일 아침 일과를 시작하기 전에 몇 페이지 정도 책을 읽는 습관을 들였다. 그 일과에는 아빈을 깨워서 아침을 먹이고, 도시락을 준비하고, 차를 몰아 등교시키는 것이 포함된다.

8:00 a.m.
아빈을 학교에 내려준 후 니타는 헬스장에 들른다. 최근 몇 달 사이 니타는 건강과 체력단련에 주의를 기울이기 시작했다. 오늘은 개인 트레이너와의 PT 세션이 있다. 운동이 힘들지만, 이상하게도 피곤하지는 않다. 오히려 활력이 넘친다. 운동을 마친 후 서둘러 귀가한다. 샤워하고 요리한 후 오늘 업무 시작을 준비해야 한다.

9:15 a.m.
요즘 니타는 하루 업무를 정규 시간에 시작한다. 팀원들이 비동기 우선 업무 방식으로 이동했기 때문에, 정말로 필요한 회의 말고는 회의가 거의 없다. 니타는 팀의 작업현황판을 보면서 하루 일을 시작한다.

니타의 비즈니스 분석가가 새 화면 디자인이 필요한 어떤 기능과 관련된 사용자 스토리에 니타를 지칭하는 태그를 달았다. 니타는 그 작업을 자신의 오늘 작업 목록에 추가한다. 하지만 먼저 어제부터 작성 중인 디자인 제안서부터 마무리해야 한다.

12:30 p.m.
휴! 아침부터 꽤 바빴다. 제안서는 거의 완성되었다. 미국 아이다호주 보이

시시의 제품 관리자가 보도록 두꺼운 마커로 된 스케치 몇 장을 컨플루언스에 추가하면 오전 근무는 끝이다.

그런데 새 화면 디자인은 꽤 까다로웠다. 이미 번잡한 화면에 새로운 기능을 추가하기란 항상 어려운 일이라서, 니타는 머리를 많이 써야 했다. 다행히 니타는 고객의 문서화된 디자인 시스템에서 몇 가지 아이디어를 얻을 수 있었다. 아직 작업이 완전히 마무리되지는 않았지만, 곧 점심시간이므로 잠시 쉬기로 한다.

2:40 p.m. 점심 식사 후에 니타는 힘을 내어 디자인 작업을 마무리해서 화면 디자인을 Invision에 올린다. 담당 비즈니스 분석가가 Invision 프로젝트에 접속해서 화면을 점검할 수 있도록, 해당 스토리에 적절한 태그를 지정한다. 이제 아빈을 데리러 학교에 갈 시간이다.

3:15 p.m. 아빈을 데리고 온 후 니타는 다시 책상에 앉는다. 아빈은 알아서 혼자 숙제를 한 후 크리켓을 하러 나갈 것이다. 니타는 슬랙을 열고 기술 책임자 준June이 보낸 메시지 몇 개를 확인한다.

준은 니타가 최근 디자인한 이월 필터(carry-over filter) 기능을 빠르게 동기적으로 함께 검토하고자 한다. 그러나 니타는 오후 3시 30분에 관리자와 일대일 면담이 잡혀 있다. 그래서 니타는 해당 기능성이 어느 정도 자세히 서술된 컨플루언스의 기능 분석 페이지를 준에게 알려준다.

6:30 p.m. 이제 하루 일을 마무리할 때이다. 결과론이지만 준은 니타와 동기적으로 그 기능을 살펴볼 필요가 없었다. 컨플루언스 페이지를 참고하는 것으로 충분했다. 준은 "구조가 아주 좋네요"라고 말했다. 관리자와의 일대일 면담도 상당히 생산적이었다. 니타는 자신의 작업에 대한 어느 정도의 피드백을 받을 수 있었다. 관리자의 몇 가지 조언을 가능한 한 바로 실천에 옮길 생각이다.

이제 40분 정도면 해가 질 것이다. 저녁 산책이라도 할까?

9:30 p.m. 싱글맘에게 저녁 시간은 절대로 한가하지 않다. 하지만 최근 몇 달 동안 니타는 아빈과 시간을 보낼 수 있어서 기뻤다. 오늘은 아빈과 함께 요리도 하고, 아빈이 자러 가기 전에 『**길 위의 셰프들: 아시아**(Street Food Asia)』의 한 에피소

드를 함께 시청했다. 요즘은 퇴근 후에 업무 때문에 일상이 방해받는 경우가 없다. 니타는 Freedom[역주]을 이용해서 이 오후 7시 30분 이후에는 이메일과 인스턴트 메시징을 차단한다. 니타가 원한다고 해도 다음 날 아침까지는 이메일이나 메시지를 볼 수 없다.

덕분에 니타도 아빈만큼이나 일찍 잠자리에 들기 시작했다. 결과적으로 매일 하루가 이른 아침에 시작한다. 하지만 잠들기 전에 시간을 조금 내서 최근 읽는 중인 책을 몇 페이지 정도 읽는다.

또 다른 세상이 가능하다

니타의 이러한 새로운 하루는 제1장에서 본 하루의 대안 현실이다. 이 대안 현실에서 니타는 일과 개인 생활의 균형을 맞출 수 있는, 차분하고 유연하며 집중된 방식으로 일한다. 여러분도 니타의 새로운 하루에 대응되는 여러분만의 하루를 찾을 수 있으면 좋겠다. 이 책에서 여러분과 내가 함께 살펴본 도구, 방법, 접근 방식들이 그런 하루를 찾는 데 도움이 되리라고 믿는다.

업무의 세계는 계속 변하고 있다. 코로나19 팬데믹 이후로 업무 방식이 완전히 달라졌다고 주장하는 사람도 있다. 이번 장에서는 업무의 미래가 어떻게 펼쳐질지에 대한 나의 전망을 공유하고자 한다. 앞에 나온 니타의 하루를 염두에 두고 읽어 보길 권한다. 더 나아가서, 이번 장을 읽으면서 이 책에 나온 비동기적 협업 기법들이 단지 여러분의 업무 효율성을 높이는 것에서 그치지 않고 여러분이 모두가 함께 일하기 좋은 동료가 되는 데 어떻게 도움이 될지도 상상해 보길 권한다.

내 예상으로, 미래의 업무는 다섯 가지 주요 경향으로 형성될 가능성이 크다. 그 경향들을 차례로 설명해 보겠다.

요구이자 권리로서의 유연성

재택근무나 원격 근무가 예전에는 일종의 특권이었지만 이제는 모든 직원이 기대하고 원하는 것이 되었다고 해도 틀린 말이 아닐 것이다. 내 경험으로 볼 때 2020년 이전에는 원격 근무를

[역주] Eighty Percent Solutions 사의 방해 요소 차단 앱 **Freedom | 방해 요소 차단**(안드로이드) 또는 *Freedom: Screen Time Control*(iOS)을 말하는 것으로 보인다. 팀 페리스의 베스트셀러 *Tools of Titans*(번역서는 《타이탄의 도구들》, 박선령, 정지현 옮김)에 언급된 앱이다. —옮긴이

입에 올리기도 싫어하는 경영진이 많았다. 그러나 당연하게도 이제는 상황이 달라졌다. 이전에 언급했듯이 나는 큰 기술전문가 그룹들을 대상으로 한 설문조사를 2021년부터 세 차례 실시했는데, 항상 원격으로 일하고 싶다고 답한 사람들의 비율이 점점 증가했다.

2021년 6월의 설문조사에서는 항시 원격 근무를 원하는 사람이 15.47%였지만 2022년 4월 설문조사에서는 그 두 배가 되었고, 2022년 8월 설문조사에서는 세 배가 되었다. 원격 근무에 별 관심이 없는 관찰자가 보더라도 이는 매혹적인 결과이다. 사람들이 원격 근무에 익숙해질수록 원격 근무를 더 원하게 된다는 것이 분명하다. 이런 추세라면 2024년 중반에는 지식 노동자의 약 90%가 항시 원격 근무를 원하게 될 것이다(그림 30.1 참고). 원격 근무에 대한 이러한 선호도가 다소 하락할 가능성도 없지 않지만, 거의 보편적인 원격 근무가 가능해졌다는 사실만으로도 몇 년 사이에 커다란 진전이 있었다고 말할 수 있겠다.

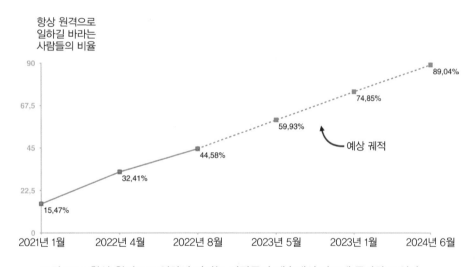

그림 30.1 항상 원격으로 일하길 바라는 사람들이 계속해서 빠르게 증가하고 있다.

따라서, 급여가 좀 깎이더라도 원격 근무를 원하는 직원들이 많은 것은 자연스러운 현상이다.[233] 신기하게 여길 수도 있겠지만, 사람들은 삶의 균형을 택하고 있다. 누구나 의미 있는 일을 하고 싶어 하지만, 인간의 삶에서 일이 유일한 의미의 원천은 아니다.

구스타보 라제티는 이렇게 말했다.[234]

근무 장소뿐만 아니라 근무 시간도 유연하게 정하는 것의 이점을 누리는 직원이 상당히 많다. 자녀를 안아줄 기회를 확보하는 것이 훌륭한 업무 성과를 내는 데 장애물이 되지는 **않는다.**

직원들이 원격으로 유연하게 일하고 싶어 하지만, 그런 요구와는 상충하는 규제와 법규가 존재한다. 예를 들어 원격 근무를 노동자의 권리로 법제화하려는 나라가[235] 있는 반면 그와는 반대 방향으로 가는 나라도 있다.

인도는 후자의 예이다. 인도는 경제특구(SEZ, special economic zones)를 유지하기 위해 원격 근무를 회사에 등록된 직원의 50%로만 제한하는 법안을 통과시켰다.[236] 하지만 이후 직원들과 고용주들이 한뜻으로 거세게 반발하자 2024년까지 이 결정을 철회했다.[237] 어쨌거나, 사람들의 요구와 규제가 만들어지는 방식, 그리고 고용주의 대응 방식 사이의 힘겨루기는 항상 변화무쌍이다. 문제는 직원들, 즉 고용인들이 어떤 협상 카드를 가지고 있느냐이다.

기량의 경제

하버드 경영대학원의 라지 차우두리는 최고의 인재가 직장의 업무 경향을 형성한다고 믿는다.[238] 예를 들어 예전에는 노트북을 관리자급만 사용했다. 그러나 최고의 인재들이 노트북을 요구하기 시작했고, 이제는 업무용 노트북이 기본이 되었다. 블랙베리라는 휴대전화를 기억하는지 모르겠다. 관리자만 이메일을 주고받을 수 있던 마법의 기기였다. 역시 최고의 인재들이 모바일 기기에서 이메일에 접근하게 해달라고 요구했고, 이제는 누구나 그렇게 할 수 있다. 차우두리 교수는 최고의 인재들이 어디에서나 일할 수 있는 유연성을 요구하게 될 것이고, 그 요구가 받아들여질 것이라고 믿는다. 그러면 그런 경향이 업계 전반에 퍼질 것이다. 애플 같은 대기업도 유연하지 못한 정책 때문에 몇몇 최고의 인재를 잃은 바 있다.[239]

한편, 능력 있는 사람들에게는 기회가 부족하지 않다. 오늘날 원격 근무를 원하는 사람들을 대상으로 한 구인 사이트는 We Work Remotely, Remote OK, Flex Jobs 등 수십 가지이다. 심지어 LinkedIn에도 원격 근무 구인 게시판이 있다. A.Team 같은 회사는 요구된 기량들을 지닌 사람들이 팀을 짜서 복잡한 문제를 해결하고 그 대가를 받는 '빌더 경제(builder economy)'[240]라는 아이디어에 기반해서 프로젝트들을 실행한다.

A.Team의 라바엘 우잔Raphael Ouzan은 이런 이야기를 했다.

팬데믹 때문에 기존의 확고한 가정(assumption)들이 많이 무너졌다. 이를테면 매일 사무실로 출근해서 일해야 한다는 생각, 훌륭한 회사와 제품을 만들려면 전통적인 9시 출근 – 5시 퇴근 근무의 지루함을 견뎌야 한다는 생각, 돈을 많이 버는 것과 세상에 긍정적인 영향을 미치는 것을 둘 다 이룰 수는 없다는 생각 등이 그런 가정이다.

이러한 전환의 심장부에는 공급이 부족한 량에 대한 수요가 있다. 기술 분야에서 특히 그렇다. 누구나 어디서든 일할 수 있게 되면, 최고의 인재를 찾는 채용 담당자나 구인 회사는 전 세계의 해당 업체들과 경쟁해야 할 것이다. 고용주 역시, "우리 동네에서 최고"로 만족할 수 없게 된다. 점점 더 평평해지는 세상에서, 근무 조건과 관련해서 가장 큰 협상력을 가지는 사람은 수요가 가장 많은 기량을 갖춘 사람이다. 업계가 최고의 인재를 원하면 원할수록, 업계는 다른 모든 사람의 의견을 더욱더 중요하게 참고해야 한다. 이러한 기량의 경제(skills economy)에서 유연한 업무 환경은 피할 수 없는 요소이다. 그리고 업무 환경이 유연하면 삶의 방식도 변하게 된다.

디지털 유목민

이 경향을 설명하기 전에, 인도 사람의 세 부류를 먼저 설명하겠다.

- **싱크족**. 무자녀 외벌이(SINK, single incomme no kids), 즉 자녀가 없고 혼자 돈을 버는 개인을 말한다.
- **딩크족**. 무자녀 맞벌이(DINK, double income no kids), 즉 자녀가 없고 자신과 배우자가 모두 돈을 버는 사람이다.
- **삼촌**. 최신 유행에 뒤처진 중년 또는 노년 아저씨.

사실 **디지털 유목민**(digital nomad) 경향과 관련해서 나는 마지막의 인도 '삼촌'에 가깝다. 이것이 심지어 인도의 유서 깊은 일간지 *The Hindu*[241]도 7년 전에 보도한 현상임을 생각하면, 내가 이쪽에 무지했음이 명백하다. **포브스**지는 이 경향을 다음과 같이 정의한다.[242]

팬데믹 덕분에 어디로든 여행해서 원격으로 일하는, 장소에 독립적이고 기술에 의해 활성화된 생활양식을 선택한 사람이 많아졌다. 이들을 디지털 유목민이라고 부른다. 이런 추세는 점점 더 확산되고 있다.

아직도 나는 이런 경향의 언저리에 머물러 있다. 이유는 이 경향이 유의미할 정도로 널리 '확산'되었는지 확신할 수 없기 때문이다. 개인적으로 아는 디지털 유목민 가족이 많긴 하지만, 이 경향은 주로 인도에서 싱크족과 딩크족이라고 부르는 사람들에 국한된 것으로 보인다. 단, 실리콘 밸리에서 연봉이 30만 달러인 기술자들만 디지털 유목민인 것은 아니라는 점은 확실하다.

그래도 이 경향을 염두에 두어야 한다고 생각하는 이유는, 이 경향을 수용하기 위해 이민 정책이 상당히 발 빠르게 변하고 있다는 점 때문이다. 이 책(원서)이 출판되는 시점에서 디지털 유목민 비자를 발급하는 나라는 58개국이다.[243] 해당 국가의 세금 규제를 위반하지 않기 위해 기업들은 해외 원격 근무에 대한 정책을 서둘러 만들어야 했다. 이와 동시에, 이러한 경향은 유연한 삶을 원하는 여러 지식 노동자의 욕구를 반영한다. 사실 노트북과 인터넷 연결만 있다면 장소가 문제가 되지는 않는다. 중요한 것은 직원의 기량, 그리고 산출하는 결과물이다.

주 4일 근무제

결과물 말이 나온 김에 언급하자면, 주 4일 근무제도 무시할 수 없는 경향이다. 사실 이 개념이 아주 새로운 것은 아니다. 원격 근무의 원조 중 하나인 37Signals에는 소위 '여름 시간(summer hours)'이라는 혜택이 있었다. 여름 시간 혜택이 있는 직원은 5월에서 8월 말까지 주 32시간 또는 주 4일만 근무했다. 37Signals는 항상 40시간도 많다, 32시간이면 충분하다고 주장해 왔다. 독일의 디지털 컨설팅 회사 Rheingans는 2017년부터 하루 5시간 근무제를 지켜오고 있다.[244] 그러면 주 25시간밖에 안 되지만, 그래도 그 회사는 잘 나가고 있다!

그럴 만한 이유가 있다. 어차피 우리 대부분은 하루에 감당할 수 있는 심층 작업 시간이 4시간 이하이다.[245] 그나마 4시간도 많은 연습이 필요하다. 거기에 업무 관련 의사소통과 사내 교육 과정 참석 또는 다른 사람 교육을 위한 시간과 약간의 가십거리 잡담을 위한 시간까지 더해도, 생산적인 주 4일제/주 32시간 근무에 시간이 모자라지는 않는다.

이것이 어떤 틈새시장에 국한된 실험은 아니다. 이런 여러 시도를 지원해 온 비영리 재단 4-Day Week Global은 뉴질랜드의 신탁회사 Perpetual Guardian에 대해 이런 실험을 통해서 이 근무 모형의 효과를 입증했다.[246] 이 모형은 실험 기간에 생산성을 20%나 올려줄 정도로 효과적이었다. Perpetual Guardian은 그 후로도 계속 주 4일제를 유지하고 있다.[247]

2022년에 역대 최대 수준의 주 4일 근무제 실험이 있었다. 전 세계 33개 기업에서 약 900명의 직원이 주 4일로 일했는데, 그 결과는 과장 안 하고 눈이 튀어나올 정도로 놀라웠다.[248]

- 실험 기간에 수익이 8% 증가했다. 2021년의 같은 기간에 비하면 37.55%가 증가했다.
- 채용이 증가하고 결근은 감소했다. 퇴직도 약간 감소했다.
- 사람들은 주 4일 근무제로 전환한 후 생산성과 업무 성과가 향상되었다고 느꼈다. 또한 자신의 일정을 좀 더 잘 통제할 수 있게 되었다.

이 실험에 참여한 기업들이 시행이 끝난 후에도 주 4일 근무제를 유지하고 싶어 한 것이 놀랍지 않을 것이다. 이 실험을 거친 사람들은 주 5일 근무제로 돌아가야 한다면 임금이라도 크게 올려주길 바란다고 말한다. 직원들뿐만 아니라 경영진 역시 이러한 변화를 좋게 평가했다.

채리티 은행(Charity Bank)의 마케팅 및 홍보 담당 이사 마크 하울런드Mark Howland는 이렇게 했다.[249]

> 저는 쉬는 날에 꽤 오래 자전거를 타고, 내 건강을 챙기고, 쉬고, 그런 다음 주말 내내 집안일을 하면서 가족과 시간을 보냈습니다. 주 5일 근무제는 20세기의 개념입니다. 21세기에는 더 이상 맞지 않아요.

이런 실험들이 앞으로도 계속될 것이다. 그리고 주당 근무 시간 단축을 요구하는 목소리가 더 커질 것으로 예상한다. UAE(아랍에미리트 연합국)는 이미 주 4.5일 근무제로 전환했다.[250]

주당 40시간 근무제는 적어도 80년은 묵은 방식으로, 처음 제기된 것은 그보다도 몇십 년 전이다. 산업화 시대에는 직원이 공장에서 더 오래 일할수록 더 많은 제품을 생산하는 것이 당연하다면 당연했다. 1890년의 연구들을 보면 당시 노동자들은 주당 100시간 일했다. 그보다 몇 년 전에 미국에서 유명한 '메이데이' 파업이 있었음에도 그랬다. 수년간의 노동쟁의 끝에 미국에서 드디어 주 40시간 근무제가 법제화되었다.[251] 1938년에 미 의회는 공정근로기준법(Fair Labor Standards Act)을 통과시켰다. 이 법안은 처음에는 주당 44시간 근무를 요구했지만, 2년 후에 주당 40시간으로 기준을 단축했다. 비슷한 시기에 다른 여러 국가도 비슷한 패턴으로 수년에 걸쳐 주당 40시간 근무제를 받아들였다.

지식 노동은 산업 노동(industrial work)과 다르다. 8시간 일한다고 4시간 일할 때보다 반드시 생산성이 두 배가 되는 것이 아니다. 주 4일 근무제는 그러한 현실을 반영한다. 나는 의미 있는 근무 시간을 위한 투쟁이 예전에 주 40시간 근무를 쟁취한 투쟁만큼 길고 지지부진하지는 않길 바랄 뿐이다. 우리에게는 다음 세대의 지식 노동자에게 좀 더 합리적인 업무 환경을 물려줄 의무가 있다.

Z세대와 그들의 감성

앞에서 언급한 '다음 세대'는 가장 최근에 취업한 세대를 말한다. 주머Zummer라고도 하고 Z세대라고도 하는 이들은 2017년 부근에 직장 생활을 시작했다. 몇 가지 이유로 나는 이 연령대를 매력적이라고 생각한다. 요즘 대부분의 선진국은 고령화되고 있다. 취업자가 퇴직자, 은퇴자보다 적은 실정이다. 미국이 대표적인 예이다. 따라서 향후 10년 정도는 기술 분야에서 인재가 심각하게 부족하리라고 예상해야 마땅하다. IT 업계에는 다수의 젊은 인력이 유입되어야 하지만, 선진국들에서는 그런 젊은 인재가 충분하지 않을 것이다. 신 개발도상국들이 인재들의 핫

스팟이 될 것이고, 이미 핫스팟이 되어 있는 나라들도 있다.

이것이 우리가 주머 세대를 중요한 연령대로 주목해야 할 이유이다. 그러나 주머 세대의 구성원들은 전혀 동질적이지 않다. 서구의 Z세대와 글로벌 사우스[역주]의 Z세대는 상당히 다르다. 그리고 글로벌 사우스의 Z세대들도 동질적이지 않다. 예를 들어 인도의 작은 마을의 1세대 대졸자와 좀 더 특권층 배경의 주머는 크게 다를 것이다.

내가 가진 데이터에 따르면, 주머 세대와 일반적인 기술자 그룹의 업무 선호도는 대체로 비슷하다. 예를 들어 완전 원격 근무를 원하는 비율이 주머 세대는 46%이고 일반 기술자 그룹은 45%이다. 이는 무시할 수 있을 정도로 작은 차이이다.

그렇긴 하지만 업계 경력이 2년 미만인 사람들은 원격 근무의 가장 큰 어려움으로 주변에 다른 사람이 없다는 점을 꼽았다. 그럴 만도 한 것이, 이 젊은이들은 인생의 상당 부분을 급우들과 함께 지냈다. 그러다가 바로 원격 근무 우선 업무 환경으로 전환하면 적응하기 어려울 것이다. 이들은 업무상의 인맥을 형성하는 방법과 자신의 성장 및 학습을 관리하는 방법, 멘토링을 받는 방법을 알아나가야 한다. 물론 그런 모든 일을 돕는 도구와 수단이 있긴 하지만, 이들은 그런 도구들 자체에도 익숙하지 않다.

마지막으로, Z세대가 소중히 여기는 가치들에도 주목해야 할 것이다. 구체적인 가치는 하위 그룹에 따라 다르다. 서구 Z세대는 사회 문제에 대단히 적극적으로 참여한다.[252] 인도 Z세대의 68%는 고용주에게 기후 변화에 대한 조치를 취하라고 설득했고, 98%는 자신이 환경에 미치는 영향을 줄이려고 노력한다(출처: Deloitte[253]). 이런 성향이 무의미한 사무실 출퇴근에 어떤 영향을 미칠까? 또는, 전면 유리로 된 사무실 건물의 과도한 탄소배출량[254]에는 어떤 영향을 미칠까? 직장에서 이런 세대가 더 많아짐에 따라, 이들의 가치관과 감성이 고용주의 정책에 영향을 미칠 것은 의심의 여지가 없다. 이 부분을 우리 모두 면밀하게 지켜봐야 할 것이다.

[역주] 글로벌 사우스Global South는 북반구 저위도와 남반구의 개발도상국 및 저개발국을 통칭하는 용어이다.—옮긴이

자율성으로의 이행

이 모든 경향을 생각할 때, 미래가 불확실하고 두렵게 느껴지는 독자도 있을 것이다. 하지만 우리 모두가 동의할 수 있는 것이 하나 있다. 대부분의 사람에게 근무 장소(집이든, 사무실이든, 그 밖의 장소이든)는 자율성에 대한 욕구의 표현이다. 근무 시간 역시 비슷한 욕구를 충족한다. 그 누구라도, 그런 자율성을 일단 가지게 되면 절대로 포기하고 싶어 하지 않는다.

여기서 너무 많은 것을 예측하지는 말아야 할 것이다. 사실 2019년만 해도, 보편적 원격 근무라는 개념이 말도 안 된다고 생각하는 사람들이 있었다. 하지만 지금은 그렇지 않다. 그리고 상황이라는 것은 단 한 번의 돌발 사건으로 확 바뀔 수 있다.

- 경기 침체와 반도체 공급 부족 사태가 끝나고, 우크라이나에서 벌어지는 전쟁이 종식되고, IT 업계의 경기가 부활하면 어떤 일이 벌어질지 누가 알겠는가?
- 팬데믹이 다시금 유행하게 되면 어떻게 될까?
- IT 분야에서 더 많은 대기업이 주 4일 근무제를 도입하면 어떤 일이 벌어질까?
- 법규와 규제의 변화가 업무 환경에는 어떤 영향을 미칠까?

미래가 어떻게 변하든, 미래의 업무는 분산된 형태일 것이다. 그리고 바라건대, 미래에는 비동기 업무 능력이 여러분에게 초능력으로 작용하길 희망한다.

이제 마무리할 시간입니다

어느덧 이 책의 끝에 도달했다. 나는 내가 생각하는 업무의 미래를 여러분에게 멋지게 묘사하는 것으로 이 책을 끝내고 싶었다. 이번 장이, 여러분의 비동기 협업 기량이 미래에 어떻게 편리하게 쓰일지를 상상해 보는 계기가 되었으면 좋겠다.

이번 장 요약

이번 장에서는 미래의 업무 환경에 영향을 미칠 다섯 가지 경향을 살펴보았다.

- 대부분의 지식 노동자는 업무의 유연성을 원하며, 항시 원격 근무를 원하는 사람의 수가 계속 늘고 있다. 원격 근무를 노동자의 권리로 법제화한 국가도 있다.
- 경기 침체기에도 숙련된 지식 노동자를 위한 일자리는 풍부하다. 수요가 많은 기량을 가진 사람은 자신이 원하는 근무 조건으로 취업할 수 있다. 이러한 경향은 시간이 지날수록 더욱 강해질 것이다.

- 실소득(disposable income; 가처분소득)이 늘면서 사람들은 자신의 생활양식을 개선하고 싶어 한다. 여행하면서 일하고 일하면서 여행하는 디지털 유목민은 더 이상 무시할 수 없는 경향이 되었다. 이미 여러 국가가 그러한 이동성을 지원한다.
- 지식 노동에서 주 40시간 근무제는 지난 시대의 유물일 것이다. 여러 긍정적인 실험 성과 덕분에 몇몇 나라에서 주 4일 근무제 운동이 힘을 얻고 있다.
- 조만간 Z세대가 노동 인구의 상당 부분을 차지할 것이다. 이들의 가치관과 기대치가 이미 기업들에 영향을 미치고 있다. 업무의 미래를 형성할 주체가 Z세대임은 의심의 여지가 없다.

이 책의 저자인 나는 몇 가지 편견이 있다. 이 책의 여러 장에서 그런 편견들이 조금씩 드러났을 것이다. 하지만 미래의 직장이 내 경력의 처음 몇십 년과는 전혀 다른 모습일 것이라고 내가 예상하는 것은 편견 때문이 아니다. 그럴 만한 증거가 충분하다.

팬데믹이 막대한 손실과 고통을 불러오긴 했지만, 원격 근무가 우리의 업무 방식에 새로운 유연성을 가져올 수 있음을 전 세계가 알게 되는 데 팬데믹이 도움이 된 것도 사실이다. 이제 우리도 이 새로운 가상 업무 공간에서 일하는 방식을 다시 생각해 볼 때이다. 이를 새로운 스포츠라고 생각하자. 이 스포츠에는 새로운 기법과 새로운 도구, 새로운 감성이 필요하다. 이 책은 새 스포츠를 배우는 여러분을 도우려는 시도였다. 읽어 주어서 고맙다!

이제 작별 인사를 하고 각자의 길로 나아갈 시간이다. 비동기 우선으로의 여러분의 여정이 순조롭길 바랄 뿐이다. 여러분의 팀으로 가서, 더 나은 업무 방식을 팀원들에게 선물하기 바란다.

미주

제1장

[1] "Asynchronous Work: What It Is and How to Make It Work for Your Team," Lattice, 2023년 3월 22일. https://lattice.com/library/what-is-asynchronous-work-heres-everything-you-need-to-know-to-implement-it-at-your-organization. 2023년 4월 25일 열람.

[2] Lebre, Marcelo. "Why You Should Be Working Asynchronously in 2023," 블로그, 날짜 없음. https://remote.com/blog/why-you-should-be-doing-async-work. 2023년 4월 25일 열람.

[3] Thomas, Luke, Aisha Samake. *The Anywhere Operating System*. South Portland, Maine: Friday Feedback Inc., 2021.

[4] Future Forum. "Research Archive," 날짜 없음. https://futureforum.com/research/. 2023년 4월 25일 열람.

[5] Newport, Cal. *Deep Work: Rules for Focused Success in a Distracted World*. New York: Grand Central Publishing, 2016. 번역서는 김태훈 옮김, 《딥 워크: 강렬한 몰입, 최고의 성과》.

[6] Graham, Paul. "Maker's Schedule, Manager's Schedule," 블로그, 2009년 7월. 2023년 4월 25일 열람. http://www.paulgraham.com/makersschedule.html.

[7] Czikszentmihaly, Mihaly. *Flow: The Psychology of Optimal Experience*. New York: Harper Perennial Modern Classics, 2008. 번역서는 최인수 옮김, 《몰입, FLOW: 미치도록 행복한 나를 만난다》.

[8] Kahneman, Daniel. *Thinking, Fast and Slow*. New York: Farrar, Straus and Giroux, 2013. 번역서는 이창신 옮김, 《생각에 관한 생각》.

[9] Deloitte Insights. "Women in the Tech Industry: Gaining Ground, but Facing New Headwinds," 2021년 12월 1일. https://deloitt.tt/48KO1NR. 2023년 4월 25일 열람.

[10] Lebre, Marcelo. "Why You Should Be Working Asynchronously in 2023," 블로그, 날짜 없음. https://remote.com/blog/why-you-should-be-doing-async-work. 2023년 4월 25일 열람.

[11] Wiktionary. "He Said, She Said - Wiktionary," 날짜 없음. https://en.wiktionary.org/wiki/he_said,_she_said. 2023년 4월 25일 열람.

제2장

[12] Wikipedia. "Shift-left testing," 2023년 5월 28일. https://en.wikipedia.org/wiki/Shift-left_testing. 2023년 7월 15일 열람.

[13] Stanier, James. *Effective Remote Work: For Yourself, Your Team, and Your Company*. Raleigh, North Carolina: The Pragmatic Bookshelf, 2022.

[14] "The 37signals Guide to Internal Communication," 날짜 없음. https://37signals.com/how-we-communicate/. 2023년 4월 26일 열람.

[15] Stanier, James. "Asynchronous Communication Is the Great Leveler in Engineering," *Shopify Engineering* (블로그), 2022년 5월 20일. https://shopify.engineering/asynchronous-communication-shopify-engineering. 2023년 4월 26일 열람.

[16] IMDB. *The Karate Kid*, 날짜 없음. https://www.imdb.com/title/tt0087538/. 2023년 4월 26일 열람.

[17] YouTube. "Mr. Miyagi - Balance," 2008년 11월 5일. https://www.youtube.com/watch?v=QsPoBXemFmg. 2023년 4월 26일 열람.

제4장

[18] Atlassian. "You Waste A Lot of Time at Work," 날짜 없음. http://www.atlassian.com/time-wasting-at-work-infographic. 2023년 4월 26일 열람.

[19] "Gonçalo Silva on Twitter," 날짜 없음. https://twitter.com/goncalossilva. 2023년 4월 26일 열람.

[20] Hastie, Shane. "Gonçalo Silva on Working Completely Asynchronously," *InfoQ* (팟캐스트), 2021년 1월 8일. https://www.infoq.com/podcasts/working-completely-asynchronously/. 2023년 4월 26일 열람.

[21] "Manifesto for Agile Software Development," 날짜 없음. https://agilemanifesto.org/. 2023년 4월 26일 열람. 한국어판은 https://agilemanifesto.org/iso/ko/principles.html.

[22] "Sidu Ponnappa on Twitter," 날짜 없음. https://twitter.com/ponnappa. 2023년 4월 26일 열람.

[23] *The Shape of Work* (팟캐스트). "#200: Sidu Ponnappa on Why Culture Is a 'Dangerous Label', Hiring a Dream Team of Makers and Engineers, and Applying Product Thinking to Solve for Attrition," 2022년 3월 10일. https://www.springworks.in/the-shape-of-work-podcast/episode/200-sidu-ponnappa-on-why-culture-is-a-dangerous-label-hiring-a-dream-team-of-makers-and-engineers-and-applying-product-thinking-to-solve-for-attrition. 2023년 4월 26일 열람.

[24] DevInterrupted. "How to Fix Tech's Mentorship Problem," 2022년 4월 11일. https://devinterrupted.com/podcast/how-to-fix-

techs-mentorship-problem/. 2023년 4월 26일 열람.

【25】 RJD (Remote Java Dev). "A Problem with the Agile Manifesto," 블로그, 2020년 1월 5일. https://remotejavadev.com/a-problem-with-the-agile-manifesto/. 2023년 4월 26일 열람.

【26】 Wikipedia. "Inverted Pyramid (Journalism)," 2021년 11월 11일. https://en.wikipedia.org/wiki/Inverted_pyramid_(journalism). 2023년 4월 26일 열람.

【27】 GitLab. "Communicating Effectively and Responsibly Through Text," 날짜 없음. https://about.gitlab.com/company/culture/all-remote/effective-communication/. 2023년 4월 26일 열람.

【28】 Google Developers. "Overview of Technical Writing Courses," 2022. https://developers.google.com/tech-writing/overview. 2023년 4월 26일 열람.

【29】 Level Up GitLab. "GitLab Technical Writing Fundamentals," 2022. https://levelup.gitlab.com/courses/gitlab-technical-writing-fundamentals. 2023년 4월 26일 열람.

【30】 VandeHei, Jim, Mike Allen, Roy Schwartz. *Smart Brevity: The Power of Saying More with Less*. New York: Workman Publishing, Co., Inc., 2022.

【31】 Plain English Campaign. "Plain English Campaign," 날짜 없음. https://plainenglish.co.uk/files/howto.pdf. 2023년 4월 26일 열람.

【32】 Hemingway Editor. "Hemingway Editor," 날짜 없음. https://hemingwayapp.com/. 2023년 4월 26일 열람.

【33】 Wikipedia. "Flesch–Kincaid Readability Tests," 2016년 7월 12일. https://en.wikipedia.org/wiki/Flesch%E2%80%93Kincaid_readability_tests. 2023년 4월 26일 열람.

제5장

【34】 Newport, Cal. *Deep Work: Rules for Focused Success in a Distracted World*. London: Piatkus, 2016. 번역서는 김태훈 옮김, 《딥 워크: 강렬한 몰입, 최고의 성과》.

【35】 Hari, Johann. *Stolen Focus: Why You Can't Pay Attention*. New York: Crown, 2022. 번역서는 김하현 옮김, 《도둑맞은 집중력》.

【36】 Haynes, Trevor. "Dopamine, Smartphones & You: A Battle for Your Time – Science in the News." Harvard University *Science in the News* (블로그) 2018년 5월 1일. https://sitn.hms.harvard.edu/flash/2018/dopamine-smartphones-battle-time/. 2023년 4월 26일 열람.

【37】 Vozza, Stephanie. "How to Cut Your Email Time in Half," *FastCompany*, 2017년 1월 10일, https://www.fastcompany.com/3066716/how-to-cut-your-email-time-in-half. 2023년 4월 26일 열람.

【38】 Google Calendar Help. "Use Focus Time in Google Calendar," 날짜 없음. https://support.google.com/calendar/answer/11190973?hl=en&co=GENIE.Platform%3DDesktop. 2023년 4월 26일 열람.

【39】 Dropbox Team, Anthony Wing Kosner, Paul Boutin. "Virtual First Toolkit: How to Communicate Effectively," 블로그, 2020년 10월 13일. https://blog.dropbox.com/topics/work-culture/-virtual-first-toolkit--how-to-communicate-effectively. 2023년 4월 26일 열람.

【40】 Apple Support. "Use Screen Time on Your iPhone, iPad, or iPod Touch," 2022년 9월 12일. https://support.apple.com/en-us/HT208982. 2023년 4월 26일 열람.

【41】 Android. "Digital Wellbeing | Android," 날짜 없음. https://www.android.com/intl/en_in/digital-wellbeing/. 2023년 4월 26일 열람.

【42】 Freedom.to. "Freedom: Internet, App and Website Blocker." 날짜 없음. https://freedom.to. 2023년 4월 26일 열람.

【43】 GitLab. "Leadership," 날짜 없음. https://about.gitlab.com/handbook/leadership/. 2023년 4월 26일 열람.

제6장

【44】 Newport, Cal. *A World Without Email: Reimagining Work in an Age of Communication Overload*. Edmonton, Alberta: Portfolio, 2021. 번역서는 김태훈 옮김, 《하이브 마인드: 이메일에 갇힌 세상》.

【45】 Fried, Jason. "Why Work Doesn't Happen at Work," TED Talk, 날짜 없음. https://www.ted.com/talks/jason_fried_why_work_doesn_t_happen_at_work. 2023년 4월 26일 열람.

【46】 Atlassian. "Jira Software – Features | Atlassian," 날짜 없음. https://www.atlassian.com/software/jira/features. 2023년 4월 26일 열람.

【47】 Twist. "Twist: Organized Work Communication for Flexible Teams," 날짜 없음. https://twist.com/. 2023년 4월 29일 열람.

【48】 MacKay, Jory. "Communication Overload: Most Workers Can't Go 6 Minutes Without Checking Email," *RescueTime* (블로그), 2018년 7월 11일. https://blog.rescuetime.com/communication-multitasking-switches/. 2023년 4월 26일 열람.

【49】 Godin, Seth. *Linchpin: Are You Indispensable?* Edmonton, Alberta: Portfolio, 2010. 번역서는 윤영삼 옮김, 《린치핀 - 누구도 대체할 수 없는 존재》.

【50】 thedecider.app. "Democratic Decision Making – How Do We Decide?" 날짜 없음. https://thedecider.app/democratic-decision-making. 2023년 4월 26일 열람.

【51】 thedecider.app. "Consensus Decision Making – How Do We Decide?," 날짜 없음. https://thedecider.app/consensus-decision-making. 2023년 4월 26일 열람.

【52】 Pinchas, Aviva. "287 - Async Consent Based Decision Making - Collaboration Superpowers," *Collaboration Superpowers* (팟캐스트), 2021년 9월 27일. https://www.collaborationsuperpowers.com/287-async-consent-based-decision-making/. 2023년 4월 26일 열람.

【53】 thedecider.app. "Consent Decision Making – How Do We Decide?" 날짜 없음. https://thedecider.app/consent-decision-making. 2023년 4월 26일 열람.

【54】 "JeffreyP.Bezos'slettertoAmazonshareholders," 날짜없음. https://www.sec.gov/Archives/edgar/data/1018724/000119312516530910/d168744dex991.htm. 2023년 4월 26일 열람.

【55】 Stanier, James. "The Engineering Manager," 블로그, 날짜 없음. https://www.theengineeringmanager.com/. 2023년 4월 26일 열람.

【56】 Stanier, James. *Effective Remote Work: For Yourself, Your Team, and Your Company.* Raleigh, North Carolina: The Pragmatic Bookshelf, 2022.

제7장

【57】 Wright, Aliah D. "Study: Teleworkers More Productive–Even When Sick." SHRM, 2015년 2월 13일. https://www.shrm.org/resourcesandtools/hr-topics/technology/pages/teleworkers-more-productive-even-when-sick.aspx. 2023년 4월 29일 열람.

【58】 Thomas, Luke, Aisha Samake. *The Anywhere Operating System.* South Portland, Maine: Friday Feedback, Inc., 2021.

【59】 Herold, Cameron. *Double Double: How to Double Your Revenue and Profit in 3 Years or Less.* Austin, Texas: Greenleaf Book Group LLC, 2011.

【60】 Axtell, Paul. "The Most Productive Meetings Have Fewer Than 8 People," *Harvard Business Review,* 2018년 6월 22일. https://hbr.org/2018/06/the-most-productive-meetings-have-fewer-than-8-people. 2023년 4월 29일 열람.

【61】 Rogelberg, Steve G., Liana Kramer. "The Case for More Silence in Meetings," *Harvard Business Review,* 2019년 6월 14일. https://hbr.org/2019/06/the-case-for-more-silence-in-meetings. 2023년 4월 29일 열람.

【62】 Airbnb. "Online Experiences," 날짜 없음. https://www.airbnb.co.in/s/experiences/online. 2023년 4월 29일 열람.

제8장

【63】 YouTube. "[TW Converge 2020] Facilitate with Style in a Distributed, Remote Setup," 2020년 8월 7일. https://www.youtube.com/watch?v=684OlVLazAI. 2023년 4월 29일 열람.

【64】 Wikipedia. "Pen Pal," 2007년 6월 1일. https://en.wikipedia.org/wiki/Pen_pal. 2023년 4월 29일 열람.

【65】 The Rabbi Sacks Legacy. "Collective Joy," Covenant & Conversation, 2019년 8월 25일. https://www.rabbisacks.org/covenant-conversation/reeh/collective-joy/. 2023년 4월 29일 열람.

【66】 Gallup Inc., "Why We Need Best Friends at Work." 2018년 1월 15일. https://www.gallup.com/workplace/236213/why-need-best-friends-work.aspx. 2023년 4월 29일 열람.

【67】 TechVision. "Inside Google's Massive Headquarters," YouTube, 2020년 11월 18일. https://www.youtube.com/watch?v=Z-pT0XDYvDM. 2023년 4월 29일 열람.

【68】 Infosys Mysore. "All About Accommodation – Infosys Mysore Campus," 2020년 4월 8일. https://infosysmysore.in/category/accommodation/. 2023년 4월 29일 열람.

【69】 Westwood, Lauren. "Salesforce Announces Wellness Center - The Trailblazer Ranch." Salesforce Ben, 2022년 2월 11일. https://www.salesforceben.com/salesforce-announces-wellness-center-the-trailblazer-ranch/. 2023년 4월 29일 열람.

【70】 Fluegge-Woolf, Erin R. "Play Hard, Work Hard: Fun at Work and Job Performance." *Management Research Review* 38, no. 8 (2014): 682-705. https://www.emerald.com/insight/content/doi/10.1108/MRR-11-2012-0252/full/html. 2023년 4월 29일 열람.

【71】 Twitter. "Twitter," 날짜 없음. https://twitter.com/doist/status/976554066527641601. 2023년 4월 29일 열람.

【72】 Automattic. "How We Work," 2020년 11월 18일. https://automattic.com/how-we-work/. 2023년 4월 29일 열람.

【73】 The Cowork Experience. "Home | The Cowork Experience," 날짜 없음. https://thecoworkexperience.com/. 2023년 4월 29일 열람.

【74】 Moghe, Sumeet Gayathri. "India Away Day 2016 - Highlights Reel (Final)," YouTube, 2016년 10월 12일. https://www.youtube.com/watch?v=XvbXUE_Z6OI. 2023년 4월 29일 열람.

제9장

【75】 Clear, James. "3-2-1: On Taking Action, Changing Incentives, and Belonging," 날짜 없음. https://jamesclear.com/3-2-1/june-4-2020. 2023년 4월 29일 열람.

【76】 Dropbox Team, Anthony Wing Kosner, Paul Boutin. "Virtual First Toolkit: How to Communicate Effectively," blob, 2020년 10월 13일. https://blog.dropbox.com/topics/work-culture/-virtual-first-toolkit--how-to-communicate-effectively. 2023년 4월 29일 열람.

【77】 Raeburn, Alicia. "Context Switching Is Killing Your Productivity," *Asana Productivity* (블로그), 2022년 10월 26일. https://asana.com/resources/context-switching. 2023년 4월 29일 열람.

【78】 Mark, Gloria, Daniela Gudith, Ulrich Klocke. "The Cost of Interrupted Work: More Speed and Stress," 날짜 없음. UCI Donald Bren School of Information and Computer Sciences, 날짜 없음. https://www.ics.uci.edu/~gmark/chi08-mark.pdf. 2023년 4월 29일 열람.

【79】 Asana. "Anatomy of Work 2023 - Rise of the Connected Enterprise," 날짜 없음. https://asana.com/resources/anatomy-of-work. 2023년 4월 29일 열람.

【80】 Graham, Paul. "Maker's Schedule, Manager's Schedule," 블로그, 2009년 7월. http://www.paulgraham.com/makersschedule.html. 2023년 4월 29일 열람.

【81】 Slack. "Focus Fridays and Maker Weeks at Slack," 날짜 없음. https://slack.com/intl/en-in/blog/news/focus-fridays-and-maker-weeks-at-slack. 2023년 4월 29일 열람.

【82】 Fried, Jason, David Heinemeier Hansson. "Less Mass," *The Rework Podcast*, 2022년 2월 8일. https://www.rework.fm/less-mass/. 2023년 4월 29일 열람.

【83】 Hinds, Rebecca, Bob Sutton. "Dropbox's Secret for Saving Time in Meetings." Inc.com, 2015년 5월 11일. https://www.inc.com/rebecca-hinds-and-bob-sutton/dropbox-secret-for-saving-time-in-meetings.html. 2023년 4월 29일 열람.

【84】 Hinds, Rebecca, Robert I. Sutton. "Meeting Overload Is a Fixable Problem," *Harvard Business Review*, 2022년 10월 28일. https://hbr.org/2022/10/meeting-overload-is-a-fixable-problem. 2023년 4월 29일 열람.

【85】 Bove, Tristan. "Shopify Is Axing All Meetings Involving More than Two People in a Remote Work Twist That the Company Itself Calls 'Fast and Chaotic,'" *Fortune*, 2023년 1월 3일. https://fortune.com/2023/01/03/shopify-cutting-meetings-worker-productivity/. 2023년 4월 29일 열람.

제10장

【86】 Fowler, Martin. "Using an Agile Software Process with OffshoreDevelopment," 블로그, 2006년 7월 18일. https://martinfowler.com/articles/agileOffshore.html. 2023년 4월 29일 열람.

【87】 GitLab. "The Importance of a Handbook-First Approach to Documentation," 날짜 없음. https://about.gitlab.com/company/culture/all-remote/handbook-first-documentation/. 2023년 4월 29일 열람.

【88】 GitLab. "Handbook," 날짜 없음. https://about.gitlab.com/handbook/. 2023년 4월 29일 열람.

【89】 The DevSecOps Platform | GitLab. "The DevSecOps Platform," 날짜 없음. https://about.gitlab.com/. 2023년 4월 29일 열람.

【90】 Atlassian. "Confluence | Your Remote-Friendly Team Workspace | Atlassian," 날짜 없음. https://www.atlassian.com/software/confluence. 2023년 4월 29일 열람.

【91】 SharePoint, Team Collaboration Software Tools. "SharePoint, Team Collaboration Software Tools," 날짜 없음. https://www.microsoft.com/en-ww/microsoft-365/sharepoint/collaboration. 2023년 4월 29일 열람.

【92】 Notion. "Your Wiki, Docs & Projects. Together," 날짜 없음. https://www.notion.so/product. 2023년 4월 29일 열람.

【93】 Almanac. "Almanac | The Modern Way to Collaborate," 날짜 없음. https://almanac.io/. 2023년 4월 29일 열람.

【94】 MediaWiki. "MediaWiki," 날짜 없음. https://www.mediawiki.org/wiki/MediaWiki. 2023년 4월 29일 열람.

【95】 Qatalog. "Qatalog | Your Bespoke Operating System for Work," 날짜 없음. https://qatalog.com/. 2023년 4월 29일 열람.

【96】 Scribe. "Scribe | Visual Step-by-Step Guides," 날짜 없음. https://scribe.how. 2023년 4월 29일 열람.

【97】 Enterprise AI Search & Knowledge Discovery | Glean. "Enterprise AI Search & Knowledge Discovery | Glean," 날짜 없음. https://www.glean.com/. 2023년 4월 29일 열람.

【98】 Atlassian. "Page History and Page Comparison Views | Confluence Data Center and Server 7.6 | Atlassian Documentation," 2020년 8월 12일. https://confluence.atlassian.com/conf76/page-history-and-page-comparison-views-1018768888.html. 2023년 4월 29일 열람.

제11장

【99】 37signals. "Group Chat: The Best Way to Totally Stress Out Your Team," 날짜 없음. https://37signals.com/group-chat-problems/. 2023년 5월 3일 열람.

【100】 Skelton, Matthew, Manuel Pais. *Remote Team Interactions Workbook*. Portland, Oregon: Revolution Press, 2022.

【101】 Google Calendar & Slack Integration | Clockwise. "Google Calendar & Slack Integration | Clockwise," 날짜 없음. https://www.getclockwise.com/slack-app. 2023년 5월 3일 열람.

【102】 Smith, Jayne. "Over Half of UK Employers Say Their Staff Work Additional Unpaid Hours Every Day." Workplace Insight, 2021년 8월 25일. https://workplaceinsight.net/over-half-of-uk-employers-say-their-staff-work-additional-unpaid-hours-every-day/. 2023년 5월 3일 열람.

【103】 Carnegie, Megan. "We Finally Know the True Toll of All Those Bad Slacks." WIRED UK, 2021년 9월 10일. https://www.wired.co.uk/article/time-wasted-slack-microsoft-teams. 2023년 5월 3일 열람.

【104】 Slack. "Use Threads to Organise Discussions." Slack Help Center, 날짜 없음. https://slack.com/intl/en-in/help/articles/115000769927-Use-threads-to-organise-discussions-. 2023년 5월 3일 열람.

【105】 EqualExperts. "GitHub - EqualExperts/Slack-Guide: The Best Damn Guide to Slack Ever. An Open Source GitHub Pages Site." GitHub, 날짜 없음. https://github.com/EqualExperts/slack-guide. 2023년 5월 3일 열람.

제12장

【106】 Yip, Jason. "It's Not Just Standing Up: Patterns for Daily Standup Meetings." martinfowler.com, 2016년 2월 21일. https://martinfowler.com/articles/itsNotJustStandingUp.html. 2023년 5월 3일 열람.

【107】 Wikipedia. "Dwight D. Eisenhower," 2020년 8월 1일. https://en.wikipedia.org/wiki/Dwight_D._Eisenhower. 2023년 5월 3일 열람.

【108】 IFTTT. "IFTTT - Connect Your Apps," 날짜 없음. https://ifttt.com/. 2023년 5월 3일 열람.

【109】 Zapier. "Zapier | Automation That Moves You Forward," 날짜 없음. https://zapier.com/. 2023년 5월 3일 열람.

【110】 Geekbot. "Automate Asynchronous Standups, Retrospectives, Surveys | Geekbot," 날짜 없음. https://geekbot.com/. 2023년 5월 3일 열람.

【111】 Trello. "Trello Automation: Automate Your Workflow with Butler | Trello," 날짜 없음. https://trello.com/en/butler-automation. 2023년 5월 3일 열람.

【112】 Basecamp. "Features," 날짜 없음. https://basecamp.com/features. 2023년 5월 3일 열람.

【113】 Sheehan, Hannah. "How to Automate Stand-Up Meetings and Status Updates with Fellow." Fellow.app, 2021년 11월 5일. https://fellow.app/blog/product/how-to-automate-stand-up-meetings-and-status-updates-with-fellow/. 2023년 5월 3일 열람.

【114】 Range. "Async Daily Standups | Keep Your Team Aligned from Anywhere," 날짜 없음. https://www.range.co/for/standups. 2023년 5월 3일 열람.

제13장

【115】 Scrum Guides. "Scrum Guide | Scrum Guides," 날짜 없음. https://scrumguides.org/scrum-guide.html. 2023년 5월 3일 열람.

【116】 Singer, Ryan. "Stop Running in Circles and Ship Work That Matters," BAsecamp, 2019. https://basecamp.com/shapeup. 2023년 5월 3일 열람.

제14장

【117】 MURAL Help Center. "Private Mode | MURAL Help Center," 날짜 없음. https://support.mural.co/en/articles/4427381-private-mode. 2023년 5월 3일 열람.

【118】 Caroli.org. "Caroli.Org: Knowledge and Agile and Lean Transformation," 2022년 3월 1일. https://caroli.org/. 2023년 5월 3일 열람.

【119】 SantoPixel. "FunRetrospectives | Have Fun, Learn from the Past and Prepare for the Future!" 날짜 없음. https://www.funretrospectives.com/. 2023년 5월 3일 열람.

【120】 Fun Retrospectives App. "Fun Retrospectives App." 날짜 없음. http://app.funretrospectives.com. 2023년 5월 3일 열람.

제15장

【121】 Stanier, James. *Effective Remote Work: For Yourself, Your Team, and Your Company.* Raleigh, North Carolina: The Pragmatic Bookshelf, 2022.

【122】 Mohan, Gayathri. *Full Stack Testing: A Practical Guide for Delivering High Quality Software.* Sebastopol, California: O'Reilly, 2022. 번역서는 최경현 옮김, 《풀스택 테스트: 10가지 테스트 기술의 기본 원칙과 전략》.

【123】 Gawande, Atul. *The Checklist Manifesto: How to Get Things Right.* New York: Metropolitan Books, 2009. 번역서는 박산호 옮김, 《체크! 체크리스트 완벽한 사람은 마지막 2분이 다르다》.

제16장

【124】 The Economist. "The Collaboration Curse." 2016년 1월 23일. https://www.economist.com/business/2016/01/23/the-collaboration-curse. 2023년 5월 25일 열람.

【125】 Cross, Rob, Reb Rebele, Adam Grant. "Collaborative Overload." *Harvard Business Review.* 2016년 1월 1일. https://hbr.org/2016/01/collaborative-overload. 2023년 5월 25일 열람.

제17장

【126】 Böckeler, Birgitta, Nina Siessegger. "On Pair Programming." martinfowler.com. 2020년 1월 15일. https://martinfowler.com/articles/on-pair-programming.html. 2023년 5월 25일 열람.

【127】 Fowler, Martin. "Bliki: PairProgrammingMisconceptions." martinfowler.com. 2006년 10월 31일. https://martinfowler.com/bliki/PairProgrammingMisconceptions.html. 2023년 5월 25일 열람.

【128】 Böckeler, Birgitta, Nina Siessegger. "On Pair Programming." martinfowler.com. 2020년 1월 15일. https://martinfowler.com/articles/on-pair-programming.html. 2023년 5월 25일 열람.

【129】 Taleb, Nassim Nicholas. *Antifragile: Things That Gain from Disorder.* New York: Penguin Books Ltd., 2012. 번역서는 안세민 옮김, 《안티프래질 Antifragile: 불확실성과 충격을 성장으로 이끄는 힘》.

【130】 Gunjal, Digvijay. "Pair Programming Anti Patterns." YouTube. 2018년 10월 15일. https://www.youtube.com/watch?v=McZ131y0OYU. 2023년 5월 25일 열람.

【131】 Montalenti, Andrew "An Async Kind of Pair Programming." 블로그. 2015년 12월 14일. https://amontalenti.com/2015/12/14/async-pairing. 2023년 5월 25일 열람.

제18장

【132】 Atlassian. "Meeting Notes Template | Atlassian." 날짜 없음. https://www.atlassian.com/software/confluence/templates/meeting-notes. 2023년 5월 25일 열람.

【133】 Henderson, Joel. "GitHub - Joelparkerhenderson/Decision-Record: Decision Record: How to Initiate and Complete Decisions for Teams, Organizations, and Systems." GitHub. 2022년 4월 7일. https://github.com/joelparkerhenderson/decision-record. 2023년 5월 25일 열람.

【134】 Atlassian. "DACI: Decision Documentation | Atlassian." 날짜 없음. https://www.atlassian.com/software/confluence/templates/decision. 2023년 5월 25일 열람.

【135】 Fowler, Martin. "Is Design Dead?" martinfowler.com. 2004년 5월 1일. https://martinfowler.com/articles/designDead.html. 2023년 5월 25일 열람.

【136】 Sironi, Giorgio. "Lean Tools: The Last Responsible Moment - DZone." 2012년 5월 9일. https://dzone.com/articles/lean-tools-last-responsible. 2023년 5월 25일 열람.

【137】 Henderson, Joel. "GitHub - Joelparkerhenderson/Architecture-Decision-Record: Architecture Decision Record (ADR) Examples for Software Planning, IT Leadership, and Template Documentation." GitHub. 2023년 4월 29일. https://github.com/joelparkerhenderson/architecture-decision-record. 2023년 5월 25일 열람.

[138] Nygard, Michael. "Documenting Architecture Decisions," 2011년 11월 15일. https://www.cognitect.com/blog/2011/11/15/documenting-architecture-decisions. 2023년 5월 25일 열람.

[139] npryce. "GitHub - Npryce/Adr-Tools: Command-Line Tools for Working with Architecture Decision Records." GitHub, 2020년 3월 30일. https://github.com/npryce/adr-tools. 2023년 5월 25일 열람.

[140] adr-manager. "Adr-Manager," 날짜 없음. https://adr.github.io/adr-manager/. 2023년 5월 25일 열람.

[141] npryce. "GitHub - Npryce/Adr-Tools: Command-Line Tools for Working with Architecture Decision Records." GitHub, 2018년 7월 25일. https://github.com/npryce/adr-tools. 2023년 5월 25일 열람.

[142] Rachev, Preslav. "What's with the 50/72 Rule?" 블로그, 2015년 2월 21일. https://preslav.me/2015/02/21/what-s-with-the-50-72-rule/. 2023년 5월 25일 열람.

[143] Atlassian Support. "Integrate with Development Tools | Atlassian Support," 날짜 없음. https://support.atlassian.com/jira-cloud-administration/docs/integrate-with-development-tools/.

[144] Nikoo, Hoorvash. "Writing Meaningful Commit Messages," Reflectoring.io, 2021년 2월 22일. https://reflectoring.io/meaningful-commit-messages/. 2023년 5월 25일 열람.

[145] Conventional Commits. "Conventional Commits," 날짜 없음. https://www.conventionalcommits.org/en/v1.0.0/. 2023년 5월 25일 열람.

[146] commitizen. "GitHub - Commitizen/Cz-Cli: The Commitizen Command Line Utility. #BlackLivesMatter." GitHub, 2023년 2월 1일. https://github.com/commitizen/cz-cli. 2023년 5월 25일 열람.

[147] Hamant, Paul. "Trunk Based Development." Introduction, 날짜 없음. https://trunkbaseddevelopment.com/. 2023년 5월 25일 열람.

[148] Morris, Kief. "Why Your Team Doesn't Need to Use Pull Requests," 블로그, 2021년 1월 2일. https://infrastructure-as-code.com/book/2021/01/02/pull-requests.html. 2023년 5월 25일 열람.

[149] GitHub. "Distributedlife - Overview," 날짜 없음. https://github.com/distributedlife. 2023년 5월 25일 열람.

[150] Mutton, Dan. "Dan Mutton | Thoughtworks," 날짜 없음. https://www.thoughtworks.com/en-in/profiles/d/dan-mutton. 2023년 5월 25일 열람.

[151] McMinn, Keavy. "How to Write the Perfect Pull Request, The GitHub 블로그, 2015년 1월 22일. https://github.blog/2015-01-21-how-to-write-the-perfect-pull-request/. 2023년 5월 25일 열람.

[152] Atlassian Support. "Reference Issues in Your Development Work," 날짜 없음. https://support.atlassian.com/jira-software-cloud/docs/reference-issues-in-your-development-work/. 2023년 5월 25일 열람.

[153] LinearB. "gitStream - Every Pull Request Is Unique | LinearB," 날짜 없음. https://linearb.io/platform/gitstream/. 2023년 5월 25일 열람.

제19장

[154] Patton, Jeff. *User Story Mapping: Discover the Whole Story, Build the Right Product*. Peter Economy 엮음. Sebastopol, California: O'Reilly, 2014.

[155] Knapp, Jake, John Zeratsky, Braden Kowitz. *Sprint: How to Solve Big Problems and Test New Ideas in Just Five Days*. New York: Simon & Schuster, 2016. 번역서는 박우정 옮김, 《스프린트: 세상에서 가장 혁신적인 프로젝트 수행법 구글벤처스의 기획실행 프로세스》.

[156] Jeff Patton & Associates. "Dual Track Development Is Not Duel Track - Help Your Organization Focus on Successful Outcomes," 2017년 5월 10일. https://www.jpattonassociates.com/dual-track-development/. 2023년 5월 25일 열람.

[157] Write the Docs. "Welcome to Our Community!" 날짜 없음. https://www.writethedocs.org/. 2023년 5월 25일 열람.

[158] Stanier, James. *Effective Remote Work: For Yourself, Your Team, and Your Company*. Raleigh, North Carolina: The Pragmatic Bookshelf, 2022.

[159] Fried, Jason, David Heinemeier Hansson. *It Doesn't Have to Be Crazy at Work*. New York: HarperBusiness, 2018. 번역서는 우미정 옮김, 《일을 버려라! 꼭 필요한 일에만 집중해 탁월한 성과를 내는 회사의 비밀》.

[160] Industrial Empathy. "Design Docs at Google," 블로그, 2020년 7월 6일. https://www.industrialempathy.com/posts/design-docs-at-google/. 2023년 5월 25일 열람.

[161] *Industrial Empathy*. "Design Docs at Google," 블로그, 2020년 7월 6일. https://www.industrialempathy.com/posts/design-docs-at-google. 2023년 5월 25일 열람.

제20장

【162】 Thoughtworks. "Four Key Metrics | Technology Radar," 2022년 3월 29일. https://www.thoughtworks.com/en-in/radar/techniques/four-key-metrics. 2023년 5월 25일 열람.

【163】 TeamTopologies. "GitHub - TeamTopologies/Team-API-Template: A Template for Defining a Team API - as Explained in the Team Topologies Book," 2023년 5월 2일. https://github.com/TeamTopologies/Team-API-template. 2023년 5월 25일 열람.

【164】 Skelton, Matthew and Manuel Pais. *Team Topologies: Organizing Business and Technology Teams for Fast Flow*. Portland, Oregon: IT Revolution Press, 2019. 번역서는 김연수 옮김, 《팀 토폴로지: 빠른 업무 플로우를 만드는 조직 설계》.

【165】 Fowler, Martin. "Bliki: CodeAsDocumentation." martinfowler.com, 2005년 3월 22일. https://martinfowler.com/bliki/CodeAsDocumentation.html. 2023년 5월 25일 열람.

【166】 GitHub. "Hackergrrl - Overview," 날짜 없음. https://github.com/hackergrrl. 2023년 5월 25일 열람.

【167】 hackergrrl. "GitHub - Hackergrrl/Art-of-Readme: Things I've Learned about Writing Good READMEs." GitHub, 2022년 8월 21일. https://github.com/hackergrrl/art-of-readme. 2023년 5월 25일 열람.

【168】 Make a README. "Make a README," 날짜 없음. https://www.makeareadme.com. 2023년 5월 25일 열람.

【169】 readme.so. "Readme.So," 날짜 없음. https://readme.so/. 2023년 5월 25일 열람.

제21장

【170】 Stanier, James. *Effective Remote Work: For Yourself, Your Team, and Your Company*. Raleigh, North Carolina: The Pragmatic Bookshelf, 2022.

【171】 Wikipedia. "Impostor Syndrome," 2021년 10월 1일. https://en.wikipedia.org/wiki/Impostor_syndrome. 2023년 5월 25일 열람.

【172】 Dev Interrupted Podcasts. "Asynchronous Communication with Cate Huston of DuckDuckGo," 날짜 없음. https://podcasts.apple.com/us/podcast/asynchronous-communication-with-cate-huston/id1537003676?i=1000499132689. 2023년 5월 25일 열람.

【173】 Saint-Exupéry, Antoine. *Wind, Sand and Stars*. New York: Houghton Mifflin Harcourt Publishing Company, 1967. 번역서는 《인간의 대지》(여러 판본이 있음).

【174】 HashiCorp. "Install | Vagrant | HashiCorp Developer," 날짜 없음. https://developer.hashicorp.com/vagrant/downloads. 2023년 5월 25일 열람.

【175】 devenv. "Fast, Declarative, Reproducible, and Composable Developer Environments," 날짜 없음. https://devenv.sh/. 2023년 5월 25일 열람.

【176】 Microsoft. "Developing Inside a Container Using Visual Studio Code Remote Development," 날짜 없음. https://code.visualstudio.com/docs/devcontainers/containers. 2023년 5월 25일 열람.

【177】 GitHub. "development-environment. GitHub Topics," 2023년 5월 23일. https://github.com/topics/development-environment. 2023년 5월 25일 열람.

【178】 Thoughtworks. "Thoughtworks NEO | Award-Winning Engineering Portal Reimagines Developer Experience and Accelerates Time to Value," 날짜 없음. https://www.thoughtworks.com/clients/thoughtworks-neo. 2023년 5월 25일 열람.

【179】 Backstage. "Backstage Software Catalog and Developer Platform," 날짜 없음. https://backstage.io/. 2023년 5월 25일 열람.

제22장

【180】 O'Reilly Online Learning. "Technique: Manage by Walking Around and Listening," 날짜 없음. https://www.oreilly.com/library/view/behind-closed-doors/9781680500332/f_0082.html. 2023년 5월 26일 열람.

【181】 Fowler, Martin. "Bliki: Infodeck," martinfowler.com, 2012년 11월 16일. https://martinfowler.com/bliki/Infodeck.html. 2023년 5월 26일 열람.

【182】 Kahneman, Daniel, Olivier Sibony, Roberta Fusaro, Julia Sperling-Magro. "Sounding the Alarm on System Noise," *The McKinsey Quarterly*, 2021년 5월 18일. https://www.mckinsey.com/capabilities/strategy-and-corporate-finance/our-insights/sounding-the-alarm-on-system-noise. 2023년 5월 26일 열람.

【183】 Clear, James. "Humans are imitation machines. We mostly …" 2023년 5월 26일. https://twitter.com/jamesclear/status/1251172346431504386. 2023년 5월 26일 열람.

【184】 Rogelberg, Steven G., Liana Kreamer. "The Case for More Silence in Meetings," *Harvard Business Review*, 2019년 6월 14일. https://hbr.org/2019/06/the-case-for-more-silence-in-meetings. 2023년 5월 26일 열람.

【185】 Rogelberg, Steven G., Liana Kreamer. "How to Combat Zoom Fatigue," *Harvard Business Review*, 2020년 4월 29일. https://hbr.org/2020/04/how-to-combat-zoom-fatigue. 2023년 5월 26일 열람.

【186】 Taleb, Nassim Nicholas. *Antifragile: Things That Gain from Disorder*. New York: Penguin Books Ltd., 2012. 번역서는 안세민 옮김, 《안티프래질 Antifragile: 불확실성과 충격을 성장으로 이끄는 힘》.

제23장

【187】 Scott, Kim Malone. *Radical Candor: How to Get What You Want by Saying What You Mean*, Fully Revised and Updated Edition. London: Pan, 2019. 번역서는 박세연 옮김, 《실리콘밸리의 팀장들: 까칠한 인재마저 사로잡은 그들의 지독한 솔직함》.

【188】 patkua.com. "About Patrick Kua - Patkua.Com," 날짜 없음. https://www.patkua.com/about/. 2023년 5월 26일 열람.

【189】 Patterson, Kerry, Joseph Grenny, Ron McMillan, Al Switzler. *Crucial Confrontations: Tools for Resolving Broken Promises, Violated Expectations, and Bad Behavior*. New York: McGraw-Hill Professional, 2005. 번역서는 김경섭 옮김, 《결정적 순간의 대면》.

【190】 Scott, Kim Malone. *Radical Candor: How to Get What You Want by Saying What You Mean*, Fully Revised and Updated Edition. London: Pan, 2019. 번역서는 박세연 옮김, 《실리콘밸리의 팀장들: 까칠한 인재마저 사로잡은 그들의 지독한 솔직함》.

제24장

【191】 Wikipedia. "Environment Variable," 2017년 12월 18일. https://en.wikipedia.org/wiki/Environment_variable. 2023년 5월 26일 열람.

【192】 Heath, Dan. *Upstream: The Quest to Solve Problems Before They Happen*. London: Bantam Press, 2020. 번역서는 박선령 옮김, 《업스트림: 반복되는 문제의 핵심을 꿰뚫는 힘》.

【193】 Team Topologies. "Team Topologies," 2022년 5월 9일. https://teamtopologies.com. 2023년 5월 26일 열람.

【194】 Skelton, Matthew, Manuel Pais. *Team Topologies: Organizing Business and Technology Teams for Fast Flow*. Portland, Oregon: IT Revolution Press, 2019. 번역서는 김연수 옮김, 《팀 토폴로지: 빠른 업무 플로우를 만드는 조직 설계》.

【195】 Alder, Matt. "Ep 416: Asynchronous Working - The Recruiting Future Podcast." *The Recruiting Future Podcast*, 2022년 3월 6일. https://recruitingfuture.com/2022/03/ep-416-asynchronous-working/. 2023년 5월 26일 열람.

【196】 Virginia Satir - Wikipedia. "Virginia Satir - Wikipedia," 2015년 3월 6일. https://en.wikipedia.org/wiki/Virginia_Satir#Process_of_Change_Model. 2023년 5월 26일 열람.

【197】 Forsgren, Nicole, Margaret-Anne Storey, Chandra Maddila, Thomas Zimmermann, Brian Houck, Jenna Butler. "The SPACE of Developer Productivity," *ACM Queue*, 날짜 없음. https://queue.acm.org/detail.cfm?id=3454124. 2023년 5월 26일 열람.

【198】 Geckoboard. "DAU/MAU Ratio | KPI Example | Geckoboard," 날짜 없음. https://www.geckoboard.com/best-practice/kpi-examples/dau-mau-ratio/. 2023년 5월 26일 열람.

【199】 Clear, James. "Core Values List," 날짜 없음. https://jamesclear.com/core-values. 2023년 5월 26일 열람.

【200】 Sinek, Simon. "How Great Leaders Inspire Action," TED Talk, 2009년 9월. https://www.ted.com/talks/simon_sinek_how_great_leaders_inspire_action/c. 2023년 5월 26일 열람.

【201】 McKeown, Greg. *Essentialism: The Disciplined Pursuit of Less*. New York: Currency, 2014. 번역서는 김원호 옮김, 《에센셜리즘: 본질에 집중하는 힘》.

제25장

【202】 GitLab. "Handbook," 날짜 없음. https://about.gitlab.com/handbook/. 2023년 5월 26일 열람.

【203】 Jantunen, Joonus. "New Technologies to Take Knowledge Management in Procurement to the Next Level," CPOstrategy. 2019년 10월 29일. https://cpostrategy.media/blog/2019/10/29/new-technologies-to-take-knowledge-management-in-procurement-to-the-next-level/. 2023년 7월 31일 열람.

【204】 Farnam Street Media. "Half Life: The Decay of Knowledge and What to Do About It," 블로그, 2018년 3월 12일. https://fs.blog/half-life/. 2023년 5월 26일 열람.

【205】 Granovetter, Mark S. "The Strength of Weak Ties," *American Journal of Sociology* 78, no. 6 (1973년 5월): 1360-80. https://doi.org/10.1086/225469. 2023년 5월 26일 열람.

제26장

【206】 Cassiday, Laura, David Rock. "We're Calling This 'the Worst Return to Office Strategy.' Why This Hybrid Approach Won't Work." *FastCompany*, 2022년 6월 6일. https://www.fastcompany.com/90761863/were-calling-this-the-worst-return-to-office-strategy-why-this-hybrid-approach-wont-work. 2023년 5월 26일 열람.

【207】 Kelly, Mary. "Virtual Learning Is Better. Period." NeuroLeadership Institute, 2022년 4월 19일. https://neuroleadership.com/your-brain-at-work/virtual-learning-is-better/. 2023년 5월 26일 열람.

【208】 World Economic Forum. "These 3 Charts Show the Global Growth in Online Learning." 2022년 1월 27일. https://www.weforum.org/agenda/2022/01/online-learning-courses-reskill-skills-gap/. 2023년 5월 26일 열람.

【209】 Wakabayashi, Daisuke. "Google's Plan for the Future of Work: Privacy Robots and Balloon Walls." *The New York Times*, 2021년 4월 30일. https://www.nytimes.com/2021/04/30/technology/google-back-to-office-workers.html. 2023년 5월 26일 열람.

【210】 Tulsa Remote. "Tulsa Remote." 날짜 없음. https://tulsaremote.com. 2023년 5월 26일 열람.

【211】 Freakonomics Radio. "Will Work-from-Home Work Forever? - Freakonomics." 날짜 없음. https://freakonomics.com/podcast/will-work-from-home-work-forever-ep-464/. 2023년 5월 26일 열람.

【212】 Pew Research Center. "Women More than Men Adjust Their Careers for Family Life." 2015년 10월 1일. https://www.pewresearch.org/short-reads/2015/10/01/women-more-than-men-adjust-their-careers-for-family-life/. 2023년 5월 26일 열람.

【213】 Sanghera, Tish. "How Domestic Responsibilities Are Keeping India's Women Away from Workforce, Increasing Inequality." Scroll.in, 2019년 3월 26일. https://scroll.in/article/917767/how-domestic-responsibilities-are-keeping-indias-women-away-from-workforce-increasing-inequality. 2023년 5월 26일 열람.

【214】 McLaren, Samantha. "Why the Rise of Remote Work May Help Companies Become More Diverse – and More Inclusive." 2023년 5월 16일. https://www.linkedin.com/business/talent/blog/talent-acquisition/why-remote-work-may-help-companies-become-more-diverse.

【215】 Hunt, Steven T. "SAP BrandVoice: How Hybrid Remote Work Improves Diversity And Inclusion." Forbes, 2021년 5월 12일. https://www.forbes.com/sites/sap/2021/05/12/how-hybrid-remote-work-improves-diversity-and-inclusion/. 2023년 5월 26일 열람.

【216】 Evers, Hans-Dieter. "The Value of Diversity." *Penang Monthly. 7. 30-33.*, 2012. https://www.researchgate.net/publication/259175354_The_Value_of_Diversity.

【217】 Shreedhar, Ganga, Kate Laffan, Laura M. Giurge. "Is Remote Work Actually Better for the Environment?." *Harvard Business Review*, 2022년 3월 7일. https://hbr.org/2022/03/is-remote-work-actually-better-for-the-environment. 2023년 5월 26일 열람.

【218】 Choudhury, Prithwiraj (Raj). "Our Work-from-Anywhere Future." *Harvard Business Review*, 2020년 11월 1일. https://hbr.org/2020/11/our-work-from-anywhere-future. 2023년 5월 26일 열람.

【219】 Apollo Technical LLC. "Surprising Working From Home Productivity Statistics (2023)." 2023년 1월 3일. https://www.apollotechnical.com/working-from-home-productivity-statistics/. 2023년 5월 26일 열람.

【220】 Ren, Henry. "In 10 Years, 'Remote Work' Will Simply Be 'Work'." *Bloomberg*, 2022년 2월 15일. https://www.bloomberg.com/news/articles/2022-02-15/in-10-years-remote-work-will-simply-be-work. 2023년 5월 26일 열람.

【221】 Christensen, Clayton M., Michael Overdorf. "Meeting the Challenge of Disruptive Change." *Harvard Business Review*, 2000년 3월 1일. https://hbr.org/2000/03/meeting-the-challenge-of-disruptive-change. 2023년 5월 26일 열람.

【222】 Fried, Jason, David Heinemeier Hansson. *Remote: Office Not Required*. New York: Currency, 2013. 번역서는 임정민 옮김, 《리모트: 사무실 따윈 필요 없어!》.

【223】 Molla, Rani. "You're Going Back to the Office. Your Boss Isn't." Vox, 2022년 10월 12일. https://www.vox.com/recode/2022/10/12/23400496/remote-work-from-home-office-boss-manager-hypocrisy. 2023년 5월 26일 열람.

【224】 Stanier, James. *Effective Remote Work: For Yourself, Your Team, and Your Company*. Raleigh, North Carolina: The Pragmatic Bookshelf, 2022.

제27장

【225】 Wikipedia. "Four Stages of Competence." 2018년 5월 11일. https://en.wikipedia.org/wiki/Four_stages_of_competence. 2023년 5월 26일 열람.

제28장

[226] Clockwise. "Happy and Productive: The ROI of a Sustainable Work Culture," 날짜 없음. https://www.getclockwise.com/library/happy-and-productive. 2023년 5월 26일 열람.

[227] Peel, Abby. "Digital Presenteeism," *Digital People*(블로그), 2020년 10월 27일. https://digitalpeople.blog.gov.uk/2020/10/27/digital-presenteeism/. 2023년 5월 26일 열람.

[228] Perlow, Leslie A., Constance Noonan Hadley, Eunice Eun. "Stop the Meeting Madness," *Harvard Business Review*, 2017년 7월 1일. https://hbr.org/2017/07/stop-the-meeting-madness. 2023년 5월 26일 열람.

[229] Newport, Cal. *A World Without Email: Reimagining Work in an Age of Communication Overload*. Edmonton, Alberta: Portfolio, 2021. 번역서는 김태훈 옮김, 《하이브 마인드: 이메일에 갇힌 세상》.

[230] Rushkoff, Douglas. *Present Shock: When Everything Happens Now*. New York: Current, 2014. 번역서는 박종성, 장석훈 옮김, 《현재의 충격》.

제29장

[231] Creative Commons. "Creative Commons – Attribution-NonCommercial-ShareAlike 4.0 International – CC BY-NC-SA 4.0," 날짜 없음. http://creativecommons.org/licenses/by-nc-sa/4.0/. 2023년 5월 26일 열람.

[232] MeatballWiki. "Meatball Wiki: BarnRaising," 날짜 없음. http://meatballwiki.org/wiki/BarnRaising. 2023년 5월 26일 열람.

제30장

[233] Korolevich, Sara. "The State of Remote Work in 2021: A Survey of the American Workforce," 2021년 8월 24일. https://www.goodhire.com/resources/articles/state-of-remote-work-survey/. 2023년 5월 26일 열람.

[234] Razzetti, Gustavo. "Why Malcolm Gladwell (and Many Leaders) Get Remote Work All Wrong," 2022년 8월 11일. https://www.fearlessculture.design/blog-posts/why-malcolm-gladwell-and-many-leaders-get-remote-work-all-wrong. 2023년 5월 26일 열람.

[235] Business.gov.nl. "Working from Home: Your Employees' Rights," 날짜 없음. https://business.gov.nl/running-your-business/staff/health-and-safety-at-work/working-from-home-your-employees-rights/. 2023년 5월 26일 열람.

[236] PTI. "Centre Allows 'Work from Home' for Maximum One Year in SEZ," *The Hindu*, 2022년 7월 20일. https://www.thehindu.com/news/national/centre-allows-work-from-home-for-maximum-one-year-in-sez/article65661068.ece. 2023년 5월 26일 열람.

[237] ETGovernment.com. "IT Units in SEZs Permitted to Allow 'work from Home' till 2023년 12월, Centre Amends Rules," 2022년 12월 9일. https://government.economictimes.indiatimes.com/news/governance/it-units-in-sezs-permitted-to-allow-work-from-home-till-dec-2023-centre-amends-rules/96106517. 2023년 5월 26일 열람.

[238] Daisley, Bruce. "Harvard Professor: Work from Anywhere Is Our Destiny," *East Sleep Work Repeat* (블로그) 2022년 5월 18일. https://eatsleepworkrepeat.com/harvard-professor-work-from-anywhere-is-our-destiny/. 2023년 5월 26일 열람.

[239] Owe, Malcom. "Apple's Director of Machine Learning Exits over Return-to-Office Policy," AppleInsider, 2022년 5월 7일. https://appleinsider.com/articles/22/05/07/apples-director-of-machine-learning-exits-over-return-to-office-policy. 2023년 5월 26일 열람.

[240] Ouzan, Raphael. "Why We Raised $60M to Create the Team Economy," *Mission* (블로그) 2022년 5월 17일. https://www.a.team/mission/why-we-raised-60m-to-create-the-builder-economy. 2023년 5월 26일 열람.

[241] Bhumika, K. "Say Hello to the Digital Nomads," *The Hindu*, 2015년 8월 21일. https://www.thehindu.com/features/metroplus/say-hello-to-indias-digital-nomads/article7565751.ece. 2023년 5월 26일 열람.

[242] Castrillon, Caroline. "Why The Digital Nomad Lifestyle Is On The Rise." *Forbes*, 2022년 7월 17일. https://www.forbes.com/sites/carolinecastrillon/2022/07/17/why-the-digital-nomad-lifestyle-is-on-the-rise/. 2023년 5월 26일 열람.

[243] Johnson, Tracey. "58 Countries with Digital Nomad Visas - The Ultimate List." *Nomad Girl* (블로그), 2023년 6월 26일. https://nomadgirl.co/countries-with-digital-nomad-visas/. 2023년 5월 26일 열람.

[244] Morath, Eric. "The 5-Hour Workday Gets Put to the Test." *WSJ*, 2023년 5월 14일. https://www.wsj.com/articles/the-5-hour-workday-gets-put-to-the-test-11571876563. 2023년 5월 26일 열람.

[245] Ericsson, K. Anders. "Training History, Deliberate Practice and Elite Sports Performance: An Analysis in Response to Tucker and Collins Review – What Makes Champions?" *British Journal of Sports Medicine* 47, no. 9 (2012년 10월 30일): 533-35. https://doi.org/10.1136/bjsports-2012-091767. 2023년 5월 26일 열람.

[246] 4 Day Week Global. "The 4 Day Week Pilot Program Results," 날짜 없음. https://www.4dayweek.com/us-ireland-results. 2023년 5월 26일 열람.

【247】 Nadkarni, Anuja. "Perpetual Guardian Makes Four-Day Week Permanent." Stuff, 2018년 10월 1일. https://www.stuff.co.nz/business/107525245/perpetual-guardian-makes-fourday-week-permanent. 2023년 5월 26일 열람.

【248】 4 Day Week Global. "The 4 Day Week Pilot Program Results." 날짜 없음. https://www.4dayweek.com/us-ireland-results. 2023년 5월 26일 열람.

【249】 Cooban, Anna. "How the World's Biggest Four-Day Workweek Trial Run Changed People's Lives." CNN Business, 2022년 8월 1일. https://www.cnn.com/2022/08/01/business/4-day-work-week-uk-trial/index.html. 2023년 5월 26일 열람.

【250】 Mansoor, Zainab. "UAE's New Workweek – How Has It Impacted the Ecosystem?" *Gulf Business*, 2022년 4월 2일. https://gulfbusiness.com/uaes-new-workweek-how-has-it-impacted-the-ecosystem/. 2023년 5월 26일 열람.

【251】 The Economics Daily. "Number of People 75 and Older in the Labor Force Is Expected to Grow 96.5 Percent by 2030" 2021년 11월 4일. https://www.bls.gov/opub/ted/2021/number-of-people-75-and-older-in-the-labor-force-is-expected-to-grow-96-5-percent-by-2030.htm. 2023년 5월 26일 열람.

【252】 Carnegie, Megan. "Gen Z: How Young People Are Changing Activism." BBC Worklife, 2022년 8월 8일 https://www.bbc.com/worklife/article/20220803-gen-z-how-young-people-are-changing-activism. 2023년 5월 26일 열람.

【253】 Deloitte India. "Deloitte GenZ and Millennial Survey 2022." 2022년 5월 18일. https://www2.deloitte.com/in/en/pages/about-deloitte/articles/Deloitte-GenZ-and-Millennial-Survey-2022.html. 2023년 5월 26일 열람.

【254】 Tapper, James. "Experts Call for Ban on Glass Skyscrapers to Save Energy in Climate Crisis." *The Guardian*, 2019년 7월 28일. http://www.theguardian.com/environment/2019/jul/28/ban-all-glass-skscrapers-to-save-energy-in-climate-crisis. 2023년 5월 26일 열람.

찾아보기